方志出版社
Publishing House of Local Records

图书在版编目（CIP）数据

桑日年鉴. 2023 / 桑日县地方志办公室编. -- 北京:
方志出版社, 2023.11
ISBN 978-7-5144-5934-0

Ⅰ. ①桑… Ⅱ. ①桑… Ⅲ. ①桑日县 – 2023 – 年鉴
Ⅳ. ①Z527.54

中国国家版本馆CIP数据核字（2023）第234684号

责任编辑：王娜
责任校对：刘玉霞
责任印制：梅中英
出 版 者：方志出版社
地　　址：北京市朝阳区潘家园东里 9 号（国家方志馆4层）
邮　　编：100021
网　　址：http://www.zgfzcb.cn
发　　行：方志出版社图书营销中心（010-67110500）
印　　刷：河南金宝丽印刷科技有限公司
开　　本：889毫米 × 1194毫米　1/16
印　　张：17.5
字　　数：538千字
版　　次：2023年11月第1版
印　　次：2023年11月第1次印刷
定　　价：380.00元

《桑日年鉴（2023）》编纂委员会

《桑日年鉴（2023）》编辑部

编辑说明

一、《桑日年鉴》以马克思列宁主义、毛泽东思想、邓小平理论、“三个代表”重要思想、科学发展观、习近平新时代中国特色社会主义思想为指导，坚持辩证唯物主义和历史唯物主义的立场、观点和方法，坚持为桑日改革、发展、稳定服务的方针，客观、翔实、全面、系统地记载上一年桑日县政治、经济、文化、社会等各方面的发展状况。为各级领导了解地情、科学决策提供依据，为各单位、各行业、各部门查阅资料提供便利，为社会各界人士了解、认识、研究桑日提供信息，同时也是桑日文化建设和对外宣传的重要窗口。

二、《桑日年鉴（2023）》包括特载、大事记、县情综述、中国共产党桑日县委员会、桑日县人民代表大会、桑日县人民政府、中国人民政治协商会议桑日县委员会、纪检监察、受援工作、群众团体、法治、经济综合管理、农业农村·林业·水利、商贸·旅游、财税·金融、交通·邮政·通信、城乡建设·生态环境、教育·科技、文化、卫生健康、民政·社会保障、应急救援、乡镇概况、附录、索引等内容。

三、《桑日年鉴（2023）》采用分类编辑法，由类目、分目、条目组成。类目下设分目，分目下设若干条目。条目标题统一使用黑体字加【 】表示。

四、《桑日年鉴（2023）》入鉴资料、图片均由各撰稿单位提供，并经主要负责人审核。所用综合性资料、数据等截至2022年年底。年鉴中的统计资料由县统计局提供，正文中的数据由各单位提供。数据一般以现行价格计算。本卷统计资料因统计口径等原因，有关部门所用数据与统计资料中的数据不尽一致，请以统计局的资料为准。本书中农田土地面积的计量单位使用“亩”。

数字桑日 2022

◇辖区面积：2633.62平方千米

◇年末总人口：18028人

◇城镇人口：2373人

◇农村人口：15655人

◇地区生产总值：222527万元

◇第一产业增加值：6425.3万元

◇第二产业增加值：133644.5万元

◇第三产业增加值：82457.2万元

◇农林牧渔业总产值：11421万元

◇农业总产值：5391.9万元

◇牧业总产值：5600.4万元

◇粮食产量：9968.48吨

◇蔬菜产量：3002.5吨

◇油菜产量：328.33吨

◇牲畜存栏：81722头（只、匹）

◇肉类产量：1683.87吨

◇奶类产量：5339.74吨

◇全社会固定资产投资：17.03亿元

◇一般公共预算收入：–12446万元

◇一般公共预算支出：91189万元

◇税收收入：–9382万元

◇社会消费品零售总额：16746万元

◇接待国内外游客：20.68万人次

◇旅游收入：884.11万元

◇农村居民人均可支配收入：21403元

◇开复工项目：33个

◇开复工项目总投资：7亿元

◇招商引资项目：5个

◇完成招商引资：7303万元

领导调研

2022年4月25日，西藏自治区党委副书记、自治区主席严金海（右三）到大古电站调研安全生产情况和生态环境等工作

2022年2月7日，山南市委副书记、市长次仁平措（前排左三）到桑日县污水处理厂调研工作

2022年5月6日，县委书记康爱民（前排右二），县委副书记、县长索朗巴珠（前排右一）召集宣传、住建、教育、综合执法、创城办、交警大队等部门负责人以志愿服务形式走上街头，深入学校周边、人流密集区开展城市交通调研并召开流动现场办公会

2022年12月13日，县委书记孙守英（右一）到巴玉水电站调研项目推进情况

2022年12月15日，县委书记孙守英在桑日县学习贯彻党的二十大精神专题培训班开班仪式上讲话

2022年8月26日，县委副书记、县长索朗巴珠（中）督导检查疫情防控工作

重要会议

2022年1月8日，中国共产党桑日县第十届委员会第四次全体会议召开，传达学习中共十九届六中全会和自治区第十次党代会、市第二次党代会精神，审议通过《中共桑日县委员会关于深入学习贯彻党的十九届六中全会和自治区第十次党代会、市第二次党代会、市委二届二次全会精神　加快推进桑日长治久安和高质量发展的意见》

2022年1月13—16日，中国人民政治协商会议第三届桑日县委员会第二次会议在政务中心大礼堂召开

2022年1月15—17日，桑日县第十四届人民代表大会第三次会议第三次全体会议在桑日县政务中心召开，听取和审议人大常委会工作报告、人民政府工作报告、人民法院工作报告、人民检察院工作报告，审查2021年国民经济和社会发展计划执行情况与2022年国民经济和社会发展计划（草案）的报告、2021年财政预算执行情况和2022年财政预算（草案）报告。图为闭幕会现场

2022年3月10日，中国共产党桑日县第十届纪律检查委员会第二次全体会议召开。全会由桑日县纪律检查委员会常务委员会主持。全会总结2021年纪检监察工作，部署2022年任务，审议通过县委常委、纪委书记、监委主任支张代表县纪委常委会所作的《强化使命担当，忠诚履职尽责，以高质量纪检监察工作为桑日社会主义现代化新征程提供坚强纪律保障》工作报告

2022年7月18日，中国共产党桑日县第十届委员会第五次全体会议召开，审议通过《中共桑日县委员会　桑日县人民政府关于贯彻落实关于以铸牢中华民族共同体意识为主线和战略性任务　全面推进新时代山南民族工作高质量发展的实施方案的工作措施》

2022年10月27日，桑日县召开传达学习党的二十大精神干部大会，迅速传达学习、宣传贯彻中共二十大精神

2022年12月14日，中国共产党桑日县第十届委员会第六次全体会议召开，审议通过《中共桑日县委员会关于以党的二十大精神为统领全面建设社会主义现代化新桑日的实施方案》，对学习贯彻中共二十大精神和自治区党委十届三次全会、市委二届五次全会精神，全面建设社会主义现代化新桑日作出安排部署

大事要闻

2022年4月11日，山南市宣讲团第四分队赴桑日县面向全县干部职工和农牧民群众，分类分层开展纪念西藏民主改革63周年宣讲活动，受教人员达590余人次

2022年10月16日，桑日县各界干部群众收看中共二十大开幕会盛况

2022年12月16日，桑日县残疾人联合会第一次代表大会第一次全体会议召开，审议通过《桑日县残疾人联合会过去五年工作报告》，选举产生县残疾人联合会第一届主席团主席、副主席、委员及出席山南市残疾人联合会第二次代表大会代表

2022年12月23日，桑日县在桑日镇奴卡村村委会举行村改社区揭牌仪式

2022年2月15日，桑日县首届藏历新年晚会在政务大礼堂举行，晚会在桑日融媒上同步直播，观看人数达1.4万人次

2022年6月2日，桑日县在绒乡冲达村举行桑日青稞小讲堂启动仪式

2022年4月27日，许木村被评为山南市人居环境整治十佳村居

2022年3月16日，桑日县举行春耕仪式

2022年4月14日，桑日县开展高标准农田核查工作

2022年8月7日，自治区农业技术推广服务中心带领各地市交叉验收组到桑日县验收良种繁育二级种子田和高产高效创建田

幸福桑日

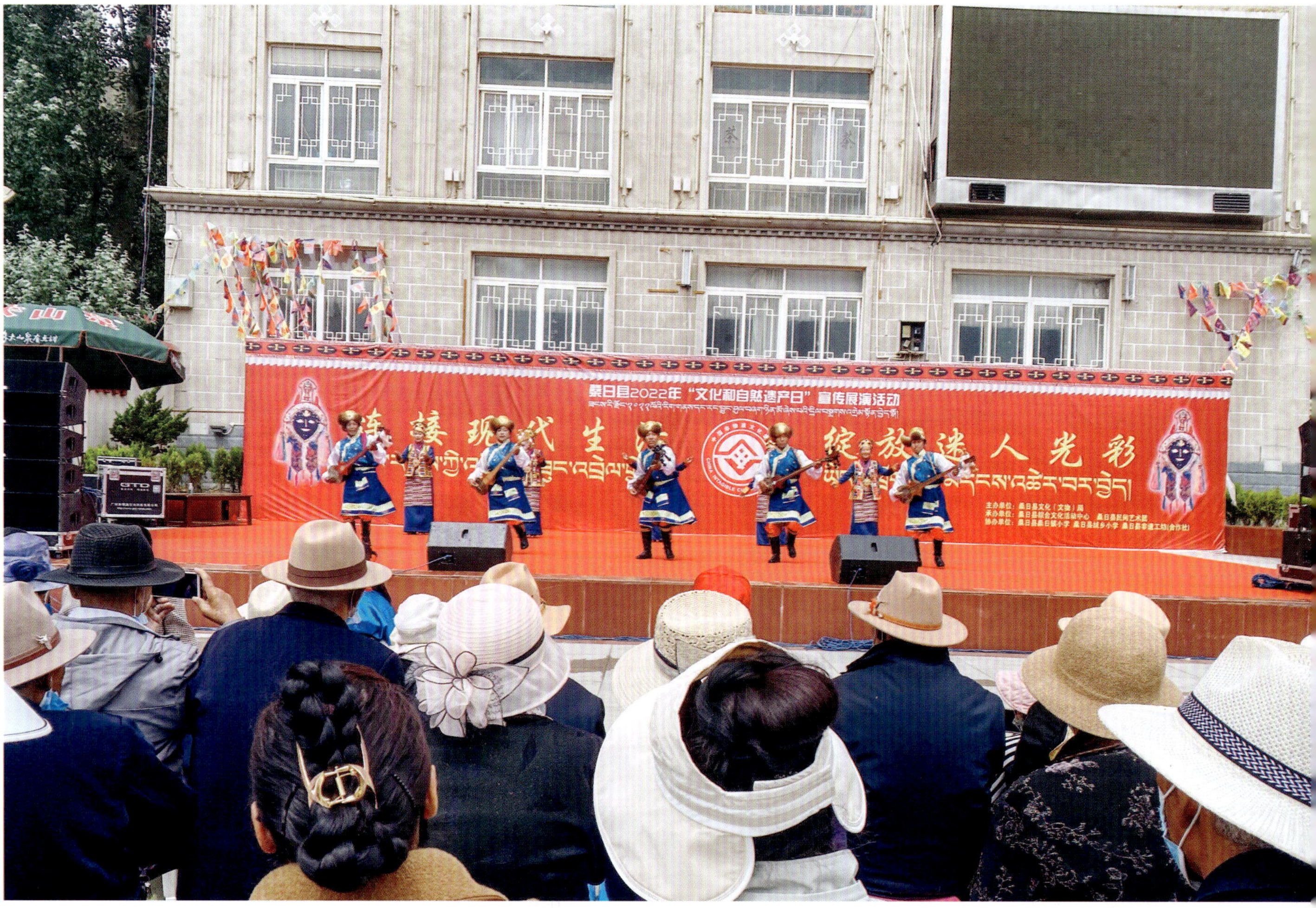

1. 2022年6月9日，桑日县文化局联合县委宣传部在友谊广场举办以“连接现代生活　绽放迷人光彩”为主题的2022年“文化和自然遗产日”系列宣传、展演展示活动

2—3. 2022年4月21日，桑日县新时代文明实践中心组织县委宣传部、团县委、县委网信办、县“扫黄打非”办在绒乡小学开展“倡导全民阅读　建设书香桑日”暨“扫黄打非”齐发力“护苗行动”进校园活动

4. 2022年1月5日，桑日县新时代文明实践中心组织健康志愿服务队和理论宣讲志愿服务队深入甜茶馆、公共区域开展新时代文明实践推进日暨“禁烟控烟　共享绿色呼吸”活动

5. 2022年5月28日，桑日县文化局联合桑日镇文化站,在县文化广场开展锅庄舞培训

1	2	4
3		5

1. 2022年6月11日，桑日县文化局联合桑日镇文化站开展以“激发非遗活力　创造美好生活”为主题的“文化和自然遗产日”展览、挖掘非遗活动

2. 2022年6月21日，桑日县新时代文明实践中心联合县教育局、团县委、“扫黄打非”办，到绒乡扎巴村、卓吉村幼儿园开展以“童心向党、筑梦成长　喜迎中共二十大”为主题志愿服务活动

3. 2022年6月30日，桑日县举办铸牢中华民族共同体意识喜迎二十大歌唱比赛

4. 2022年7月29日，桑日县文化局开展“我们的中国梦”喜迎中共二十大巡回演出活动，共同庆祝第95个“八一”建军节，为驻地官兵和退役军人送去精彩的文艺演出、趣味文体活动和优秀电影展播，为军嫂们送上节日祝福

5. 2022年12月20日，桑日县举办“学思践悟二十大　踔厉奋发谱华章”演讲比赛（预赛）

民生工程

桑日县绒乡卫生院标准化建设项目于2021年12月开工建设，2022年5月完工投入使用，总投资435万元

桑日县增期乡乡镇（村）供水工程建设项目于2021年9月开工建设，2022年5月完工投入使用，总投资1250万元

1 2
3

1—3. 桑日县桑日镇雪巴村道路改造建设项目于2022年1月开工建设，2022年5月完工投入使用，总投资1250万元

葡萄产业

桑日县平均海拔3600米，依托独特的地理位置和气候条件优势，桑日县帕竹荣顺（净土）庄园有限公司在塔木村、洛村、霍布塘、卓吉村大力发展无公害、绿色优质有机葡萄种植。经过多年的试验试种，该公司在2014年培育出适应超高海拔种植的葡萄品种——“超高海拔A”：从表皮到果肉呈现紫红色，为国内独一无二的红心葡萄新品种，花青素及黄酮类化合物是普通葡萄品种的数倍。依托湖南援藏资金、技术等支持，桑日县葡萄基地从2011年15亩扩大到2022年的10000亩。2021年桑日县超高海拔葡萄种植基地获得吉尼斯世界纪录认证，是世界最高海拔葡萄园。同年，基地获得西藏自治区农业农村厅颁发的无公害农产品证书。葡萄基地采用“公司+基地+农户”的模式，从栽培规范化、品种区域化、管理标准化等有力地推动葡萄酒产业的高质量发展，2016—2022年葡萄产量累计达到590吨，仅2021年带动当地农牧民群众509人增收291.7万元，实现企业和农户的双赢。2022年，葡萄产量达到350吨，葡萄酒产量达到150吨32万支。

桑日葡萄产业展销中心

采摘葡萄

“超高海拔A”葡萄种植区

沿江葡萄种植园

山南桑日葡萄酒

疫情防控

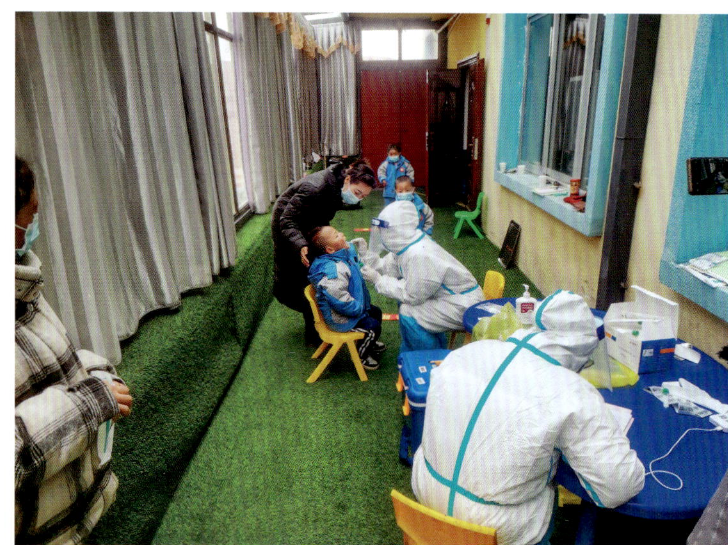

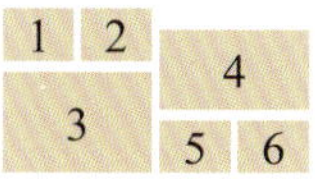

1. 2022年3月16日，桑日县人民医院医护人员在增期乡真措村幼儿园进行核酸采样
2. 2022年8月23日，桑日县商务局、县市场监督管理局为各菜店发放生活物资
3. 2022年8月23日，桑日县医护人员参加支援拉萨方舱医院医疗队
4. 2022年8月中旬，岳阳市多方筹措价值100余万元的防疫物资分6批抵达桑日
5. 2022年9月6日，白堆乡组织驻村工作队、村干部开展疫情防控演练
6. 2022年9月15日，桑日县农业农村局使用农机对环境进行消杀

1. 2022年9月17日，国网桑日县供电公司职工在桑日县核酸分检中心开展搭火供电工作
2. 2022年9月21日，桑日县民政局到增期乡为滞留在桑日县的外来旅游人员送生活物资
3. 2022年9月19日，西藏山南旭日建筑有限责任公司向全市捐赠154座移动式核酸采样工作站，总价值368万元
4. 2022年9月29日，桑日县退役军人组成志愿服务队赶赴拉萨参加开展疫情防控志愿服务
5. 2022年疫情期间，桑日县沃德投资有限公司为抗疫一线人员配置餐饮
6. 2022年疫情期间，桑日县沃德投资有限公司志愿者为抗疫一线人员送餐

桑日县退役军人志愿服务队

生态桑日

思金拉措

1	2
	3

1. 沃德贡杰
2. 达古景区
3. 达古峡谷

真措湖

1
2
3

1. 2022年3月22日和24日，桑日县以环保督察生态修复治理为重点，在前期谋划植树选点、场地平整、苗木采购等工作的基础上，开展以“全面改善生态环境质量，有力助推乡村振兴”为主题的全民义务植树暨国土绿化活动。县级干部、离退休老干部、机关企事业单位干部职工及农牧民群众等近1000人分多个区域参加义务植树活动

2. 2022年3月22日，桑日县1000余名干部职工参与全民义务植树，植树造林活动使200余亩废弃砂石场和荒漠重新披上绿装。图为桑日县努卡村砂石场生态恢复情况

3. 2022年4月1日，桑日县在县污水处理厂东侧（比巴河入江汇口处）开展以“参与绿色行动，保护美丽桑日”为主题义务植树造林活动

目 录

特 载

大事记

县情综述

中国共产党桑日县委员会

桑日县人民代表大会

桑日县人民政府

中国人民政治协商会议桑日县委员会

纪检监察

监督工作

反腐败工作

巡察工作

受援工作

群众团体

桑日县总工会

共青团桑日县委员会

桑日县妇女联合会

桑日县工商业联合会

经济综合管理

农业农村·林业·水利

商贸·旅游

财税·金融

交通·邮政·通信

城乡建设·生态环境

教育·科技

文 化

卫生健康

民政·社会保障

应急救援

乡镇概况

附 录

索　引

特 载

在县委经济工作会议上的讲话

桑日县委书记 孙守英

（2023年1月30日）

这次会议的主要任务是，坚持以习近平新时代中国特色社会主义思想为指导，深入学习贯彻党的二十大和中央经济工作会议精神，学习贯彻区党委十届三次全会、市委二届五次全会和区党委、市委经济工作会议精神，总结成绩，分析形势，安排部署今年经济工作。

一、深入学习领会习近平经济思想和党的二十大精神，切实把思想和行动统一到党中央、区党委和市委经济工作决策部署上来

党的十八大以来，面对严峻复杂的国际形势和艰巨繁重的国内改革发展稳定任务，以习近平同志为核心的党中央高瞻远瞩、统揽全局、把握大势，提出一系列治国理政新理念新思想新战略，引领我国经济发展取得历史性成就、发生历史性变革，在实践中形成和发展了习近平经济思想。习近平经济思想立意高远、与时俱进、逻辑严谨、博大精深，系统阐明了新时代中国经济现代化的根本要求、指导理念、发展阶段、发展主题、战略路径、动力模式，是新时代指引中国经济发展、推进中国经济现代化进程、建设社会主义现代化国家的理论指南和根本遵循，是习近平新时代中国特色社会主义思想的重要组成部分，是运用马克思主义基本原理指导我国经济发展实践形成的重要理论成果，是新时代做好经济工作的行动指南，是党和国家十分宝贵的精神财富，必须长期坚持、全面贯彻。

党的二十大明确提出：从现在起，中国共产党的中心任务就是团结带领全国各族人民全面建成社会主义现代化强国、实现第二个百年奋斗目标，以中国式现代化全面推进中华民族伟大复兴。党的二十大在党的十九大作出的分两步走全面建成社会主义现代化强国战略安排的基础上，进一步对2035年和本世纪中叶的发展目标作出宏观展望，强调未来5年是全面建设社会主义现代化国家开局起步的关键时期，搞好这5年的发展对于实现第二个百年奋斗目标至关重要。

中央经济工作会议是党的二十大后召开的一次十分重要会议。为筹备好中央经济工作会议，2022年12月2日习近平总书记主持召开党外人士座谈会，征求对经济工作的意见和建议。12月6日习近平总书记主持召开中央政治局会议，分析研究2023年经济工作。12月15日至16日，习近平总书记出席中央经济工作会议并发表重要讲话，全面总结2022年经济工作，深入分析当前经济形势，全面部署2023年经济工作，阐释了做好经济工作必须坚持的六大

原则，确定了做好经济工作的总体要求，提出了经济工作的政策取向，部署了推动高质量发展的具体任务，为我们全面建设社会主义现代化开好局起好步指明了前进方向、提供了根本遵循。

2022年12月19日，区党委召开常委会（扩大）会议，专门研究全区经济工作。12月27日，召开区党委经济工作会议，王君正书记作了重要讲话，全面总结了2022年经济工作，对深入学习贯彻党的二十大和中央经济工作会议精神、做好2023年全区经济工作进行了全面部署，为我们做好今年经济工作提供了重要指导。

2022年12月28日，市委召开经济工作会议，许成仓书记作了讲话，系统总结2022年经济工作，全面分析当前经济形势，研究部署2023年经济工作，对我们坚定信心、攻坚克难、苦干实干，全力做好2023年经济发展工作提出了明确要求。

全县各级党政组织要深刻领悟“两个确立”的决定性意义，增强“四个意识”、坚定“四个自信”、做到“两个维护”，深入学习贯彻习近平经济思想，深入学习贯彻党的二十大精神，切实把思想和行动统一到党中央、区党委和市委关于经济工作的决策部署上来，统一到推动高质量发展的奋斗目标上来，坚定发展信心、保持战略定力，主动对标对表、主动担当作为，立足桑日实际，抓紧抓实抓细各项工作，为山南走在全区前列贡献桑日力量、体现桑日担当，为全面建设社会主义现代化国家、全面推进中华民族伟大复兴作出新贡献。

二、准确把握当前经济发展形势，进一步增强推动高质量发展的信心和决心

2022年是党和国家历史上极为重要的一年，也是桑日发展进程中极不平凡、极为不易的一年。一年来，在习近平总书记领航掌舵和党中央亲切关怀下，在区党委、市委坚强领导下，在援藏省市大力支援下，县委团结带领全县各族干部群众，坚持以习近平新时代中国特色社会主义思想为指导，深入学习贯彻习近平总书记西藏工作重要论述和新时代党的治藏方略以及习近平总书记视察西藏重要讲话指示精神，全面贯彻党中央、区党委和市委决策部署，坚持稳中求进工作总基调，主动作为、攻坚克难，扎实推进桑日长治久安和高质量发展，全县社会大局持续稳定、民生事业稳步向前、发展基础不断夯实、特色产业助农增收、城乡面貌持续改善、生态环境治理有效、深化改革纵深推进、党的领导更加有力，各项事业发展取得新进展新成效新突破。在此，我代表县委向全县各族干部群众表示衷心的感谢和崇高的敬意！

综合分析判断，做好2023年经济工作，推动桑日高质量发展，挑战与机遇并存，关键要把握机遇、应对挑战。一是发展不平衡不充分的问题仍然突出。在全国经济工作重心转向构建新发展格局的大背景下，我县经济规模总量小，质量效益不优，加快转型、提高发展质量任务依然艰巨，不稳定不确定因素依然存在。实施乡村振兴战略缺乏县乡村具体规划和乡村产业发展的激励保障机制，乡与乡之间、村与村之间的发展水平不平衡，资源禀赋差异大，全县仍有23个村集体经济收入在5万元以下，个别村集体经济收入还不到2万元。二是支撑高质量发展的动力和后劲不强。区位和资源优势未能有效发挥，山南半小时经济圈发展不充分。随着拉林铁路等重大项目的完工，群众外出务工时间相对平衡，组织劳务输出能力水平低，靠农牧民群众自身能力保持13%增速压力较大。特色产业小而散，关联度低、链条短，依然形不成规模，持续经营难度较大，品牌效应不高，种养加和服务环节与市场需求连接缺位，对县域经济支撑力不强，带动群众稳定增收的能力有限。乡村人才特别是葡萄产业、高效温室、新型农牧业专业技术人才和具备现代经济知识素质人才紧缺。三是部分干部抓落实的能力和干劲不足。有的思想不解放，忧患意识不强，躺在过去的功劳簿上沾沾自喜，不主动学习研究新形势新政策，缺乏把握机遇的意识、解决问题的能力，遇到问题要么束手无策、要么按老套路处理。有的担当精神、吃苦精神、斗争精神不足，面对严峻形势，既无思路也无行动，麻木不仁、不去改变，工作还是老样子，打不开局面。对此，我们一定要警醒起来、行动起来，认真思考研究，拿出有效措施，着力解决好问题。

当前，我们正处于实现“两个一百年”奋斗目标的历史交汇期，正处于政治稳定、经济繁荣、创新活跃、人民幸福的伟大时代。当前，全国特别是西藏连续多年保持和谐安全稳定的局面，为我们推动高质

量发展打下了坚实的政治基础和社会基础。区党委、市委提出了做好全区、全市经济工作的一系列新理念新部署新举措，为我们推动高质量发展提供了难得机遇和强力支撑。全县各族干部群众思稳定、谋发展、盼富裕的愿望更加强烈，建设美丽幸福西藏、共圆伟大复兴梦想已成为自觉行动，积极投入推动高质量发展、创造幸福生活的火热实践。

我们推动桑日高质量发展，面临的机遇前所未有，必须坚定必胜信心。党的二十大和"十四五"中期规划调整将带来更多政策机遇。党的二十大科学制定了当前和今后一个时期党和国家的大政方针，今年将迎来"十四五"中期规划调整期，出台一大批促进经济恢复的重大政策。国家重大战略和自治区、山南市重大项目持续落地实施。雅江中游已成为全区清洁能源产业布局的重点区域之一，雅江中游电站群建设将进入新的密集投资周期，雅江中游山南段综合治理被列入自治区重点推动的重大项目。交通区位优势进一步凸显。桑日作为山南市中心经济圈、"半小时经济圈"成员，地理位置优越，交通十分便利，西连泽贡高速公路，北接拉林高速公路，川藏铁路（拉林段）穿境而过，区位优势十分明显，为高质量发展提供了良好环境。

三、坚持稳中求进工作总基调，奋力推进桑日经济高质量发展

2023年是全面贯彻落实党的二十大精神的开局之年，做好经济工作意义重大。总体要求是：坚持以习近平新时代中国特色社会主义思想为指导，深入学习贯彻习近平经济思想，全面贯彻党的二十大和中央经济工作会议、中央第七次西藏工作座谈会精神，贯彻落实区党委十届三次全会、市委二届五次全会和区党委、市委经济工作会议精神，坚持稳字当头、稳中求进，完整准确全面贯彻新发展理念，落实"三个赋予一个有利于"要求，围绕"四个创建""四个走在前列"和"六个走在全区前列"，聚焦实施"六县战略"目标（即全面实施"农牧稳县、生态立县、工业强县、能源富县、文旅活县、人才兴县"战略），着力推进高质量发展，加快建设现代化产业体系，大力提振市场信心，持续有效扩大内需，全面深化改革开放，有效防范化解重大风险，推动经济实现质的有效提升和量的合理增长，努力推动桑日长治久安和高质量发展，为全面建设社会主义现代化桑日打下坚实基础。预期目标是：地区生产总值增长8%左右，农牧民人均可支配收入增长12%左右，固定资产投资增长10%左右，规模以上工业增加值增长8%以上，社会消费品零售总额增长10%左右，居民消费价格涨幅控制在3%以内。

这样的目标是对标党中央、区党委和市委决策部署，慎重研究确定的，既充分考虑全县发展基础、未来趋势和现实可能，也体现稳字当头、稳中求进的工作总基调，既着眼推动全县经济高质量发展，也主动对标，符合各方面预期。

2023年经济工作千头万绪，必须抓好以下几项重点工作。

（一）坚持稳字当头、稳中求进，推动经济实现质的稳步提升和量的合理增长。坚持稳字当头、稳中求进，是以习近平同志为核心的党中央在深刻洞察国内外经济发展大势、科学判断发展环境变化、全面总结经济发展经验的基础上作出的重大判断。经济发展是质和量的有机统一，质是指经济发展的结构、效益，量是指经济发展的规模、速度，质的提升为量的增长提供持续动力，量的增长为质的提升提供重要基础，二者相辅相成。要深刻领会党中央、区党委和市委对当前经济形势的分析判断和规律性认识，保持清醒头脑，坚定发展信心，精准把握政策导向要求，正确处理好稳与进的关系，把经济发展的质和量统一起来，实现经济质的稳步提升和量的合理增长。要稳投资。有效投资事关当前经济的稳增长、未来发展的高质量，必须要把稳投资作为经济工作的重中之重，保持投资的合理规模和增速。必须坚持把稳投资作为稳增长的关键，把做好对上争取和盘活现有项目结合起来，准确把握党中央宏观政策导向和区党委重点发展方向，始终把抓好重大项目作为扩大有效投资的重要抓手和主攻方向，抢抓今年"十四五"规划中期调整机遇，提前谋划一批事关长远发展的大项目好项目，推动更多大项目纳入国家、自治区和山南市盘子。加快推进全县25个2023年计划实施项目前期工作，紧盯7个一般债券项目建设进度，确保国家电投桑日一期二期光伏电站储能项目、中广核桑日光伏电站储能建设项目尽快完工并网，推进蜀宏钢结构生产建设项目、华新一般固废替代燃料等招商引资项目加快建设。要适度超前开展基础设施投资，加快城乡一体化发展进程，以雅江中游清洁能源基地建设为重点，集中力量打造藏中清洁能源基地，加快产城融合、城乡融合，加快城镇化进程，为经济稳增长注入强劲动力。要稳增长，努力克服各种不稳定不确定因素的影响，推动主要经济指标稳定增长。强化各类政策统筹，推动投资、消费等协同发力，有效释放更多积压的需求，发掘更多带动经济增长的动力来源，推动GDP稳定增长。牢固树立过紧日子的思想，抓牢抓实财政收入，加大财源培植力度，严格控制一般性支出，推动财政收入稳定增长。精准落实助企纾困税费支持政策，继续推进“退减免降缓”典型经验做法，加强留抵退税审核管理和风险防控，推动税收收入稳定增长。要稳就业。就业是最基本的民生。要始终坚持以人民为中心的发展思想，坚持把促进高校毕业生就业摆在更加突出的位置，大力实施高校毕业生高质量就业促进行动，发挥好援藏省市就业联络站作用，推动就业向市场转移、向产业靠拢、向企业倾斜、向区外延伸，努力实现更充分、更稳定就业，确保应届高校毕业生就业率保持在95%以上。严格落实县乡村党组织书记抓群众增收工作责任制，完善落实重大项目用工对接机制、吸纳劳动力转移就业机制，以“以工代赈”等形式，多渠道促进农牧民转移就业，确保农牧民转移就业、劳务创收。

（二）持续有效扩大内需，不断夯实促进共同富裕的物质基础。消费需求一头连着经济发展，一头连着社会民生，已经成为拉动经济增长的主要引擎，是经济发展的主要依托，是国民经济平稳运行的“稳定器”和“压舱石”。近年来，我们的发展环境和条件发生了深刻变化，消费对于扩大市场需求、推动经济社会发展的基础性作用日益凸显，但我们的消费受居民收入水平、社会保障水平、消费供给、消费观念、消费环境等多方面因素制约，消费潜力仍未得到充分释放。发挥消费的基础作用是大力提振市场信心、着力扩大内需，也是做好今年经济工作的关键举措。要把恢复和扩大消费摆在优先位置，紧紧围绕改善民生拓展需求，落实刺激消费政策，改善社会心理预期，促进消费与投资有效结合，把被抑制、被冻结的消费需求释放出来，把住房改善、新能源汽车、养老服务等新型消费、升级消费培育壮大起来，着力增强消费能力，让广大居民敢于消费，进一步扩大消费规模，释放消费潜力。要激发释放民间和社会投资活力。落实产权保护、市场准入、公平竞争、社会信用等市场经济基础制度，优化产业规划布局，推进市场有序运行，给予各类市场主体更多公平参与的机会，用市场办法、改革举措激发民间和社会投资活力，鼓励和吸引更多民间资本、社会资本参与基础设施补短板和特色产业发展等项目，实施更多具有商业化价值和现金流的项目。要优化消费环境。加快推进以人为核心的新型城镇化建设，完善交通、排水管廊、停车场、绿地、公园等设施，全面提升精细化管理水平和品质，既增强消费吸引力，也让群众有地方消费。积极发展地摊经济、非接触经济、宅经济等新业态新模式，办好物资交流节、文化旅游节等节庆活动，规范市场秩序，改善消费条件，提升消费便利性，为经济发展注入更多活力。

（三）聚焦桑日“六县战略”目标，走出一条符合实际的高质量发展之路。深入学习贯彻落实党的二十大精神，始终把自治区第十次党代会提出的“四个创建”“四个走在前列”与市第二次党代会提出的“六个走在全区前列”的要求统一起来，一体学习理解贯彻落实，聚焦实施“农牧稳县、生态立县、工业强县、能源富县、文旅活县、人才兴县”战略，坚持速度与质量并重、规模与效益并举，借助外力、增强内力、凝聚合力，抢抓机遇创新发展、发挥优势促进发展、紧贴民生快速发展，坚定不移做好自己的事情，以推动桑日高质量发展的实际成效，有力支撑全区实现“四个创建”“四个走在前列”和全市“六个走在全区前列”的奋斗目标。全县广大党员干部要坚持“三个赋予一个有利于”，抓紧抓实“高质量发展”首要任务，立足桑日优势，找准把握切入点和发力点，大力实施“六县战略”，走出一条符合桑日实际的高质量发展之路。

一要深入实施农牧稳县战略。农牧业是重要的民生产业，也是推进高质量发展的基础力量。要夯实农牧业基础地位。实行最严格的耕地和草场保护制度，严守耕地和草场保护红线，坚决遏制耕地“非农化”、草场“非牧化”，防止“非粮化”。要筑牢粮食安全底线，落实“藏粮于地、藏粮于技”战略，推进高标准农田建设，加强农田基础设施建设，推行集中连片、规模化种植，实行轮换耕种，全面实施“种子提升工程”，认真实施土地保护工程和粮食增产行动，确保粮食安全。要不断提升肉油供给能力，进一步保障“菜篮子”充足稳定。要加快建设牦牛规模养殖区，加强畜禽疫病防治，着力建设畜禽健康养殖示范区，大力发展绿色无公害农畜产品。要大力发展现代农业。大力发展葡萄产业，着力打造集葡萄种植、葡萄酒加工生产和旅游休闲观光为一体、全产业链的现代化农业种植生态酒庄，加快结构调整，优化发展布局，着力建设特色藏药材基地、生态观光旅游示范基地，促进传统农业转型，探索打造“智慧农业”。要大力扶持一批以本土特色种养业及配套加工业为基础的农牧民合作社等经济组织，持续开展好消费扶贫工作，拓展现代互联网销售渠道，鼓励乡村大众创业、带动就业。要完善农牧业发展要素保障。推进土地有序流转，加强乡村产业融合发展，延伸发展休闲观光、生态农业等新业态，提升农业附加值。要大力培育新型农业经营主体，培养新型职业农民，发展以家庭农场、种养殖大户、专业合作社、农业龙头企业为主体的新型农业经营主体，提高生产技术水平。要进一步完善利益联结机制，促进农牧民分享产业增值收益。要以绿色低碳为主要原则，推动生态经济发展。

二要深入实施生态立县战略。“中国式现代化是人与自然和谐共生的现代化”，我国新时代生态文明建设的战略任务，总基调是推动绿色发展，促进人与自然和谐共生。全县各级各部门和广大党员干部要深入贯彻“推动绿色发展，促进人与自然和谐共生”重要要求，贯彻落实习近平生态文明思想，树牢绿水青山、冰天雪地都是金山银山的理念，坚持生态保护第一，正确把握生态安全和发展安全、经济建设和生态文明建设、社会建设和生态文明建设、继承传统和创新发展的关系，坚定不移走生态优先、绿色发展之路。要深入开展国土绿化行动，常态化开展全民义务植树活动，大力推进“留白增绿、见缝插绿”，留给子孙后代一片绿水青山。要全面推进生态保护修复，深入实施山水林田湖草沙一体化保护和系统治理，坚决打好污染防治攻坚战，加强重要河湖流域生态环境保护和修复，守护好桑日生灵草木和万水千山。要深入推进人居环境整治行动，以垃圾分类、污水治理、厕所革命、县容环境、村容村貌提升和长效机制建立为重点，着力建设生态宜居美丽乡村。要深入实施生态富民工程，全面落实生态补偿机制，结合实施乡村振兴战略，大力推进生态富民利民，让各族群众在生态环境保护中拥有更多获得感。

三要深入实施工业强县战略。工业强则县域强，工业兴则县域兴。要牢固树立“一盘棋”思想，切实增强“等不起”的紧迫感和“慢不得”的责任感，统一思想，坚定信心，奋发作为，以务实的工作作风，扎实推进工业强县战略。要用战略眼光和长远眼光谋划推进项目建设，建好项目“点”、延长产业“线”、扩大经济“面”，发挥投资对增加供给、稳增长的关键作用，形成经济增长的有效支撑，为工业发展提供新动能。要抢抓政策机遇。加强谋划项目，围绕国家重点支持的新兴产业发展、推进乡村振兴、城乡基础建设、“三农”建设、节能环保与生态建设等领域，组织、策划和包装一批对我县优化结构和增强后劲有重大影响的项目，争取获得更多资金支持。要加强争取项目，利用一切机会与上级部门衔接，加强项目申报和跟踪，力争更多的项目挤进自治区和市盘子。善于抓最具特色的产业、最具活力的企业，加强科技推广应用，推进企业实施技术改造，推进华新水泥转型升级和提质改造，提高华新水泥、四家光伏电站等重点工业企业的发展水平。要大力发展绿色建材，推动绿色建筑建材业发展，延伸水泥深加工产业链，建设优质、适用、环保型建材产品，增强工业竞争力，打造绿色建筑建材基地，丰富完善建材品种，提高建材产品质量。要坚持长短结合、向上争取，招商项目抓谋划、前期项目抓开工、在建项目抓进度、竣工项目抓投产、问题项目抓整改、投产项目抓效益，确保经济发展当前有活力、未来有潜力。要狠抓项目建设。坚持大抓项目、抓大项目，突出产业投资、重大基础设施投资、民生投资，持续加强交通、水利、能源、市政、污水处理等领域一批重大基础设施项目建设，扩大投资规模，优化投资结构，提高投资效益，不断提升发展支撑保障能力。要坚持搞快一点、盯紧一点、抓实一点，加强对接，跟进落实“十四五”规划项目，加快推进街需、巴玉水电站、增期站点抽水蓄能电站、市殡仪馆、精神病福利机构等重大项目建设，争取形成更多实物量。要加强服务管理。实行重大项目落地建设领导负责制，各级党政主要负责同志都要亲力亲为，俯下身子，敢于触及矛盾，加强协调服务，确保既定的项目能早开工、早建成、早投产、早见效。要树立“一盘棋”的思想，围绕项目立项、开工、建设、投产、运营等各环节，分工协作，抱团发力，共同解决好项目推进中的问题，为项目建设营造良好环境。要加强项目资金动态管理，紧盯项目建设进度，对超过规定时限的资金一律收回调整，把趴在账上的资金盘活，杜绝资金等项目、项目等前期的现象。

四要深入实施能源富县战略。桑日具有光、水等丰富的自然资源优势，发展能源产业有基础、有条件，前景广阔。要抢抓国家“双碳”战略的机遇期和窗口期，巩固发展绿色建材业，充分发挥水能资源优势，积极稳妥推进雅江中游梯级水电开发利用，大力配合推动街需、巴玉水电站建设，积极推进增期站点抽水蓄能电站建设，全面做好大古水电站运营服务管理，在全区全市清洁能源示范建设中作出贡献、体现担当，争取建成国家清洁可再生能源利用示范县。深化开展“水风光热储”一体化研究，加快推进“藏中清洁能源基地”建设。要充分发挥光热资源和在建项目优势，在现有的太阳能光伏发电产业基地的基础上，努力提升光伏产业的财税贡献率。要加速整合江北光热产业，推动新能源产业共建共享，提质发展江北太阳能光伏产业基地。要创新清洁能源应用，发挥光伏能源优势，大力推广农光互补、牧光互补等模式，健全以太阳能为主体的农村可再生资源运用模式，开展农牧区分布式光伏设备应用，提高能源供应服务网络体系在全县所有乡镇和行政村的覆盖率。

五要深入实施文旅活县战略。坚持资源是根、特色是本、文化是灵魂、市场是导向，以西藏旅游“东环线”为牵引，深化文旅融合，充分发挥旅游资源禀赋优势，大力发展全域旅游，放大“旅游+”叠加效应，加快建设全域旅游示范县，为桑日高质量发展赋能增效。要在文旅融合上全面提升。积极筹办思金拉措旅游民歌节、旅游商品文创大赛等具有桑日特色的文化旅游节庆活动，提升旅游服务水平，大力发展温泉康体游、葡萄酒庄游、乡村休闲游、生态观光游和文化体验游，认真筹备召开桑日旅游发展大会，推介宣传桑日、助推桑日发展，全力推动县域旅游多业态融合、全产业发展。提升旅游业发展效益，大力培育具有民族文化内涵和工艺特色的民族手工业优势企业及专业合作社，推动民族手工艺产品与旅游业发展的深度融合。要将文创融入运动休闲、温泉康养、生态观光、民族手工等旅游产品，探索开展数字创意旅游项目。要积极发展景观农业、创意农业、乡村创意等新业态，打造“乡村美学+创意休闲”消费场景。要在景区建设上统筹整合。整合生态旅游、文化旅游和乡村旅游等特色资源，加快建设沃卡温泉旅游度假村自驾游线路、鲁定颇章景区，提档升级达古景区、思金拉措景区，开展思金拉措湖生态保护、白堆乡里龙沟生态功能保护、增期沃卡湿地保护工程，加强旅游服务配套设施建设，推进牧旅深度融合，建设桑日全域旅游核心承载区。要在旅游服务上提质增效。进一步健全公共设施，提升公共服务，培养旅游从业人才，加大宣传力度，大力发展乡村旅游，建设高质量旅游服务体系，推动旅游服务信息化建设，开启智慧旅游新模式，努力构建全域打造、全要素提升的文旅发展新格局。

六要深入实施人才兴县战略。国以才兴、业由才广，人才是强国之基、兴邦大计。全县广大党员领导干部要带头深入贯彻落实习近平总书记人才工作重要论述，按照党中央、区党委和市委人才工作会议部署要求，牢固树立人才是第一资源的理念，坚持稳存量、扩增量、提质量、释能量，统筹推进“育、引、管、用”四大工程，努力打造一支规模适宜、结构合理、素质优良、特色鲜明的人才队伍。要多点发力实施育才工程。盘活现有人才资源，培养高素质技能型人才，注重青年人才培养和使用，走好人才自主培育之路。加大教育培训力度，对体制内人才实行“成才型培育”，对产业人才实行“精英型培育”，对实用人才实行“传帮带培育”，对教育卫生人才实行“导师制培育”，对行业技术人才实行“职业化培育”。积极采取定向委托培养、开设特色班、共建帮扶培养平台等方式，培养一批具有西藏特色、桑日优势的种养大户和民族手工艺人。要多元拓展实施引才工程。“不拒众流，方成江海。”要拓宽引才视野，丰富引才模式，创新“候鸟式”聘任、“离岸式”研发、“巡回式”服务等引才模式，采取重大项目“接榜挂帅”等方式吸引人才，支持企业家、专技人才、高校毕业生返乡创新创业。注重质量效益，引进关键领域、重点行业急需紧缺人才，补齐人才短板。要守正创新实施用才工程。“人材者，求之则愈出，置之则愈匿。”无论是发现人才、培养人才，还是引进人才，最终目的都是为了更好地使用人才。要深化人才发展体制机制改革，在更新观念、精准使用、授权松绑、科学评价、创新激励、促进流动上狠下功夫，充分发挥用人主体的积极性，不拘一格用好人才、千方百计成就人才。继续发挥援藏干部人才独特优势，深化“组团式”援藏工作，用好现有人才，突出就业导向，培育更多“土专家”“新乡贤”和“田秀才”，造就大批实用技能人才。大力支持青年人才挑大梁、当主角，把现有特色农牧业、企业、产业项目、离退休和青年人才的能量释放出来、作用发挥出来。要用情用心实施留才工程。“用人必先赢其心，人才方会尽其智。”对于人才，事业是感召力、环境是吸引力、服务是竞争力。要坚持“要素跟着项目走，资源跟着人才走”的理念，加强顶层设计，根据实际情况和具体需求，出台“人才新政”“绿灯直线行”，拿出真金白银的诚意，让“周到”服务无时不在、无所不能、无微不至。要建立“保姆式”“店小二”服务机制，解决好住房保障、子女就学、配偶安置等后顾之忧，打通留才用才“最后一公里”。要改革人才激励机制，完善政治引领、荣誉激励、报酬补贴、人才评价等体系，用最大诚意、最优政策、最高礼遇，让人才“名利双收”，迸发出更大的创新创造活力。

（四）加大招商引资力度，增强经济发展活力。招商引资是抓好经济工作的基础和项目的来源，是推动经济结构调整的重要抓手，是产业提质增效的活水源泉。要把招商引资作为做好经济工作的重中之重来抓，认真筹备招商引资工作大会，在目标上只设底线、不设上限，在要求上招大引强、竞进提质，在方式上八仙过海、各显其能。持续优化营商环境，深化“放管服”改革，提升“互联网＋政务”服务，主动适应招商引资形势的变化，完善招商引资政策，精准对接、主动服务，通过政府投资和政策激励有效带动全社会投资，促进我县招商引资实现新突破。一要突出项目招商。项目是经济发展最基本的单元，没有项目载体，招商引资就是一句空话。要坚持策划优质项目吸引客商与引进客商建设优质项目两手抓、两手都要硬，引进一批规模大、活力足、效益好、带动力强的优质企业。狠抓项目储备包装，认真谋划招商引资项目，着力解决手中没项目、招商无方向、洽谈不对路等问题。狠抓项目洽商对接，发挥招商引资机构和援藏省市作用，精准对接、主动服务，做好对接洽谈、跟踪服务，层层落细、落实招商责任。狠抓项目落地达产，包保推进、挂图作战，把意向变成协议，把协议变成合同，把合同变成实实在在的投资，把投资变成看得见摸得着的项目，提高招商引资项目的资金到位率、项目开工率、投产达效率，促进快速形成产业链，推动招商引资项目资金转化为现实生产力。二要突出产业招商。坚持缺什么引什么、弱什么补什么，加强产业规划引导，注重研究把握资本布局规律，重点围绕医药健康、清洁能源、旅游文化、轻型工业等产业以及“互联网＋”等新经济、新产业，聚焦产业、聚集要素、聚合力量，真正把适合西藏、适合桑日的产业招进来。三要突出援藏招商。把招商引资作为援藏工作的重要内容，发挥援藏干部的桥梁纽带作用，把援藏省市的企业和产业引到西藏来，落户桑日，努力引进一批行业领军企业，真正培育一批特色鲜明、产业链完整、带动作用大、市场竞争力强、经济效益高的产业，落地一批优质企业、精品项目。援藏干部人才要抓住东部产业向西部转移的机遇，主动牵线搭桥，力争引进更多的产业转移大项目。

（五）扎实推进乡村振兴，加快农业农村现代化建设。乡村振兴是新时代“三农”工作的总抓手，实现第二个百年目标的一项重大任务。要始终把乡村振兴作为重中之重，突出重点，精准施策，分类推进，促进农牧业高质高效、农牧区宜居宜业、农牧民富裕富足。要着力推动巩固拓展脱贫攻坚成果同乡村振兴有效衔接。用足用好五年过渡期政策，严格落实“四个不摘”要求，加强对脱贫不稳定户、边缘易致贫户、突发严重困难户监测预警，及时发现、有针对性采取措施，坚决守住不发生规模性返贫底线，确保脱贫基础更加稳固、成效更可持续。要强化开发式帮扶和易地搬迁后续扶持，加强配套基础设施和公共服务，搞好社会管理，确保搬迁群众稳得住、有就业、逐步能致富。要推动各类资源向困难地区倾斜支持，坚持对口援藏支援、社会力量参与帮扶等机制，激发困难人群的内生动力，不断增强其自我发展能力。要着力促进群众增收。压紧压实县乡村党组织书记抓群众增收责任，实行县（乡、镇）党委书记、县（乡、镇）长亲自抓、副书记专责抓、专班推动抓的群众增收工作机制，落实好工作调度和目标考核责任。要继续落实好400万元以下政府投资项目交由当地有资质的农牧民施工企业要求，广泛开展以工代赈，不断加强劳务输出，切实拓宽群众增收致富渠道。要发挥好务工联队、劳务输出企业、用人单位等的作用，提高群众外出就业组织化程度。要认真实施新型农牧民培训计划，加快培养和造就一批有文化、懂技术、善管理、会经营的现代劳动力。要加强转移就业，抓住县域重点工程项目建设，主动对接用工单位，力争最大限度安排本地农民工参与务工，确保实现就近就便就业。要认真做好农村集体产权制度改革“后半篇文章”，扎实开展扶贫项目清产核资，不断提高项目效益和带动脱贫群众增收就业能力。要全面推动国家投资项目吸纳群众就业，支持群众深度参与能干会干的项目建设和管护，健全完善产业利益联结、资源开发受益、生态岗位吸纳、消费帮扶等长效机制，确保2023年农牧民人均可支配收入增长12%左右。要实施乡村建设行动。坚持因地制宜、实事求是，科学编制“多规合一”的实用性村庄规划，合理确定村庄发展规模和功能定位，防止大拆大建，尽可能保持村庄乡土风貌。加快实施乡村振兴示范村建设项目，要坚持缺什么补什么，加大项目、资金和政策争取力度，加快补齐农村地区水、电、路、网、物流、环保基础设施短板，分区域分批次推动乡村产业、人才、文化、生态、组织振兴，重点打造美丽宜居乡村振兴示范点。要注重考虑长远、尊重群众意愿、加强排查梳理，采取易地搬迁、就地改造等方式，动态改善偏远乡村、艰苦村组群众的住房条件。

（六）切实落实“两个毫不动摇”，着力激发各类市场主体活力。公有制经济和非公有制经济都是社会主义市场经济的重要组成部分，都是经济社会发展的重要基础。党的十九大把“两个毫不动摇”写入新时代坚持和发展中国特色社会主义基本方略，党的二十大把“两个毫不动摇”列为构建高水平社会主义市场经济体制的重要内容。必须紧紧抓住“两个毫不动摇”这一坚持巩固完善发展好基本经济制度的关键，深入学习贯彻习近平总书记关于国有企业和民营经济发展的重要论述，始终坚持“两个毫不动摇”，大力支持国有企业和民营经济健康发展。深化国资国企改革。坚持把党的领导放在最高的位置，坚持国有企业姓“党”姓“国”，把党的领导融入企业管理治理各环节各方面，保证党和国家方针政策、重大部署在国有企业贯彻执行。准确把握当前和今后一个时期国资国企深化改革重点任务，向改革要动力、向创新要活力、向管理要竞争力，努力实现质量更高、效益更好、结构更优的发展，不断提高国企核心竞争力。促进民营企业发展壮大。要从制度和法律上把对国企民企平等对待的要求落实下来，从政策和舆论上鼓励支持民营经济和民营企业发展壮大，制定金融支持民营经济发展的具体举措，加大支持性政策力度，落实更大规模减税降费，进一步减轻企业税费负担，让民营企业家得到看得见、摸得着的实惠，全面提振民营经济信心，进一步激发微观经营主体活力。围绕民营企业家普遍关心的法治问题，健全执法司法对民营企业的平等保护机制。要加快建立规范民营依法经营和诚信经营的制度，坚决惩戒“为官不为”，推动党员领导干部为民营企业、市场主体解难题、办实事，构建亲清政商关系，为民营经济快速发展营造良好环境。

（七）更好统筹发展和安全，以新安全格局保障高质量发展格局。没有团结和谐的社会环境，一切工作都无从谈起。要全力维护社会稳定。坚定不移贯彻总体国家安全观，坚决落实维护稳定第一位的工作任务，警钟长鸣、警惕常在，深入开展反分裂斗争，以常态化、法治化理念把维护稳定工作做在日常、做到基层。加大矛盾纠纷排查调处化解力度，抓紧抓实道路交通、非煤矿山、建筑施工、森林防火、学校、寺庙文物等领域安全生产工作和防灾减灾工作，着力建设更高水平的平安桑日，确保国家安全、社会稳定、人民幸福。要深化区域统筹。坚持全县发展“一盘棋”思想，把市域经济统筹起来考虑、一体谋划推进，坚持分类施策、有保有压，突出重点、扩大优势，不断增强发展的均衡性协同性稳定性。要有效防范化解风险。树牢底线思维和风险意识，全面排查、及时化解涉金融、涉意识形态、涉政府债务等领域风险隐患，坚决守住不发生系统性区域性风险底线。要科学抓好疫情防控。认真落实新阶段疫情防控举措，因时因势优化调整防控政策，全力保障好群众的就医用药，重点抓好老年人和基础性疾病群体的防控，保障医疗机构绝对安全，着力保健康、防重症，确保顺利度过流行期，确保平稳转段和社会秩序稳定。

四、加强党对经济工作的全面领导，为经济高质量发展提供坚强保障

加强党对经济工作的全面领导是推动经济高质量发展的根本保证。各级党政组织和广大党员干部要把党的领导贯穿经济工作全过程各环节各方面，观大势、谋大局、抓大事，不折不扣推动党中央、区党委和市委决策部署落实落地。

（一）坚决落实党领导经济工作的体制机制。发展是西藏“四件大事”之一，是中心工作，党的领导必须在中心工作中得到充分体现。要自觉站在讲政治的高度谋划经济工作，善于用政治眼光观察和分析经济问题，树立正确政绩观，扎实做好推动高质量发展的顶层设计、总体布局、统筹协调、整体推进、督促落实，从体制机制上保证党在领导经济社会发展中把方向、谋大局、定政策、促改革，有力有序推动工作落实。各级党委（党组）书记要认真履行第一责任人责任，把经济工作摆在突出位置，认真研究部署，定期听取汇报，加强工作调度，及时解决困难问题，切实把党领导经济工作的制度优势转化为推动高质量发展效能。

（二）提升领导经济工作的能力。这不仅是推动经济社会发展的必然要求，也是领导干部能力建设的重中之重。进入新发展阶段，科技革命蓬勃发展、信息技术日新月异，特别是互联网经济时代，经济工作面临的形势和环境更加复杂，许多经济领域的新情况、新问题摆在面前，对领导干部的经济工作能力提出了更高的要求。只有加强学习，才能熟练掌握履职必需的知识和技能，才能更好担负起推动发展的责任，才能作出有利于发展的决策，制定有利于发展的政策。要大力弘扬理论联系实际的学风，把加强理论学习和调查研究结合起来，与时俱进学习市场经济、现代管理、金融、科技等方面的知识，大力践行“一线工作法”，沉到一线、深入基层，摸清状况、解决问题，真正把学习成效体现到贯彻新发展理念、推动高质量发展的实际成效上。

（三）持续改进作风、狠抓落实。执行力高不高，是对干部政治忠诚度、政治责任感、政治敏锐性的直接检验。不注重抓落实，不认真抓好落实，再好的规划和部署都会沦为空中楼阁。要始终牢记党和人民把我们放在这个岗位上的使命和责任，始终保持真抓实干的劲头和锐意进取的激情，充分发挥主观能动性，把心思和精力用在干事创业上，结合实际认真研究贯彻落实党中央、区党委和市委关于经济工作的具体举措，以“时时放心不下”的责任感，紧盯不放、狠抓落实，久久为功、持续发力，一张蓝图干到底，进一步带动和激发全社会干事创业活力，让干部敢为、地方敢闯、企业敢干、群众敢首创，高效率、快节奏推进各项工作，着力破解发展难题、厚植发展优势，努力做出无愧于党和人民的新业绩。

桑日县人民代表大会常务委员会工作报告

——在桑日县第十四届人民代表大会第四次会议第一次全体会议上

桑日县人民代表大会常务委员会副主任　杨显芳

（2023年2月14日）

2022年工作回顾

一年来，县人大常委会在县委的坚强领导和市人大常委会的有力指导下，深入贯彻党的十九大、十九届历次全会和党的二十大及二十届一中全会精神，深入贯彻落实中央第七次西藏工作座谈会和中央、区党委、市委人大工作会议精神，全面贯彻习近平总书记关于坚持和完善人民代表大会制度的重要思想、对地方人大及其常委会工作的重要指示精神，锚定“四件大事”“四个确保”，聚焦“四个创建”“四个走在前列”，聚力市委“六个走在全区前列”，更加注重维护法治权威，更加注重回应群众关切，更加注重解决短板问题，锐意创新，强化监督，忠实履行宪法和法律赋予的职责，为推动桑日长治久安和高质量发展作出了积极贡献。全年，筹备召集人民代表大会1次，举行常委会会议6次、主任会议15次，听取审议专项工作报告28项，组织代表集中视察1次，检查13部法律法规实施情况，办理代表建议63件，配合区、市人大开展专题调研、执法检查、立法调研等共15次，依法选举任免国家机关工作人员26人次，补选市级人大代表1名，县级人大代表3名。

一、坚持党的领导，确保人大正确政治方向

旗帜鲜明讲政治，坚持把政治建设放在首位，深入学习贯彻党的十九大、十九届历次全会和党的二十大精神，深刻领悟“两个确立”的决定性意义，增强“四个意识”、坚定“四个自信”、做到“两个维护”，始终保持人大工作的正确政治方向。准确把握党中央方针政策和区党委、市委、县委决策部署，紧密结合实际，依法履职尽责，用做好人大实际行动和成效体现对以习近平同志为核心的党中央的绝对忠诚。一年来，常委会主动参与县委中心工作任务，全县20余名人大干部、200余名人大代表参与重大活动敏感节点期间维稳蹲点督导、疫情防控、虫草采集秩序维持蹲点、抵边搬迁动员等重大工作任务，安排1名常委会副主任担任驻村工作副领队、1名干部担任村居党组织第一书记。严格执行请示报告制度，就重要会议、重点工作、重大事项及贯彻执行党中央、区党委、市委、县委决策部署和依法行使人大职权等情况向县委请示报告40余件次。

二、坚持依法履职，助推桑日经济高质量发展

深入贯彻新发展理念，紧紧围绕县委决策部署，坚持依法监督、正确监督、有效监督，助力推动全县高质量发展。加强经济运行监督，依法对计划报告、预算报告、决算报告、预算执行情况、预算调整报告、存量资金盘活使用报告等进行审查并做出决议7件，督促县政府重视培植财源、优化支出结构、强化增收节支、防范化解债务风险。加强国有资产的监督，依法听取了国有资产管理情况报告和行政事业性国有资产分析报告，下发审议意见2份，督促县政府全面摸清家底，明晰产权和管理责任，健全完善管理制度，充分发挥国有资产使用效益。听取和审议审计工作报告、2020年度预算执行审计及其他财政收支审计查出问题整改情况的报告，对审计查出问题整改落实情况进行跟踪监督，推动审计查出问题的整改落实。

三、发挥职能作用，助力桑日民主法治建设

充分发挥人大执法检查的“法律巡视”利剑作

用，全力实施法律监督，推动全县民主法治建设进程。强化普法宣传引领，依法做出了关于开展第八个五年法治宣传教育的决议，推动压实普法主体责任，提升普法宣传实效。适时听取审议法治政府建设工作报告、法院工作报告、检察院工作报告，推动“一府两院”依法行政、依法履职。开展国旗法、国歌法、国徽法、国防动员法、国家通用语言文字法等法律法规的执法检查，开展民法典、村民委员会组织法、自治区实施村民委员会实施办法贯彻落实情况、公安机关执法规范化建设工作、立案诉讼服务工作等专题调研，促进社会管理创新、维护社会和谐稳定。投入资金3万元印制法治宣传品、册，推动法治宣传向基层深入。

四、紧扣民生热点，促进人民高品质生活

始终坚持以人民为中心的发展思想，紧扣民声、贴近民心，围绕群众关注的热点难点问题精准监督，依法履行职权。扎实开展雅砻环保行活动，组织开展西藏自治区国家生态文明高地建设条例、河湖长制条例、乡村振兴促进法等方面开展执法检查5次，协助市人大常委会开展山南市沙棘林保护条例、雅江生态保护条例立法调研和粮食安全专题调研，征集城市建设管理、环境保护等方面意见建议30余条，督促相关部门主动担当作为，抓实生态环境保护工作、人居环境整治工作和乡村振兴战略，不断推动政策向民生聚焦、服务向民生覆盖，持续提升人民群众的获得感、幸福感、安全感。深入开展民族团结进步雅砻行活动，开展西藏自治区民族团结进步模范区创建条例和市人大关于在各级人大和代表中开展铸牢中华民族共同体意识学习教育活动的意见贯彻落实情况的检查，协助市人大常委会开展残疾人保护法和自治区实施办法实施情况、文物保护法和自治区文物保护条例、市文明行为促进条例进行执法检查，促进县域养老、文化事业健康发展。

五、坚持党管干部，依法行使任免权

始终坚持党管干部与人大依法任免相结合，严格落实对拟任人员任前资格审查、宪法知识考试，任中与常委会组成人员见面和表态发言，任后颁发任命书和进行宪法宣誓制度，不断强化拟任人员的宪法意识和依法行政、公正司法理念，促进依法为民履职尽责。深入开展人大常委会任命国家机关工作人员履职评议工作，通过听取报告、现场评议等方式，18名国家机关工作人员接受履职评议，促进公职人员尊崇宪法，遵守法律。依法选举任免国家机关工作人员26人次，依法同意行政拘留人大代表1名，补选市级人大代表1名，县级人大代表3名。

六、强化主体地位，充分发挥代表作用

始终尊重代表主体地位，健全人大代表工作制度，常态化邀请代表列席县人大常委会会议，畅通代表知情知政渠道，促进代表更好发挥作用，推动代表在联系人民群众和经济社会发展中展现新担当、实现新作为。向各级人大代表、选民征集民生实事人大代表票决制项目县级项目23个、乡级项目49个，票决决定实施县级项目5个、乡级项目13个。组织集中视察，组织代表对2022年重点项目开复工情况、扶贫产业项目以及旅游产业项目运营情况集中视察1次，全面了解县域经济社会发展情况。组织部分代表前往措美县考察学习1次。各级人大代表之家、代表联络站开展学习培训、联系选民、代表议事和集中研讨活动400余场次，收集意见建议60余条。围绕乡村振兴促进法和代表履职方面，组织开展人大代表集中培训2次，对130名区市县乡四级基层农牧民人大代表开展国家通用语言文字考试。

七、强化主动作为，提升建议办理质效

始终坚持把高质量办理代表建议作为增强代表履职实效的着力点，落实人大常委会领导领衔督办制度，继续采取会议集中交办、领导重点督办、听取办理报告、回访办理成效等有效措施，推动建议办理质效不断提升。依法听取了2021年度县人民政府、自然资源局、农业农村局代表意见建议、批评和意见办理情况报告。2022年度向政府交办代表建议、批评和意见61件、人大办1件、县委组织部1件。63件代表建议中已办结26件、因不符合现行政策规定、条件不成熟或办理时间跨度长等情况只答复未办结37件。63件代表建议、批评和意见办理中满意50件、基本满意10件、不满意3件，答复率、满意率和办结率分别为100%、80%、41%，有力推动了代表建议办理由重答复向重落实转变。

八、坚持固根扬清，不断加强自身建设

全面落实新时代党的建设总要求，准确把握自身职责定位，持续巩固深化“两学一做”学习教育和

“不忘初心、牢记使命”主题教育成果，深入开展党史学习教育常态化和进一步改进作风、狠抓落实活动，传承红色基因，赓续红色血脉，在“我为群众办实事”实践活动、排查化解矛盾纠纷、宣讲党的二十精神和党的民族宗教政策中不断深化为民情怀，在坚持与时俱进、守正创新中不断推动政治机关、国家权力机关、工作机关、代表机关建设。年初以来，召开党组会议11次、理论学习中心组学习会9次、指导乡镇人大工作4次、为群众办实事11件次、观看警示教育片1次、参观廉政文化警示教育基地1次。

回顾过去一年的工作，我们也清醒地认识到，常委会的工作与人民群众的期望相比，还有一定差距。主要是：监督工作的着力点还要更加精准，跟踪问效机制有待进一步健全；常委会组成人员依法履职的能力需进一步提高，讨论决定重大事项职权行使还不够充分；闭会期间代表履职的效果需要进一步提升，代表履职保障和督办建议力度有待进一步加强；自身建设与“四个机关”的目标要求还有差距，等等。对于这些问题，我们将虚心听取代表和各方面的意见，在今后的工作中认真加以改进。

2023年主要工作安排

2023年，是全面贯彻落实党的二十大精神的开局之年，全面建设社会主义现代化国家、谱写以中国式现代化推进中华民族伟大复兴桑日新篇章的重要一年，人大工作肩负着神圣使命、重要职责。

2023年常委会工作总体要求是：高举中国特色社会主义伟大旗帜，坚持以习近平新时代中国特色社会主义思想为指导，深刻领会“两个确立”的决定性意义，增强“四个意识”、坚定“四个自信”、做到“两个维护”，全面贯彻党的二十大和二十届一中全会精神，深入学习贯彻习近平法治思想、习近平总书记关于坚持和完善人民代表大会制度的重要思想、关于西藏工作的重要指示和新时代党的治藏方略，按照中央决策部署和区党委、市委、县委部署，坚持党的领导、人民当家做主、依法治国有机统一，聚力“四个创建”“四个走在前列”、市委“六个走在全区前列”和县委“六县战略”，严格履行法定职责，依法做好各项工作，全面提升人大工作质量和水平，努力把人大及其常委会建设成为自觉坚持中国共产党领导的政治机关、保证人民当家作主的国家权力机关、全面担负宪法赋予的各项职责的工作机关、始终同人民群众保持密切联系的代表机关，不断开创人大工作新局面，为全面建设社会主义现代化新桑日提供有力法治保障。

今年重点抓好以下四个方面的工作：

一、着力强化政治担当，在落实重大决策部署上展现新作为

牢牢把握政治机关的第一属性，把党的政治建设作为根本性建设，以初心如磐的定力始终坚持党的全面领导，在贯彻落实党中央、区党委、市委、县委决策部署上体现人大政治担当。一是强化政治理论学习。全面学习、全面把握、全面贯彻好党的二十大精神，坚持把学习贯彻学习习近平新时代中国特色社会主义思想作为党组会议“第一议题”、理论中心组“第一议程”、干部学习“第一主题”，持之以恒深入学习贯彻习近平新时代中国特色社会主义思想，特别是习近平法治思想、习近平总书记关于坚持和完善人民代表大会制度的重要思想、关于西藏工作的重要指示和新时代党的治藏方略，深入学习贯彻中央、区党委、市委人大工作会议精神，不断提高政治判断力、政治领悟力、政治执行力，铸牢捍卫“两个确立”、做到“两个维护”的思想根基。二是坚持党对人大工作的全面领导。坚决落实县委工作要求，严格执行人大工作中的重要会议、重大问题、重要事项向县委请示报告，充分发挥常委会党组在人大工作中的领导作用，充分发挥人大机关党员先锋模范作用和基层党组织的战斗堡垒作用，确保县委各项安排部署在人大工作中落地生根，开花结果。三是正确使用人大任免职权。坚持党管干部原则与人大依法行使选举权、任免权相统一，规范人事选举和任免程序，依法依规选举和任免国家机关领导人员、组成人员和工作人员，保证党委意图和人民意愿顺利实现。依法开展好干部任前法律考试、拟任职表态发言、宪法宣誓等工作。四是组织筹备好县委人大工作会议，推动出台《中共桑日县委员会关于贯彻落实中央、区党委、市委人大工作会议精神 加强和改进新时代桑日人大工作的实施意见》，切实推动县乡人大工作创新发展。

二、围绕中心砥砺前行，在推动高质量发展上作出新贡献

坚持围绕中心、服务大局，突出监督重点，精选监督议题，增强监督实效，推动正确监督、有效监督、依法监督，全力助推区党委、市委、县委决策部署落地见效。一是围绕区党委“四个创建”“四个走在前列”和市委“六个走在全区前列”目标任务实施监督，持续开展好生态文明建设、乡村振兴、保障和改善民生等方面的调查研究，开展环境保护法、乡村振兴促进法、民族团结进步模范区创建条例、国家生态文明高地建设条例、自治区实施草原法办法、林长制条例等法律法规的执法检查，依法听取环境保护目标完成情况、乡村振兴、文明城市创建等专项报告。二是围绕县委“六县战略”目标任务开展监督，贯彻落实县委的重大决策、重要部署，深入开展好农业法、教育法、安全生产法、旅游法、劳动法、自治区实施义务教育法办法、自治区实施就业促进法办法等法律法规的执法检查。三是围绕落实全县年度目标任务，加强对“十四五”规划纲要实施和2023年计划执行情况的监督，依法听取和审议县政府2023年上半年国民经济和社会发展计划执行情况的报告、财政预算执行、企业国有资产管理、审计查出问题整改等专项工作报告。四是围绕推进依法治县进程，听取和审议县政府关于法治政府建设工作情况的报告和法院、检察院专项工作报告，加强对人大任命干部的履职评议，促进依法行政、公正司法。五是围绕主导产业发展和增进民生福祉，听取和审议特色农牧产业发展情况报告、旅游产业发展情况报告、基层医疗卫生服务开展情况的报告，持续发力加强对代表票决民生实事项目实施的跟踪监督，不断提高人民群众的获得感、幸福感。

三、深化代表主体地位，在发挥代表作用上推出新举措

坚持以更优服务支持代表履职，帮助人大代表充分发挥国家机关组成人员作用，落实好政治责任、社会责任和法律责任，在为民担当作为上深挖潜力。一是常态化邀请代表列席县人大常委会会议、县政府常务会议，组织代表集中视察重点项目开复工、民生项目运营管理、民生实事项目实施等情况，畅通代表知情知政渠道，促进代表更好发挥作用。二是进一步健全代表履职激励约束机制，推进代表履职承诺和向选民述职活动，开展优秀人大代表意见建议评选表彰活动，加大代表履职典型的宣传力度，不断激发代表履职热情。三是持续贯彻落实市人大《关于进一步推进“人大代表之家”规范化提升和常态化活动的实施意见》，深入开展人大代表“家”“站”“三日四周八个一”活动，创办好“桑日人大代表选民之声”，充分听取和反映群众呼声和期盼，更好保障人民依法行使国家权利。四是强化代表履职服务保障，丰富代表活动形式，保障代表活动经费，推动代表履职常态化。

四、强化四个机关建设，在提升履职水平上取得新成效

建设“四个机关”是人大践行全过程人民民主的新要求、依法履职行权的新航标、加强自身建设的新路径。一是牢牢把握人大机关的政治属性，旗帜鲜明讲政治，始终在政治立场、政治方向、政治原则、政治道路上同以习近平同志为核心的党中央保持高度一致，全面推进常委会机关政治、思想、组织、作风、纪律、制度建设，持续提升人大干部素质能力，激发人大队伍干事创业活力，持续提升人大守正创新动力，为常委会高质量履职夯实根基，为展示根本政治制度优越性建好窗口。二是准确把握国家权力机关建设深刻内涵，继续推进全过程人民民主，更加广泛征求民意，更加充分尊重民意，保证人民依法行使民主选举、民主协商、民主决策、民主管理、民主监督等各项权利，确保人大工作在民主法治的轨道上平稳运行，稳健前行。三是准确把握工作机关建设基本要求，与时俱进完善和落实各项工作制度，通过延伸监督探头、做实监督环节，确保审议报告、工作评议、视察调研、执法检查、专题询问等各项法定职责落到实处，见到实效。四是准确把握代表机关建设内在要求，畅通民意收集渠道，丰富代表联系群众的内容和形式，围绕群众普遍关心的学有所教、病有所医、老有所养、住有所居、食有所安等民生问题，深入推进落实好民生实事项目人大代表票决制工作，重点抓好代表建议、批评和意见的督办工作，不断提升人民群众的幸福指数。

政府工作报告

——在桑日县第十四届人民代表大会第四次会议第一次全体会议上

桑日县人民政府县长　索朗巴珠

（2023年2月14日）

2022年工作回顾

各位代表，2022年是党和国家历史上具有里程碑意义、必将载入史册的一年，举国关注、举世瞩目的党的二十大胜利召开，描绘了全面建设社会主义现代化国家、全面推进中华民族伟大复兴的宏伟蓝图，为我们做好桑日工作指明了前进方向、提供了根本遵循。2022年是我县发展历史上极不平凡的一年，面对突如其来的新冠肺炎疫情和改革发展稳定的繁重任务，全县上下坚持以习近平新时代中国特色社会主义思想为指导，以迎接和学习宣传贯彻党的二十大精神为主线，坚定不移贯彻习近平总书记关于"疫情要防住、经济要稳住、发展要安全"的重要指示要求，锚定"四件大事"，聚力"四个创建"，围绕区党委"四个走在前列"、市委"六个走在全区前列"和县委确立的目标任务，直面挑战、迎难而上，踔厉奋发、勇毅前行，高效统筹疫情防控和经济社会发展，高效统筹发展和安全，努力破除新冠肺炎疫情带来的不利影响，保持了平稳健康的发展环境、持续向好的生态环境、和谐稳定的社会环境、风清气正的政治环境。预计完成地区生产总值22.58亿元、同比增长4%；农村居民人均可支配收入22300元、同比增长12%以上。完成全社会固定资产投资17.03亿元，同比下降28.2%；规上工业增加值6.36亿元，可比价增速10.9%；社会消费品零售总额1.67亿元、同比下降6.7%。全年减免退缓税4.23亿元，增值税留抵退税总量位居全市第一。

——全面加强政治建设，始终对党绝对忠诚。旗帜鲜明讲政治，坚持把学习宣传贯彻党的二十大精神作为首要政治任务，把忠诚捍卫"两个确立"、坚决做到"两个维护"体现在把准政治方向上，体现在坚持党的领导上，体现在落实政治责任上。全年提请县委研究重大事项37件。召开政府党组理论中心组会议12次、常务会议15次、专题会议29次，坚持不懈用习近平新时代中国特色社会主义思想凝心铸魂，始终牢记"国之大者"，不断提高政治判断力、政治领悟力、政治执行力，自觉同党的理论和路线方针政策对标对表、及时校准偏差，始终在思想上政治上行动上同以习近平同志为核心的党中央保持高度一致，确保总书记的重要指示批示精神和党中央决策部署在桑日落地生根、见到实效。

——牢固树立底线思维，社会大局保持稳定。坚定不移贯彻总体国家安全观，认真落实各项综合性维稳措施。党政军警民联防联动，圆满完成了党的二十大、疫情防控期间以及其他各类敏感节点安保维稳工作。以铸牢中华民族共同体意识为主线，深化各民族交往交流交融，深入推进民族团结进步创建工作，桑日县被评为2022年度自治区民族团结进步模范集体，同时被命名为自治区民族团结进步模范县。依法管理宗教事务，持续加大"导"的力度，深入开展"国家意识、公民意识、法治意识"教育，全县宗教和睦、佛事和顺、寺庙和谐。深化平安桑日建设，群众安全感满意度保持在100%。坚持和发展新时代"枫桥经验"，全年妥善解决双拖欠事项57个，兑现民工工资及各类款项459.67万元。依法严厉打击违法犯罪，织密织牢公共安全防控网，县域安全系数进一步提升。严格落实安全生产“十五条硬措施”，加大隐患排查整治力度，安全生产形势持续稳定向好。

——**精准应对新冠疫情，防控成果持续巩固。**面对突如其来的新冠肺炎疫情，我们迅速反应、科学应对、全力迎战，第一时间建立“1办17组”扁平化指挥体系。先后投入3337万元，强化抗疫经费保障。党员干部、医务人员、公安、民辅警、志愿者等逆行出战，12名医务人员主动请缨支援拉萨市、山南市疫情防控工作，切实担当起抗疫重任。1.8万桑日各族干部群众众志成城、守望相助，湖南省岳阳市无私援助，迅速筹集医疗物资与我们携手抗疫，本土民营企业、合作社纷纷慷慨解囊，积极履行社会责任，凝聚了共克时艰的强大合力。坚定不移贯彻落实总策略、总方针及后续优化措施，织密防控网络、提高防控效能、落实防控要求、履行防控责任，全县境内实现零感染，用实际行动践行了人民至上、生命至上理念。

——**积极对冲疫情影响，发展趋势长期向好。**坚决贯彻落实国务院稳经济一揽子政策、自治区、市临时性措施，本级财政投入869万元制定配套措施对冲疫情影响，采取成立复工复产专班，疫情期间闭环施工等措施，抢时间、补进度，33个项目全部开复工建设。坚定不移稳一产，粮食种植规模继续呈现扩大态势，同比增加9个百分点。投入4107万元，实施高标准农田5500亩。全年粮食产量达9968.48吨、其中青稞6351.88吨，同比分别增长4.1%、0.04%。扩种葡萄基地2167亩，助推葡萄产业高质量发展。大力实施工业强县战略，华电大古分公司、华新水泥、四家光伏电站分别实现产值6.39亿元、4.33亿元、1.04亿元。持续发展清洁能源产业，街需水电站取得核准，巴玉水电分公司在桑日完成注册。增期、沃卡等4座抽水蓄能电站前期工作加紧推进。全县6座清洁能源电站总装机容量达76.04万千瓦，全年累计发电量达26.66亿千瓦时，累计完成产值7.5亿元。大力发展旅游业，本级投入1800万元实施思金拉措旅游景区基础设施建设项目，全年共接待游客20.68万人次，完成旅游总收入884.11万元。本级财政安排10万元用于旅游消费复苏，投入190.32万元开展“助企惠民·城乡共促·享购桑日”、工会“消费帮扶”活动，举办“白堆乡第四届农特产品、文化产品推介会”“增期周末小市场”等活动，拉动消费、惠及民生、提振桑日市场。加大助企纾困力度，积极落实房屋租金减免政策，累计减免租金167.48万元，各类市场主体在疫情冲击下仍新增52户，达到2244户。全县经济发展呈现出韧性强、潜力足、长期向好的良好局面。

——**始终站稳人民立场，民生福祉不断增进。**扎实有力推进农牧民增收工作，产业项目分红354.22万元，带动448户群众户均增收0.86万元。兑现生态岗位资金251.65万元。全年实施400万元以下政府投资项目39个，吸纳农牧民群众728人，实现创收654万元。把做好高校毕业生就业创业工作放在更加突出的位置，通过区内区外同向发力、政府出资购买岗位等方式，开发就业岗位709个，应届毕业生就业率达到97.84%。抓实农牧民转移就业工作，全年转移就业6782人，实现创收4655.7万元。全面贯彻党的教育方针，全年落实“三包”经费882.33万元。大力改善办学条件，17所学校供暖项目全面推进，教学质量稳步提升，县中学被评为自治区级文明校园。加快建设健康桑日，深入开展地方病及慢性病防治工作，全面加强“两降一升”管理，孕产妇、婴幼儿死亡率均控制在指标内，家庭签约率达100%。县人民医院附属工程建设、住院楼等卫生基础设施建设项目有序推进。全面启动核酸检测分检中心。健全医疗保障体系，充分运用医保信息系统，实现城乡居民医疗报销一站式、一单制结算。全年城乡居民职工手工零星报销1198人、321.63万元。落实各类困难群众救助补助资金780万元。文化事业繁荣发展，群众文化活动日益丰富，非物质文化遗产保护全面加强。扎实做好退役军人服务保障工作。桑日各族群众的获得感、幸福感不断增强。

——**着力补齐基础短板，融合发展步伐加快。**以创建全国文明城市为契机，城市扩容提质步伐加快，县文化广播影视中心、县城污水处理厂、县城停车场等建成投入使用。达西姆曲防洪堤、江南灌区续建配套设施和节水改造工程等项目建成。统筹乡村基础设施和公共服务布局，大力开展农村房屋改造、厕所革命、饮水设施维修、山洪沟治理等工作，投入7600余万元实施雪巴、塔木2个美丽宜居乡村振兴示范点建设项目。认真落实“路（桥）长制”，完成

S507至达杰、帮贡、卡乃三条公路建设招投标工作，全力推进“四好农村路”建设。全面推进乡村振兴，统筹整合涉农资金项目13个，总投资13671.84万元。聚焦返贫风险人群，建立监测机制，坚决守住不发生规模性返贫的底线。持续动员抵边搬迁工作，有意愿搬迁群众48户162人。健全农村金融服务体系，为121户脱贫户及边缘易致贫户提供扶贫小额信贷590万元。区域发展更趋协调，城乡品质稳步提升。

——切实筑牢生态屏障，环境质量有效改善。坚持山水林田湖草沙一体化保护和系统治理，全面推行“林长制”“河（湖）长制”。完成基本草原划定工作。大力实施国土绿化暨全民义务植树、乡村“四旁”植树活动，全年完成植树造林1600余亩、13万余株。大力开展农村人居环境整治工作，全县2348名巾帼志愿者积极参加村庄清洁行动。扎实整改历年森林督察反馈问题，有序实施雅江流域生态修复项目。序时推进第二轮中央环保督察反馈问题整改工作。强化国土空间规划和用途管控，落实生态保护、基本农田、城镇开发等空间管控边界，实行最严格生态保护制度。编制完成桑日县创建生态文明建设示范县五年规划。全县生活垃圾收集转运全覆盖，充分利用华新水泥窑协同焚烧厂进行无害化处理。投入765万元实施增期乡雪巴村污水处理站项目。强化土壤污染风险防控。推进生物多样性保护，加强以马鹿为代表的野生动物保护。全县空气质量优良率、集中式饮用水水源地和主要江河湖泊水质达标率均达到100%。桑日绿色发展的“气质”更加纯正、“颜值”更加靓丽。

——不断改进工作作风，政府效能显著提升。聚焦改进作风狠抓落实工作，深入落实全面从严治党要求，认真执行“三重一大”决策机制，将项目投资、财政资金安排等列为县政府常务会议常设议题，做到科学民主依法决策。切实做到为人民服务、对人民负责、受人民监督。高质量办理人大代表建议61件、政协委员提案26件，法治政府建设迈出新步伐。发挥审计监督作用，防范和惩治统计造假。积极转变政府职能，持续深化“放管服”改革，全年采集电子证照1355条。实施招商引资项目5个，完成投资7303万元。全年审批农村宅基地用地建房25户，完成全县750宗农村集体土地确权登记工作。全年实施农村住房（危房）改造184户，兑现补助资金324.7万元，政府效能不断提升。开展节约型机关建设，从严控制“三公”经费、压减一般性支出。严格执行中央八项规定及其实施细则精神，持续整治形式主义、官僚主义和不作为不担当问题，政治生态持续向好。

各位代表！一年来，全县妇女儿童、青少年、老龄、残疾人、工会、志愿服务等事业取得新成效，其中，县妇联荣获“全国三八红旗手集体”称号。民族、宗教、档案、地方志、体育、消防、邮政、金融、藏语言文字等工作取得新进展，国防教育、国防动员、双拥共建等工作迈出新步伐。

各位代表！回望过去这一年，形势跌宕起伏、成绩来之不易。这是以习近平同志为核心的党中央坚强领导、亲切关怀的结果，是习近平新时代中国特色社会主义思想科学指引、生动实践的结果，是县委团结带领全县1.8万各族干部群众团结一心、奋力拼搏的结果，是县人大、政协和社会各界有力监督、大力支持的结果，是湖南省岳阳市和社会各界人士无私援助、守望相助的结果。在此，我代表县人民政府，向全县各族人民和湖南省岳阳市人民，向人大代表、政协委员、工商联、无党派人士、人民团体，向驻县人民解放军、武警官兵、公安民警、消防救援队伍，向所有关心支持桑日的社会各界人士，表示崇高的敬意和衷心的感谢！

各位代表！在这里，我还想特别感谢所有参加疫情防控工作的同志们、朋友们，感谢你们勇敢应战、逆行出征，感谢广大群众理解包容、密切配合。在这场没有硝烟的战斗中，全县人民表现出来的乐观豁达、团结相助的良好精神风貌，生动展示了我们桑日县的精神品格，让我们更加深刻体会到，在前进道路上只要我们团结一心，就没有战胜不了的艰难险阻！谢谢大家，你们辛苦了！

各位代表！在总结成绩的同时，我们也清醒地认识到，去年几项主要经济指标与年初预期目标有差距，这既有疫情冲击等因素影响，同时也反映出一些深层次矛盾和问题。主要是：经济下行压力加大，工业增长后劲不足，有效投资规模偏小，重大项目储备不足，消费尚未充分恢复；“放管服”改革有待深化，营商环境需进一步改善，服务企业发展意识还有待转变；乡村全面振兴任务繁重，民生领域还有不少短板弱项；一些干部推动高质量发展本领不强、作风不够扎实。对此，我们将直面问题，拿出实招硬招，认真加以解决。

2023年重点工作

2023年是全面贯彻落实党的二十大精神的开局之年，也是全面建设社会主义现代化新桑日的关键之年，做好政府各项工作意义特殊而重大。

2023年政府工作的总体要求是：坚持以习近平新时代中国特色社会主义思想为指导，全面贯彻落实党的二十大精神及中央第七次西藏工作座谈会精神、习近平总书记关于西藏工作的重要指示和新时代党的治藏方略，坚持稳中求进工作总基调，坚持以推动高质量发展为主题，完整准确全面贯彻新发展理念，主动服务和融入新发展格局，锚定“四件大事”，聚力“四个创建”，围绕区党委“四个走在前列”、市委“六个走在全区前列”、县委“农牧稳县、生态立县、工业强县、文旅活县、能源富县、人才兴县”战略目标，统筹发展和安全，在中国式现代化进程中找准桑日定位、把准桑日方向，继续向全面建设社会主义现代化新桑日奋勇前进。

全县经济社会发展的主要预期目标是：地区生产总值增长8%以上，固定资产投资增长10%以上，规上工业增加值增长8%以上，社会消费品零售总额增长10%以上，农村居民人均可支配收入增长12%左右，居民消费价格指数涨幅控制在3%以内，城镇调查失业率控制在5%以内，能耗、碳排放强度和污染减排指标控制在核定范围内。

围绕实现上述目标，我们将重点抓好四个方面的工作：

（一）坚定信心，锚定目标，全力以赴恢复和重振经济

*积极扩大有效投资。*把扩大有效投资贯穿到经济工作全链条，精准对接国家政策投向，积极争取国家投资，完善重大项目落地协调机制，推动更多重大项目和投资纳入国家盘子。围绕国家重大战略部署和“十四五”规划，适度超前开展基础设施投资。创新机制撬动社会投资、加大金融投资、促进援藏投资，推动资金项目落实落地。加快推进21个计划实施项目前期工作，紧盯11个一般债券项目建设进度。大力推进招商引资，优化营商环境，围绕主导产业和优势资源，引进一批创新能力强、投资规模大、产业层次高、带动潜力足的企业落户桑日，力争全年招商引资固定资产投资达1.5亿元以上。

*持续激发消费潜力。*千方百计让广大人民群众的“钱袋子”鼓起来，群众手里的钱多了，才能刺激消费，改善消费结构，提升消费质量。适时分阶段精准投放消费券，激发群众消费热情。进一步完善促进消费增长若干措施，推动假日消费、门店商铺、夜间经济等全面活跃起来。提升县乡村电商体系、快递物流体系，充分释放农村消费潜力。积极参加各级各类物资交流会、农特产品推介会，继续举办具有我县特色的消费促销活动。加强市场监管和消费者权益保护，当好群众消费安全的“守护神”。

*构建现代产业体系。*坚持把发展经济的着力点放在实体经济上，坚持项目是点、产业是线、经济是面，优化一产、壮大二产、提升三产。深入实施藏粮于地、藏粮于技战略，严守耕地红线和粮食安全底线，新建高标准农田700亩，提质改造2400亩，力争全年粮食单产再创新高，确保青稞安全。持续推进葡萄种植，科学开展精深加工和品牌打造，不断提升产品附加值。聚力打造雅江中游清洁能源基地，继续做好大古电站的服务运营。加快建设街需电站，力争年内完成固定资产投资9亿元。年内完成巴玉电站核准工作，接续推进增期、沃卡等4个抽水蓄能电站前期工作。大力发展绿色建材业，助推华新建筑建材工业片区、鲁牡木材石材专业市场建设跑出“加速度”。大力发展文化旅游产业，坚持文旅融合、基础先行、推介跟进、服务提质、政策助力，开辟后疫情时代全县旅游高质量发展路径，召开全县旅游发展大会，办好西藏山南首届“思金拉措”旅游民歌节，完成沃卡温泉景区AAA景区创建，确保全年旅游接待人次和收入分别增长30%、25%以上。

*统筹区域协调发展。*树牢“一体化”意识和“一盘棋”思想，更好的服务和融入全区“一核一圈两带三区”和拉萨山南一体化区域发展新格局。充分发挥沿江区位优势，持续做大做强做优葡萄、清洁能源等特色优势产业。加快推进以人为本的新型城镇化，

深化户籍制度改革，推进以县城为重要载体的城镇化建设。大力实施“县域突破”战略，坚持产城融合、城乡融合，引导金融机构和援藏资金支持县域经济发展，增强人才、科技对县域经济的服务能力。

加快基础设施建设。全速推进国家、自治区和山南市“十四五”支持桑日经济社会发展的54个重大项目全开工、早建成、快见效。加快交通设施建设，推进总投资约1.44亿元的S507至帮贡村、达杰村、卡乃村公路项目建设，加大危桥改造和公路安防设施改造项目投入力度，严格落实“路(桥)长制”责任制，力争创建自治区级“四好农村路”示范县。加快能源体系建设，推进水电、太阳能、抽水蓄能等基础设施建设。加快水利基础设施建设，持续对接雅鲁藏布江中游索朗嘎古—桑日河段(桑日段)生态综合整治工程，推进实施县城排水防涝、县城防洪堤工程，持续开展河道堤防建设。高效推进农村小型供水设施标准化改造、节水灌溉等工程，推动农牧区规模化供水，提升水资源优化配置能力。投入348.05万元实施巴朗村、吉隆村人饮及水渠维修项目，投入1859.8万元实施农村饮水巩固提升及巴朗村、吉隆村山洪沟治理工程。全面收尾总投资1.1亿元的山南市精神病福利机构、山南市殡仪馆两个社会公益类项目。加快布局应用新型基础设施，全面消除通讯盲区。

全面推进乡村振兴。坚持农业农村优先发展，乡村产业、人才、文化、生态、组织五大振兴一体推进。持续巩固拓展脱贫攻坚成果，严格落实“四不摘”政策，完善监测帮扶机制，及时落实社会救助、医疗保障等帮扶措施，做到工作不留空档、政策不留空白，确保不发生规模性返贫，确保脱贫人口收入增速高于农牧民收入增速。扎实推进扶贫产业提档升级行动，加强扶贫产业后续管理，整合优化小散弱产业，提质升级优质特色产业，提高产业项目带动能力。加大易地搬迁后续扶持力度，提高项目效益和带动脱贫群众增收就业能力，确保易地搬迁脱贫群众收入增速高于脱贫群众收入增速。积极谋划、推动实施一批带动强、效益好、持续长的乡村振兴项目，一体推进43个行政村村庄规划评估编制工作。建成塔木村、雪巴村2个乡村振兴示范点项目，开工建设比巴、冲达等7个村美丽宜居乡村振兴示范点项目。接续实施农村人居环境整治提升五年行动，在桑日镇雪巴、奴卡社区试点推广“人畜分离”工作。采取房前屋后种植与集中连片种植相结合的方式，因地制宜大力种植油菜、青稞等作物。大力发展设施农业和现代牧业，在葡萄、饲草、藏药材、蔬菜种植以及牦牛、藏鸡、藏香猪规模养殖上实现重点突破，实现农畜产品加工业总产值年均增长10%以上。

持续深化改革开放。深化农业农村改革，做好农村集体产权改革“后半篇”文章，稳慎推进农村宅基地制度改革。深化“放管服”改革，全面推行“互联网+政务服务”“互联网+监管”，提升自治区一体化政务服务平台服务能力。强化事中事后监管，坚决防止“一放了之”、只放不管，坚决防止政府部门不作为、乱作为。严格政府采购程序，依法高效完成各项政府采购任务。深化税收征管体制改革，不断提升税费服务质效。精准高效开展受援合作，推动更深层次交往交流交融。

(二)尽力而为，量力而行，全力以赴保障和改善民生

促进群众增收。引导群众立足资源禀赋，培育发展壮大特色优势产业。鼓励群众参与市政、产业等项目建设，积极推动政府投资项目、国有企业、对口援建项目吸纳本地劳动力就业，扩大招商引资企业使用本地劳动力比重，有组织、有规模、有保障地做好劳务输出工作，确保完成农牧民技能培训750人以上、转移就业6800人以上、创收4700万元以上。健全“企业+合作社(基地)+农户”的现代农牧业经营体系，支持农牧民将土地、草场等资源以出租、入股、合作、转让等形式进行流转，推动资源变资产、资金变股金、群众变股东。依法治理拖欠农民工工资行为，当好农牧民群众“娘家人”。

坚持就业优先。强化就业优先战略和积极就业政策，实现更高质量和更充分就业。发挥政府、市场、援藏作用，计划开发就业岗位664个以上，持续拓宽就业渠道。落实高校毕业生、农牧民群众、退役军人、残疾人、城镇困难人员等重点群体就业、创业扶持政策，组织开展专场招聘、网络招聘等多种形式的招聘会。今年桑日籍应届高校毕业生就业率要保持在95%以上，在区外就业比例达到10%以上。

办好满意教育。召开全县教育发展大会，全面

贯彻党的教育方针，落实立德树人根本任务，培养德智体美劳全面发展的社会主义建设者和接班人。持续加强校园基础设施建设，年内实现各学校（园）供暖全覆盖。本级财政收入的20%继续投入教育事业中，全面落实教育惠民政策，促进教育公平，不断提升教育质量。加强师德师风建设，培养高素质教师队伍。大力推进“智慧校园”建设，广泛实施“互联网＋教育”工程，着力推进信息技术与教育教学深度融合。

提高社保水平。健全覆盖城乡居民的基本养老、基本医疗、失业、工伤、生育等保险制度，扩大社保覆盖面，实现应保尽保常态化。谋划医保付费方式改革，推进医保直接结算向村居延伸。加强社保基金保值增值和安全监管体系建设。坚持男女平等基本国策，保障妇女儿童合法权益。精准落实残疾人“两项补贴”，促进残疾人事业全面发展。完善城乡居民住房保障体系，积极争取资金推进公租房和周转房建设项目，扎实做好自建房安全摸底专项整治工作。

建设健康桑日。健全公共卫生服务体系，加强疾病预防体系和医疗人才队伍建设。加快推进卫生基础设施建设及农牧区藏医药服务体系建设，实现县乡村藏医药服务全覆盖。落实优生优育家庭奖励扶助和特殊扶助政策，持续抓好“两降一升”，全面降低孕产妇和婴儿死亡率，提高住院分娩率。继续加大包虫病、妇女“两癌”、先天性儿童心脏病等重要疾病筛查工作。深化爱国卫生运动、健康西藏行动。举办具有民族特色的综合性运动会或专项比赛，组织运动健儿积极参加各级各类体育赛事。

增强文化自信。坚持以铸牢中华民族共同体意识为主线，广泛践行社会主义核心价值观，推动理想信念教育常态化制度化，持续抓好“五史”教育。全力开展全国文明城市创建工作，认真贯彻《山南市文明行为促进条例》。坚持以人民为中心的创作导向，推出更多增强人民精神力量的优秀作品。本级投入188.6万元开展《走进桑日》编撰工作。常态化开展文艺下乡活动，发挥村级文艺演出队作用，全年完成文艺下乡活动130场以上。完善县影视文化活动中心、乡镇文化站、村级文化活动室及农家（寺庙）书屋的管理制度和配套设施，有效提高公共文化设施利用率。加大文物和文化遗产保护力度，争取资金850万元实施卡玛当寺修缮保护工程。充分挖掘和利用好桑日非物质文化遗产，加强优秀传统文化保护传承和创新发展，推动文化产业高质量发展。大力传播现代文明理念和行为方式，持续淡化宗教消极影响。

（三）严字当头，实字托底，全力以赴保护和修复生态

加强生态保护。统筹推进山水林田湖草沙一体化保护和系统治理，全面落实青藏高原生态环境保护和可持续发展方案、雅江流域生态保护与高质量发展规划，加强各类生态功能区保护与治理。强化国土空间规划和用途管控，编制实施“十四五”国土空间综合整治与生态修复规划，科学完成“三区三线”划定工作。坚持“三高”企业和项目零审批、零引进。积极落实《桑日县创建生态文明建设示范县五年规划》。依托雅江中下游两岸面山造林绿化规划，投入1000万元实施防沙治沙示范点建设项目。持续推动乡村“四旁”植树及全民义务植树，见缝插绿，力争全年植树造林1000亩以上。加强草原生态保护，投入1248万元实施退化草原修复项目，草原综合植被覆盖度稳定在50%以上。加强雅鲁藏布江（桑日段）、思金拉措、比巴河等重点江河湖泊的生态环境保护与修复。实施水土流失、荒漠化、地质灾害综合治理和历史遗留矿山生态修复。积极争取资金，实施农村生活污水黑臭水体治理工程，补齐城镇污水收集和处理设施短板。严格管控沃德贡杰雪山周边区域生产经营活动。区域生态环境质量保持稳定。

强化环境治理。坚持精准治污、科学治污、依法治污，加大环境污染防治和综合治理力度，持续深入打好蓝天、碧水、净土保卫战，加强城镇空气质量管控，科学谋划碳达峰、碳中和工作，确保空气优良天数保持在99.5%以上。大力推进水污染防治行动，特别是要花大力气整治雅鲁藏布江、比巴河等主要河流沿线环境整治。规范处置生活垃圾、医疗垃圾。加快推进土壤污染防治行动，土壤环境质量总体保持稳定。积极推进农村厕所革命，大力推广普及农户无害化卫生户厕。

加快绿色转型。加快发展以水电、太阳能为主的清洁能源产业，打造“藏中清洁能源基地”示范县。加快以华新水泥为代表的建筑业、建材业转型升级，建成总投资2000万元的华新水泥一般固废替代燃

料项目，打造全区绿色建材生产基地。大力发展绿色食饮品产业，打造山南“沿江百亿产业走廊”特色葡萄产业名片。加大绿色金融支持力度，引导资金流向绿色低碳领域。积极倡导绿色生活方式，引导全社会参与垃圾分类、养成绿色消费习惯。

（四）守土负责，守土尽责，全力以赴维护和保持稳定

维护社会稳定。始终绷紧维护稳定这根弦，警钟长鸣、警惕常在，把维稳工作做在日常、做在经常。高举社会主义法治旗帜，弘扬法治精神，自觉运用法治思维和法治方式处理问题，着力构建法治桑日、法治政府、法治社会。坚持和发展新时代“枫桥经验”，加强和改进人民信访工作，有效排查化解各类社会矛盾风险。加快更高水平平安桑日建设步伐，推进基层治理体系和治理能力现代化走在全市前列。依法管理宗教事务，持续推进寺庙财税监管。严厉打击敌对势力渗透、破坏、颠覆、分裂活动，强化社会治安整体防控，推进常态化扫黑除恶斗争，依法严惩各类违法犯罪活动。

抓好防疫安全。加强重大疫情防控救治体系和应急能力建设，做好应急预案、物资储备、人才储备等工作。全面贯彻落实国家、自治区、市疫情防控政策，以更精准、更科学的举措，高效统筹疫情防控和经济社会发展，最大程度保护人民群众生命安全和身体健康，最大限度减少疫情对经济社会发展的影响。继续做好新冠疫苗接种工作，不断筑牢疫情防控防线。

推进安全生产。持续严格落实安全生产“十五条硬措施”，深入开展安全生产专项整治，坚持从源头上消除事故隐患，下大力气补齐短板弱项，强化对重点行业、重点企业、重点场所、重点部位的安全监管，坚决把风险隐患消除在萌芽状态。加强应急力量建设，不断提高防灾减灾救灾和重大突发公共事件处置保障能力。加强食品药品、产品质量和特种设备安全监管，让群众吃的更放心、用得更安心。

做好强边保障。着力支持边境地区发展，持续做好抵边搬迁动员工作，有针对性地加强宣传力度，不断壮大守土固边力量。持续关注桑日籍抵边搬迁群众的思想动态，做好抵边搬迁群众后续支持保障工作，定期回访了解，做好政策讲解、思想疏导工作，防止出现思想反弹，确保他们心无疑虑、定居边境、安居乐业。

各位代表！路虽远行则将至，事虽难做则必成。全县政府系统将始终坚持“三个务必”，坚持以习近平新时代中国特色社会主义思想为指导，全面贯彻党的二十大精神，深刻领悟“两个确立”的决定性意义，增强“四个意识”、坚定“四个自信”、做到“两个维护”，不断提高政治判断力、政治领悟力、政治执行力，以实际行动践行对党绝对忠诚，不折不扣贯彻落实党中央、国务院决策部署和自治区党委政府、市委市政府、县委工作安排。高质量开展好“学习二十大，政府是什么、干什么、怎么干”学习实践活动。始终秉持依法履职的执政理念，深入贯彻习近平法治思想，紧扣法治之“重”，严格依照法定权限和程序履行职责，带头依法行政、依法办事。自觉接受人大依法监督、政协民主监督，主动接受监察、审计、舆论和社会监督，高质量办理人大代表建议和政协委员提案，以实干回应社会各界关切。不断改进作风，狠抓落实，努力做到“六个表率”“八个必须”，牢固树立“今天再晚也是早、明天再早也是晚”的观念，发扬马上就办和“钉钉子”精神，对作出的决策、部署的工作、定下的事情，都要明确具体时间节点，立说立行、紧盯不放、一抓到底。我们一定加强自我革命，发扬斗争精神，扛牢全面从严治党政治责任，深入推进政府系统党风廉政建设和反腐败斗争，严格落实中央八项规定及其实施细则精神，驰而不息纠正“四风”，坚决整治群众身边腐败和作风问题。严控“三公”经费，提高财政资金使用效率，以政府紧日子换取群众好日子，做到不负历史、不负时代、不负人民。

各位代表！发展从来都是在应对挑战中前进的，桑日人民有战胜任何艰难险阻的勇气、智慧和力量。让我们更加紧密团结在以习近平同志为核心的党中央周围，坚持以习近平新时代中国特色社会主义思想为指导，在县委坚强领导下，踔厉奋发、笃行不怠，埋头苦干、勇毅前行，为全面建设社会主义现代化新桑日而团结奋斗！

名词解释

（以文中出现先后为序）

1.“四件大事”：稳定、发展、生态、强边。

2.“四个创建”“四个走在前列”：要着力创建全国民族团结进步模范区，努力做到民族团结进步走在全国前列；要着力创建高原经济高质量发展先行区，努力做到高原经济高质量发展走在全国前列；要着力创建国家生态文明高地，努力做到生态文明建设走在全国前列；要着力创建国家固边兴边富民行动示范区，努力做到固边兴边富民行动走在全国前列。

3.“六个走在全区前列”：在铸牢政治忠诚上走在全区前列，在推进社会治理体系和治理能力现代化上走在全区前列，在推动高质量发展上走在全区前列，在提升各族人民生活品质上走在全区前列，在加强生态文明建设上走在全区前列，在强边固防兴边富民上走在全区前列。

4.“两个确立”：党确立习近平同志党中央的核心、全党的核心地位，确立习近平新时代中国特色社会主义思想的指导地位。

5.“两个维护”：坚决维护习近平总书记党中央的核心、全党的核心地位，坚决维护党中央权威和集中统一领导。

6.“枫桥经验”：小事不出村，大事不出镇、矛盾不上交，就地化解。

7.“十五条硬措施”：严格落实地方党委安全生产责任、严格落实地方政府安全生产责任、严格落实部门安全监管责任、严格追究领导责任和监管责任、企业主要负责人必须严格履行第一责任人责任、深入扎实开展全国安全生产大检查、牢牢守住项目审批安全红线、严厉查处违法分包转包和挂靠资质行为、切实加强劳务派遣和灵活用工人员安全管理、重拳出击开展“打非治违”、坚决整治执法检查宽松软问题、着力加强安全监管执法队伍建设、重奖激励安全生产隐患举报、严肃查处瞒报谎报迟报漏报事故行为、统筹做好经济发展、疫情防控和安全生产工作。

8.“两降一升”：出生率和自然增长率同比下降，生育政策符合率同比上升。

9.“四好农村路”：建设好、管理好、养护好、运营好农村公路。

10.“林长制”：按照“分级负责”原则，由各级地方党委政府主要负责同志担任林长，其他负责同志担任副林长，构建省市县乡村各级林长体系，实行分区（片）负责，落实保护发展林草资源属地责任的制度。

11.“四旁”：公路沿线、水渠周边、农田周围、房前屋后。

12.“放管服”：“放”即简政放权，降低准入门槛。“管”即创新监管，促进公平竞争。“服”即高效服务，营造便利环境。

13.“三区三线”划定：城镇空间、农业空间、生态空间三个区域，分别对应划定的城镇开发边界、永久基本农田、生态保护红线三条控制线。

14.“一核一圈两带三区”：推动形成以拉萨为核心增长极，以五城三小时经济圈为支撑，以边境沿线发展带和川藏青藏铁路经济带为战略重点，以藏中南重点开发区、藏东清洁能源开发区、藏西北生态涵养区为主体，优势互补高质量发展的区域经济新格局。

15.“六个表率”：2021年12月1日，十届区党委常委会第1次会议上，王君正书记指出，全区党员领导干部要坚持对党绝对忠诚，带头做坚定践行“两个维护”的表率；坚持群众路线，带头做勤政为民的表率；坚持求真务实，带头做勇于担当的表率；坚持民主集中制，带头做团结干事的表率；坚持怀德自重，带头做清正廉洁的表率；坚持从严治党，带头做管党治党的表率。

16.“八个必须”：2021年11月30日，在区党委十届一次全会上，王君正书记指出，必须旗帜鲜明讲政治；必须时刻心系“国之大者”；必须践行初心使命；必须坚持人民至上；必须勇于担当行为；必须扎实改进作风；必须不断提升本领；必须全面从严治党。

17.“四风”：形式主义、官僚主义、享乐主义、奢靡之风。

18.“三公经费”：政府部门人员因公出国（境）费用、公务接待费、公务用车购置和运行维护费。

中国人民政治协商会议第三届桑日县委员会常务委员会工作报告（草案）

——在政协第三届桑日县委员会第三次会议上

桑日县政协主席　巴桑次仁

（2023年2月13日）

2022年工作回顾

2022年，县政协坚持以习近平新时代中国特色社会主义思想为指导，深入学习宣传贯彻党的二十大精神，认真学习贯彻习近平总书记关于加强和改进人民政协工作的重要思想、关于西藏工作的重要指示和新时代党的治藏方略，全面落实《关于加强和改进新时代市县政协工作的实施意见》文件精神，紧紧围绕全县工作大局，团结带领全体政协委员，充分发挥专门协商机构作用，在忠诚履职中服务大局，在攻坚克难中共同担当，在传承创新中增强活力，各项履职工作契合中心任务、顺应发展需要、反映群众心声、彰显政协特色，为助推“四件大事”“四个确保”“四个创建”“四个走在前列”“六个走在全区前列”及桑日县长治久安和高质量发展贡献了政协力量。

一、强化政治引领，在学思践悟中筑牢思想政治根基

一年来，县政协始终把坚持党的领导作为根本政治原则，强化理论学习，筑牢思想根基，确保政协事业正确发展方向。

（一）不断深化理论武装。深学笃行习近平新时代中国特色社会主义思想，学习贯彻《习近平谈治国理政》第四卷和习近平总书记重要讲话指示批示精神。坚持党组理论学习中心组带头学，统筹开展学习活动，切实提升学习成效。把学习宣传贯彻党的二十大精神作为首要政治任务。制定出台县政协党组学习宣传贯彻党的二十大精神实施方案，第一时间召开常委会议、党组会议、委员座谈会传达学习，赴基层开展宣讲，切实用二十大精神统一思想和行动，引导全县政协组织和全体政协委员深刻领悟“两个确立”的决定性意义，牢固树立“四个意识”，增强“四个自信”，做到“两个维护”，坚定不移在思想上政治上行动上同以习近平同志为核心的党中央保持高度一致，把各方力量凝聚到党的二十大确定的各项目标任务上来，助推党的二十大精神在桑日落地生根、开花结果。

（二）始终把牢政治方向。中共桑日县委高度重视政协工作，切实加强对政协工作的全面领导，把政协工作列入党委总体工作，一体谋划、统筹推进。严格执行《中国共产党政治协商工作条例》，推动中共中央和区党委、市委、县委关于政协工作的决策部署落地落实。坚持政协党组、政协常委会定期向县委常委会汇报工作制度，严格执行重大事项及时请示报告制度，严格落实党建工作、党风廉政建设、意识形态工作“三个责任制”，确保县政协始终在县委领导下主动负责、协调一致开展工作。

（三）持续强化党建引领。县政协党组充分发挥把方向、管大局、保落实的重要作用，修订完善了《县政协党组关于落实意识形态工作责任规定》《县政协党组成员联系界别党员委员、党员委员联系党外委员制度》等系列文件，健全覆盖政协工作各方面的制度体系，通过建章立制实现政协党的组织对党员委员全覆盖，党的工作对政协委员全覆盖，推动政协各项工作迈上新台阶。

二、强化建言资政，在助力发展中展现更大担当作为

一年来，县政协始终牢牢把握人民政协作为专门协商机构的性质定位，扎实推行协商机制，同频共振助力发展大局，有效发挥政协协商民主重要渠道和专门机构作用。

（一）协商议政助发展。县政协三届二次全会期间围绕政府工作报告认真开展协商讨论，组织委员代表与县委政府领导及部门负责人，就全县经济社会发展的热点、难点、焦点问题，开展零距离、面对面深入协商建言。参与协商的委员达100余人次，提出四个方面共18条意见建议，为县委县政府科学决策、有效施策提供了重要参考。委员们提出的意见建议。县委政府高度重视，针对完善基础设施助推乡村振兴、提升治理水平保护生态环境等意见和建议被相关部门采用，转化为推动社会发展的动能，带动了县域经济转型发展。

（二）民主监督促落实。坚持把政协提案办理作为促进工作落实的重要举措，积极运用提案履行职责，建言献策。三届二次会议以来，共组织提案34件，立案26件。政协常委会班子对每件提案都进行了认真研讨，务求应立尽立，做到立案最大化。对受理的提案，实行分类管理、归口办理，针对实施乡村振兴、生态环境保护和民生保障等带有监督性质的提案，组织界别委员、提案办理单位负责人等相关方面进行提案办理专题协商，面对面听意见，实打实解难题。为提高办理质效，紧紧抓住交办、督办和落实三个关键环节，实行过程跟踪指导，政协综合委员会和政府办全程参与、联动推进，严格监管提案办理每个环节，实现了提案办理效果持续增强。目前，26件提案已全部办复完毕，基本达到承办单位、提案者、政协组织三方满意，有效发挥了提案监督的重要作用。

（三）凝聚共识惠民生。坚持把履职为民作为使命追求，聚焦县委、县政府实施的民生大事和关键小事，综合运用提案监督、社情民意信息监督等形式，推动一批事关群众切身利益的问题得到较好解决。围绕农田水利建设、人居环境卫生整治，常委会成员分别牵头成立调研组，组织委员12人，深入乡镇、村一线开展调研，下深水摸实情、查症结、议措施，提出解决问题的意见建议6条，得到县委、县政府高度重视、充分肯定。持续加强社情民意反映，及时了解党政决策的信息需求，研究信息收集报送的重点选题，制定信息收集报送计划，深入开展“委员走访”活动，广大委员关注民生、为民代言，真切了解民情、真实反映民意，让政协每条社情民意都紧接地气、带着温度。

三、强化履职为民，在民生改善中贡献政协智慧力量

一年来，县政协始终树牢“人民政协为人民”工作理念，围绕群众牵肠挂肚的民生大事和天天有感的关键小事，以服务全县改革发展大局、助推全县中心工作为已任，既议政又监督，既建言又出力，广大政协委员与全县干部群众勠力同心、并肩奋战，用担当诠释了忠诚，用业绩构筑了尊严。

（一）在聚力乡村振兴惠民生上用心用情。政协领导班子成员在全县经济社会建设、维护稳定、疫情防控、综治民调、劳资纠纷、乡村振兴、虫草采挖、民族团结、宣讲宣传等工作中，做到既建言献策，又积极主动参与。按照县委、县政府总体工作部署，积极投身全县乡村振兴，坚持结合实际定措施、真情帮扶促和谐，扎实推进各联系点的扶贫工作。政协班子成员以身作则，深入所联系的乡镇、村，认真落实精准帮扶工作及政策宣讲。积极引导、鼓励和支持全县政协委员立足岗位作贡献，为全县巩固脱贫攻坚与乡村振兴有效衔接献计出力。全县政协委员主动与贫困户结对子，积极帮助贫困户就业、就学和增收。政协领导班子成员和政协委员积极开展“我为群众办实事”实践活动，慰问帮扶贫困群众54户，折合人民币22万元，帮助贫困户解决医疗费用20万元，解决大学生就业岗位16个。

（二）在紧扣民生热点调研上建言咨政。围绕县委中心工作，坚持把改进调查研究作为提升整体履职水平的切入点，统筹部署全年调研工作。坚持集中调研与分组调研相结合，深化联合调研，通过走访、察看、座谈等，在摸清真实情况，发现真实问题，找到真实原因，求得真实答案上下功夫，切实了解县委、政府决策的执行落实情况，切实反映人民群众的意愿和呼声。坚持在调研中积极宣传县委的决策部署，通过思想政治引领，广泛汇聚非公经济人士与各界别委员智慧，形成共建现代化美好桑日的合力，为

实现发展目标竭智尽力。围绕“桑日县中小学德育教育”“农村人居环境卫生整治”“夯实异地扶贫搬迁群众新生活基础”“挖掘古建筑历史文化丰富旅游产业发展”等重点议题开展了专题调研，形成了主题明、观念新、质量高、可操作的调研成果和意见建议并上报县委、县政府。

（三）在抗击疫情助推复工复产上尽心尽力。县政协坚决落实县委、政府疫情防控部署要求，全面动员、广泛参与，积极为打赢疫情防控阻击战贡献政协力量。自疫情发生后，县政协班子成员第一时间奔赴一线，主动下沉到联系乡镇和寺庙蹲点督导、值班值守；县政协机关干部第一时间下沉一线，参与核酸检测、物资保障等；广大政协委员纷纷亮明“委员”身份，深入前沿阵地，积极参与志愿服务；经济工商联界委员主动践行企业社会责任，采取捐款捐物的形式展现委员担当，捐款捐物合计 95 万元。疫情期间，共计 45 名政协委员和政协干部参与疫情防控工作，用实际行动凝聚起共同抗疫、守望相助的强大合力。

四、强化凝聚共识，在履职实践中汇聚团结奋斗合力

一年来，县政协始终围绕团结和民主两大主题，着力做好凝心聚力这篇大文章，积极推进人民政协“重要阵地、重要平台、重要渠道”建设，努力把党的主张转化为社会各界的共识。

（一）深化团结合作汇聚各方力量。充分发挥统一战线组织功能作用，密切同党外人士、民族宗教界人士、非公有制经济人士的沟通联络，落实定期走访、协同履职等经常性工作机制，把走访看望委员、开展谈心谈话与政协调研视察有机结合，构建了从党内到党外、从委员到界别群众的凝聚共识工作新格局。深入开展“交朋友”活动，搭好平台，上下联动，充分发挥他们在政协中的重要作用。研究制定了《桑日县政协关于深入开展“交朋友”活动实施方案》。根据活动方案，县政协党组班子成员和机关干部将“交朋友”活动融入日常工作和服务委员全过程，并号召全体政协委员深入各界别群众广泛开展“交朋友”活动，不断推动委员联系界别群众制度化机制化。

（二）加强思想引领增进各界共识。积极协助县委和政府做好协调关系、理顺情绪、化解矛盾、增进团结的工作，确保社会和谐稳定。各界别委员发挥自身优势，通过调研视察议政建言、撰写提案助推发展、反映社情民意心系民生、围绕中心干好实事等形式投身经济社会建设发展实践；坚持建议资政和凝聚共识双向发力，及时化解社会矛盾，做好解疑释惑、协调关系、理顺情绪等工作。县政协领导班子成员深入乡镇、寺庙、学校宣传宣讲党的民族宗教政策，加强民族团结教育，铸牢中华民族共同体意识。政协委员积极响应县委、县政府和县政协的号召，走村入户为广大群众讲解方针政策，实地走访摸排，正面回应其合理诉求，做好教育疏导工作，维护了社会和谐稳定。

（三）运用文史宣传扩大社会影响。坚持广征博采，拓展新领域、丰富新内容，把文史资料工作办成宣传政协工作、展示政协形象的载体，有效发挥了政协文史资料“存史、资政、团结、育人”的作用。组织政协委员深入我县 17 座寺庙和拉康进行文史资料的征集登记，修订完善了《桑日县藏传佛教寺庙目录型简介》《桑日县非遗文化简介》。先后迎接了自治区政协、市政协领导来我县调研、视察、检查指导工作 10 次，形成了上下联动共解难题的建言机制，区政协及市政协领导对我县政协工作给予了充分的肯定。同时，我们积极开展和区内兄弟市县学习交流活动，大力宣传推介桑日县发展成果和生态、人文、和谐、幸福桑日形象，助推了桑日县知名度的提升和对外交流交往的不断深化。

五、强化自身建设，在从严从实中不断夯实履职基础

一年来，县政协始终主动适应新形势新任务，注重常委会自身建设，抓机制强规范、抓队伍促管理、抓创新提质效、抓联动增合力，不断夯实全县政协事业发展基础。

（一）加强常委会自身建设。重视发挥常委会示范带动作用，引导常委在加强学习、履职尽责、团结共事、廉洁自律等方面争做表率。组织常委积极参加政协各类会议和履职活动，充分履行职能，努力在本职岗位中作贡献、在政协工作中展风采、在界别群众中走在前。认真落实中央八项规定精神及实施细则，带头贯彻执行政协章程及有关规定，切实改进调

查研究和视察考察工作，自觉维护人民政协良好社会形象。

（二）夯实县乡政协工作基础。认真贯彻《关于加强和改进新时代市县政协工作的实施意见》，不断推动各乡镇政协联络办建设制度化、规范化、程序化，提升基层政协履职工作水平。组织政协机关工作人员和各乡镇政协联络员分赴琼结县、加查县学习取经、取长补短。召开乡镇政协联络办建设工作推进会，对乡镇政协联络办建设进行了再安排再部署，并多次深入各乡镇督导检查联络办建设及发挥作用情况，实现了委员活动有依托、有阵地、有保障，为开展协商议事活动提供了阵地、平台和经费保障，促进政协专门协商机构职能的有效发挥。

（三）抓好两支队伍建设。围绕提升“四种能力”，加强委员教育培训，举办乡镇政协工作者业务培训班，提高双向发力的能力素质。教育引导广大政协委员与政协干部明确自身责任，加强自我学习，增强“两支队伍”政治把握能力、调查研究能力、联系群众能力、合作共事能力。强化委员履职管理，建立健全委员履职档案，引导委员做好“委员作业”。全面加强县政协机关政治思想、能力素质、纪律作风建设，机关统筹协调和综合服务能力得到提高，履行了“当好参谋、搞好服务、联系上下、协调左右”的职责，不断提高政协机关工作的科学化、规范化水平，切实为委员履职提供保障。

各位委员，过去一年我们取得的成绩，是中共桑日县委高度重视、坚强领导的结果，是县政府和各级各部门大力支持积极关心的结果，是全体政协委员和政协工作者共同努力的结果。在此，我代表县政协常委会，向大家表示衷心的感谢和诚挚的敬意！

在肯定成绩的同时，我们也清醒地看到，与党的二十大对人民政协工作提出的新要求相比，与县委和全县人民的期望相比，政协工作还有很多不足。比如，如何不断创新协商议政形式、加大民主监督力度，如何进一步完善委员联系界别群众机制，如何创新方法不断激发委员队伍履职活力，等等，需要我们在实践中进一步探索。我们真诚希望各位委员对常委会工作提出意见和建议，常委会将高度重视，认真研究，积极实践，切实加以改进。

2023年工作任务

2023 年是全面贯彻落实党的二十大精神的开局之年，也是实施“十四五”规划承上启下的关键之年。县政协常委会工作的总体要求是：高举中国特色社会主义伟大旗帜，坚持以习近平新时代中国特色社会主义思想为指导，深入贯彻落实党的二十大和二十届一中全会精神，贯彻落实习近平总书记关于加强和改进人民政协工作的重要思想、关于西藏工作的重要指示和新时代党的治藏方略，贯彻落实区党委十届三次全会、市委二届五次全会精神和县委十届六次全会精神，按照县委对政协工作的部署要求，锚定“四件大事”“四个确保”，聚力“四个创建”“四个走在前列”、市委“六个走在全区前列”和县委“农牧稳县、生态立县、工业强县、文旅活县、能源富县、人才兴县”战略，认真履行全面发展协商民主的政治责任，坚持发扬民主和增进团结相互贯通、建言资政和凝聚共识双向发力，充分发挥人民政协专门协商机构作用，为全面建设社会主义现代化桑日，以中国式现代化全面推进中华民族伟大复兴贡献智慧和力量。

一、高举伟大旗帜，深入学习宣传贯彻党的二十大精神

县政协和广大政协委员要把学习宣传贯彻党的二十大精神作为首要政治任务，学深悟透党的二十大提出的新思想新论断、作出的新部署新要求，深刻领悟“两个确立”的决定性意义，切实把坚决做到“两个维护”在工作中贯彻下去、体现出来。要把学习宣传贯彻党的二十大精神作为委员履职的重要方面，举办委员学习培训班，交流学习体会，抓好学习考核，做实转化运用，提升履职能力，做到学用相长、融会贯通，迅速掀起学习宣传贯彻的热潮。政协系统党员领导干部要深入基层开展宣讲，党员委员要积极面向联系的党外委员、界别群众开展宣讲，鼓励全体委员在其工作单位、居住村居就近就地开展宣讲，发挥“政协大讲堂”平台作用，党组成员主动走上讲台宣讲，通过系列举措，真正将学习成果转化为助推中央和区党委、市委、县委决策部署落实、加快经济社会高质量追赶发展的强大实践动能，把宣讲的过程转化为深化认识、争取人心、凝聚力量的过程，让

党的二十大精神入脑入心、走深走实。

二、提高政治站位，始终坚持党对政协工作的全面领导

旗帜鲜明讲政治，始终在县委的坚强领导下开展工作，做到县委决策部署到哪里、政协履职就自觉跟进到哪里。严格执行请示报告制度，对重要精神及时传达、重要工作及时报告、重大事项及时请示，主动邀请党政领导参加政协重要会议活动，把落实党的领导贯穿于政协工作的全过程各方面。坚持党委点题、政府出题、政协破题，广泛征求各方面意见建议，科学制定年度工作要点和协商计划。认真落实新时代党的建设总要求，按照《中国共产党党组工作条例》，进一步规范党组工作，落实县政协党组成员联系党员常委，党员常委联系党员委员、党员委员联系党外委员制度，推动党的组织对党员委员的全覆盖、党的工作对政协委员的全覆盖。突出政协党建特色，把党建工作融入调研视察、协商议政、凝聚共识等各方面，加强党员委员和党员干部教育管理，永葆党的先进性和纯洁性，确保政协工作始终沿着正确的方向前进。

三、主动建言资政，助力社会主义现代化新桑日建设

全面贯彻落实县委十届六次全会决策部署，按照县委作出的“农牧稳县、生态立县、工业强县、文旅活县、能源富县、人才兴县”战略，把服务全县经济社会发展作为第一要务，更好发挥人民政协作为专门协商机构作用。重点就交通、水利、生态三大支撑和乡村建设开展专题协商议政；围绕促进乡村振兴、优化产业结构、增进民生福祉、坚定文化自信召开协商座谈会，提出对策建议。坚持“添彩不添乱、到位不越位、补台不拆台”的工作定位，创新完善协商工作机制，健全协商于决策之前和决策实施之中的落实机制，制定协商成果采纳、落实、反馈办法，提升助力发展协商效能。带着课题组织政协委员学习考察先进兄弟省市县经验，开拓视野，增长见识，为经济社会高质量发展提出具有建设性和前瞻性的意见建议。扩大协商参与范围，更有计划、更有针对性、更加广泛地吸纳有关党外人士、群众代表有序参与协商活动，努力形成高质量协商成果，助推全县经济社会高质量发展。

四、聚焦主责主业，推进政协协商民主不断实践创新

加强制度化、规范化、程序化等功能建设，提高深度协商互动、意见充分表达、广泛凝聚共识水平。创新提案办理协商，坚持“站位高、选题准，调研深、建议实，质量高、办得到”原则，聚焦县委、政府中心工作，确定2件重点提案邀请党政主要领导现场督办，筛选重要提案由主席会议成员牵头督办、县政协综合委员会和县政府办跟踪督办，切实提高提案办理质量。拓宽社情民意收集渠道，更加广泛地收集群众反映的意见和诉求，真正做到知民情、汇民意、聚民智，更好发挥委员联系界别群众作用。深化政协协商向基层延伸，乡镇政协联络办每季度至少开展一次协商活动，着力解决影响群众生产生活的难心事、揪心事，让发展成果更多更公平惠及全县人民。把民主监督作为全面发展协商民主的重要内容，坚持问题导向开展调研监督、围绕社会治理开展协商监督、紧贴民生实事开展视察监督，紧盯全县重点工作落实和群众关心关注的教育、医疗等问题，有组织有重点地开展民主监督，完善民主监督成果机制，提高监督实效。

五、加强自身建设，不断提升政协系统履职能力和水平

坚持“政协党组走在前、常务委员做表率、全体委员带好头、机关干部齐跟进”的工作推动机制，推动政协工作提质增效。启动“书香政协”建设，举办政协书画展、读书交流会等系列活动，激发内生动力，提升委员“懂政协、会协商、善议政”的履职本领，打造“活力政协、实干政协、有为政协”新形象。夯实综合委员会基础作用，经常性组织委员开展读书交流、调研视察、对口协商等活动，建立健全委员履职保障机制，为委员履职搭好平台、建好阵地，夯实政协工作基础。发挥委员主体作用，建立“四个一”委员履职机制，每名委员围绕党的二十大精神的学习，年内至少撰写一篇高水平学习心得，提交一条高质量对策建议，提出一件高标准提案，反映一条高热点社情民意，对履职优秀的委员激励表扬，对履职不力的委员批评鞭策，强化委员责任担当，展现委员履职风采。严格落实全面从严治党主体责任，坚持以严的基调强化正风肃纪，层层落实抓党建、强作风、

干工作、管干部的“一岗双责”,锲而不舍落实中央八项规定及其实施细则精神和县委相关规定,提升政协委员和机关干部“守纪律、讲规矩、重品行”的自律意识,以一流标准、一流作风、一流服务,开创新时代政协事业发展新局面。

各位委员、同志们!新起点赋予新使命,新征程呼唤新作为。在贯彻落实党的二十大精神开局之年,让我们更加紧密地团结在以习近平同志为核心的党中央周围,全面贯彻习近平新时代中国特色社会主义思想,坚定拥护“两个确立”、坚决做到“两个维护”,在中共桑日县委的坚强领导下,踔厉奋发、勇毅前行,以强烈的历史主动精神奋进新征程、建功新时代,为在桑日大地高水平展现中国式现代化的现实图景,作出新的更大的贡献!

大事记

1月

1日 县委书记康爱民代表县委、人大、政府、政协班子，代表全县各族干部群众，先后深入扎热塘检查站、洛木检查站、江北检查站、丹萨梯寺管会、恰嘎曲德寺管会，看望慰问节日期间坚守岗位的执勤民警、医务人员、驻寺干部等，向他们致以节日的问候和新年的祝福，对他们坚守岗位、履职尽责表示肯定和衷心的感谢。

5日 桑日县新时代文明实践中心组织健康志愿服务队和理论宣讲志愿服务队到甜茶馆、公共区域开展新时代文明实践推进日暨“禁烟控烟 共享绿色呼吸”活动。共发放各类宣传清单100余份，粘贴标语20余个，发放毛巾、钥匙包、指甲刀等宣传品50余个。

6日 县委书记康爱民先后华新水泥场、桑日砂石场、拉龙砂石场，督察环境督察移交问题整改情况。副县长罗布，县自然资源局、生态环境局等相关部门负责人一同调研。

6—7日 桑日县公安局组织开展“110宣传日”系列宣传活动。1月10日，组织交警、治安、刑侦、法制等警种在县城主要路段开展集中宣传。活动中，民警接受群众咨询200余人次，向群众发放宣传单500余份、展出宣传展板10块。

8日 中国共产党桑日县第十届委员会第四次全体会议召开，传达学习中共十九届六中全会和自治区第十次党代会、市第二次党代会精神，审议通过《中共桑日县委员会关于深入学习贯彻中共十九届六中全会和自治区第十次党代会、市第二次党代会、市委二届二次全会精神 加快推进桑日长治久安和高质量发展的意见》。

10日 县委常委、组织部部长、县直属机关工委书记邬建军到白堆乡、恰嘎曲德寺管会等地，督导调研基层党建、强基惠民、乡村振兴、疫情防控等工作推进情况。

12日 县委经济工作会议在县政务中心大礼堂召开。县委书记康爱民出席会议并讲话，县委副书记、县长索朗巴珠主持会议并具体安排全县经济工作。县委领导张鑫、王录怀、支张、邬建军、次仁达瓦出席会议。

同日 县委书记康爱民主持召开全县改进作风狠抓落实工作安排部署会。县领导索朗巴珠、张鑫、王录怀、支张、邬建军、次仁达瓦、旦巴旺久、达瓦坚参、孙祥伍、索朗央宗、张楠、白月明出席会议。

14日 桑日县召开两会党员大会，县委书记康爱民出席会议并讲话，县委副书记、人大常委会主任王雅峰主持会议。索朗巴珠、张鑫等县领导出席会议。出席县十四届人大三次会议的党员代表和出席县政协三届二次会议的党员委员参加会议。

同日 政协第三届桑日县委员会第二次会议在政务中心大礼堂开幕。来自全县各族各界的政协委员齐聚一堂，满怀服务大局、履职为民热情，肩负新使命、开启新征程，共议未来蓝图、共献发展良策。中共桑日县委书记康爱民、中共桑日县委副书记、县长索朗巴珠，中共桑日县委副书记、人大常委会主任王雅峰以及在岗县级领导到会祝贺指导。会议传达学习西藏自治区政协第十一届五次会议及山南市政协二届二次会议精神。政协副主席扎西代表政协第三届桑日县委员会常务委员会作提案工作情况报告。报告回顾县政协二届七次会议以来提案工作总体情况，总结提案工作主要做法和经验，指出存在问题。1月16日中国人民政治协商会议第三届桑日县委员会第二次会议在完成各项议程后，在县政务中心大礼堂闭幕。会议应到委员55人，实到委员40人，符合《中国人民政治协商会议章程》规定人数。县政协副主席张楠主持会议。会上，县政协副主席扎西作《政协第三届桑日县委员会第二次会议提案审查委员会关于提案审查情况的报告》。会议审议通过《政协第三届桑日县委员会第二次会议政治决议》《政协第三届桑日县委员会第二次会议关于政协三届桑日县委员会常务委员会工作报告的决议》《政协第三届桑日县委员会第二次会议关于二届七次以来提案工作情况报告的决议》。

15日 桑日县第十四届人民代表大会第三次会议在庄严的国歌中开幕。大会执行主席康爱民、王雅峰、张鑫、邬建军、边巴次仁、次仁达瓦、程永亮、旦巴旺久、达瓦坚参在主席台前排就座，大会执行主席、主席团常务主席旦巴旺久主持会议。在主席台就座的还有索朗巴珠、支张以及大会主席团其他成员。大会应出席代表126人，实到110人，出席人数符合法定人数。

17日 县人民法院组建"流动法庭"法宣组深入村居，开启为期半个月的法治宣传活动。活动通过发放宣传手册、法治讲座，开展法律咨询等宣传形式，结合电信诈骗、危险驾驶、婚姻纠纷等案例，向群众宣传《中华人民共和国民法典》及与群众生产生活密切相关的法律法规知识，达到以案释法，以法论事的宣传效果，进一步增强群众的法治意识，为"两节"前社会和平稳定提供法律保障。该次巡回法治宣传活动受教200余人，宣传内容得到群众的一致好评。

18日 县委副书记、县长索朗巴珠主持召开十四届县人民政府2022年第一次全体会议暨第13次常务(扩大)会议。会议传达学习习近平总书记2022年新年贺词精神、习近平总书记在中央政治局专题民主生活会议上的重要讲话精神、习近平总书记对"三农"工作作出的重要指示精神、习近平总书记对党史学习教育作出的重要指示精神、党史学习教育总结大会精神、中央农村工作会议精神，传达学习中央、区党委、市委、县委经济工作会议精神，传达学习自治区、市、县两会精神，安排部署政府系统贯彻落实工作。县政府副县长拉桑、孙祥伍、刘积庭、罗布、白玛央金、王鹏出席会议，各乡镇、县政府各部门主要负责人参加会议。

19日 县委书记康爱民一行深入华电大古水电分公司，实地调研维护社会稳定、疫情防控、安全生产等工作，并与公司职工座谈。座谈中，康爱民充分肯定华电大古水电分公司及全体企业员工长期以来对桑日县经济社会发展给予的大力支持和无私帮助，向企业员工表示衷心的感谢，并致以节日的祝福。县领导索朗巴珠、张鑫、次仁达瓦、拉桑、索朗央宗一同调研。

同日 县人民检察院联合县应急管理局、县住建局对县域4个加油站、1个临时油库、1个燃气站和县机关食堂等进行安全隐患排查，重点查看加油站、燃气站消防设施器材配备，防爆仪、液位监控仪、渗漏检测仪和报警器等设备运行情况，了解各单位安全生产、消防安全等方面工作开展情况，查阅各类工作台账、应急预案以及汽油、燃气销售实名登记情况。针对检查中发现的问题检查组要求相关单位限期整改。

20日 县委书记康爱民带领四大班子成员到街需电站施工现场调研指导并召开座谈会，通过听取汇报，全面了解维护稳定、疫情防控、安全生产等方面工作的开展情况。

21日 县委常委班子召开党史学习教育专题民主生活会。县委书记康爱民主持会议并作总结讲话。市纪委监委第三监督检查室副主任王洪波，市委党史学习教育第二巡回指导组成员、隆子县工商联副主席德吉央宗到会指导并作点评讲话。会议通报县委常委班子2021年度民主生活会及中央第十巡视组巡视反馈意见整改专题民主生活会、区党委第三巡视组巡视"回头看"反馈意见整改专题民主生活会整改措施落实情况和此次专题民主生活会会前准备情况。

同日 桑日县开展疫情防控演练活动。县委副书记张鑫，副县长孙祥伍出席演练活动现场，相关单位负责人现场观摩演练。

23日 县人民政府党组班子召开党史学习教育专题民主生活会。县委副书记、县政府党组书记、县长索朗巴珠主持会议并作总结讲话。县纪委监委、县委党史学教办有关负责人到会指导并作点评讲话。会议通报2021年度政府党组班子民主生活会整改措施落实情况。

24日 由县人社局举办的为期45天的中式烹调培训师结业典礼在桑日镇奴卡村举行。结业典礼上，培训学校以烹调理论与实际操作相结合的方式对学员进行考核。学员们通过培训，熟练地掌握烹饪技术，并在现场进行展示，得到培训学校及相关负责人的一致好评。其间，学校负责人结合日常表现评选出4名优秀学员进行表彰嘉奖。

25日 桑日县新时代文明实践中心联合县文明办、"扫黄打非"办、司法局(普法办)、市场监督管理局深入增期寺管会、曲龙寺管会开展新时代文明实践之"社会主义核心价值观"进寺庙活动。

同日 县人武部、退役军人事务局联合绒乡退役军人服务站开展"三等功臣送喜报"活动，为2021年度在部队因成绩突出荣立三等功的绒乡叶琼村扎西平措家庭送去立功喜报和1000元的奖励金。

同日 县委常委、统战部部长、民宗局局长边巴次仁深入丹萨梯寺管会片区管理寺庙卡玛当寺督导检查寺庙管理各项工作落实情况。边巴次仁通过听取汇报、实地查看、查阅台账等方式，详细了解基层党建、"遵行四条标准 争做先进僧尼"教育实践活动、维护稳定、疫情防控、改进作风狠抓落实等工作开展情况。

26日 桑日县召开党史学习教育总结会议，深入学习领会习近平总书记关于党史学习教育的重要指示精神，学习贯彻中央、自治区、市党史学习教育总结会议精神，全面总结全县党史学习教育工作，巩固拓展党史学习教育成果，大力弘扬伟大建党精神，继续把党史学习教育引向深入，动员全县广大党员干部群众持续从百年党史中汲取智慧和力量，为推进桑日长治久安和高质量发展努力奋斗。县委书记康爱民出席会议并讲话，县委副书记、县人大常委会主任王雅峰主持，县领导支张、边巴次仁、程永亮、拉桑出席，在岗四级调研员及以上领导干部，各乡镇党委书记、组织委员、宣传委员，县直各单位主要负责人，桑日县消防救援大队、各企业、农业银行桑日支行、电信公司桑日分公司、移动公司桑日分公司主要负责人参加。

29日 县委副书记、县长索朗巴珠主持召开全县重点项目前期工作调度会议，通报全县"十四五"规划项目第一批前期经费使用情况及2022年国家投资项目建设计划制订情况；听取部分项目单位2022年项目前期工作开展情况汇报，安排部署2022年项目建设各项工作。

同日 全县政法系统改进作风、狠抓落实工作推进会议召开，县委常委、政法委书记、公安局局长次仁达瓦主持会议并讲话，县委政法委、公安局、检察院、法院、司法局部分干警，各乡镇政法委员、派出所负责人参加会议。

30日 县委书记康爱民主持召开十届县委常委会(扩大)会议，传达学习习近平总书记在十九届中央纪委六次全会上的重要讲话精神，传达学习自治区纪委十届二次全会、自治区党委书记王君正对"三农"工作作出的批示及自治区党委农村工作会议精神，传达学习自治区党委书记王君正在1月27日自治区国安指挥部视频会议和自治区应对新冠肺炎疫情领导小组视频会议上的讲话精神，传达学习二届市委第八次常委会(扩大)会议、山南市粮食生产和"菜篮子"工程部署会议精神，研究部署桑日县贯彻落实工作。

同日 桑日县召开县委理论学习中心组2022年度第二次集中学习(扩大)会议，县委副书记 县长索朗巴珠主持会议并讲话。在岗县级干部、四级调研员、县直各单位、各乡镇负责人参加会议。

2月

7日 县委副书记、县长索朗巴珠带领县林草局、生态环境局、自然资源局、桑日镇负责人深入洛村、奴卡村等地调研了解植树造林选址工作，提出指导性意见，安排部署相关工作。

9日 县委副书记、县长索朗巴珠带领县林草局、生态环境局、自然资源局、民政局等部门负责人，深入植树造林各拟选点，就春季植树造林工作进行再调研、再强调、再部署。

10 日　县委副书记、县长索朗巴珠带领县农业农村局、乡镇负责人深入增期乡视察调研农牧业生产各项工作。副县长罗布，政协副主席、增期乡党委书记张楠，县农业农村局有关负责人一同调研。

11 日　县委副书记、县长索朗巴珠主持召开县人民政府粮食安全工作专题会议。

同日　县委副书记、县长索朗巴珠主持召开环保督察整改工作推进会议，深入学习贯彻习近平生态文明思想，贯彻落实全国、全区生态环境工作会议精神，区党委生态文明建设领导小组会议精神，全市环保督察整改工作推进会议精神，听取全县中央环保督察反馈问题整改工作推进情况，安排部署相关工作。县政府领导拉桑、孙祥伍、刘积庭、罗布、白玛央金出席会议。

同日　桑日县召开“三大节日”期间老干部慰问座谈会。县委副书记、县长索朗巴珠出席会议并讲话，县政协主席巴桑次仁主持会议，县委常委、组织部部长、县直属机关工委书记邬建军通报 2021 年全县社会经济发展情况。

15 日　“我们的中国梦・文化进万家”系列活动暨桑日县文化局文艺志愿服务之“送欢乐下基层”活动在增期乡文化广场拉开帷幕，800 余人现场观看。

同日　县市场监督管理局分两组，组织各成员单位开展“3・15”国际消费者权益日系列活动。活动销毁商品种类 80 余类、4000 余千克，价值 10 万余元；发放化妆品安全科普宣传手册、打击传销宣传手册、食品药品安全科普知识手册、消费者维权手册等各类宣传材料共计 1000 余份，接受咨询 18 人次。

16 日　桑日县 2022 年度乡村旅游从业人员服务技能提升培训班在泽当饭店开班。

17 日　县委副书记、县长索朗巴珠带领县乡村振兴局、发改委、林草局、住建局、乡镇负责人深入桑日镇塔木村调研美丽宜居乡村振兴示范点建设项目。

21 日　县人大联合县政协召开人大代表建议和政协委员提案交办会。县政协党组书记、主席巴桑次仁，人大常委会副主任杨显芳、旦巴旺久，县政府副县长刘积庭，县政协副主席扎西出席会议，县委组织部、县政府各部门主要负责人，各乡镇人大主席、部分人大代表、政协委员共 30 余人参加会议。县人大常委会副主任杨显芳主持会议。

22 日　县委副书记、县长索朗巴珠主持召开做好西南督察组进藏工作调研和第二轮中央环保督察工作开展情况调度会。县政府副县长罗布出席会议，各乡镇主要负责人及县直各部门负责人参加会议。

同日　县委副书记、县长索朗巴珠带领县自然资源局、生态环境局、林草局负责人先后深入桑日县植树造林预选点奴卡村砂石厂和全市精神病福利机构重点项目建设点进行督导。副县长罗布一同督导。

23—27 日　县市场监管局联合绒乡、桑日镇、增期乡、(人大代表、食品药品协管员)在桑日县辖区开展藏历新年年前市场专项检查。

24 日　桑日县召开县委民族工作会议，县委副书记、政府县长索朗巴珠出席会议并讲话，县委副书记张鑫主持会议。在岗县级干部，县(中、区)直各单位及县属国有企业负责人参加会议。

同日　县委副书记、县长索朗巴珠主持召开县委常委会(扩大)会议，传达学习习近平总书记在 2022 年春节团拜会、在党外人士迎新春活动、在山西考察时的重要讲话以及关于粮食安全的重要指示批示精神，传达学习《中共中央办公厅 国务院办公厅关于印发〈地方党委和政府领导班子及其成员粮食安全责任制规定〉的通知》《粮食流通管理条例》文件精神，传达学习中央保密委员会有关文件精神，传达学习《自治区党委办公厅强化“四督四查”着力压实责任促进落实》(第 7 期简报)、《关于不作为慢作为和不正确履职典型案例的通报》精神，传达学习二届市委第十次、十一次常委会(扩大)会议以及山南市纪委二届二次全会精神。研究部署桑日县贯彻落实工作。

同日　桑日县政法队伍教育整顿总结会议召开，会议深入学习贯彻习近平法治思想，传达落实全国、区市政法队伍教育整顿总结会精神，总结全县政法队伍教育整顿工作，部署巩固深化教育整顿成果、推进全面从严管党治警，开创新时代全县政法队伍建设新局面。县委副书记、县长索朗巴珠出席会议并讲话。

25 日　县委副书记、县长索朗巴珠主持召开全县近期疫情防控工作安排部署会议，深入学习贯彻区党委政府、市委市政府关于做好复工复产复学疫情防控工作的有关指示精神，紧紧围绕全县复工复产复学，安排部署有关工作。

同日 桑日县2022年农牧业工作会议召开。县委副书记张鑫出席会议并讲话，副县长罗布出席会议。各乡（镇）人民政府负责人、县农业农村局、乡村振兴局全体班子成员参加会议。

同日 县政协改进作风狠抓落实工作动员部署会议召开。县政协党组书记、主席巴桑次仁出席会议并讲话，对开展改进作风狠抓落实工作进行安排部署。县政协副主席索朗央宗、扎西、张楠出席会议，政协全体党员干部参加会议。

28日 县委副书记、县长索朗巴珠深入华新水泥（西藏）有限公司检查指导当前各项重点工作。

同日 县人民检察院联合县水利局开展巡河行动，沿着河道实地查看河岸生态环境、水环境治理等情况，并就河道污染防治、岸线防汛清障及河长制日常工作落实情况进行探讨和交流。

同日 全区“跟党奋进新征程 巾帼建功新时代”巾帼大宣讲暨全国三八红旗手“四进”示范宣讲活动启动仪式在桑日县举行。自治区妇联宣传部相关干部职工、市妇联负责人、副县长白玛央金、县政协副主席索朗央宗出席活动，县委常委，组织部部长邬建军主持并讲话，巾帼志愿者代表、群众代表参加活动。

下旬 桑日县乡镇内设机构和事业单位集中揭牌仪式在桑日镇举行。县委副书记张鑫，县委常委、组织部部长、直属机关工委书记邬建军，在岗县委编委会成员，各乡镇党政正职、副书记、组织委员，部分村“两委”班子成员和桑日镇全体干部共计40余人参加集中揭牌仪式，共同庆祝各乡镇“五办”“四中心”的正式成立。

3月

4日 全国政协十三届五次会议在人民大会堂开幕，桑日县各级各部门高度重视，组织干部群众认真收听收看大会盛况。

5日 十三届全国人民代表大会第五次会议在北京开幕，桑日县干部群众通过电视、网络、手机等方式收听收看大会盛况，认真聆听学习国务院总理李克强所作的《政府工作报告》。

同日 县文明实践中心组织文明交通志愿服务队和青年志愿服务队志愿者们以“过平安年 您的安全 我来守护”为主题，开展“3·5”学雷锋志愿服务活动。

10日 中国共产党桑日县第十届纪律检查委员会第二次全体会议在桑日县举行。出席这次全会的有县纪委委员10人，列席104人。县委书记康爱民出席全会并讲话。索朗巴珠、张鑫、支张、边巴次仁、周萍及有关县级领导出席会议。全会由桑日县纪律检查委员会常务委员会主持。全会总结2021年纪检监察工作，部署2022年任务，审议通过县委常委、纪委书记、监委主任支张代表县纪委常委会所作的《强化使命担当，忠诚履职尽责，以高质量纪检监察工作为桑日社会主义现代化新征程提供坚强纪律保障》工作报告。

同日 县委副书记、县长索朗巴珠带领县委宣传部、统战部、文化局、发改委等部门负责人，深入县新时代文明实践中心调研指导相关工作。县委常委、统战部部长边巴次仁，县委常委、宣传部部长程永亮一同参加调研。

13日 县编译局联合县委宣传部、县城市综合执法局深入县域内道路、街面、商户等，对藏语和汉语标语使用、悬挂国旗、堆放物品和门前三包卫生清扫情况等进行全面检查。

13—15日 县委副书记、县长索朗巴珠到桑日镇、绒乡、增期乡，先后深入梦琼村、白金村、吉隆村、冲达村、程巴村、颇章村、赤康村、塔木村、比巴村，增期寺管会、恰嘎曲德寺管会，洛木检查站、江北检查站，市精神病福利机构项目建设点等地，督导调研基层党建、维护稳定、疫情防控、农牧业生产、安全生产、生态环境保护、乡村振兴等工作。副县长罗布参加部分督导调研活动。

18日 县委书记康爱民主持召开县委常委会（扩大）会议，传达学习全国两会精神和习近平总书记在全国两会期间的重要讲话精神，传达学习2月28日自治区党委常委会（扩大）会议精神，传达学习《自治区纪委关于三起违反中央八项规定精神典型案例的通报》文件精神以及二届市委常委会第12次（扩大）会议精神，研究部署桑日县贯彻落实工作。

同日　县委书记康爱民主持召开桑日县生态环境保护工作专题会议，传达学习《习近平总书记关于生态文明建设系列重要讲话摘录》精神，传达学习2022年全区生态环境保护工作会议精神，组织观看自治区环保督察典型案例视频，通报桑日县关于历次中央、自治区和市环保督察反馈问题整改落实情况，听取县自然资源局、住建局、农业农村局等单位关于生态环境保护整改工作进度汇报，并对下一步工作进行安排部署。

同日　桑日县在党政大楼院内开展政法干警参与赌博、经常出入娱乐场所、违规高额借贷等问题专项整治工作动员部署工作。县委常委、政法委书记、公安局局长次仁达瓦，县人民法院院长旦增宗巴，以及县委政法委、公安局、检察院、法院、司法局干警，协（辅）警，“三乡一镇”政法委员、司法所长、司法助理员、乡镇综治专干参加。

22—24日　桑日县以环保督察生态修复治理为重点，在前期谋划植树选点、场地平整、苗木采购等工作的基础上，开展以“全面改善生态环境质量，有力助推乡村振兴”为主题的全民义务植树暨国土绿化活动。部分县级干部、离退休老干部、机关企事业单位干部职工及农牧民群众等近1000人分多个区域参加义务植树活动。

23日　县委常委、县委办主任周萍，副县长罗布带队，县自然资源局、生态环境局、应急管理局等单位相关人员深入华新水泥厂督导生态环境保护治理及上级各类环保督察反馈问题整改落实情况。

28日　县委书记康爱民主持召开全县疫情防控工作专题会议，传达学习中共中央政治局常务委员会会议精神和全国、全区、全市新冠疫情防控工作电视电话会议精神，听取全县疫情防控工作情况汇报，安排部署下一步工作。

同日　桑日县举行“升国旗、唱国歌”仪式，隆重纪念西藏百万农奴解放63周年，县委书记康爱民出席仪式并讲话。在岗县级干部及县直各单位干部职工、农牧民群众代表、寺庙僧尼代表和退休干部代表参加仪式。

同日　县委书记康爱民主持召开全县疫情防控工作专题会议，传达学习中共中央政治局常务委员会会议精神和全国、全区、全市新冠疫情防控工作电视电话会议精神，听取全县疫情防控工作情况汇报，安排部署下一步工作。

同日　县委书记康爱民主持召开十届县委常委会（扩大）会议，传达学习习近平总书记近期重要讲话精神，传达学习全国、全区、全市组织部长会议精神和自治区党委书记王君正对全区组织工作的批示精神，传达学习全国、全区、全市统战部长会议精神，传达学习二届市委第十三次常委会（扩大）会议精神；听取全县民族工作和创建工作情况汇报、听取全县固定资产投资及项目开复工情况汇报，研究部署下一步工作。

29日　县委常委、常务副县长贾锋带领县消防救援大队、应急管理局、住建局、发改委等部门，深入辖区施工驻地开展消防安全专项检查。检查组重点对施工单位是否落实消防安全责任制度、灭火预案，消防车通道是否保持畅通，临时用电、用火管理是否符合规定，特种作业人员是否持证上岗等情况进行逐一检查。针对检查中发现的问题，要求施工单位立即整改。

29—30日　县委常委、常务副县长贾锋带领县发改委、住建局、人社局、应急管理局、消防救援大队等部门负责人深入山南市殡仪馆、桑日县葡萄基地、绒乡卫生院标准化等重点项目建设一线检查指导开复工工作开展情况，详细了解项目开复工工作中存在的问题困难等，并召开施工现场座谈会。

4月

1日　县委书记康爱民主持召开县委常委会会议暨生态环境保护专题学习会议，传达学习习近平总书记关于生态文明建设重要论述、在参加首都义务植树活动时的重要讲话精神，传达学习中央第四生态环境保护督察组督察西藏自治区动员会、自治区开展国土绿化行动暨拉萨南北山绿化动员部署会议和自治区党委书记王君正在自治区生态环境厅调研时的讲话精神，传达学习山南市召开迎接配合中央生态环境保护督察工作动员部署会议精神，研究部署桑日县贯彻落实工作。

同日 桑日县以“参与绿色行动，保护美丽桑日”为主题的义务植树造林活动在桑日县污水处理厂东侧（比巴河入江汇口处）开展。在岗县级干部、县（中）直各部门干部职工共130余人参加。种植树苗1400余株，种植面积达26.44亩。

同日 桑日县举办民族团结进步创建第一期互观互检活动。县委常委、统战部部长、民宗局局长边巴次仁全程参与，县辖4个寺管会主要负责人、各乡镇统战委员及县民创办全体人员参加此次活动。

2日 县委书记、县委进一步改进作风狠抓落实工作领导小组组长康爱民主持召开全县改进作风狠抓落实工作推进会议，传达学习市委作风办《关于实地暗访督查情况的通报》精神，通报全县改进作风狠抓落实工作开展情况，全面了解全县各级党组织开展改进作风狠抓落实工作推进情况，进一步统一思想，提高认识，分析问题，调度工作，部署推进下一步各项工作。县委进一步改进作风狠抓落实工作领导小组各副组长和全体成员参加会议。

上旬 桑日县组织各乡（镇）、各单位对县域内交通道路沿线、旅游景区、雅江领域、河道、村庄、学校、寺庙、工矿企业、建筑工地、河湖湿地及周边等重点区域内的白色垃圾、建筑垃圾、枯木残枝、残垣断壁、乱堆乱放等问题开展环境卫生大整治活动。新时代文明实践中心（所、站）志愿者2300余人参加此次大整治活动，累计清理垃圾470余袋。

11日 县委副书记、县长索朗巴珠带领县林草局相关工作人员，深入白堆乡、增期乡对加桑公路沿线植树造林、环境卫生综合整治情况进行督导调研。索朗巴珠通过实地查看、听取汇报、询问交流等方式，详细了解加桑公路沿线植树造林和环境卫生综合整治工作进展情况，安排部署下一步加桑公路沿线植树造林工作，并提出指导性意见。

15日 桑日县召开2022年组织工作会议，全面总结2021年组织工作，分析当前面临的新形势、新任务，安排部署2022年重点工作任务。县委书记康爱民出席会议并讲话，县委副书记、人大常委会主任王雅峰主持。县委常委、组织部部长、县直属机关工委书记邬建军，副县长罗布，县政协副主席索朗央宗等县领导出席会议。

同日 桑日县新时代文明实践中心组织各志愿服务分队，在县友谊广场开展全民国家安全教育日集中宣传活动。共悬挂横幅15条，摆放展板8个，设立法律咨询台4个，发放藏语和汉语宣传资料1500余份、宣传布袋500个，受教育群众150余人。

同日 县委书记康爱民主持召开县委常委会（扩大）会议，传达学习习近平总书记对东航客机坠毁作出的重要指示和李克强总理批示精神，传达学习习近平总书记关于安全生产重要论述、在北京冬奥会冬残奥会总结表彰大会上的重要讲话和在海南考察时的重要讲话精神，传达学习中共中央政治局常务委员会会议、全国安全生产电视电话会议和国务院领导对统计工作的重要批示精神，传达学习自治区党委常委会第十三次、十四次（扩大）会议精神和二届市委第十四次常委会（扩大）会议精神，传达学习保密工作相关文件精神，听取全县安全生产工作开展情况汇报，研究部署下一步工作。

18日 桑日县召开十届县委第二轮巡察动员部署会，县委书记、县委巡察领导小组组长康爱民出席会议并作动员讲话，县委常委、组织部部长、直属机关工委书记、县委巡察领导小组副组长邬建军宣读《十届桑日县委第二轮巡察组组长、副组长授权任职及任务分工决定》。会议由县委常委、纪委书记、监委主任、县委巡察领导小组常务副组长支张主持，本轮被巡察党组织主要负责人及本轮巡察干部共计30余人参加会议。

同日 副县长刘积庭带领县林草局、自然资源局、交通局、水利局、农业农村局主要负责人深入桑日镇、绒乡等地，督导森林督查案件整改工作。

同日 县人大常委会副主任杨显芳带领调研组一行，深入桑日镇雪巴村、桑日镇司法所、绒乡巴朗村、绒乡司法所、县人民法院、县民政局、县人社局、县司法局等单位，对贯彻落实《中华人民共和国民法典》情况进行专题调研。副县长拉桑参加座谈会。

19日 桑日县妇联召开2022年全县妇女工作会议，县委常委、组织部部长、县直属机关工委书记邬建军出席会议并讲话，会议由副县长白玛央金主持，各乡镇党委副书记、妇联主席和各村妇联主席、巾帼志愿者代表以及县直各单位女性干部职工参加会议，桑日县九届妇委会成员列席会议。

20日 县委副书记、人大常委会主任王雅峰带领区市县三级人大代表视察桑日县重大项目开复工情况，查看扶贫、旅游产业项目运营情况。县委常委、副县长贾锋、县人大常委会副主任杨显芳、达瓦坚参以及相关部门负责人参加活动。

20—25日 县教育局、县人民医院邀请山南市爱尔眼科医院8名医务人员到桑日县中小学开展验光活动，全县1600余名中小学学生参与验光。

21日 县委常委、县委办主任周萍深入桑日镇赤康村开展纪念西藏民主改革63周年宣讲活动，群众代表、驻村工作队、乡村振兴专干、大学生村官等共计180余人参加宣讲会。

同日 桑日县新时代文明实践中心组织县委宣传部、团县委、县委网信办、县"扫黄打非"办在绒乡小学开展"倡导全民阅读 建设书香桑日"暨"扫黄打非"齐发力"护苗行动"进校园活动。共发放《中华人民共和国网络安全法》《西藏自治区网络通信活动"二十禁"的通告》《山南市文明行为促进条例》、文明交通、"扫黄打非"、社会主义核心价值观、中小学生安全自护宣传画册等宣传资料400余份，发放书包、笔记本、笔袋、毛巾、折叠水桶、布袋等宣传品300余份。

22日 桑日县召开县委理论学习中心组2022年度第四次集中学习（扩大）会议，深入学习习近平总书记关于中国式现代化道路的重要论述，持续深入学习贯彻党中央、区党委、市委人才工作会议精神，学习贯彻《信访工作条例》和学习贯彻《信访工作条例》座谈会精神，学习贯彻《中共西藏自治区委员会办公厅 西藏自治区人民政府办公厅认真学习贯彻落实〈关于更加有效发挥统计监督职能作用的意见〉的通知》，深入学习改进作风狠抓落实《山南报》系列评论文章，并采取以案示警的方式开展警示教育。县委书记康爱民主持会议并讲话。

同日 县委副书记、县长、县安委会主任索朗巴珠主持召开安委会2022年第2次全体（扩大）会议暨迎接国务院安委会考核巡查动员部署会议，深入学习贯彻习近平总书记关于安全生产工作重要论述摘编；习近平总书记、李克强总理重要指示批示精神，贯彻落实中央政治局常务委员会会议精神；全国、全区、全市安全生产电视电话会议精神及自治区党委书记王君正在全区应急管理系统调研时的讲话精神，总结一季度安全生产工作，听取个别安委会成员单位工作开展情况汇报，研判全县安全生产形势，安排部署迎接国务院安委会考核巡查以今后一个时期安全生产领域各项重点工作。

同日 县委副书记、政府党组书记、县长索朗巴珠主持召开2022年政府系统廉政工作会议，传达学习国务院、自治区政府第五次廉政会议精神及二届市人民政府第二次廉政工作会议精神，总结2021年政府系统廉政工作，安排部署2022年全县政府系统党风廉政建设和反腐败工作。

24日 桑日县组织召开2022年冬虫夏草采集管理工作动员部署会议。县委副书记、县长索朗巴珠出席会议并讲话，县政府副县长刘积庭主持，达瓦坚参、白玛央金、扎西出席会议，虫草采集管理各成员单位负责人参加会议。

25日 桑日县工商联（商会）第二次代表大会预备会议在桑日县政务中心绒厅召开，会议由县工商联主席人选次仁旺久主持。会议应出席会员代表42人，实到会员代表33人，因事因病请假9人，符合《中华全国工商业联合会章程》规定。会议审议通过《第二次代表大会主席团组成人员、会议主持人及大会秘书长建议名单》《第二次代表大会会议日程（草案）》。选举产生次仁、边觉、加律、旺堆等21人为工商联第二届执行委员会委员。

同日 县委副书记张鑫深入联系点桑日镇奴卡村开展纪念西藏民主改革63周年宣讲。驻村工作队、村"两委"班子和农牧民群众共计130余人聆听宣讲。

26日 桑日县召开"万企兴万村"行动启动大会。县委副书记、县长索朗巴珠出席会议并讲话，县委副书记张鑫主持会议。县委常委、统战部部长、民宗局局长边巴次仁，县委统战部、县工商联、农业农村局、乡村振兴局、县工商联26家会员企业负责人参加会议。

28日 桑日县召开县委党的建设工作领导小组第一次会议暨基层党建工作重点任务推进会。县委书记康爱民出席会议并讲话，县委副书记张鑫主持。

同日 桑日县召开县委农村工作领导小组（县

委实施乡村振兴战略领导小组）会议。县委书记康爱民出席会议并讲话，县委副书记张鑫主持会议。县领导索朗巴珠、巴桑次仁、贾锋、赖毅、边巴次仁、次仁达瓦、王鹏出席会议，县委农村工作领导小组（县委实施乡村振兴战略领导小组）各专项组、各成员单位主要负责人参加会议。

5月

2日　县应急管理局、住建局、市场监督管理局、消防救援大队、桑日镇人民政府组成联合工作队，到城区范围内开展居民自建房安全专项排查整治工作，全面排查用作经营性自建房是否存在安全隐患。

5日　县委常委、副县长赖毅带领县住建局、应急管理局、城市管理和综合执法局、自然资源局、消防救援大队到桑日镇、绒乡督查城乡居民自建房安全隐患排查整治工作。

同日　桑日县新时代文明实践中心（所、站）结合党史学习教育，紧扣“我为群众办实事”实践活动，组织志愿者服务分队开展系列主题志愿服务活动。桑日县新时代文明实践中心，组织卫生环保志愿服务队，对党政办公楼院内的绿化带和卫生死角进行全面清理；绒乡新时代文明实践所联合乡派出所在辖区主要路口、路段开展“新时代文明实践推动日”暨“文明交通 安全出行”志愿服务活动；洛村新时代文明实践站结合推动日活动组织志愿者队伍开展修缮网围栏、保护农田志愿服务活动；白堆村新时代文明实践站组织党员先锋志愿服务队开展“我为群众办实事 争做时代先锋”主题党日暨新时代文明实践推动日活动。

6日　县委书记康爱民，县委副书记、县长索朗巴珠召集宣传、住建、教育、综合执法、创城办、交警大队等部门负责人以志愿服务形式走上街头，深入学校周边、人流密集区开展城市交通调研并召开流动现场办公会。

7日　桑日县举行户外劳动者爱心驿站交接仪式。县委常委、组织部部长、直属机关工委书记邬建军出席交接仪式。2022年县总工会投入85260元建设2个高标准的户外劳动者爱心驿站，驿站配有饮水机、微波炉、藏式床、桌子、电暖气、衣架等基本设施。

9日　县委副书记、县长索朗巴珠深入桑日镇塔木村督导调研乡村振兴工作开展情况。

同日　桑日县第二批干部职工（会员）区内疗（休）养出发仪式在新时代文明实践中心广场举行。县委常委、组织部部长邬建军出席并讲话。

上旬　县委副书记、县长索朗巴珠先后深入绒乡、桑日镇督导调研山南市殡仪馆建设项目、森林督查整改、高标准农田建设等。副县长刘积庭一同调研。

9—11日　桑日县委召开夜校学习暨“改进作风狠抓落实”专题学习研讨会。县委书记康爱民主持会议并讲话，在家县级干部、各乡镇党委书记、县（中）直各单位负责人参加会议。

11日　县委常委、常务副县长贾锋组织县发改委、县住建局、县应急管理局、县消防救援大队开展安全生产、农牧群众增收调研工作。调研组一行先后深入增期乡、白堆乡、桑日镇等地，实地调研了解疫情防控、防汛抗灾、建筑工地安全施工、群众外出务工等情况。

12日　县委书记康爱民先后深入色桑桥检查站、垄沟虫草交易点、拉玉沟联合采挖点、西沟虫草采挖点看望慰问虫草采挖一线驻点工作组，向他们致以最真诚的问候。

同日　桑日县应急管理局联合各减灾委成员单位，以“减轻灾害风险 守护美好家园”为主题组织开展“5·12”全国防灾减灾日宣传活动。共悬挂防灾减灾宣传标语7幅，发放各类宣传资料1124份，受教育群众达260余人次。

13日　县委书记康爱民主持召开县委常委会（扩大）会议，传达学习习近平总书记在中国人民大学考察时的重要讲话、在庆祝中国共产主义青年团成立100周年大会上的重要讲话精神以及对湖南长沙居民自建房倒塌事故作出的重要指示精神，传达学习中共中央政治局常务委员会会议精神、中共中央政治局会议精神，传达学习自治区党委书记王君正在日喀则市调研时的讲话、在林芝市发布《关于紧急寻找次密接人员的通告》引发广泛舆论关注一事上的批示精神，传达学习《信访工作条例》及全区干部驻村工作相关文件精神，听取有关工作情况汇报，研究部署疫情防控、安全生产等工作，安排部署下一步工作。

17日 全县宣传思想工作暨意识形态工作会议在县政务中心大礼堂召开，总结2021年工作，分析当前形势，安排部署2022年任务，县委书记康爱民出席会议并作讲话，县委副书记、县人大常委会主任王雅峰主持会议，部分县级干部，县直各单位主要负责人，各乡镇党委书记、宣传委员参加会议。

同日 桑日县第十一批干部驻村工作业务培训开班仪式在县政务中心大礼堂举行，县委书记、驻村工作领导小组组长康爱民出席会议并讲话。县委副书记、人大常委会主任、驻村工作领导小组副组长王雅峰主持会议。县委常委、组织部部长、驻村工作领导小组副组长邬建军，政府副县长王鹏出席会议；县乡驻村工作人员，全县第十一批驻村干部参加开班仪式。

同日 桑日县召开2022年度党风廉政建设和反腐败工作专题会议，传达学习《关于加强新时代廉洁文化建设的意见》《关于加强巡视整改和成果运用的意见》《中国共产党重大事项请示报告条例》《关于三起违反中央八项规定精神典型案例》等文件精神，听取全县2022年以来党风廉政建设和反腐败工作开展情况汇报，安排部署下一步工作，推动全面从严治党向纵深发展。县委书记康爱民出席并讲话，会议由县委副书记、人大常委会主任王雅峰主持，在家县级干部、各乡镇、县直各单位主要负责人参加会议。县委常委、政法委书记、公安局局长兼督察长次仁达瓦，

18日 县委副书记张鑫一行到增期乡色桑桥卡点和垄沟、西沟、拉玉沟虫草采挖点，调研指导虫草采挖点工作开展情况，看望慰问虫草采集驻点工作人员，并代表县委、县政府对奋斗在一线的干部职工、公安民警、武警部队进行慰问。县委常委、统战部部长、民宗局局长边巴次仁，县人民法院院长旦增宗巴，县人民检察院检察长白月明一同开展调研及慰问活动。

同日 县委政法委联合公检法司开展“我为群众办实事 法治护航虫草季”主题宣传活动，在虫草采点突出交通安全、安全生产、防范电信网络诈骗和养老诈骗、缉枪治爆、扫黑除恶、民族团结、生态环保等重点内容，结合发生在群众身边的真实案例，用通俗易懂的语言宣传《中华人民共和国民法典》《中华人民共和国治安管理处罚法》《中华人民共和国环境保护法》等法律法规，教育引导群众依法依规开展虫草采集和经营活动，为虫草采集期间辖区和谐稳定奠定坚实的基础。

18—19日 桑日县举办第十一批驻村干部业务培训班。该次培训以“云视讯”视频会议形式召开，全县174名驻村干部参加培训，其中驻村工作队队长在县城主会场参加培训，驻村工作队员、乡村振兴专干、科技专干、农业农村专员在乡镇分会场参加培训。

19日 桑日县召开平安桑日建设推进会议暨扫黑除恶专项斗争领导小组2022年第1次会议，县委副书记张鑫在会议上强调，各乡镇、各部门要深入贯彻落实习近平总书记关于平安中国建设的重要指示精神，切实把思想行动统一到党中央的决策部署上来，深入贯彻总体国家安全观，努力以最坚决的态度、最有力的举措、最扎实的作风，从严从实从细做好维护安全稳定各项工作，着力防范化解影响社会稳定各类风险，抓好社会治安防控体系建设，严厉打击影响群众安全感的各类违法犯罪，常态化推进扫黑除恶斗争。坚持把开展平安建设工作与进一步改进作风狠抓落实工作有机结合起来，聚焦服务保障“六个走在全区前列”，扎实推进更高水平的平安桑日建设，以优异成绩迎接中共二十大胜利召开。县委常委、政法委书记、公安局局长次仁达瓦，县委常委、县委办主任、国安办主任周萍参加会议。

同日 桑日县委召开网络安全和信息化委员会工作会议，传达学习自治区党委书记王君正在自治区党委网络安全和信息化委员会第一次会议上的讲话精神和全国、全区、全市网信办主任会议精神，分析形势，安排部署当前及以后一个时期全县网络安全和信息化工作。县委副书记张鑫出席并讲话。县委常委、宣传部部长程永亮主持会议。县委网络安全和信息化委员会各委员单位负责人，各乡（镇）分管副书记或宣传委员，县委网信办全体工作人员参加会议。

23日 桑日县以“喜迎二十大 永远跟党走 奋

进新征程”为主题的第三届“思金拉措杯”篮球比赛开幕式在县友谊广场举行。县委常委、组织部部长、直属机关工委书记邬建军出席开幕式并致辞。

24日 县委常委、统战部部长、民宗局局长边巴次仁深入各寺管会检查指导基层党建、维护稳定、“三个意识”教育、民族团结、安全生产等重点工作。通过查阅资料、听取汇报、实地检查等方式，了解各寺管会各项工作措施落实情况，对检查中发现的问题短板现场提出整改要求。

同日 县委组织部（县委老干局）、政法委，县检察院、公安局、司法局专班人员，在桑日县城退休支部、驻泽当退休支部组织75名离退休老干部开展打击整治养老诈骗专项行动宣传教育活动。

同日 桑日镇以“民族团结一家亲 共商事业促发展 喜迎党的二十大”为主题，开展民族团结进步创建工作座谈会。各村代表、辖区寺管会和学校民创工作负责人、外来经商人员代表等30余人参加会议。

26日 县委政法委（护路办）联合多部门组织开展“5·26我爱路”铁路安全主题宣传活动。县委常委、政法委书记、公安局局长次仁达瓦实地督导检查。该次宣传活动共抽30余名工作人员，采取分组分地段方式，先后在县城主干道、沿线村、虫草采挖点进行集中宣传活动。

30日 桑日县召开食品药品安全委员会2022年第一次全体会议。总结2021年工作，分析形势，研究部署2022年重点任务。县委副书记、县长、食药安委会主任索朗巴珠出席会议并讲话，县委常委、常务副县长贾锋主持会议，县委常委、政府副县长赖毅以及县食品药品安全委员会成员单位负责人参加会议。

同日 由县委副书记、县长索朗巴珠主持召开县人民政府党组2022年第6次（扩大）会议暨理论学习中心组第6次会议，传达学习《西藏自治区民族团结进步模范区创建条例》和《西藏自治区行政执法案卷评查办法》精神。

31日 县委副书记、县长索朗巴珠主持召开县委常委会（扩大）会议，传达学习习近平总书记给南京大学留学归国青年学者的回信精神，传达学习自治区党委书记王君正在阿里地区调研时的讲话、在自治区人力资源和社会保障厅调研时的讲话精神，传达学习在全区宗教界深入开展“国家意识、公民意识、法治意识”教育动员部署会，在全市宗教界深入开展“三个意识”教育动员部署会会议精神，传达学习自治区党委常委会第17次（扩大）会议、二届市委第16次常委会（扩大）会议精神，传达学习近期维护社会稳定工作会议精神，听取全县河（湖）长制落实情况和全县防汛抗灾工作情况汇报，研究部署下一步工作。

6月

6日 桑日县委宣传部“扫黄打非”办联合县委网信办、团县委、公安局刑警大队在增期乡雪巴小学开展新时代文明实践之“护助少年儿童健康成长 拒绝有害出版物及信息”系列活动。县委常委、宣传部部长程永亮出席活动。

7日 县委常委、常务副县长贾锋一行深入桑日县各虫草采挖点开展督导慰问工作。副县长白玛央金、王鹏一同督导慰问。

8日 桑日县第二届“马鹿杯”足球比赛在县公共体育场正式拉开序幕。县委常委、宣传部部长程永亮出席开幕式并致辞。

9日 桑日县在友谊广场举办以“连接现代生活 绽放迷人光彩”为主题的2022年“文化和自然遗产日”系列活动。县委常委、宣传部部长程永亮出席活动并致辞。

13日 桑日县举行2022年六月综治宣传周暨建设更好水平平安桑日“八项行动”、政法机关深入开展“政法惠民十件实事”启动仪式。仪式由县委常委、政法委书记、公安局局长次仁达瓦主持，县委副书记、县长索朗巴珠出席并致辞，县委常委、宣传部部长程永亮，县人民检察院检察长白月明，县人民法院院长旦增宗巴，以及各部门负责人、县政法各单位在岗干警参加。

14日 桑日县召开防汛抗旱工作安排部署会议，深入学习贯彻习近平总书记、李克强总理关于防汛抗旱工作的重要指示批示精神，传达学习国务院、自治区、市防汛抗旱工作有关会议精神，听取部分成员单位汛期工作开展情况汇报，安排部署当前及以后一段时期防汛抗旱各项工作。县委副书记、县长索朗巴珠出席会议并作讲话；副县长拉桑主持会议，副县长孙祥伍出席会议。

同日 桑日县组织召开根治拖欠农民工工资工作领导小组第一次会议，县委副书记、县长索朗巴珠出席会议并讲话，副县长拉桑主持会议。

15日 县委副书记、县长索朗巴珠主持召开桑日县贯彻落实全国稳住经济大盘电视电话会议精神部署推进会暨1—5月经济运行分析调度会议，深入学习贯彻全国稳住经济大盘电视电话会议精神，贯彻自治区、山南市会议精神，调度分析当前经济形势，进一步坚定信心、凝心聚力，努力保持经济平稳运行。县政府在岗县级干部，各乡镇人民政府、县政府各部门负责人以及部分企业代表参加会议。

同日 桑日县在县民族团结文化广场开展"切实增强法律意识·警惕非法集资陷阱"专题宣传教育活动。共发放各类宣传资料2500余份、外宣品2200余份，受理各类咨询20余人次，累计受教育人数达3000余人次。县委宣传部、县委政法委、县人民检察院、县人民法院、县公安局、县司法局、农行桑日支行等单位参加活动。

16日 县委常委、副县长赖毅带领县住建局、自然资源局到绒乡扎嘎沟督导自建房安全专项整治工作。

同日 桑日县安委会办公室组织安委会各成员单位在县岳阳中路开展以"遵守安全生产法，当好第一责任人"为主题的"6·16"安全宣传咨询日集中宣传活动。共计30余家单位参加，发放各类宣传资料及宣传品2000余份，向群众解答相关知识10人次。

同日 桑日县"喜迎党的二十大、永远跟党走、奋进新征程"第二届"马鹿杯"足球比赛闭幕式在县公共体育场举行。县委副书记、人大常委会主任王雅峰，县委常委、宣传部部长程永亮出席活动。该次赛事由团县委、县工会、县妇联联合主办，历经7天角逐，华新队以2∶1战胜白堆乡牦牛队荣获冠军。

21日 桑日县新时代文明实践中心联合县教育局、团县委、"扫黄打非"办，深入绒乡扎巴村、卓吉村幼儿园开展以"童心向党、筑梦成长 喜迎党的二十大"为主题志愿服务活动。共发放价值3000余元绘画本、彩笔等学习用品以及"扫黄打非"护苗海报、绿书签、网络安全宣传册等200余份。

同日 县委副书记、县长索朗巴珠率队深入绒乡扎嘎沟5个建制村，督导居民自建房安全隐患排查整治工作。县委常委、副县长赖毅以及县住建局、自然资源局、应急管理局有关负责人参加督导。

22日 桑日县学习贯彻习近平法治思想和《中共中央关于加强新时代检察机关法律监督工作的意见》宣讲报告会在县政务中心大礼堂召开，县委书记康爱民主持会议并讲话，县检察院党组书记、检察长白月明作辅导报告。在岗县级干部、各乡镇主要负责人和县直单位除值班人员外全体干部职工参加会议。

同日 县委理论学习中心组举办党史学习教育专题辅导讲座，围绕西藏地方与祖国关系史进行学习。县委书记康爱民主持讲座并讲话，区党委党校副教授陆军作主题为《西藏自古以来就是祖国不可分割的一部分——西藏地方与祖国关系史》的专题讲座。在岗县级干部、各乡镇主要负责人和县直机关除值班外全体干部参加学习。

同日 县委巡察工作领导小组召开第7次会议，听取巡察工作情况汇报，审议十届第二轮巡察报告。县委书记康爱民出席会议并讲话，县委常委、组织部部长、县委巡察领导小组副组长邬建军及县委巡察领导小组成员和各巡察组组长、副组长参加会议。

23日 桑日县组织召开驻村重点工作推进会暨临时党支部班子成员座谈会。县委副书记、驻村工作总领队、奴卡村工作队长孙守英出席会议，县委常委、组织部部长、驻村办主任邬建军主持会议，各乡镇党政正职、分管驻村工作副书记及临时党支部班子成员参加会议。会上传达学习干部驻村五项重点任务、驻村干部工作守则以及全区、全市驻村工作培训会议精神。

24日 县委书记康爱民主持召开县委常委会（扩大）会议，传达学习习近平总书记在四川考察调研时的重要讲话、中共中央政治局会议、习近平总书记致2022年"六五环境日"国家主场活动贺信、中央第四生态环境环保督察组向西藏自治区反馈督察情况精神，传达学习《中共西藏自治区委员会关于加强对"一把手"和领导班子监督的实施意见》《中共西藏自治区委员会办公厅关于拉萨市达孜区原区委副书记、区长春新严重违纪违法案件的通报》《自治区党委、市委领导同志批示通知》等有关文件精神，通报《桑日县2021年度干部选拔任用工作“一报告两评议”结果》，听取县人大、政府、政协、法院、检察院党组工作情况汇报以及全县疫情防控工作开展情况汇报，研究部署下一步工作。

同日 桑日新时代文明实践中心联合县委网信办、“扫黄打非”办、团县委、教育局在县中学开展“轻松备考·‘12355’与你同行”中考减压暨护苗行动进校园系列活动。活动邀请山南市第二职业技术学校国家级心理咨询师马晓雪为初三级学生进行心理疏导。共发放价值3000余元的钢笔、文具盒等文体用品以及《中华人民共和国网络安全法》《西藏自治区网络通信活动“二十禁”的通告》、“扫黄打非”护苗海报、绿书签、社会主义核心价值观、民族团结、网络安全等宣传册200余份，宣传品300余份。

27日 县委副书记、县长索朗巴珠深入绒乡、增期乡境内，就河湖长、汛期安全生产、项目建设、群众增收、巴玉电站移民安置等各项工作开展督导调研。

30日 桑日县“光荣在党50年”纪念章颁发仪式暨“两优一先”表彰大会在县政务中心大礼堂隆重举行。县委书记康爱民出席会议并讲话，县委副书记、人大常委会主任王雅峰主持。县领导巴桑次仁、孙守英、邬建军、程永亮，以及县人大、政府、政协、法检两院县级领导出席会议并在主席台就座；四级调研员及以上领导出席会议。各乡镇党委书记、副书记、组织委员，县直各单位部分科级及以上干部，荣获“光荣在党50年”纪念章的老党员代表，受表彰的先进集体和优秀个人代表，部分基层“两代表一委员”等228人参加会议。

同日 桑日县隆重举办“喜迎二十大 永远跟党走 奋进新征程”歌唱比赛。县领导康爱民、王雅峰、孙守英、巴桑次仁、邬建军、程永亮、拉桑、白玛央金、索朗央宗、张楠、旦增宗巴、白月明、索朗旺久等出席比赛。

7月

4日 县委副书记、县长索朗巴珠到县中学督导中考期间各项工作，并向奋战在一线的工作人员表示亲切慰问。

5日 县委书记康爱民主持召开县委常委会（扩大）会议，传达学习习近平总书记在中央全面深化改革委员会第二十六次会议上的重要讲话精神和习近平总书记在十九届中共中央政治局第四十次集体学习时的重要讲话精神，习近平总书记在湖北武汉考察调研时的重要讲话精神，《中共中央办公厅关于印发〈领导干部配偶、子女及其配偶经商办企业管理规定〉的通知》，自治区党委书记王君正在安排部署全区重点工作时的讲话精神，王君正对关于加强家庭家教家风建设作出的批示精神，山南市有关会议、文件精神，研究部署桑日县贯彻落实工作。

同日 桑日县委书记康爱民主持会议召开十届县委第二次书记专题会议，听取县委巡察工作领导小组巡察情况汇报。县委书记、县委巡察领导小组组长康爱民主持会议并讲话，县委在岗领导索朗巴珠、王雅峰、孙守英、宋为、张鑫、支张，邬建军等出席会议并就有关工作提出要求和意见建议。

同日 县政府党组书记、县长索朗巴珠主持召开县政府党组2022年第7次（扩大）会议暨理论学习中心组第7次学习会议，传达学习近期重要讲话、会议、文件精神，安排部署政府系统贯彻落实意见，在岗政府党组成员、各乡（镇）长、政府部门负责人参加会议。

6日 县委副书记、县长索朗巴珠深入增期乡增期村、帮贡村、卡乃村、雪巴村，督导调研新时代文明实践（所、站）、维护稳定、重点项目建设、群众增收、乡村振兴、农村人居环境整治、农村自建房安全隐患专项整治等工作。

7日 县委书记康爱民带领县委、人大、政府、政协四大班子成员、“法检”两院领导干部以及县直各单位负责人和其他班子成员到县纪委监委，参观桑日县“身边事教育身边人”廉政警示教育展览和谈话室，现场接受党性党风党纪教育。索朗巴珠、王雅峰、孙守英、支张、邬建军、边巴次仁、次仁达瓦、程永亮、杨显芳、孙祥伍、罗布、白玛央金、扎西、旦增宗巴等县级干部参加活动。

同日 桑日县围绕深入学习贯彻习近平总书记关于全面从严治党的重要论述进行党风廉政建设宣

传月专题学习会。传达学习《关于三起党员干部醉驾典型案件的通报》《关于五起党员干部违纪违法典型案例的通报》《关于在全区开展党员干部和公职人员酒驾醉驾问题“一案双查”工作的通知》等文件精神。县委书记康爱民主持并讲话。

同日 县委召开理论学习中心组2022年七次（扩大）学习会。深入学习贯彻《中国共产党政治协商工作条例》《中国共产党组织工作条例》《中国共产党政法工作条例》《党委（党组）意识形态工作责任制实施办法》《中华人民共和国社区矫正法》等法规条例。县委书记康爱民主持并讲话，在岗县级领导干部，各乡镇、县直各单位主要负责人参加。

9日 桑日县欢送岳阳市第九批援藏工作队座谈会在县政务中心增期厅隆重举行，县委书记康爱民主持会议并讲话，县委常务副书记、岳阳市第九批援藏工作队领队宋为及全体成员、全体在岗县级干部、各乡（镇）、县（中、区）直各单位主要负责人参加会议。

13日 县委书记康爱民带领部分县级领导和县直受援单位负责人在县党政大楼大门口迎接岳阳市第十批援藏工作队，为他们敬切玛、献哈达，并举行岳阳市第十批援藏工作队揭牌仪式。

14日 县委书记康爱民主持召开县委常委会（扩大）会议，专题学习民族工作和民族团结有关讲话和会议文件精神。传达学习习近平总书记在中央民族工作会议上的重要讲话和全国、全区民委主任会议精神，传达学习自治区党委民族工作会议、自治区着力创建全国民族团结进步模范区专项组第三次推进会议精神和《西藏自治区民族团结进步模范区创建条例》，传达学习市委二届四次全会、市委民族工作会议精神，研究部署桑日县贯彻落实工作。

同日 桑日县委召开党的建设（基层组织建设）工作领导小组2022年第二次会议。县委书记康爱民出席会议并讲话，县委副书记、人大常委会主任王雅峰主持。

同日 桑日县召开强基惠民项目前期论证会，县委副书记、驻村工作总领队孙守英主持会议并讲话，县委常委、组织部部长、驻村办主任邬建军出席会议，各乡镇主要负责人、县直相关单位负责人参加会议。会议传达学习《关于整合使用全区强基惠民工作经费的指导意见》和《关于印发〈开展驻村干部为民办实事专项行动实施方案〉的通知》。会上，各乡镇主要负责人对申报的强基惠民项目的可行性、必要性、效益性逐一作了阐述，各相关部门就项目的建设内容、用地审批、建设规模、项目收益等方面进行充分论证分析。

15日 县委常委、常务副县长贾锋带领县政府办公室全体党员干部到县纪委监委参观“身边事教育身边人”廉政警示教育展览，现场接受党性党风党纪教育。

18日 桑日县召开驻村安全隐患大排查、大整改工作视频调度会议，县委副书记、驻村工作总领队孙守英主持会议并讲话。

同日 中国共产党桑日县第十届委员会第五次全体会议召开，深入学习贯彻习近平总书记关于加强和改进民族工作的重要思想，贯彻落实中央民族工作会议和中央第七次西藏工作座谈会精神，贯彻落实自治区第十次党代会和区党委民族工作会议精神，贯彻落实市第二次党代会、市委二届四次全会和市委民族工作会议精神，研究部署当前和以后一个时期民族团结工作，审议通过《中共桑日县委员会桑日县人民政府关于贯彻落实〈关于以铸牢中华民族共同体意识为主线和战略性任务 全面推进新时代山南民族工作高质量发展的实施方案〉的工作措施》。

20日 县委常委、宣传部部长程永亮先后深入白堆乡达西村、增期乡卡乃村等联系点，结合联系点实际和自身工作经历，运用藏语和汉语，采取事例对照、新旧对比等方式，深入浅出地宣讲开展“三个意识”群众性教育活动的重大意义、“三个意识”的深刻内涵等内容。村干部、驻村干部、党员群众等共计50余人聆听宣讲报告。

同日 县委政法委组织政法系统举办2022年第2期政治轮训暨铸牢中华民族共同体意识专题培训，县委常委、政法委书记、公安局局长次仁达瓦出席并主持，全县政法干警62人参加。

22日 县委依法治县委员会办公室组织召开2022年度桑日县委依法治县委员会第一次全体会议。会议由县委书记、县委全面依法治县委员会主任康爱民主持，县委副书记、政府县长、依法治县委员会常务副主任索朗巴珠,依法治县委员会委员,各乡镇党委书记,各协调小组成员单位负责人共计50余人参加会议。

27日 县委副书记、县长索朗巴珠主持召开县人民政府党组2022年第8次(扩大)会议暨理论学习中心组第8次会议,重温习近平总书记在藏视察时的重要讲话重要指示精神,安排部署县政府系统贯彻落实意见。

同日 由县委副书记、县长索朗巴珠在党政楼205会议室,主持召开县人民政府党组2022年第8次(扩大)会议暨理论学习中心组第8次会议,重温习近平总书记在藏视察时的重要讲话重要指示精神,安排部署县政府系统贯彻落实意见。

下旬 县疫情防控办防控医疗组组织各乡(镇)、村医务人员开展《新型冠状病毒肺炎防控方案(第九版)》专题培训学习会。培训邀请县人民医院院感科仁增卓嘎,县疾控中心专技人员起超分别对《新型冠状病毒肺炎防控方案(第九版)》和《山南市应对疫情工作领导小组办公室第3号通告》等方面进行培训,分别从疫情防控总体要求、病原学和流行病学特征、公共措施、疫情监测、疫情处置、加强重点环节防控、组织保障等方面对修订内容进行详细的解读。

28日 由县委副书记、县长索朗巴珠在党政楼205会议室,主持召开县人民政府党组2022年第9次(扩大)会议暨理论学习中心组第9次会议,传达学习近期习近平总书记重要讲话精神,学习中央有关领导讲话,安排部署县政府系统贯彻落实意见。

8月

2日 桑日县2022年党组织书记、党务工作者政治教育培训班开班仪式在县政务中心大礼堂举行。县委常委、组织部部长、县直属机关工委书记邬建军出席仪式并作开班讲话。各乡(镇)党委书记,县(中)直各单位党组织书记、党务工作者,乡(镇)派出所、寺管会、"两新"组织等领域党支部书记83人参加培训。

同日 桑日县召开县委农村工作领导小组暨县委实施乡村振兴战略领导小组第4次会议。县委书记、县委农村工作领导小组(县委实施乡村振兴战略领导小组)组长康爱民出席会议并讲话,县委副书记、县长、县委农村工作领导小组(县委实施乡村振兴战略领导小组)组长索朗巴珠主持会议,各乡(镇)、各专项组成员单位主要负责人参加会议。会议传达学习《西藏自治区乡村振兴促进条例》《关于进一步加强巩固拓展脱贫攻坚成果同乡村振兴有效衔接资金项目绩效管理的通知》《关于印发西藏自治区关于加强财政衔接推进乡村振兴补助资金使用管理的实施意见的通知》《山南市防止返贫致贫监测和帮扶及脱贫群众增收工作情况通报》《关于全市巩固拓展脱贫攻坚成果同乡村振兴有效衔接专项督查调研报告》等文件精神,听取桑日县2022年上半年乡村振兴领域工作情况汇报,安排部署全县乡村振兴各项工作。

3—4日 县委常委、政府常务副县长贾锋深入街需综合楼、大古电站、增期乡雪巴村小学和增期乡防洪堤等在建项目进行安全生产联合检查,并对白金村取土点隐患治理情况进行实地查看。

4日 桑日县召开"国家意识、公民意识、法治意识"群众性宣传教育活动安排部署会。县委书记康爱民出席会议并作讲话,县委副书记、县长索朗巴珠主持会议。会议传达学习《王君正书记对全区开展"国家意识、公民意识、法治意识"群众性宣传教育活动作出的批示精神》《自治区"国家意识、公民意识、法治意识"群众性宣传教育活动动员部署会议精神》《全市"国家意识、公民意识、法治意识"群众性宣传教育活动动员部署会议精神》。

同日 桑日县召开"国家意识、公民意识、法治意识"群众性宣传教育活动安排部署会。县委书记康爱民出席会议并作讲话,县委副书记、县长索朗巴珠主持会议。

同日 为期3天的桑日县2022年党委(党组)书记、党务工作者政治教育培训班结业。县委副书记、人大常委会主任王雅峰出席结业仪式并讲话。

5日 县委书记康爱民主持召开县委常委会(扩大)会议,重温中央第七次西藏工作座谈会精神和习近平总书记视察西藏时的重要讲话重要指示精神,研究部署下一步学习贯彻工作。

17日 县委副书记、县派驻桑日镇蹲点领导张鑫带领深入8个建制村采样点、江北疫情卡点现场督导整改推进防疫工作的难点、要点，并对当前疫情防控再动员、再推动、再落实。

19日 县委书记、县应对新冠疫情工作领导小组组长康爱民主持召开桑日县疫情防控工作紧急调度会议，传达学习全市疫情防控工作调度会议精神及《山南市应对新冠肺炎疫情工作领导小组办公室公告》的通知、《致全市人民的一封信》通知精神，通报桑日县近期疫情防控工作情况，分析当前疫情形势并研究部署相关疫情防控工作。

中旬 岳阳市多方筹措价值100余万元防疫物资，6批防疫物资抵达桑日，实现从洞庭湖畔到雪域高原的万里驰援，充分体现"岳桑一家亲"的深厚情谊以及同舟共济的抗疫精神。

21日 县委书记、县应对新冠疫情工作领导小组组长康爱民主持召开全县疫情防控工作调度会议，听取全县核酸检测有关情况汇报，动员部署第三轮全员"三天三检"核酸检测工作，各乡镇驻点县级领导及乡镇党委书记在分会场参加会议。

22日 锦砻市政供水有限公司为桑日县疫情防控后勤保障处捐赠怡宝纯净水40件、农夫山泉矿泉水35件、冰红茶20件、绿茶20件、伊利纯牛奶50箱、达利园面包10箱、方便面40箱。

23日 县委书记、县应对新冠疫情工作领导小组组长康爱民主持召开桑日县疫情防控工作调度会议。第一时间传达学习自治区党委常委（扩大）会议精神及山南市疫情防控工作调度会议精神，研究部署全县疫情防控工作。会议以电视电话会议形式召开，县委副书记、县长索朗巴珠等在岗县级领导及各专项组、县直各单位主要负责人在主会场参加会议。各驻点县级领导及各乡（镇）党委书记、乡（镇）长在分会场参加会议。

同日 桑日县援助拉萨医疗队紧急集结，星夜驰援协助开展疫情防控工作。县委书记、县应对新冠疫情工作领导小组组长康爱民，县委副书记、县长、县应对新冠疫情工作领导小组组长索朗巴珠，县领导曹超、胡鹤、白玛央金为援助拉萨医疗队送行。

同日 桑日县召开农牧区防疫工作人员疫情防控相关知识培训会。会议通过"云视讯"会议系统召开，县设主会场、各村设分会场，县委组织部、县卫健委、县人民医院、县疾控中心等有关单位负责人、各村村"两委"班子、村党组织第一书记、驻村工作队员、县派驻志愿者、各类专干等310余人参加会议。

26日 桑日县召开统筹疫情防控和复工复产工作部署会议，深入学习贯彻习近平总书记关于"疫情要防住、经济要稳住、发展要安全"的重要指示精神，全面贯彻落实市委书记许成仓批示精神及市长次仁平措在全市统筹疫情防控和复工复产工作部署会议上的讲话精神，对做好当前疫情防控和有序推进复工复产工作进行再安排再部署。

27日 县委书记、县应对新冠疫情工作领导小组组长康爱民主持召开桑日县疫情防控工作调度会议。第一时间传达学习8月27日山南市应对新冠疫情领导小组会议精神、传达学习《关于持续做好社会面清零后疫情防控各项工作的紧急通知》精神及市委领导有关批示精神，分析当前疫情防控形势，研究部署全县疫情防控各项工作。会议以电视电话会议形式召开，县委副书记、县长索朗巴珠等在岗县领导及各专项组、相关单位主要负责人在主会场参加会议。各驻点县级领导及各乡（镇）党委书记、乡（镇）长在分会场参加会议。

9月

2日 县农业农村局对接市农业农村局，邀请山南市东升农机销售有限公司3名专业技术人员分组深入增期乡、白堆乡配送种机具零件20余套，维修保养收割机12台，为确保粮食安全和农牧民增收奠定坚实基础。

3日 县中学九年级毕业班线上教学正式启动，学校以教务处、年级组长、班主任共同监督管理的模式，依托钉钉平台，采取语音、视频等形式进行师生互动，实现教师线上授课答疑、批改作业，学生线上学习交流、巩固知识。共设立线上课程8门，线上授课教师23名，应到课学生179人次，实际到课学生179人次，到课率达100%。

9日 桑日县联合慰问组深入增期乡雪巴村沃卡温泉民心宾馆看望慰问滞留游客，为他们送去月饼、牛奶、水果、矿泉水、方便面、药品等物资，并实地了解滞留游客生活服务需求。

15日 截至是日，桑日县境内未出现疑似病例、无症状感染者和确诊病例。全县有序恢复生产，第一批复工项目共11个。其中，涉及乡村振兴类2个，总投资7660.95万元；产业类2个，总投资13250.51万元；民生类5个，总投资4666.61万元；基层政权类2个，总投资449.9万元。

15—16日 桑日县协调各方力量，建成山南市核酸检测分检中心(桑日站)，并投入运行。该核酸检测中心主要配备的设备有提取仪4台，检测仪10台，生物安全柜2台，低温冰箱1台，紫外线消毒灯10台，离心机6台，移液器6套。

22日 县委副书记、县长、县应对新冠肺炎疫情防控工作领导小组组长索朗巴珠先后到增期乡雪巴村乡村振兴示范村、雪巴小学综合楼、山南市精神病福利机构建设等项目建筑工地，督导调研疫情防控和复工复产等情况。

26日 桑日县安委会召开2022年第4次全体(扩大)会议，县委副书记、县长、县安委会主任索朗巴珠主持会议并作讲话，各乡(镇)、安委会各成员单位、辖区内各企业负责人参加会议。

27日 县委书记康爱民主持召开县委常委会(扩大)会议，传达学习习近平总书记在辽宁视察时的重要讲话和重要批示精神，传达学习全国、全区、全市安全生产电视电话会议精神，传达学习自治区党委常委会会议精神和自治区党委全面深化改革委员会会议精神，通报全县疫情防控工作情况，听取全县复工复产工作情况汇报，研究部署桑日县贯彻落实工作。

10月

13日 桑日县安全生产工作暨秋冬季森林草原防灭火工作部署会议。会议通报《山南市2022年1—9月份安全生产情况》，传达学习《关于切实做好秋冬季森林草原防灭火工作的通知》，听取前三季度全县安全生产工作开展情况汇报，研判全县安全生产形势，安排部署秋冬季森林草原防灭火工作及安全生产领域各项重点工作。县委书记康爱民出席会议并讲话，会议由县委副书记、县长索朗巴珠主持，全体在岗县级领导、各乡镇、相关部门、企业负责人参加会议。

20日 桑日县委理论学习中心组召开2022年第8次集中学习(扩大)会议，围绕中共二十大报告精神开展专题学习研讨。县委书记康爱民主持会议并带头作学习研讨发言。县领导索朗巴珠、巴桑次仁、孙守英、杨显芳围绕学习贯彻中共二十大报告精神，结合各自工作实际和分管领域进行交流发言。

中下旬 县委副书记、县长、县应对新冠肺炎疫情防控工作领导小组组长索朗巴珠先后深入塔木村美丽宜居乡村振兴示范点、市精神福利院、市殡仪馆等重点项目、葡萄酒厂和采摘点以及增期乡等地，督导检查疫情防控和近期重点工作推进情况。索朗巴珠每到一处详细了解落实疫情防控措施情况，了解工人复岗、项目复工、安全生产、生态环境保护以及当前工程进度情况等。

22日 中国共产党第二十次全国代表大会胜利闭幕，桑日县各驻村工作队迅速行动，坚持“学”字开头，“悟”字居中，“干”字托底深入学习宣传中共二十大精神，在农牧区掀起学习热潮。

26日 桑日县召开县委理论学习中心组中共二十大精神专题学习研讨会，传达学习中国共产党第二十次全国代表大会关于《中国共产党章程(修正案)》的决议、中国共产党第二十次全国代表大会关于十九届中央纪律检查委员会工作报告的决议、中国共产党第二十次全国代表大会闭幕会精神、习近平总书记署名文章《坚持人民至上》以及《习近平谈治国理政》第四卷部分内容。县委书记康爱民主持并带头进行研讨。会议以电视电话会议形式召开，县委副书记、县长索朗巴珠，县委副书记、驻村工作总领队孙守英，县委常务副书记、常务副县长(人选)曹超，县委副书记张鑫等在家县级干部、各乡镇、县直各单位负责人参加会议。县领导贾锋、支张、边巴次仁、张楠、旦增宗巴围绕学习贯彻中共二十大精神，结合各自工作实际和分管领域进行交流发言。

27日 桑日县召开学习中共二十大精神干部大会，迅速传达学习、宣传贯彻中共二十大精神。县委书记康爱民主持会议并讲话。全体县级领导、县直机关单位干部职工、企业负责人参加会议。会上，县委副书记、县长索朗巴珠传达中国共产党第二十次全国代表大会精神；传达学习自治区、山南市关于贯彻中共二十大精神干部大会会议精神。

11月

2日　桑日委副书记、县政府党组书记、县长索朗巴珠主持召开县政府党组2022年第10次（扩大）会议暨理论学习中心组第10次学习会议，深入学习贯彻中共二十大精神。县政府领导曹超、贾锋、胡鹤、拉桑、刘积庭、罗布、王鹏及各乡镇长、政府部门负责人参加会议。

9日　桑日县举行2022年度“119”消防宣传月活动启动仪式。县委常委、常务副县长贾锋出席活动并致辞，县应急管理局、县消防救援大队全体指战员、公安民警、寺庙僧侣、消防志愿者、群众代表等参加启动仪式。

11日　县委副书记、县长、县应对新冠肺炎疫情防控工作领导小组组长索朗巴珠深入县中学督导调研常态化疫情防控期间，学校复学复课有关工作落实情况。

12日　市委常委、纪委书记、监委主任李亚祥赴桑日县开展中共二十大精神专题宣讲，县委副书记、县长索朗巴珠主持宣讲报告会。部分县级干部、县直各单位副科级以上干部、群众代表、“两代表一委员”等共120余人听取宣讲。

14日　桑日县召开十届县委第三轮巡察工作动员部署会。会议宣读《十届桑日县委第三轮巡察组组长、副组长授权任职和任务分工决定》，县委副书记、县长索朗巴珠出席会议并讲话，县委常委、纪委书记、监委主任、巡察工作领导小组常务副组长支张主持。

同日　县委副书记、县长索朗巴珠主持召开桑日县2022年前三季度经济运行分析暨今冬明春重点项目和增收工作部署会议，听取固定资产投资、统计、增收等工作汇报，对当前稳经济工作再分析、再梳理、再部署、再推动。县政府在岗班子成员出席会议；各乡镇、政府各职能部门主要负责人参加会议。

15日　桑日县召开县委理论学习中心组学习中共二十大精神专题辅导报告会，县委副书记、县长索朗巴珠主持会议并讲话，市委党校副校长、副教授张清作辅导报告，在家县级干部、各乡镇党政负责人、县直各单位主要负责人参加学习。

16日　县委副书记、县长索朗巴珠主持召开县委常委会（扩大）会议，传达学习中共二十大精神和习近平总书记在二十届中共中央政治局第一次集体学习时、在陕西延安和河南安阳考察时的重要讲话精神，传达学习国务院联防联控机制《关于进一步优化新冠肺炎疫情防控措施 科学精准做好防控工作的通知》精神和区、市近期有关会议、文件精神，听取全县前三季度经济运行、疫情防控工作情况汇报，研究部署桑日县贯彻落实工作。

同日　湖南省第十批援藏工作队医疗专家在桑日县开展疑似先心病患儿童复诊活动。活动中，通过详细询问病史、免费心脏彩超、测血压等方式，认真排查每一个病例，确保救治任务全覆盖。

21日　县委副书记、县长索朗巴珠主持召开县委常委会（扩大）会议，传达学习自治区党委书记王君正为全区党员领导干部学习贯彻中共二十大精神专题培训班作辅导报告精神，研究部署桑日县贯彻落实工作。

29日　桑日县召开学习宣传贯彻中共二十大精神动员部署会，传达学习《党的二十大精神西藏自治区宣讲提纲（党员干部版）》《桑日县学习宣传贯彻党的二十大精神总体方案》《桑日县学习贯彻党的二十大精神宣讲工作方案》，县委副书记、县长索朗巴珠出席并讲话，县委常务副书记、常务副县长曹超主持。在岗县级干部、县（中）直各单位负责人、各乡（镇）主要负责人参加会议。

30日　自治区宣讲团成员、区党委组织部二级巡视员平措旦增赴桑日县宣讲中共二十大精神。县委副书记、县长索朗巴珠主持报告会。市委宣传部副部长扎西朗杰与全县在岗县级干部、县直各单位副科级以上干部和部分“两代表一委员”、乡镇干部、驻村第一书记、驻村工作队长等一同听取宣讲。

12月

8日　桑日县召开干部大会，市委组织副部长陈岩宣读自治区党委任职文件，任命孙守英为中共桑日县委员会书记。

10日　县委书记孙守英主持召开十届县委第三十七次常委会（扩大）会议，传达学习习近平总书记对河南安阳市凯信达商贸有限公司火灾事故作出的重要指示精神以及自治区党委十届三次全会和市委二届五次全会精神，听取2022年全县从严治党工作、改进作风狠抓落实工作、巩固拓展脱贫攻坚成果同乡村振兴有效衔接工作和自治区考核组反馈问题整改工作情况报告，研究部署当前重点工作。

14日　中国共产党桑日县第十届委员会第六次全体会议召开。全会由县委常委会主持，县委书记孙守英讲话。全会传达学习中共二十大精神和区党委十届三次全会、市委二届五次全会精神，讨论孙守英受县委常委会委托所作的工作报告、县委常委会抓全面从严治党工作情况报告和改进作风狠抓落实工作情况报告，审议通过《中共桑日县委员会关于以党的二十大精神为统领 全面建设社会主义现代化新桑日的实施方案》，对学习贯彻中共二十大精神和自治区党委十届三次全会、市委二届五次全会精神，全面建设社会主义现代化新桑日作出安排部署。

15日　县委书记孙守英深入实地调研白堆乡卫生院建设项目前期准备工作。在调研现场，孙守英详细了解项目规划、项目选址及整体推进情况等，认真聆听涉及项目单位提出的意见建议，实地研究解决项目建设中存在的困难和问题。

15—17日　桑日县举办科级干部学习贯彻中共二十大精神专题培训班，全县139名副科级及以上党员干部参加培训。

16日　桑日县残疾人联合会第一次代表大会在增期厅召开。县委常务副书记、常务副县长曹超、副县长刘积庭，县政协副主席索朗央宗等出席会议，机关代表、残疾人代表、残疾人亲友代表等30余人参加会议。

19日　桑日县举办“争星晒成绩·头雁大比拼”抓党建促乡村振兴擂台比武活动。县委书记孙守英，县委常委、组织部部长、县直属机关工委书记邬建军，县委常委、宣传部部长程永亮，县人大常委会副主任达瓦坚参，副县长王鹏出席活动，党建工作领导小组成员、各乡（镇）党委副书记、组织委员以及各村党组织书记参加活动。

22日　县委副书记、县长索朗巴珠到县人民医院、藏医院，对发热门诊运行、医疗物资储备、ICU（重症加强护理病房）病房设置以及医护人员配备情况进行督导检查。副县长张昭一同检查。在县人民医院，索朗巴珠一行详细询问病区分隔、留观和隔离床位设置、常用药品储备及近期日均用药需求等情况，实地查看ICU设置筹备进度、床位设置、医护力量配备等工作。在藏医院，听取疫情防控方面用药及藏药储备等情况汇报。

23日　桑日县在桑日镇奴卡村村委会举行村改社区揭牌仪式。县委常委、县委办主任、国安办主任周萍出席仪式并讲话，副县长刘积庭主持仪式，桑日镇党委、政府和县直相关部门负责人，雪巴村、奴卡村村“两委”班子成员及部分群众代表参加仪式。

26日　县委书记孙守英主持召开十届县委常委会第三十八次（扩大）会议，传达学习中共中央政治局会议精神、中央经济工作会议精神，传达学习习近平总书记在党外人士座谈会上的重要讲话精神、习近平总书记致国史学会成立30周年的贺信精神、习近平总书记对非物质文化遗产保护工作作出的重要指示精神以及近期自治区党委常委会（扩大）会议、市委常委会（扩大）会议精神，听取县人大、政府、政协、法院、检察院党组工作汇报，研究部署贯彻落实工作。

县情综述

自然地理

【地理位置】 山南市桑日县地处冈底斯山南麓，喜马拉雅山以北，位于西藏自治区中南部，山南市东北部，东邻加查县，东南接曲松县，西南与山南市乃东区毗邻，北靠墨竹工卡县，东北与工布江达县相连。地处北纬29° 00′ —29° 50′ ，东经91° 50′ —92° 36′ ，平均海拔4065米，最低海拔3143米，辖区面积2633.62平方千米。县城距山南市30千米，距拉萨市227千米。

【区划与人口】 2022年，桑日县辖4个乡镇（3个乡1个镇），43个建制村（社区），83个村民小组（自然村）。全县共有5460户，总人口18028人。其中城镇人口2373人，农村人口15655人。

【地形地貌】 桑日县地形地貌特征有高山地貌、河谷地貌和风沙地貌三大地貌类型。主要山川有沃德贡杰雪山。

【气候】 桑日县属于高原温带季风半湿润气候，有“一年无四季，一日见四季”之说；干湿季分明，降水较少，蒸发强烈；立体气候显著，阴阳坡分异明显；灾害性天气频繁。

【自然资源】 桑日县主要旅游景点有思金拉措、沃卡温泉，达古峡谷景区、马鹿自然保护区、沃德贡杰雪山、鲁定颇章景区。主要物产有达古石锅（自治区级非物质文化遗产项目）、达古木碗、沃卡清油、藏香猪、曲果萨糌粑、白青稞糌粑、葡萄酒、藏香、贝母、虫草、麝香、黄连、柴胡、雪莲、三颗针、红景天等。主要农作物有青稞、小麦、豌豆、油菜、土豆等。畜牧业包括牦牛、黄牛、犏牛、山羊、绵羊、藏香猪、藏鸡等。国家级野生保护动物有棕熊、马鹿、雪豹、麝獐、岩羊、原羚、黑熊、猞猁、雪鸡、马鸡、藏猕猴等。矿产资源有铬、铜等。耕地面积2.3万亩，其中粮食播种面积1.74万亩（青稞面积1.265万亩，小麦面积4745亩，杂粮面积53亩），经济作物面积4213.2亩（油菜面积1800亩，蔬菜面积2413.2亩），饲草面积1433.8亩。

国民经济与社会发展

【经济发展】 2022年，桑日县地区生产总值完成222527万元；规上工业增加值完成6.36亿元，全社会固定资产投资完成17.03亿元，社会消费品零售总额完成1.67亿元，农村居民人均可支配收入完成21403元。全年实施招商引资项目5个，完成投资7303万元。

【农牧业发展】 2022年，桑日县粮经饲比例调整为76∶18∶6，粮食种植规模继续呈现扩大态势，比2021年增加9个百分点。全县粮食播种面积达到1.91万亩，粮食产量达到9968.48吨，同比增长4.1%。实施投资2135.13万元和1971.97万元的2021年、2022年高标准农田建设项目，涉及三乡一镇13个建制村，改造农田5500余亩。全县牲畜总头数8.38

万头(只、匹),新生仔畜数 1.86 万头,仔畜成活率达 95% 以上,牲畜出栏率 20%。在桑日镇雪巴、奴卡社区试点推广“人畜分离”工作。采取房前屋后种植与集中连片种植相结合的方式,因地制宜种植油菜、青稞等作物。发展设施农业和现代牧业,在葡萄、饲草、藏药材、蔬菜种植以及牦牛、藏鸡、藏香猪规模养殖上实现重点突破,实现农畜产品加工业总产值年均增长 10%。

【教育事业】 2022 年,桑日县全面贯彻党的教育方针,全年落实“三包”经费 882.33 万元。改善办学条件,17 所学校供暖项目全面推进,教学质量稳步提升,县中学被评为自治区级文明校园。

【医疗卫生】 2022 年,桑日县加快建设健康桑日,深入开展地方病及慢性病防治工作,全面加强“两降一升”管理,孕产妇、婴幼儿死亡率均控制在指标内,家庭签约率达 100%。县人民医院附属工程建设、住院楼等卫生基础设施建设项目有序推进。全面启动核酸检测分检中心。健全医疗保障体系,充分运用医保信息系统,实现城乡居民医疗报销一站式、一单制结算。全年城乡居民职工手工零星报销 1198 人、321.63 万元。因势精准调整疫情防控措施,研究制定《桑日县“三大节日”期间疫情防控工作方案》《桑日县应对大规模感染应急预案》和《桑日县乡村三级包保制度》等,始终坚持人民至上、生命至上,本级财政投入 140 万元,储备抗原检测试剂 5.5 万余份,各类急救药品 6 万余盒(袋)。确保物资储备保障充足,供应到位。全县疫情形势总体平稳,无重症、无死亡病例。

【文化事业】 2022 年,桑日县本级投入 188.6 万元开展《走进桑日》编撰工作。常态化开展文艺下乡活动,发挥村级文艺演出队作用,全年完成文艺下乡活动 130 场以上。惠及群众达 15250 人次。加大文物和文化遗产保护力度,加快实施投资 500 万元的桑日县丹萨梯寺保护工程,185 万元的桑日县综合文化活动中心提档升级项目,桑日县巴朗曲康寺线路改造项目和桑日县丹萨梯寺芒卡尔拉康屋顶矮墙维修项目。

【社会保障】 2022 年,桑日县城乡居民医疗保险参保人数 15309 人,参保率 98%。城乡居民手工零星报销人数 259 人,报销金额 199.88 万元;医疗救助 73 人,救助金额 10.72 万元;职工手工零星报销 115 人,报销金额 121.75 万元,职工生育报销 48 人,报销金额 82.18 万元。

【旅游发展】 2022 年,桑日县本级投入 1800 万元实施思金拉措旅游景区基础设施建设项目,全年共接待游客 20.68 万人次,完成旅游总收入 884.11 万元。

【生态环保】 2022 年,桑日县坚持山水林田湖草沙一体化保护和系统治理,全面推行“林长制”“河(湖)长制”。完成基本草原划定工作。实施国土绿化暨全民义务植树、乡村“四旁”植树活动,全年完成植树造林 1600 余亩、13 万余株。强化国土空间规划和用途管控,落实生态保护、基本农田、城镇开发等空间管控边界,实行最严格生态保护制度。编制完成桑日县创建生态文明建设示范县五年规划。投入 765 万元实施增期乡雪巴村污水处理站项目。全县空气质量优良率、集中式饮用水水源地和主要江河湖泊水质达标率均达到 100%。

【乡村振兴】 2022 年,桑日县全面推进乡村振兴,统筹整合涉农资金项目 13 个,总投资 13671.84 万元。聚焦返贫风险人群,建立监测机制,坚决守住不发生规模性返贫的底线。持续动员抵边搬迁工作,有意愿搬迁群众 48 户 162 人。健全农村金融服务体系,为 121 户脱贫户及边缘易致贫户提供扶贫小额信贷 590 万元。积极谋划、推动实施一批带动强、效益好、持续长的乡村振兴项目,一体化推进 43 个建制村村庄规划编制工作。建成塔木村、雪巴村 2 个乡村振兴示范点项目,开工建设比巴、冲达等 7 个宜居宜业和美乡村建设项目。

【强基惠民】 2022 年,桑日县委常委会先后 2 次召开专题会议安排部署第十一批干部驻村工作,选派驻村干部 174 名,其中干部 93 名,各类专干 81 名,开展为期 2 天的专题培训。紧紧围绕干部驻村工作“五项重点任务”,研究制定《桑日县关于在驻村工作队中开展“‘五比五看’，争当‘六员’驻村干部，争创‘五好’驻村工作队活动”实施方案》，研究印发《桑日县强基惠民项目申报审批流程》，理顺项目申报流程，重申工作要求，切实保障强基惠民项目运行规范。指导各驻村工作队认真开展铸牢中华民族共同体意识、带领群众致富、维护社会稳定、守卫边疆领土、开展反分裂斗争干部驻村“五项重点任务”。各驻村工作队以集中宣讲，入户宣传等方式，宣传《西藏自治区民族团结进步模范区创建条例》256次，受教育群众1.7万余人次。开展集中学习434场次，受教育党员群众1.4万余人次，帮助3500名农牧民党员群众下载“藏译通”。协助做好常态化防返贫监测198次，切实守住不发生规模性返贫的底线；协助开展农牧民实用技能培训13场次，受训群众417人次，帮助32名群众实现就业，增加现金收入85700元。开展矛盾纠纷排查2000余次，排查安全隐患2100余次。采取点对点的方式开展法律知识宣讲262场次，覆盖群众1.1万余人次。开展人居环境整治1321场次，参与群众5.4万人次。开展反分裂斗争宣传教育150余场次，受教育群众4.1万余人次。

【宣传工作】 2022年6月，“桑日青稞小讲堂”在全县43个建制村开设，为老百姓搭建起“大舞台”，让他们通过讲“小故事”来树立“大榜样”，推动党员干部把身子沉下去，让基层群众的声音传上来，促进全民素质整体提升，这一文化品牌受到山南市重点推介。全年共开办“桑日青稞小讲堂”87期，吸收理论宣讲志愿服务队队员18名，培育基层骨干宣讲员2名。为迎接和学习宣传贯彻中共二十大精神、乡村振兴、疫情防控、保护生态环境、创建全国文明城市、民族团结进步等，累计制作宣传栏、户外广告、宣传标语等310个，制作发放防诈骗、“非法集资”等宣传资料1435份，制作推出《网络中国节》《大美桑日》《创建全国文明城市你我共同参与》《网红看西藏交通》《疫情防控千万条 接种疫苗第一条》，以及改进作风、防诈骗等主题原创短视频36个，累计点击量达80万人次以上。

【产业发展】 2022年，桑日县形成规模的产业共计5类。种植业项目5个，分别为总投资352.65万元的追塘坝易地搬迁土地开发项目、总投资2937.35万元的追塘坝易地搬迁高效温室项目、总投资1400万元的程巴村苗圃基地项目、总投资500万元的赤康村苗圃基地项目和积极推进总投资4.1247亿元的葡萄基地建设项目。加工业项目2个，分别为2019年打造完成总投资3642万元的桑日县葡萄基地精细化改造项目和总投资400万元的白堆乡菜籽油精加工项目。文化旅游类项目1个，为总投资567万元的雪巴村旅游改扩建项目。商贸流通类2项，分别为2018年建设完成总投资528万元的冲达村扶贫增收基地和499万元的藏嘎村扶贫增收基地。资源开发类1项，为2019年入股洛扎拉康电站3000万元。通过发展产业项目累计实现收益2509.94万元，辐射带动全县4288名群众实现增收。实现资产收益159.49万元，全县3712名脱贫群众（建档立卡群众）分红372.62万元。

【维护稳定】 2022年，桑日县公安局共组织警力开展各类处突演练20余次、反自焚演练10余次，相继投入警力近200人次，车辆50余辆次。开展各类巡逻防控1450余次，出动警力3000余人次。召开县委常委会、县委国安指挥部视频会议8次，制定下发重要文件10余份。组织召开情报信息分析研判会3次，上报风险隐患排查摸排报告6份，开展各类督导检查50余次，形成督导检查情况报告2份。

【项目建设】 2022年，桑日县实施项目57个，总投资9.73亿元。其中续建项目9个，计划新建项目48个。制定《桑日县加快推进今冬明春重点项目建设攻坚行动方案》，梳理冬季不停工项目23个，年底新开工项目21个，冬季备工备料项目3个，推进前期工作项目21个，年度债券项目11个。深入推进“十四五”规划内项目前期工作，桑日县涉及“十四五”规划内项目54个，总投资399.8亿元。全年完成前置手续项目36个，完成率达到90%。完成2023年中央预算内投资计划项目申报16个（桑日县业主项目14个），总投资1.28亿元。全县实施统筹整合涉农资金项目13个，总投资13671.84万元。实施“以工代赈”项目2个，总投资234万元。完成11个项目的扶贫资产清理确权工作，形成扶贫资产2

亿余元。全年400万元以下政府投资项目交由农牧民施工企业实施39个，总投资4360.68万元，吸纳农牧民用工人数728人，实现农牧民劳务增收654万元。

【特色产业】 桑日县葡萄基地项目于2011年由曲水荣顺生物科技开发有限公司在桑日镇塔木村进行葡萄种植试验，试种面积15亩，试验品种11个，资金来源为本级财政资金和社会资金。2014年试验获得初步成效，2015年进行大规模种植，2022年全县葡萄产业基地规模达8600亩。年产量350吨，葡萄酒产量17.3万支，销售额181.64万元。

【党建工作】 2022年，桑日县严格落实县级领导干部督导联系点制度，深入实施区市县三级基层党建示范点联评联创3年行动计划，申报创建区市县三级基层党建示范点22个，全面推行村干部“集中办公日”制度，深入开展“争星晒成绩·头雁大比拼”村党组织书记抓党建促乡村振兴擂台比武活动，深化“十个一”系列活动，创新“八学模式”，推动学习宣传贯彻中共二十大精神走深走实，依托“云视讯”会议系统、“桑日青稞小讲堂”、“六微六学”课堂等平台载体，抓实党员干部教育培训工作，创新开展“五比五看”活动，推动干部驻村工作更好地向中心聚力、为大局发力。

【党风廉政建设】 2022年，桑日县纪检监察机关收到信访举报、巡察移交、监督检查发现问题线索共计21件。全年共受理问题线索22件，谈话函询2件，移送2件，初核了结7件，立案审查调查5件，办理中6件（已处置），给予党纪政务处分10人次，移送司法机关2人，挽回经济损失41.6万元，结案率达73%以上。实现全县中共十九大以来办理第四种形态案件零的突破，下发监察建议4份、检察建议2份。对受理的问题线索实行集中管理、动态更新、定期汇总，结合日常监督、审查调查、巡视巡察成果，对党员干部所在单位政治生态状况进行准确画像，严格回复廉政意见，严防“带病提拔”“带病上岗”。对党员干部、村“两委”班子成员、乡村振兴专干、专业技术人员等480人次的提拔、评优、晋升职级以及职称评定等进行党风廉政意见复函。

【重点集体经济简介】 2022年，桑日县有重点集体经济120个，总收入1347万元，其中增期乡雪巴村温泉、宾馆实现收入381万元。绒乡冲达村综合服务园区实现收入30万元。桑日镇比巴村农机农民专业合作社实现收入24万元。增期乡措巴村温泉实现收入12万元。绒乡吉隆村收入桑林惠民粮油加工合作社实现收入10万元。

中国共产党桑日县委员会

综述

【概况】 2022年，中共桑日县委员会（以下简称桑日县委）团结带领全县各族干部群众，坚持以习近平新时代中国特色社会主义思想为指导，全面贯彻落实中共二十大精神，贯彻落实习近平总书记关于西藏工作的重要论述和新时代党的治藏方略，贯彻落实自治区第十次党代会精神和自治区党委书记王君正关于“山南要走在全区前列”的指示要求，紧紧围绕迎接和学习宣传贯彻中共二十大精神这条主线，贯彻落实市第二次党代会、市委二届四次全会精神，落实县第十次党代会、县委十届五次全会精神，锚定“四件大事”“四个确保”，聚力“四个创建”“四个走在前列”，助推“六个走在全区前列”，坚持稳中求进工作总基调，统筹疫情防控和经济社会发展，统筹发展和安全，砥砺奋进、担当实干，转变作风、狠抓落实，确保中共二十大精神在桑日落地落实、取得成果，奋力开创桑日长治久安和高质量发展新局面。

【学习贯彻习近平新时代中国特色社会主义思想】 2022年，桑日县委及时跟进学习习近平总书记最新重要讲话指示精神，召开县委常委会（扩大）会议20次、县委理论学习中心组学习会9次。深入学习领会习近平总书记在中央政治局集体学习会、中央政治局常委会、中央经济工作会议、中央人大工作会议、中央政协工作会议、庆祝中国共产主义青年团成立100周年大会、庆祝中国人民解放军建军95周年大会、全国民委主任会议、中央民族工作会议、中央统战工作会议、中央全面深化改革委员会等会议上的重要讲话精神，深入学习习近平总书记在山西、海南、四川、湖北、香港、新疆考察时的重要讲话重要指示精神，重温习近平总书记在视察西藏时的重要讲话重要指示精神，深入学习习近平总书记在省部级主要领导干部“学习习近平总书记重要讲话精神、迎接党的二十大”专题研讨班上的重要讲话精神、在党外人士座谈会上的重要讲话精神，以对习近平同志为核心的党中央的绝对忠诚和对区党委、市委工作部署的绝对服从做好各项工作，确保桑日工作始终沿着习近平总书记指引的方向前进。

2022年1月27日，县委书记康爱民（前排右一）慰问驻军部队

【贯彻落实党中央和自治区党委决策部署】 2022年，桑日县委始终把桑日工作放在全国、全区、全市工作大局中思考谋划推进，及时召开县委常委会（扩大）会议、深改委会议、财经委会议、审计委会议、国安委会议、县委农村工作会议以及生态文明建设、人才工作、党建工作领导小组会议等，对党中央生态文明建设、稳经济大盘、疫情防控、强边固防、铸牢中华民族共同体意识等重大决策部署和区党委、市委关于加强基层社会治理、加快重大项目建设、中央环保督察整改、抵边搬迁、就业增收等部署要求，及时传达学习，研究部署贯彻落实工作，明确每项任务的牵头领导、责任部门、完成时限，定期调度进展情况，推动党中央、区党委、市委各项决策部署落实落细，以实际行动坚定捍卫“两个确立”、坚决做到“两个维护”。

【理论思想学习宣传】 2022年，桑日县委制定《中共桑日县委理论学习中心组2022年学习计划》，建立全县巡听旁听工作制度，由县处级领导干部对点联系指导各级党组织开展理论学习，深入基层、深入一线宣传宣讲，县委班子成员深入联系乡（镇）、单位、寺庙人均宣传宣讲3次以上，带动全县党员干部全面系统学、及时跟进学、结合实际学，以理论上的清醒铸就忠诚核心、维护核心、看齐核心的政治自觉。坚持抓理论学习，不断探索创新学习形式和学习载体，固化成功经验4条。制定下发《桑日县推进“党的创新理论大众化”工作实施方案》，在“网信桑日”微信公众号、“桑日融媒”抖音号以及珠峰云等平台开设专栏累计推送重要学习文章300余篇（条）。全县各级党组织累计开展理论学习1500余场次，开展读书交流活动80余场次。创作小品、相声、舞蹈等文艺作品17个，组织各类文艺团体下乡演出234场次。累计制作和推送“学习宣传贯彻党的二十大精神”等党的创新理论大众化相关音视频稿件100余个，阅读量达190万余次。注重运用“学习强国”学习平台开展政治理论学习。强化理论宣讲，优化宣讲团队13支，3486名宣讲志愿者和基层骨干宣讲员深入机关、企业、乡镇、建制村、校园、寺庙等开展各类宣传宣讲活动1080场次，受益听众达3.78万人次。开展线上线下理论知识测试4场次。开展以“喜迎二十大奋进新征程”为主题的知识竞赛，各乡（镇）和县（中）直各单位党员干部组成代表队积极参加。组织开展领导干部2022年第一次理论水平测试（线上答题），开展党员干部理论知识测试工作。精心孵化群众教育平台，打造群众性互动平台“桑日青稞小讲堂”，着眼于丰富群众精神文化生活、提升群众综合素质、密切党群干群关系。

2022年12月15日，县委书记孙守英（主席台）在桑日县开展学习贯彻党的二十大精神专题培训班作开班仪式

【中共二十大精神学习】 2022年，桑日县委坚持把学习贯彻落实中共二十大精神作为当前和今后一段时期的首要政治任务，高度重视、狠抓落实，推动中共二十大精神入脑入心。领导干部带头学，第一时间召开县委理论学习中心组学习会议，专题传达学习中共二十大报告，安排部署学习宣传贯彻工作，县委书记孙守英带头在桑日县科级干部学习贯彻中共二十大精神专题培训班作开班第一讲，发挥领导干部带头示范学、示范解读、参加研讨、撰写心得体会，做到先学一步、学深一层，调动广大党员干部学习热情，推动学习贯彻中共二十大精神走深走实。截至年底，全县各级党员干部累计交流发言340人，撰写心得体会870篇。全

县党员干部、农牧民群众积极参与、热烈讨论、认真学习，力争把每一点都领会深、领会透。积极采取“线上＋线下”“老办法＋新方法”等形式，加大宣传力度、扩大宣传范围，确保全覆盖、不留死角。依托LED显示屏、户外展板、宣传栏、围墙等悬挂宣传横幅、张贴宣传海报，依托村级大喇叭、随身小喇叭等线下载体，宣传中共二十大精神内涵以及相关知识点。利用好户外电子屏、横幅、宣传栏等，加强对中共二十大精神的宣传，累计悬挂横幅1200条、电子屏滚动播放350余次、更新宣传栏内容26条。依托“网信桑日”微信公众号、“桑日融媒”抖音号、桑日广播电视台等线上媒体平台，推送中共二十大精神学习资料；在“网信桑日”开设“学习二十大”专栏，宣传中共二十大精神，发布学习动态，交流学习感悟；充分发挥“抖音”App、微博客户端、微信视频号的宣传引导作用，拍摄制作学习宣传中共二十大相关短视频；线下通过理论学习中心组学习会议、“三会一课”等形式及时组织学习中共二十大精神，进一步引导全县党员干部用好“碎片化”时间开展掌上学习，确保全县党员干部群众随时随地进行学习交流，掀起学习宣传贯彻中共二十大精神热潮。截至年底，全县214个基层党组织已开展中共二十大精神学习专题研讨会500余次，参加党员3200人次。全县各类媒体共刊播刊载相关稿件200篇(条)。

【维护社会稳定】 2022年，桑日县委、县政府严格落实自治区党委、市委、自治区市国安指挥部视频会议精神和各项既定维稳部署，坚持一手抓疫情防控、一手抓维护稳定，坚持“防风险、护安全、战疫情、保稳定”的总体原则，统筹维稳与疫情统筹调度，从严落实各项措施，树牢总体国家安全观，警钟长鸣、警惕常在，准确把握当前维稳工作形势任务，从严从实从细落实好各项维稳要求和措施，全力维护持续和谐稳定大好局面。强化组织领导，根据县委统一部署，充实完善指挥部指挥体系，落实中央和区党委、市委关于安全稳定工作的决策部署和县委的具体安排，负责统一指挥全县维护稳定工作。充分发挥资源手段优势，调度掌握每日情况，开展情报汇集研判，重点部位巡查，网络实时监测，应急值守处突，维稳信息每日上报工作。坚持重要节点，由县处级领导集体带班，常态下由一名县处级领导带班，统筹指挥全县安全稳定工作。以服务保障中共二十大胜利召开为主线，专门成立县委党的二十大维稳安保工作领导小组及工作专班。召开会议，分析研判形式、全面安排部署、压实层级责任、督促各项维稳措施落实落细，确保冬奥会、冬残奥会、全国两会、萨噶达瓦民俗宗教活动等重要时段社会大局和谐稳定。召开全县中共二十大维稳安保动员部署会议暨“7+1”维稳防控模式专题部署会议和萨噶达瓦民俗宗教活动、虫草采挖期维稳工作安排部署会议等各类会议4次，传达学习区、市两级有关维稳一系列会议和领导重要指示精神，对全年和分时段维稳工作进行安排部署。研究制定下发重要文件9份，对照各重要节点的重点任务，进一步明确工作目标和职责，强化工作责任和制度、完善细化方案和预案，切实把维稳任务分解到岗位、落实到人头。相继召开维稳专题会议、维稳视频调度会议4次，对中共二十大维稳工作安排部署，扎实推动各项措施的落实。制定下发《桑日县党的二十大维稳安保工作实施方案》《关于党的二十大期间县级领导蹲点督导乡镇、寺庙维稳工作的通知》等4个重要文件，使各项维稳工作任务明确、重点突出。充分动员干部职工、武警中队、民兵、双联户长、护村队、平安志愿者、巾帼志愿者等群防群治队伍作用，每日参与法律政策宣传、巡逻值班、疫情防控、隐患排查等工作，齐心协力构筑群防群治严密防线，全县累计发动群防群治4000余人，确保中共二十大召开期间，社会大局和谐稳定。县委安委会开展执法检查共计58次，联合执法共计9次，下发督办通知3份，责令整改指令书5份，排查隐患56处，现场处理措施决定书1份。开展涉爆单位检查21次，开展临时油库、加油站检查21次。开展道路交通隐患排查100余次，排查上报隐患87处。查获各类交通违法行为总数33起。开展路检路查200余次，检查车辆2000余辆；开展夜查行动50余次，检查车辆5000余辆，通过酒精检测及排查仪，排查检测7000余人。杜绝各类重大公共安全和道路交通事故。严格落实“属地管理、分级负责”和“隐患不放过、矛盾不上交”的要求，全面排查容易引发群体性事件的矛盾纠纷和影响社会稳定的苗头性、倾向性问题。严格管理枪支弹药、民爆物品、危险化学品、管制刀具。

【平安桑日建设】 2022年,桑日县委严格落实平安建设领导责任制,形成工作联动、问题联治、平安联创的良好局面,常态化开展扫黑除恶斗争,深化线索摸排,全县组织开展线索摸排130余次,未发现涉黑涉恶线索。2021年自治区公安厅扫黑办交办的1条线索办结。抓好《中华人民共和国反有组织犯罪法》宣传实施,持续开展重点行业领域专项整治。严厉打击违法犯罪,开展打击电信网络诈骗犯罪专项行动,破获3起电信网络诈骗案,捣毁犯罪团伙2个,抓获犯罪嫌疑人23人。召开全县打击排查养老诈骗专项行动工作推进会,开展退休老干部宣传专场3次,农牧区宣传12次,走村入户“敲门行动”宣传3次。推进立体化智能化社会治安防控体系建设,深化“雪亮工程”建设应用,织密织牢公共安全防控网。坚持和发展新时代“枫桥经验”,按照“属地管理、分级负责,谁主管、谁负责”原则,层层压实矛盾纠纷排查责任,实现27件矛盾纠纷梯次化解。严格落实铁路护路联防工作责任制,将联防工作作为推进社会治理现代化的重要内容。

【情报信息搜集研判】 2022年,桑日县委落实24小时网上巡查机制,进一步加强对互联网等新兴媒体的管理。开展县区网吧现场检查10次,开展属地网站及重要信息系统主管单位网络安全检查10次,检查单位10家次,完成网站备案1家。加强相关信息搜集,及时进行研判,不断提升预警预判能力和水平。指挥部情报信息组召开情报信息分析研判会2次,情报部门搜集上报情报信息526条,上报345条,市公安局情报中心采纳43条。严格落实意识形态工作责任制,突出网络和学校意识形态阵地,举办桑日县2022年度宣传思想文化工作培训班1期,举办内部培训3期,累计培训宣传思想文化工作者、新媒体和网站从业人员、专兼职网评员等共计150余人次。持续加强互联网阵地监管,对全县12个网络媒体平台和账号开展巡查20轮,发现和纠正错字、错词等问题3个。及时修订完善桑日广播电视台安全播出实施方案、应急预案等,联合相关单位开展隐患排查2次,开展地面卫星接收设备专项整治行动13次。开展上门巡检103次,维修“村村通”设备167台次。

【民族团结】 2022年,桑日县委坚决贯彻落实习近平总书记关于加强和改进民族工作的重要思想,召开县委十届五次全会,专题研究部署民族团结工作,制定《中共桑日县委员会 桑日县人民政府关于贯彻落实〈关于以铸牢中华民族共同体意识为主线和战略性任务 全面推进新时代山南民族工作高质量发展的实施方案〉的工作措施》,高质量推动全国民族团结进步示范县创建,为推进桑日长治久安和高质量发展走在全区前列汇聚力量。强化思想政治引领。深入实施“四大工程”“六项行动”,扎实开展铸牢中华民族共同体意识教育“九进”活动以及精心打造民族团结进步教育基地,全力做好迎接国家民委终验工作,认真筹备全区民族团结进步创建工作现场会桑日观摩点各项工作,积极提炼宣传民族团结创建工作中典型做法和特色亮点。召开全县民族团结进步创建工作推进会,传达学习《西藏自治区民族团结进步模范区创建条例》《中华人民共和国民族区域自治法》,对全县民创工作进行安排部署,深入乡镇、村(社区)、寺庙、学校等地开展“民族政策+法律法规”巡回宣讲62场次,受教人数5000余人次,发放宣传资料1万余份,悬挂横幅65条,更新45个户外大型广告牌、34个宣传栏,制作灯杆道旗174盏,使各族干部群众在潜移默化耳濡目染中感受党的民族政策。及时通过“山南民创”微信公众平台推送民族团结创建工作信息。深入各成员单位检查指导创建工作52次,切实推动民族团结进步创建工作,对督导中发现的好经验、好做法及时提炼总结,形成典型事迹13件,并在全县范围内推广,引导各行各业齐抓共管民族事业,同频共振推动民族工作。开展5期民族团结互观互检活动,进一步深化民族团结进步创建工作整体成效。深化国家通用语言文字教育培训,严格落实“十个一”(组织一批集中培训、学唱一批红色歌曲、观看一批红色电影、背诵一批景点诗词、开展一批交流活动、用好一批新兴媒体、开办一批补习夜校、落实一批帮学机制、培养一批教育骨干、丰富一批培训教材)举措,持续在农牧区举

2022年12月19日，县委书记孙守英（后排中）参加桑日县“争星晒成绩·头雁大比拼”抓党建促乡村振兴擂台比武活动

办“六微六学”（微夜校集体学、微辅导带动学、微交流相互学、微服务跟进学、微节目趣味学、微测试督促学）课堂268期，顺利完成全县村“两委”干部国家通用语言文字集中测试工作，组织村干部和农牧区党员群众运用国家通用语言文字开展知识竞赛、演讲比赛、文艺会演等活动90余场，制作并发放学习国家通用语言“流动小书包”86个，在县主流微信公众号、抖音等平台开设《全面推广和普及国家通用语言文字——桑日在行动》专栏，推送学唱红歌、诗歌朗诵、情景模拟等作品10期，进一步深化国家通用语言文字教育培训实效。结合“党群活动日”，在全县各村党组织中同步开设“桑日青稞小讲堂”，让老百姓通过讲“小故事”来树立“小榜样”，进一步密切党群干群关系，大力提升农牧区党员群众综合素质。深入开展抓牢青少年爱国主义教育。组织全县各级团组织观看“庆祝中国共青团成立100周年大会”的直播、开展以庆祝建团一百周年“知团情 晓团史”暨“有奖问答＋宣讲”活动，帮助青少年早立志、立大志，从内心深处厚植对党的信赖、对中国特色社会主义的信心、对马克思主义的信仰。建立民族团结进步模范区创建经费保障机制，县本级财政每年安排100万元，用于民族团结进步宣传教育、表彰奖励和为民办实事。建立民族团结示范单位、示范基地的评选命名表彰奖励机制，每三年开展一次民族团结进步模范表彰，在全县范围内选树一批民族团结进步集体和个人，坚持精神奖励与物质奖励相结合，大张旗鼓表彰先进、树立典型，激励全社会共同做好民族团结工作，营造各民族共居共学共事共乐的良好氛围。截至年底，桑日县、县中学成功创建西藏第一批自治区民族团结进步模范区、模范单位，创建市级示范区（单位）5个。深化各民族交往交流交融。着力构建相互嵌入式的社区结构和社区环境，越来越多的各族群众在共居共学、互帮互助中走到一起组建家庭，全县民族团结家庭136户459人。

【宗教事务管理】 2022年，桑日县委坚持“保护合法、制止非法、遏制极端、抵御渗透、打击非法”原则，深化专项治理，依法依规解决宗教领域突出问题。持续淡化宗教消极影响。推进寺庙财税监管工作，召开全县寺庙财税监管工作推进会，对2022年寺庙财税监管工作进行安排部署，制定下发《桑日县2022年寺庙财税监管工作实施方案》，并深入曲龙寺、曲桑寺、仁青岗寺、卡玛当寺、巴朗曲康5座寺庙开展前期调研和政策宣讲工作，寺庙固定资产登记、财务收支审计、文物清点、土地测量等工作已顺利完成。深入开展“三个意识”教育活动，召开动员部署会议，对教育活动各项目标任务进行全面细致的安排部署，制定下发《关于在宗教界深入开展“国家意识、公民意识、法治意识”教育的实施方案》，举办“三个意识”教育宣讲员培训班。全年共开展宣讲活动30场次。举办桑日县涉宗干部第六期能力提升培训班，进一步提高涉宗干部政策把握能力和破解难题、化解矛盾的能力。加强宗教领域党务干部队伍建设，选派6名涉宗干部参加党务工作者培训，不断提升宗教治理能力。

【从严管党治党】 2022年，桑日县委坚持以习近平新时代中国特色社会主义思想为指导，学习贯彻习近平总书记关于西藏工作重要指示和新时代党的治藏方略，学习贯彻习近平总书记视察西藏重要讲话重要指示精神，贯彻落实自治区党委九届八次、九次、十次全会和自治区第十次党代会，市委一届六次、七次、八次、九次全会和市第二次党代会精神，始终坚持以党的政治建设为统领，坚持全面从严管党治党，全面推进党的政治建设、思想建设、组织建设、作风建设、纪律建设，把制度建设贯穿其中，深入开展反腐败斗争，开展“三严三实”专题教育、“两学一做”学习教育、“不忘初心、牢记使命”主题教育、党史学习教育和“政治标准要更高，党性要求要更严，组织纪律性要更强”专题教育，扎实推进基层党组织标准化规范化建设，党的基层基础不断巩固。持续夯实党的执政根基，召开1次常委会，听取人大政府政协法院检察院党组工作汇报，召开1专题会议，专题研究、部署党风廉政建设和反腐败工作，强化领导干部责任意识。不断加强领导班子作风建设，建立班子成员廉政档案，严格实行重大事项报告、礼金礼品登记制度。严格落实“三个规定”及其实施办法，筑牢廉洁司法“防火墙”。健全《日常管理制度》，对干部上下班、工作作风等情况进行监督，全力营造桑日风清气正的政治生态。县委带头履行“一岗双责”，切实抓好责任制的落实，始终把抓廉政与抓业务放在同等重要位置。持续加强党的政治建设，常态化开展党性教育、政治教育、理想信念教育，突出抓好政治教育。依托“党群活动日”“主题党日”“三会一课”“四大课堂”等载体，采取专题辅导、上党课、集中学习与个人自学相结合的方式，组织全县党员干部累计开展集中学习650余次，县级干部、乡镇党委书记、机关党组织书记等深入联系村讲党课90余场次，全面增强干部政治判断力、政治领悟力、政治执行力，引导党员干部把捍卫“两个确立”、做到“两个维护”作为最大的政治、最大的大局。持续加强干部教育培训工作，狠抓干部教育培训，结合桑日县实际，制定《2022年党员干部教育培训计划》，对各级党组织书记、乡镇干部职工、机关党员干部、党务工作者、村党组织第一书记、大学生村官、乡村振兴专干、村“两委”班子成员、村务监督委员会班子成员等进行培训。自主举办村干部学习贯彻中共十九届六中全会等会议精神专题培训、基层党建业务知识专题培训、机关党员发展对象培训、干部驻村工作业务培训等班次4期，参训学员干部837人次。组织各乡镇、县直机关、村、学校等领域党组织党员干部赴兄弟县区观摩学习基层党建、乡村振兴、产业发展、民族团结进步创建等方面工作32场次，参训达860人次。举办“庆七一·喜迎二十大”主题党员干部理论知识测试，组织全县基层党委（党组）、党总支、党支部班子成员、村“两委”班子成员等624人。选派77名党员领导干部参加上级部门组织的培训班。深化线上培训，组织20名党员干部参加西藏领导干部碳达峰、碳中和暨创建国家生态文明高地专题研讨班。持续开展凝聚民心工作，举办桑日县“光荣在党50年”纪念章颁发仪式暨“两优一先”表彰大会、“喜迎二十大永远跟党走奋进新征程”歌唱比赛，拍摄《我和我的祖国》《国家》等短视频宣传片，庆祝中国共产党成立101周年，迎接中共二十大胜利召开，回顾党的光辉历程，讴歌党的丰功伟绩，弘扬伟大建党精神、凝聚桑日力量。持续严明政治纪律和政治规矩，持续加强基层党组织建设，坚持大抓基层鲜明导向，召开组织工作会议、基层党建工作重点任务推进会，总结成绩，交流经验，明确责任要求，

2022年5月17日，县委书记康爱民（主席台中）主持召开桑日县2022年党风廉政建设和反腐工作专题会议

研究制定《桑日县2022年基层党建工作要点》,进一步细化6个方面28项措施,抓好整改工作,围绕2021年度全区、全市、全县基层党建工作述职评议点评问题,制订整改方案,逐项抓好整改工作,着力补齐短板弱项,不断推动“四个创建”“四个走在前列”“六个走在全区前列”落地落实。健全完善县级领导干部党建联系点制度,开展月调度4次、督导调研4轮次,解决实际问题12个。在虫草采挖点组建临时党支部8个,实现基层党组织全覆盖,确保哪里有党员哪里就有党组织。排查出各领域软弱涣散党组织2个,着力打造铸牢中华民族共同体意识、带领群众致富、维护社会稳定、守卫边疆领土、开展反分裂斗争的坚强战斗堡垒。坚持深度融合,全面加强机关党建工作,进一步调整充实县直属机关工委委员,成立9个机关党总支,开展模范机关建设工作。坚持“双强六好”,推动“两新”组织从“有形覆盖”到“有效覆盖”转变,组建“两新”组织党支部8个、成立党委3个,排查出“三有”(具有独立自主经营决策权、自负盈亏责任、自主使用资产)企业29家。深入开展违规违纪发展党员专项整治和“回头看”行动,截至年底,认定问题26条、涉及党员17名,“回头看”工作扎实推进。加强领导班子和干部队伍建设,坚持把实践实绩实效作为选拔使用干部的重要依据,注重在维护稳定最前沿、经济发展主战场、乡村振兴主阵地、疫情防控第一线等急难险重任务中发现和使用干部。制定《桑日县各级党组织和防疫工作人员考核方案》和日常考核台账,掌握一批敢担当、善作为的优秀干部,全面营造不畏艰险、奋勇争先、担当作为、勇于斗争的浓厚氛围,切实树立让有为者有位、能干者能上、吃苦者吃香、优秀者优先的选人用人鲜明导向。最大限度发挥援藏干部人才的独特优势助力桑日发展,召开1次短期援藏专业技术人才座谈会;上报新一批援藏干部人才引进需求计划24名。配合完成湖南省岳阳市对第九批援藏干部的考核工作和2名援藏干部申请延期援藏的申报工作。完成2022年短援考核和2023年短援计划申报。持续深化党风廉政建设和反腐败斗争,利用“网信桑日”等公众号刊登廉洁自律提醒5期。并在节日期间,紧盯“四风”和违反中央八项规定精神等问题,针对桑日县重点区域开展监督检查25次,切实做好节日期间纠“四风”工作,正风肃纪。严查党员干部赌博、工作期间饮酒、酒驾醉驾、违规发放津贴补贴等问题,针对部门履职不到位的进行全县范围内通报1次。组织全县开展违反中央八规问题自查,在全县范围内开展公务接待上问题自查,切实营造风清气正的干事创业氛围。建成“身边事教育身边人”廉政警示教育基地,全县干部参观学习,现场接受党性党风党纪教育。旗帜鲜明支持纪委正风肃纪反腐。持续强化政治监督,对各级各部门学习贯彻落实习近平总书记关于西藏工作的重要指示和新时代党的治藏方略、自治区第十次党代会和市第二次党代会等精神情况及“十四五”规划实施等情况的监督检查4批次,切实督促各级各部门积极落实党中央决策部署和区市县党委重点工作安排;盯住重要会议开展监督检查10余次,对违反会风会纪的2家单位主要领导由县委常委、纪委书记、监委主任对其进行提醒谈话,以会风带动作风;在3月综治宣传月、萨噶达瓦等重要时期开展监督检查5次,切实筑牢维稳防线。从严监督管理干部,以年度党委(党组)书记述责述廉评议工作为抓手,听取9家单位“一把手”抓党风廉政建设工作情况汇报,进一步压实主体责任。常态化开展干部作风监督大整顿大排查工作,对干部执行上下班制度、干部在岗情况、干部执行请销假制度、干部“泡茶馆”等作风内容进行督导检查共计28次,下发通报8期,涉及单位15家、干部职工16名,形成书面检讨材料14份,谈话提醒16人,推动全县干部职工严格执行各项纪律,开展干部“泡病号”专项整治,对4名长期病假在假的干部进行电话谈话。对干部、村“两委”、乡村振兴专干、专业技术人员提拔、评优、晋升职级以及职称评定等480人次进行党风廉政意见回复。持续强化不敢腐的震慑,坚持无禁区、全覆盖、零容忍。共计收到信访举报、巡察反馈、监督检查发现问题线索22件。截至年底,函询1件,了结3件,初核了结1件,立案审查调查2件,初核6件,暂存待查9件。持续深化政治巡察,对标对表二届市委巡察稳步推进十届县委第二轮巡察工作,抽调各单位精兵强将组成第二轮巡察队伍,围绕准备、了解、报告、反馈、移交和整改6个换届进行政策指导和业务解读，确保巡察进度与巡察质量同步推进。做实巡察“后半篇”文章。对十届县委第一轮巡察发现问题整改情况监督检查3次，截至年底，十届县委第一轮巡察反馈问题94个，已完成整改87个，整改完成率达92.6%，追缴资金481436.6元，建章立制5个，厘清村集体产权3项，向县纪委监委移送问题线索2件。

2022年8月23日，县委书记康爱民（左一）欢送出征拉萨方舱志愿者

【常态化疫情防控】 2022年，桑日县进入常态化疫情防控以来，根据《山南市应对新冠肺炎疫情工作领导小组〈关于做好新冠肺炎疫情常态化防控工作的指导意见〉》要求，进一步提高常态化防控工作的思想认识，严防境外和中、高风险地区疫情输入，毫不放松，持续抓紧抓实抓细常态化疫情防控工作，实现零输入。成立工作领导小组，及时研究制定疫情防控措施举措，设立疫情防控指挥部，调整充实桑日县应对新冠病毒疫情工作领导小组，调整优化18个疫情防控专项组和3个工作专班，先后召开领导小组会、部署会、调度会60余次，复盘、部署、会商、落实急需解决的困难问题。选派17名县级干部下沉到4个乡镇、5个寺庙、2个企业、1个公安检查站实施“包保”，靠前攻坚。选派86名机关干部下沉到43个建制村，与230名村干部、152名驻村干部一道全面参与疫情防控工作。不断充实基层防控力量，累计选派365名机关党员干部，166名公安民警和医护人员，241名协辅警、村医、公益性体制外干部职工和志愿者，火线支援村级防控物资保障等工作。改进和加强发热门诊、预检分诊各项工作流程，严格执行体温监测，确保不漏一人。开展县乡村三级医疗卫生队伍的业务培训和演练2期，重点加强疫情防控工作处突工作，全面提高应对能力。严格重大活动及会议的防控工作，采取控制数量、监测体温、佩戴口罩、座位隔空，以及核查信息等措施，尽可能减少人员聚集，并及时做好请示报告。做好“两考”期间防疫工作，严格执行考前体温检测，严格佩戴口罩，派遣医护人员等，顺利完成“两考”期间防疫工作任务。按照“边建设、边规范、边检测”原则，实施建设县卫生服务中心传染病能力提升建设项目。持续落实返藏人员管理工作，切实加强各部门、企业、学校等返藏人员的监管。成功创建“无疫村”43个、“无疫小区”1个。县域内宗教活动场所严格执行“三个暂停”要求，17座寺庙拉康实现平安清净无疫。紧盯重要时间节点，确保全县大局持续和谐稳定。发出“红色动员令”，制发《关于在新冠肺炎疫情防控中充分发挥全县各级党组织和广大党员干部作用的通知》《致广大干部群众的倡议书》等，号召全县各级党组织和广大党员干部积极投身疫情防控工作。全县121个党组织积极响应、迅速行动，积极统筹力量，强化管理，把值班值守、消毒消杀等各项防控措施覆盖到户、落实到人，及时组织调动村干部、网格员、志愿者、专干、返乡大学生和广大群众积极参与疫情防控，尽心尽力守护人民群众的身体健康和生命安全。以全县3428名党员干部为主组建党员先锋队、志愿服务队300余支，设立党员先锋岗、服务岗200余个，划分党员责任区354个。先后有13名医务人员主动请缨支援拉萨市、山南市疫情防控工作，切实担当起抗疫重任。

强化防控效能，持续补齐短板，多措并举，压实责任，织密防控网络，提高防控能力，扎实做好核酸检测工作、强化隔离人员日常生活垃圾处置、做好防疫人员个人防护，完善公安牵头、疾控配合，参与流调模式，强化检测、医药人员、场所、设备配套等方面能力，强化社会面管控，严格落实防控责任，确保社会和谐稳定；坚持严明纪法，强化督导，聚焦履行防控责任抓落实，始终把督导检查作为重要手段，主要领导主动靠前指挥，多次采取“四不两直”（不发通知、不打招呼、不听汇报、不用陪同接待，直奔基层、直插现场）方式深入实地督查指导疫情防控和维护稳定等工作，蹲点及下沉干部坚守岗位，靠前督促指导履行主体责任；切实以强有力的监督保障部署和措施落细落实，倒逼各级各部门把维稳和防疫责任扛在肩上、抓在手上，确保工作取得实效。

在监督检查中累计发现问题17个，均已整改到位，同时针对2名党员对疫情防控工作重视程度不够，贯彻落实防控政策不到位的问题在全县内进行通报，加大对涉疫案件打击处理力度；坚持两手齐抓，精准施策，聚焦恢复社会秩序抓落实，按照“疫情要防住、经济要稳住、发展要安全”的要求，科学研判，逐步有序恢复正常生产生活秩序，始终坚持疫情防控和农业生产两手抓，加快复工复产步伐。强化宣传发动，持续汇聚力量，各县级领导、三乡一镇及宣传、统战、卫生、教育等部门负责人，带头深入村（社区）、学校、寺庙、企业等领域开展示范宣讲。各村第一书记、驻村工作队和村干部通过进村入户，面对面广泛普及疫情防控知识，引导群众正确理性看待疫情，切实提高常态化疫情防控思想认识，增强自我防范意识和防护能力。充分调动“双联户”户长、党员、巾帼志愿者，以及各级代表和委员等群体力量，积极开展政策宣传、卫生消毒、教育疏导等工作，切实加强联防联控和群防群治。加强舆情引导，及时澄清事实，教育引导广大干部群众不造谣、不信谣、不传谣，持续营造良好舆论氛围，全面形成常态化抗击疫情的强大合力。利用各类媒体累计转发、播放上级指令新闻60余条，刊播全县各领域科学防治新冠疫情新闻信息和通知消息200余条。制作发放宣传单8000余份、海报300张，悬挂横幅80条。各县级领导带头开展宣传宣讲22场次，其他各级各领域开展宣传宣讲560场次，覆盖3.8万余人次。

【作风建设】 2022年1月12日，及时召开全县改进作风狠抓落实工作安排部署会议，传达学习全区、全市改进作风狠抓落实工作动员部署会精神，对全县改进作风狠抓落实工作进行安排部署。成立改进作风狠抓落实工作领导小组、设立工作专班，制定《2022年进一步改进作风狠抓落实工作实施方案》，明确重点工作。全县各级党组织通过集中学习、交流座谈等形式对本单位本部门改进作风狠抓落实工作进行部署，有序推动落实各项工作任务。4月2日，召开县委进一步改进作风狠抓落实工作推进会议，及时分析问题，调度工作，全力推动改进作风狠抓落实工作深入开展。县委主要负责人亲自抓落实、督落实，先后召开1次领导小组会议，县委书记深入全县30个建制村。各级领导干部强化带头意识，认真履行职责，按照时间节点推动工作，切实做到措施落实到位，任务完成到位，各项工作取得实效。切实发挥“关键少数”作用，县级领导带动全县各级党员干部转作风抓落实。坚持“四必严”，严控发文数量、严守行文规则、严明文风篇幅、严把文字关口。2022年，应纳入精文减会统计范围的县委发文9份。坚持少开会、开短会、开管用的会，少讲话、讲短话、讲务实的话，切实把中央和区党委、市委部署要求理解透、贯彻好。全年共召开全县性会议16场次。

重要会议

【全委会】 中国共产党桑日县第十届委员会第四次全体会议。2022年1月8日，中国共产党桑日县第十届委员会第四次全体会议召开，传达学习中共十九届六中全会和自治区第十次党代会、市第二次党代会精神，审议通过《中共桑日县委员会关于深入学习贯彻中共十九届六中全会和自治区第十次党代会、市第二次党代会、市委二届二次全会精神 加快推进桑日长治久安和高质量发展的意见》（以下简称《意见》）。县委常委会主持。县委书记康爱民讲话，并就《意见》作说明。县委委员、候补委员、县纪委委员、自治区第十次党代会代表、市第二次党代会代表以及在家县级领导、各乡镇党政主要负责人、部分退休老干部代表等146人参加会议。会议还审议通过《桑日县推荐提名自治区出席党的二十大代表候选人推荐人选名单》。

中国共产党桑日县第十届委员会第五次全体会议 2022年7月18日，中国共产党桑日县第十

2022年1月12日，县委书记康爱民（主席台中）主持召开全县改进作风狠抓落实工作安排部署会

届委员会第五次全体会议召开，深入学习贯彻习近平总书记关于加强和改进民族工作的重要思想，贯彻落实中央民族工作会议和中央第七次西藏工作座谈会精神，贯彻落实自治区第十次党代会和区党委民族工作会议精神，贯彻落实市第二次党代会、市委二届四次全会和市委民族工作会议精神，研究部署当前和今后一个时期民族团结工作，审议通过《中共桑日县委员会 桑日县人民政府关于贯彻落实〈关于以铸牢中华民族共同体意识为主线和战略性任务 全面推进新时代山南民族工作高质量发展的实施方案〉的工作措施》。全会由县委常委会主持。县委书记康爱民讲话，并就工作措施作说明。县委领导索朗巴珠、王雅峰、孙守英、曹超、张鑫、贾锋、邬建军、边巴次仁、程永亮、胡鹤出席会议。县纪委委员和有关方面干部职工列席会议，自治区第十次党代会代表、市第二次党代会代表列席会议。

中国共产党桑日县第十届委员会第六次全体会议。2022年12月14日，中国共产党桑日县第十届委员会第六次全体会议召开。全会由县委常委会主持，县委书记孙守英讲话。全会传达学习中共二十大精神和区党委十届三次全会、市委二届五次全会精神，讨论孙守英受县委常委会委托所作的工作报告、县委常委会抓全面从严治党工作情况报告和改进作风狠抓落实工作情况报告，审议通过《中共桑日县委员会关于以党的二十大精神为统领 全面建设社会主义现代化新桑日的实施方案》，对学习贯彻中共二十大精神和自治区党委十届三次全会、市委二届五次全会精神，全面建设社会主义现代化新桑日作出安排部署。

【县委常委（扩大）会议】 第十九次（扩大）会议。2022年1月7日，县委书记康爱民主持召开十届县委常委会第十九次（扩大）会议，传达学习国家主席习近平发表2022年新年贺词，传达学习12月29日自治区党委常委会（扩大）会议、全区宗教界代表人士座谈会、中国共产党山南市第二届委员会第二次全体会议精神，研究桑日县贯彻意见；研究《中共桑日县委员会关于深入学习贯彻党的十九届六中全会精神、自治区第十次党代会精神、市第二次党代会精神和市委二届二次全会精神 加快推进桑日长治久安和高质量发展的意见》《康爱民同志在县委十届四次全会上的讲话》《康爱民同志在县委经济工作会议上的讲话》《关于桑日县第十四届人民代表大会第三次会议筹备工作的请示》《关于召开第十四届人民代表大会第三次会议有关事项的请示》《桑日县人民代表大会常务委员会工作报告》《政府工作报告》《索朗巴珠同志在县委经济工作会议上的讲话》《关于召开政协第三届桑日县委员会第二次会议有关事宜的请示》《关于成立政协第三届桑日县委员会第二次会议临时党委和临时党支部的请示》《政协第三届桑日县委员会常务委员会工作报告》《桑日县人民法院工作报告》《桑日县人民检察院工作报告》《桑日县2021年国民经济和社会发展计划执行情况和2022年国民经济和社会发展计划（草案）的报告》《桑日县2021年财政预算执行情况和2022年财政预算（草案）的报告》《关于成立公共卫生委员会的请示》《关于确定桑日县推荐提名自治区出席党的二十大代表候选人人选的请示》《关于德庆央金等同志任免职的建议》等事宜。

第二十次（扩大）会议。2022

年1月24日，县委书记康爱民主持召开十届县委常委会第二十次（扩大）会议，传达学习习近平总书记在十九届中央纪委六次全会上的重要讲话、对全国老干部工作作出的重要指示和给中国国家话剧院艺术家的重要回信、对党史学习教育作出的重要指示和中共中央政治局专题民主生活会精神，传达学习习近平总书记对政法工作的重要批示、关于加强党内法规制度建设的重要指示和全国党内法规工作会议精神，传达学习1月6日中共中央政治局常务委员会会议精神、《中共中央办公厅印发〈关于加强和改进新时代市县政协工作的意见的通知〉》、《中共山南市委员会 山南市人民政府印发〈关于全面实施预算绩效管理的实施方案〉的通知》精神，传达学习区、市两会精神和二届市委第四次常委会（扩大）会议精神等，研究我县贯彻意见；听取全县违规违纪发展党员专项整治工作情况汇报，安排部署全县近期重点工作。研究《关于研究解决全国文明城市创建工作中存在短板的请示》《桑日县"三大节日"慰问方案》《关于召开县第十四届人民代表大会常务委员会第六次会议的请示》《县第十四届人民代表大会主任会议关于提请县委常委会研究审议关于在全县实施民生项目人大代表票决制工作的有关事项的请示》《思金拉措景区设计方案》《桑日县2022年拟调整岗位建议名单》《关于增期乡陈冰同志申请工作调动的请示》等事宜。

第二十一次（扩大）会议。2022年1月30日，县委书记康爱民主持召开十届县委常委会第二十一次（扩大）会议，传达学习习近平总书记在十九届中央纪委六次全会上的重要讲话和自治区纪委十届二次全会精神，传达学习王君正书记在1月27日自治区国安指挥部视频会议上的讲话、1月27日在自治区应对新冠肺炎疫情领导小组视频会议上的讲话、对"三农"工作作出的批示精神及自治区党委农村工作会议精神，传达学习二届市委第八次常委会（扩大）会议、山南市粮食生产和"菜篮子"工程部署会议精神，研究我县贯彻意见，安排部署近期全县疫情防控工作；研究《关于改进作风狠抓落实工作有关运行事宜》《关于粮油公司政企分开工作的请示》等事宜。

第二十二次（扩大）会议。2022年2月24日，县委副书记、县长索朗巴珠主持召开县委常委会第二十二次（扩大）会议，传达学习习近平总书记在2022年春节团拜会、在党外人士迎新春活动、在山西考察时的重要讲话精神以及关于粮食安全的重要指示批示精神，传达学习《中共中央办公厅 国务院办公厅关于印发〈地方党委和政府领导班子及其成员粮食安全责任制规定〉的通知》《粮食流通管理条例》精神，传达学习《中央保密委员会关于2021年全国窃密泄密案件情况的通报》精神，传达学习《自治区党委办公厅强化"四督四查"着力压实责任促进落实》（第7期简报）、《关于不作为慢作为和不正确履职典型案例的通报》精神，传达学习二届市委第十次、十一次常委会（扩大）会议精神，传达学习山南市纪委二届二次全会精神，研究部署我县贯彻落实工作。研究《中共桑日县纪律检查委员会十届二次全体会议工作报告》《康爱民同志在县纪委十届二次全会上的讲话》等事宜。

第二十三次（扩大）会议。2022年3月18日，县委书记康爱民在党政楼205会议室主持召开县委常委会第二十三次（扩大）会议，传达学习全国两会精神和习近平总书记在全国两会期间的重要讲话精神，传达学习《中共西藏自治区常委会会议纪要（十届第11号）摘录》以及许成仓同志在《中共西藏自治区委员会常委会会议纪要》上的批示精神，传达学习《自治区纪委关于三起违反中央八项规定精神典型案例的通报》文件精神以及二届市委常委会第12次（扩大）会议精神，研究部署我县贯彻落实工作。研究《桑日县人民政府关于提请审议桑日县行政复议体制改革实施方案的请示》《桑日县人民政府关于提请审议桑日县2022年脱贫县财政涉农统筹整合资金实施方案的请示》《关于解决退休第一、二党支部活动场所维修经费的请示》《关于解决退休第一、二党支部活动场所物业管理服务费用的请示》、干部人事等事宜。

第二十四次（扩大）会议。2022年3月28日，县委书记康爱民主持召开十届县委常委会第二十四次（扩大）会议，传达学习习近平总书记在中央党校（国家行政学院）中青年干部培训班开班仪式上的重要讲话精神，传达学习2月25日中共中央政治局会议精神、习近平总书记在中共中央政治局第三十七次集体学习时的重要讲话精神，传达学习习近平总书记在审阅中央政治局委员、书记处书记，全国人大常委会、国务院、全国政协党组成员，最高人民法院、最高人民检察院党组书记向党中央和习近平总书记书面述职时作出的重要指示精神以及习近平总书记在中央全面深化改革委员会第二十四次会议上的重要讲话精神，传达学习中共中央政治局常务委员会会议精神和全国、全区、全市新冠疫情防控工作电视电话会议精神，传达学习全国、全区、全市组织部长会议精神和王君正书记对全区组织工作的批示精神，传达学习全国、全区、全市统战部长会议精神，传达学习二届市委第十三次常委会（扩大）会议精神，研究我县贯彻意见。听取全县疫情防控工作情况汇报，听取全县民族工作和创建工作情况汇报，听取全县固定资产投资及项目开复工情况汇报，安排部署全县近期重点工作。研究《中共桑日县委理论学习中心组2022年学习计划》《关于县工商联（商会）2022年换届工作的实施方案》《关于桑日县工商联（商会）第二届主席（会长）、副主席（副会长）领导班子人选方案》《桑日县创先争优强基础惠民生活动第十一批干部驻村工作县直单位驻村点调整工作方案》《关于扎西拉珍、阿米那同志任免职的建议》《关于赵琪等5名同志任免职的建议》《桑日县事业单位拟调出人员名单》等事宜。

第二十五次会议。2022年4月1日，县委书记康爱民在县党政楼101常委会议室主持召开十届县委常委会第二十五次会议暨生态环境保护工作专题学习会议，传达学习习近平论社会主义生态文明建设（2022年）重要讲话精神，传达学习习近平总书记在参加首都义务植树活动上的重要讲话精神，传达学习中央第四生态环境保护督察组督察西藏自治区动员会精神、自治区开展国土绿化行动暨拉萨南北山绿化动员部署会议精神及自治区党委书记王君正在自治区生态环境厅调研时的讲话精神，传达学习山南市召开迎接配合中央生态环境保护督察工作动员部署会议精神。研究《桑日县人民政府关于提请审议山南市鲁牧木材石材专业市场项目建设有关方面的请示》《桑日县人民政府关于审议〈关于研究桑日县鼓励抵边安居配套保障建议的请示〉的请示》等事宜。

第二十六次（扩大）会议。2022年4月15日上午，县委书记康爱民主持召开县委常委会第26次（扩大）会议，传达学习习近平总书记对东航客机坠毁作出的重要指示和李克强总理批示精神，传达学习习近平总书记关于安全生产重要论述、在北京冬奥会冬残奥会总结表彰大会上的重要讲话和在海南考察时的重要讲话精神，传达学习中共中央政治局常务委员会会议、全国安全生产电视电话会议精神及国务院领导对统计工作的重要批示精神，传达学习《中共西藏自治区委员会办公厅 西藏自治区人民政府办公厅关于印发〈西藏自治区本级行政事业单位公务用车配备使用管理办法〉的通知》《关于洛扎县发改委扎西达杰通过县乡党政信息网违规传输涉密文件的情况通报》《关于转发达娃次仁同志在全区保密工作会议上的讲话的通知》文件精神，传达学习自治区党委常委会第十三、第十四次（扩大）会议精神和二届市委第十四次常委会（扩大）会议精神，听取全县安全生产工作开展情况汇报，研究部署下一步工作。研究《桑日县委常委会2022年工作要点》《中共桑日县人大常委会党组关于成立桑日县民生实事项目人大代表票决制工作领导小组的请示》《中共桑日县人大常委会党组关于开展区、市、县三级人大代表视察活动的请示》《关于索朗平措等12名同志编制转隶的请示》《关于合同制工人次仁德吉同志退休的请示》《关于召开全县组织工作会议的请示》《关于平措扎西、德庆曲珍同志调动工作的请示》《关于干部管理“土政策”清理修改情况的请示》《关于县工商联（商会）第二届班子成员候选人考察情况报告的请示》《十届第二轮巡察拟抽调人员建议名单》《关于阿旺曲培违纪违法案处理意见的请示》等事宜。

第二十七次（扩大）会议。2022年4月22日，县委书记康爱民在县党政楼101常委会议室主持召开十届县委常委会第二十七次会议。研究《县人民政府关于提请审定思金拉措旅游景区基础设施建设项目设计方案的请示》《县人民政府关于提请审议2022年本级财政预算调整方案的请示》《关于巴桑次仁等4名同志按藏政发〔2012〕64号文件提前退休的请示》《关于张成梅等17名同志申请提前退休的请示》等事宜。

第二十八次（扩大）会议。2022年5月13日下午，县委书记康爱民主持召开县委常委会第二十八次（扩大）会议，传达学习习近平总书记在中国人民大学考察时的重要讲话、在庆祝中国共产主义青年团成立100周年大会上的重要讲话精神以及对湖南长沙居民自建房倒塌事故作出的重要指示精神，传达学习中共中央政治局常务委员会会议精神、中共中央政治局会议精神，传达学习自治区党委书记王君正在日喀则市调研时的讲话、在林芝市发布《关于紧急寻找次密接人员的通告》引发广泛舆论关注一事上的批示精神，传达学习《信访工作条例》及全区干部驻村工作相关文件精神，传达学习自治区党委书记王君正在西藏自治区庆祝“五一”国际劳动节暨表彰大会上的讲话、在自治区党委全面依法治藏委员会会议上的讲话精神，传达学习了自治区党委常委会第十五次、第十六次（扩大）会议和二届市委第十五次常委会（扩大）会议精神，听取有关工作情况汇报，研究部署疫情防控、安全生产等工作，安排部署下一步工作。研究《关于调整县有关议事协调机构组成人员的通知》《关于审议〈中共桑日县委员会全面深化改革委员会2022年工作要点〉》《关于审议〈中共桑日县委员会财经委员会2022年工作要点〉》《关于召开桑日县宣传思想暨意识形态工作会议、桑日县2022年党风廉政建设和反腐败工作专题会议有关事宜的请示》《桑日县人民政府关于审议〈在全县开展法制宣传教育的第八个五年规划（2021—2025）〉的请示》《桑日县人民政府关于审议〈桑日县全面推行林长制实施方案〉的请示》《桑日县人民政府关于审议〈桑日县检察院关于解决综合用房建设资金的请示〉的请示》《桑日县人民政府关于审议〈县后勤服务中心关于解决县机关食堂维修改造资金的请示〉的请示》《桑日县人民政府关于审议〈桑日县财政局关于存量资金盘活统筹使用方案的请示〉的请示》《桑日县人民政府关于审议〈绒乡人民政府关于解决山南市桑日县鲁牧木材石材专业市场建设征占使用林地可行性报告所需资金、植被恢复费及行政处罚金等相关费用资金的请示〉的请示》《关于提请审议〈桑日县关于表彰创先争优强基惠民活动2020—2021年区、市、县三级先进个人、优秀集体推荐候选名单〉的请示》《关于县委国家安全委员会办公室队伍建设的建议》等事宜。

第二十九次（扩大）会议。2022年5月31日，县委副书记、县长索朗巴珠主持召开县委常委会第二十九次（扩大）会议，传达学习习近平总书记给南京大学留学归国青年学者的回信精神，传达学习自治区党委书记王君正在阿里地区调研时的讲话精神、在自治区人力资源和社会保障厅调研时的讲话精神，传达学习全区、全市宗教界深入开展“国家意识、公民意识、法治意识”教育动员部署会议精神，传达学习自治区党委常委会第十七次（扩大）会议、二届市委第十六次常委会（扩大）会议精神，传达学习自治区党委书记王君正在近期维稳工作会上的讲话精神、区党委常务副书记在近期维稳指挥部视频会上的讲话精神，听取全县河（湖）长制落实情况和全县防汛抗灾工作情况汇报，安排部署全县近期维护稳定工作，研究部署下一步工作。研究《桑日县人民政府关于审议〈桑日县财政局关于2022年补充县级财力专项资金分配的请示〉的请示》《桑日县2022年集中整治软弱涣散基层党组织工作方案》《关于德庆拖美严重违纪违法案的处理意见的请示》等事宜。

第三十次（扩大）会议。2022年6月24日，县委书记康爱民在县党政楼101常委会会议室主持召开十届县委常委会第三十次（扩大）会议，传达学习习近平总书记在四川考察调研时的重要讲话、致2022年六五环境日国家主场活动贺信精神，传达学习中共中央政治局会议、中央第四生态环境保护督察组向西藏自治区反馈督察情况精神，传达学习《中共西藏自治区委员会关于加强对“一把手”和领导班子监督的实施意见》《中共西藏自治区委员会办公厅关于拉萨市达孜区原区委副书记、区长春新严重违纪违法案件的通报》《中共西藏自治区委员会关于认真学习贯彻〈党委信息办理工作规定〉的通知》《关于印发〈庄严、刘江同志4月28日在“2·25”事件现场会暨党的二十大维稳安保工作部署会上讲话〉的通知》《自治区党委、市委领导同志批示通知》及《上海战疫“复盘”十问》等有关文件精神，通报《桑日县2021年度干部选拔任用工作“一报告两评议”结果》，听取县人大、政府、政协、法院、检察院党组工作情况汇报以及全县疫情防控工作开展情况汇报，研究部署贯彻落实工作。研究《关于对桑日县新时代文明实践中心一楼展厅设计方案进行审核的请示》《关于对桑日县新时代文明实践中心一楼展厅设计方案进行审核的请示》、干部调动等事宜。

第三十一次（扩大）会议。2022年7月5日，县委书记康爱民在县党政楼101常委会会议室主持召开十届县委常委会第三十一次（扩大）会议，传达学习中共中央政治局会议精神，传达学习习近平总书记在十九届中共中央政治局第四十次集体学习时的重要讲话、在中央全面深化改革委员会第二十六次会议上的重要讲话、在湖北武汉考察调研时的重要讲话精神，传达学习《中共中央办公厅关于印发〈领导干部配偶、子女及其配偶经商办企业管理规定〉的通知》精神，传达学习自治区党委书记王君正在安排部署全区重点工作时的讲话精神，传达学习《王君正书记对关于加强家庭家教家风建设作出的批示精神和庄严常务副书记在表彰2022年西藏自治区"五好文明家庭"暨揭晓百户"最美民族团结家庭"活动上的讲话精神》，传达学习中国共产党山南市第二届委员会第四次全体会议、二届市委第十八次常委会（扩大）会议精神，传达学习《中共山南市委员会办公室关于转发〈关于在全区开展党员干部和公职人员酒驾醉驾问题"一案双查"工作的通知〉》精神，研究部署贯彻落实工作。研究《县纪委监委关于给予益西旺杰、旦巴江村2人党纪政务处分的请示》《县委组织部关于〈县委干部考察组考察工作报告〉的请示》《桑日县驻村办〈关于在驻村工作队中开展"五比五看、争当'六员'驻村干部、争创'五好'驻村工作队"活动实施方案〉的请示》等事宜。

第三十二次（扩大）会议。2022年7月14日，县委书记康爱民在县党政楼101常委会会议室主持召开十届县委常委会第三十二次（扩大）会议，专题学习民族工作和民族团结工作有关讲话以及会议文件精神。会议传达学习习近平总书记在中央民族工作会议上的重要讲话精神和全国、全区民委主任会议精神，传达学习自治区党委民族工作会议、自治区着力创建全国民族团结进步模范区专项组第三次推进会议精神和《西藏自治区民族团结进步模范区创建条例》，传达学习市委二届四次全会、市委民族工作会议精神，研究部署我县贯彻落实工作。研究《中共桑日县委员会 桑日县人民政府关于贯彻落实〈以铸牢中华民族共同体意识为主线和战略性任务 全面推进新时代山南民族工作高质量发展的实施方案〉的工作措施》《康爱民同志在县委十届五次全会上的讲话》等事宜。

第三十三次（扩大）会议。2022年8月5日，县委书记康爱民在县党政楼101常委会会议室主持召开十届县委常委会第三十三次（扩大）会议，重温中央第七次西藏工作座谈会精神和习近平总书记在视察西藏时的重要讲话重要指示精神；传达学习习近平总书记在省部级主要领导干部"学习习近平总书记重要讲话、迎接党的二十大"专题研讨班上的重要讲话、在新疆考察时的重要讲话、在中央统战工作会议上的重要讲话、在党外人士座谈会上的重要讲话、给安徽省太和县种粮大户徐淙祥重要回信精神；传达学习《关于更好发挥市级巡察机构在上下联动中作用的通知》（藏党巡发〔2022〕37号）文件精神以及省市两级巡视巡察办主任培训班暨市级巡察机构在上下联动中更好发挥作用试点工作总结会议精神；传达学习西藏自治区党委人大工作会议，十届自治区党委常委会第二十次、二十一次（扩大）会议，二届市委第二十次、第二十一次常委会（扩大）会议精神，研究部署贯彻落实工作。听取全县2022年上半年生态环境保护工作及中央第四生态环境保护督察组反馈问题整改工作情况汇报和2022年上半年意识形态及宣传思想工作情况汇报。研究《桑日县2022年数字乡村发展工作实施意见》《桑日县宣传标语标识使用管理办法（试行）》《桑日县人民政府关于提请审议解决藏药材综合开发基地合同纠纷案件生效判决资金的请示》《桑日县人民政府关于提请审议桑日县2022年脱贫县财政涉农统筹资金补充方案的请示》《关于请求解决绒乡卓吉村温室泥石流灾后维修资金的请示》《关于解决防返贫救助资金的请示》《关于解决桑日县2022年高标准农田建设项目本级配套资金的请示》《关于请求拨付桑日县2020—2021年度入股拉康电站项目代持股份固定收益分红资金的请示》《关于审议桑日县县城排水防涝项目方案的请示》《关于申请解决桑日县文明城市创建市政基础设施建设项目资金的请示》等事宜。

第三十四次（扩大）会议。2022年9月27日，县委副书记、县长索朗巴珠在县党政楼101常委会会议室主持召开十届县委常委会第三十四次（扩大）会议，传达学习习近平总书记在辽宁视察时的重要讲话、对做好青海省大通县山洪灾害救援处置工作作出的重要批示、对四川甘孜泸定县6.8级地震做出的重要指示和李克强总理批示精神；传达学习全国、全区、全市安全生产电视电话会议和自治区党委常委会会议精神，传达学习自治区党委全面深化改革委员会会议精神，听取全县统筹疫情防控和经济社会发展工作情况汇报，通报全县疫情防控工作情况，研究部署我县贯彻落实工作。研究《桑日县关于贯彻落实〈山南市常态化疫情防控工作的指导意见〉的实施方案》《桑日县关于做好党的二十大维稳安保工作实施方案》等事宜。

第三十五次（扩大）会议。2022年11月16日，县委副书记、县长索朗巴珠在县党政楼101会议室主持召开十届县委常委会第三十五次（扩大）会议，传达学习十九届中央委员会报告和中央纪律检查委员会报告精神，传达学习习近平总书记在二十届中共中央政治局第一次集中学习时的讲话、在视察陕西延安和河南安阳时的重要讲话精神，传达学习10月25日二十届中共中央政治局会议精神和《中共西藏自治区委员会关于认真学习宣传贯彻党的二十大精神的通知》《关于转发〈关于加强党的二十大会议精神学习贯彻期间保密工作的通知〉的通知》文件精神，传达学习11月10日中共中央政治局常务委员会会议精神，传达学习国务院联防联控机制《关于进一步优化新冠肺炎疫情防控措施科学精准做好防控工作的通知》精神，听取全县前三季度经济运行工作和疫情防控情况汇报，研究部署我县贯彻落实工作。研究《关于白玛央金等17名专业技术人员试用期满转正的请示》《关于湛润成等4名专业技术人员试用期满转正的请示》等事宜。

第三十六次（扩大）会议。2022年11月21日，县委副书记、县长索朗巴珠在县党政楼101常委会会议室主持召开十届县委常委会第三十六次（扩大）会议，传达学习王君正书记为全区党员领导干部学习贯彻党的二十大精神专题培训班作辅导报告精神，研究部署我县贯彻落实工作。研究《桑日县学习宣传贯彻党的二十大精神总体方案》《桑日县宣传贯彻党的二十大精神宣讲方案》等事宜。

第三十七次（扩大）会议。2022年12月10日，县委书记孙守英在县党政楼101会议室主持召开十届县委常委会第三十七次（扩大）会议，传达学习习近平总书记对河南安阳市凯信达商贸有限公司火灾事故作出的重要指示精神和区党委十届三次全会、市委二届五次全会精神，研究部署贯彻落实工作。听取2022年全县从严治党工作、改进作风狠抓落实工作、巩固拓展脱贫攻坚成果同乡村振兴有效衔接工作和自治区考核组反馈问题整改工作情况汇报，安排部署近期重点工作。研究《中国共产党桑日县第十届委员会第六次全体会议方案》、《县委常委会在县委十届六次全会上的报告》、《中共桑日县委员会关于以党的二十大精神为统领　全面建设社会主义现代化新桑日的实施方案（常委会征求意见稿）》、《关于印发〈中共桑日县委员会巡察工作规划（2021—2025）〉的请示》、《桑日县人民政府〈关于提请研究加查县、桑日县拉玉沟虫草联合采集点综合用房建设项目方案〉的请示》、《桑日县人民政府〈关于提请审议桑日县残疾人联合会换届选举工作方案（草案）〉的请示》、干部人事、纪委有关案件等事宜。

第三十八次常委会（扩大）会议。2022年12月26日，县委书记孙守英主持召开十届县委第三十八次常委会（扩大）会议，传达学习中央政治局会议、中央经济工作会议精神，传达学习习近平总书记在党外人士座谈会上的重要讲话、致国史学会成立30周年的贺信、对非物质文化遗产保护工作作出的重要指示精神，传达学习近期自治区党委常委（扩大）会议、市委常委会（扩大）会议精神，听取县人大、政府、政协、法院、检察院党组工作汇报，研究部署贯彻落实工作。研究《关于申报塔木村党总支等6个党组织为自治区级基层党建示范点的请示》等事宜。

县委办公室工作

【概况】 2022年，中共桑日县委员

会办公室(以下简称县委办公室)紧紧围绕“服务县委中心、保障高效运转”目标,切实担起参谋辅政、落实主责、办文办会、服务协调、机要保密等方面工作职责,较好地完成各项目标任务。

【办文办会】 2022年,县委办公室高标准、高质量地完成县委全会、县委经济工作会、中共二十大精神党员干部大会、常委(扩大)会、专题会等重要文稿、文件的起草、送审、签发工作。制订县委重要工作、重大活动方案,高效率地收、转、发各类材料,确保信息畅通。

【办事服务】 2022年,县委办公室坚持“三勤、三快、三高、一保证”,即脑勤、手勤、腿勤,反应快、办事快、节奏快,高效率、高标准、高水平,保证上级交办的事情,事事有结果、件件有回音。县委办公室肩负着保证机关正常运转、保持上下左右联系畅通的重任。坚持与市委办的联系沟通,争取工作主动,加强同县人大、县政府、县政协办公室及县委常委兼职部门的协同配合,在日常工作中,及时传达上级和县委决策部署、反馈下级贯彻落实情况,提出工作建议,推动工作落实,共编发主要领导讲话《党办通报》8期,有效促进情况传达和工作落实。

【督导检查实效】 2022年,县委办公室注重与县纪委等单位的日常协调协作,会同县纪委等部门,开展联合监督检查10余次、中共二十大学习宣传贯彻落实情况专项督导等,统筹推进各项工作,不断提升督查实效。截至年底,共下发印发《督查通报》3期,查找问题20余个,提出督查建议10余条,为县委、县政府决策提供参考。

【基层减负】 2022年,县委办公室始终把解决形式主义突出问题作为捍卫“两个确立”、增强“四个意识”、坚定“四个自信”、做到“两个维护”的具体体现,严格控制发文、会议数量,提高发文、会议质量,把更多时间留给基层抓落实上。在全县上下形成“减负”的浓厚氛围,基层干部对“减负”效果满意。进一步完善文件、会议、重要活动等审批制度,较2021年发文、会议、督查减少显著,减负成效明显。

【档案管理】 2022年,县委办公室定期宣传档案工作的法规、制度、规定等知识,共宣传3场次,发放各类宣传册600余份。指导30余家单位,移交进馆22家,已整理档案238盒、4500余件,移交进馆167盒、3036件。充分利用丰富的馆藏资源及时向社会提供各种档案信息资源服务,接待查阅28人次,借阅档案264件、复印175件。

【机要密码工作】 2022年,县委办公室严格落实国家秘密审批制度,共传发密码电报419份,明码电报136份,办理县委及机要业务密码电报130份。每月对内部密码电报、每季度对涉密单位密码电报清点核查,清点核查652份。联合县保密办开展全县密码电报保密检查2次,保密教育培训1次,保密、密码法律法规及相关政策宣传3次,普及涉密干部900余人。做好电子政务内网日常巡检维护、业务信息、电子文件交换等公共应用系统工作,共传发电子公文2136份;积极沟通协调县电信、电力、后勤等部门,做好电子政务内网日常运转技术服务保障工作,为区、市各类党政重要会议服务保障112次,参与联调保障220人次。统计全县党政机关电子公文系统安可替代终端数量,持续跟进安可替代工作进程。

【保密工作】 2022年,县委办公室严格落实保密各项规章制度,对各单位涉密人员签订保密责任书和协议书,规范机要秘书管理;组织开展保密知识宣传学习4场次。

【地方志工作】 2022年,《桑日县志(2001—2010)》验收稿处于再补充再完善阶段。《桑日年鉴(2021卷)》完成制作。《桑日年鉴(2022卷)》处于招投标阶段。

组织工作

【概况】 2022年,桑日县设置机构(单位)121家,其中行政机构70家(正科级56家,副科级14家);事业单位51家(正科级7家,副科级30家,股级14家)。全县核定编制929名,其中行政编制270名,政法专项编制76名,事业编制564名,专招生周转编制19名。县一级总编制678名,其中行政编制158名,政法专项编制76名,参公事业编制45名,事业编制179名,教育编制220名;乡镇一级总编制251名,其中行政编制112名,事业编制 120 名，专招生周转编制 19 名。正科级领导职数 99 名，实配 96 名；副科级领导职数 226 名，实配 193 名。此外一级调研员 2 名，二级调研员 6 名，四级调研员 20 名。全县实有在编人员 1171 名，总超编 242 名，其中行政人员 408 名，超编 74 名；政法专项编制 172 名，超编 96 名；事业人员 591 名（含工勤 49 名），超编 72 名。县一级实有人员 957 名（含县派出机构、乡镇教师），超编 279 名，其中行政人员 317 名，超编 114 名；政法专项编制 172 名，超编 96 名；事业人员 468 名，超编 69 名；乡镇一级实有人员 214 名，空编 37 名，其中行政人员 91 名，空编 40 名；事业人员 123 名，超编 3 名。全县干部中女性 559 人，占比 47.7%。汉族干部 244 人，占比 20.8%。研究生学历 29 人，占比 2.5%；大学学历 712 人，占比 60.8%；大专学历 371 人，占比 31.7%；中专学历及以下 59 人，占比 5%。全县村“两委”班子成员核定职数 228 个，实际配备 230 名（含选派公务员 2 名），党组织书记 43 名，一肩挑 5 名，村务监督委员会成员 129 名。区外专项招收高校非西藏生源毕业生 46 名，其中行政 40 名，事业编制 6 名，辞职 2 名，调出 2 名；现有 42 名。“三老”人员有 190 名（其中，老党员 182 名、老干部 7 名、老模范 1 名）。退休人员 211 名，其中退休老干部 115 名，退休教师 28 名，退休工人 68 名；区内安置 177 名，区外安置 34 名。大学生村官 6 名，聘用乡村振兴专干 43 名。

2022年5月10日，桑日县委组织部召开机关改进作风狠抓落实专题学习会议

【政治教育】 2022 年，中共桑日县委员会组织部（以下简称县委组织部）依托“党群活动日”“主题党日”“三会一课”“四大课堂”等载体，采取专题辅导、上党课、集中学习与个人自学相结合的方式，组织全县党员干部累计开展集中学习 650 余次，县级干部、乡镇党委书记、机关党组织书记等深入联系村讲党课 90 余场次，全面增强干部政治判断力、政治领悟力、政治执行力，引导党员干部把捍卫“两个确立”、做到“两个维护”作为最大的政治、最大的大局。

【干部教育培训】 2022 年，县委组织部结合桑日县实际，制定《2022 年党员干部教育培训计划》，以各级党组织书记、乡镇干部职工、机关党员干部、党务工作者、村党组织第一书记、大学生村官、乡村振兴专干、村“两委”班子成员、村务监督委员会班子成员等举办培训班次 15 期。自主举办村干部学习贯彻中共十九届六中全会等会议精神专题培训、基层党建业务知识专题培训、机关党员发展对象培训、干部驻村工作业务培训等班次 4 期，参训学员干部 837 人次。组织各乡镇、县直机关、村、学校等领域党组织党员干部到兄弟县区观摩学习基层党建、乡村振兴、产业发展、民族团结进步创建等方面工作32场次，参训860 人次。举办“庆七一·喜迎二十大”主题党员干部理论知识测试，组织全县基层党委（党组）、党总支、党支部班子成员、村“两委”班子成员等 624 人，进一步调动全县党员干部积极性，丰富学习形式，推动党的创新理论大众化，达到“以考促学、以学促用”的良好效果。选派 100 余名党员领导干部参加上级组织部门组织的培训班。持续深化线上培训举措，组织 20 名党员干部参加西藏领导干部碳达峰碳中和暨创建国家生态文明高地专题研讨班。

【党建活动】 2022 年，县委组织部举办桑日县“光荣在党 50 年”纪念章颁发仪式暨“两优一先”表彰大会、“喜迎二十大 永远跟党走 奋进新征程”歌唱比赛，组织部机关干部和驻村干部拍摄《我和我的祖国》《国家》短视频宣传片，庆祝中国共产党成立101周年，迎接中共二十大胜利召开，回顾党的光辉历程，讴歌党的丰功伟绩，弘扬伟大建党精神。

【干部选拔任用】 2022年，县委组织部严格按照新时期好干部标准和民族地区干部“四个特别”要求，着力打造一支忠诚干净担当的高素质专业化干部队伍。树立正确用人导向。坚持把实践实绩实效作为选拔使用干部的重要依据，注重在维护稳定最前沿、经济发展主战场、乡村振兴主阵地、疫情防控第一线等急难险重任务中发现和使用干部。根据《党政领导干部选拔任用工作条例》规定，完成16人试用期满考核工作，并正式任职。配合市委干部考察组完成考察工作3次，提任县人民检察院副检察长1名，县人民法院政治部主任1名，晋升二级调研员2名、四级调研员7名。结合桑日县事业单位干部队伍建设实际，启动事业单位管理岗位职员等级首次晋升工作，拟晋升职员等级6名。把疫情防控工作作为检验干部政治站位、能力水平、责任担当的试金石和磨刀石，对干部进行精准“画像”。制定《桑日县各级党组织和防疫工作人员考核方案》和日常考核台账，掌握一批敢担当、善作为的优秀干部，全面营造不畏艰险、奋勇争先、担当作为、勇于斗争的浓厚氛围，切实树立让有为者有位、能干者能上、吃苦者吃香、优秀者优先的选人用人鲜明导向。

2022年12月19日，桑日县开展“争星晒成绩·头雁大比拼”抓党建促乡村振兴擂台比武活动

【干部监督管理】 2022年，县委组织部全面清理规范涉组涉干的“土政策”10条，修改完善《桑日县机关事业单位干部职工休（事、病、产）假管理办法（试行）》，进一步规范干部职工请销假制度。履行干部监督管理职责，联合县纪委监委、县人社局等单位，常态化开展干部作风监督大整顿大排查工作，对干部执行上下班制度、干部在岗情况、干部执行请销假制度、干部“泡茶馆”等作风内容进行督导检查共计28次，下发通报8期，涉及单位15家、干部职工16名，形成书面检讨材料14份，谈话提醒16人，推动全县干部职工严格执行各项纪律，作风建设持续向好。对全县在职公务员中符合在藏工龄25年（区外调入人员在西藏工龄加内地工龄累计达到30年），年龄男性不满58周岁、女性不满53周岁人员进行认真细致筛查。全县符合提前退休条件人员61人，经征求本人意见，申报张成梅等16人自愿提前退休，代德平自愿申请按照《中华人民共和国公务员法》相关规定提前退休。

【疫情防控】 2022年新冠疫情发生后，县委组织部采取送医巡诊、开展慰问、保障防疫物资等方式全方位关心关爱奋战在防控一线的工作人员，激励全县广大党员干部冲锋在前、担当在前、奉献在前，以强大的执行力和“严真细实快”工作作风，筑牢疫情防控坚固防线。实行防疫一线干部轮班、倒班等工作方式，保证干部得到及时和必要的休整，最大限度减少不必要的会议文电、表格填写、数据统计等重复性工作，切实为一线干部“松绑减负”，让干部把精力集中在落细落实各项防控措施上。时刻关注抗击疫情一线党员干部的个人状况，及时跟进了解一线人员的思想健康状况，利用电话、微信视频等非接触方式做好心理疏导，充分与干部谈心沟通、了解情况，对存在思想困惑的正确引导、对身心疲惫的57名下沉志愿者和1名驻村工作队员进行及时调整安排。从市划拨党费中支出2.15万元，采取“干部点单、组织买单”的方式，对43个驻村工作队和下沉志愿者送去“暖心蔬菜包”。对接物资保障组加强防护物资的统筹调配，联合物资保障组先后分三批次为一线工作人员送去防疫和生活物资，优先保障一线工作人员隔离衣、防护服、N95口罩、隔离面屏等物资需求，妥善解决一线工作人员食宿、值夜、交通、应急药品等问题，满足防疫一线人员工作需要，确保一线人员得到有效防护，保证干部人身安全，让一线工作人员工作更安心、有信心。深入全县43个建制村、4个寺管会开展“疫”线健康巡诊送医送温暖活动，累计为2560余名防疫工作人员及群众送医送药送温暖，为基层送去2.3万元的医药物品，针对防疫工作人员话费长期超支的情况，与移动、电信等运营商沟通协商，争取优惠套餐、免费通话等服务，全面为广大疫情防控工作人员提供服务保障、解决后顾之忧。

【专项整治工作】 2022年，县委组织部开展干部“泡病号”专项整治，对全县病假在假干部，采取电话访谈、病情诊断、核实假期等方式，进行深入细致排查，未发现“泡病号”问题，对4名长期病假在假的干部进行电话谈话，并通过发函等方式，告知病假在假干部相关政策，提醒其严格履行病假手续，定期配合复核病情病历。深入推进干部人事档案专项审核工作，完成2021年新录（聘）用公务员、事业单位干部人事档案调档和整理造册工作，完成历年公务员登记表、录用审批表入档工作，详细整理县管干部人事档案缺项清单。

【人才队伍建设】 2022年，县委组织部坚持最大限度发挥援藏干部人才的独特优势助力桑日发展，召开1次短期援藏专业技术人才座谈会；上报新一批援藏干部人才引进需求计划24名。配合完成湖南省岳阳市对第九批援藏干部的考核工作和2名援藏干部申请延期援藏的申报工作。完成2022年短援考核和2023年短援计划申报。根据《关于转〈中共中央组织部等关于开展人才工作中“唯帽子”问题治理的通知〉的通知》（以下简称通知）要求，及时开展自查自纠，深入查找工作中不符合《通知》要求的问题。经自查，全县不存在“在机构评审、项目评审、人才评价‘三评’工作中简单将人才称号、学术头衔的数量、层次作为重要指标，或将其作为确定人才薪酬待遇、配置学术资源的依据”的情况；不存在“在引进人才时，简单以人才称号和学术头衔为标准，甚至对其‘明码标价’，出现一定程度‘唯帽子’问题”的情况。

【作风改进】 2022年，县委组织部紧紧围绕组织工作重点任务，研究制定《县委组织部改进作风狠抓落实工作“七个在一线”活动方案》，通过在一线开展一次谈心谈话活动、在一线开展一次大调研大排查活动、在一线开展一批为干部群众排忧解难活动、在一线开展一批专题教育培训、在一线开展一系列喜迎二十大活动、在一线打造一批党建品牌亮点、在一线发现一批优秀年轻干部“七个在一线”活动，全面推动改进作风狠抓落实工作走深走实，切实推动全县组织工作高质量发展。

【大党建格局构建】 2022年，县委组织部调整充实县委党的建设工作领导小组，建立健全县委书记＋乡镇党委书记＋村党组织书记＋村党组织第一书记“1+3”联动责任体系，先后召开组织工作会议、党建工作领导小组会议暨基层党建工作重点任务推进会、全县“光荣在党50年”纪念章颁发仪式暨“两优一先”表彰大会等8场次，研究制定《桑日县2022年基层党建工作要点》，进一步细化工作举措，明确责任要求，建立“月小结、季督导、半年考核、年总结”党建督导调研机制，严格落实县级领导干部督导联系点制度，构建“严、细、实、常”的基层党建工作常态化督查机制，切实以基层党建督查“良药”打通基层党建部署要求落地的“末端梗阻”，基层干事创业氛围越发浓厚。“线上督”和“线下查”相结合，充分利用“云视讯”会议系统、党建工作微信群等载体，以党建督导调研、驻村考核等为工作契机，加大日常督导调研力度，进一步推动全县基层党建责任上肩、工作提质。截至年底，共开展有关督导调研工作20余轮次，发现和解决基层党建重难点问题90余个。

【创新理论武装】 2022年，县委组织部持续巩固党史学习教育成果，推动各党组织深入学习习近平新时代中国特色社会主义思想、中共十九届六中全会、自治区第十次党代会、市第二次党代会精神等重要内容，铸牢中华民族共同体意识教育，推动党的创新理论进企业、进农村、进寺庙、进机关、进校园，让新思想“润物细无声”。结合“党群活动日”，在各村党组织中同步开设新时代文明实践“桑日青稞小讲堂”，让农牧区党员群众通过讲“小故事”来树立“小榜样”，密切党群干群关系，提升农牧区党员群众综合素质。依托“云视讯”会议系统，自主举办村干部学习贯彻中共十九届六中全会等会议精神专题培训、基层党建业务知识专题培训、干部驻村工作业务培训等班次6期，参训学员980人次；各乡镇党委、各行业领域党组织结合工作实际举办各类培训班50余期，参训人员1280余人次。严格落实“十个一”举措，持续举办“六微六学”课堂740期，顺利完成全县村“两委”干部国家通用语言文字集中测试工作，组织村干部和农牧区党员群众运用国家通用语言文字开展知识竞赛、演讲比赛、文艺会演等活动170余场，制作并发放学习国家通用语言“流动小书包”86个，在县主流微信公众号、抖音等平台开设专栏，推送学唱红歌、诗歌朗诵、情景模拟等作品10期，进一步深化国家通用语言文字教育培训实效。

【党建引领强基固本】 2022年，县委组织部调整充实县直属机关工委委员，坚持按需组建原则，督促指导正式党员3人以上的虫草采挖点组建临时党支部8个，成立机关党总支9个，进一步健全基层组织体系。排查确定各领域软弱涣散党组织2个，及时成立整顿工作领导小组及办公室，严格落实“五个一”整顿措施，推动软弱涣散党组织整顿工作常态长效。执行发展党员“5个环节25个步骤”，规范发展党员工作，全年发展党员54名。强化村干部日常监督管理力度，研究制定《关于在全县推行村干部“集中办公日”制度的暂行办法（试行）》，在全县范围内推行村干部“集中办公日”制度，推动村级各项工作稳步开展。深化党建品牌创建工作，在全县范围内开展市县两级基层党建示范点联评联创行动，研究制订基层党建示范点创建工作3年行动计划，在全县范围内确定2022年度市县两级基层党建示范点创建单位22个，以点带面促进全面提升、整体提质。建好管好中央扶持壮大村集体经济项目，加强对村级集体经济发展的指导与项目实施的跟踪督导，研究制定《桑日县抓党建促乡村振兴工作实施方案》，进一步明确责任分工，强化工作落实；制作《桑日县抓党建促乡村振兴工作宣传片》，宣传推广全县抓党建促乡村振兴经验做法。推动全县各党组织坚持党建引领，创新工作举措，开展“喜迎二十大 奋进新征程 红歌献给党”“老少同声诵读红色经典 携手喜迎二十大”“童心心向党 喜迎二十大”“喜迎二十大 传承石榴籽精神 爱我锦绣中华书画展”等多彩文体活动180余场次，为喜迎中共二十大胜利召开营造浓厚社会氛围。深入学习贯彻落实中共二十大精神。研究制定《关于开展学习贯彻落实党的二十大精神“十个一”系列活动方案》，要求全县各党组织和广大党员干部要通过开展一次主题党日、组织一次集中研讨、撰写一篇心得体会、讲一堂专题党课、开展一次志愿服务、开展一轮大调研活动、举办一批集中培训、举办一次知识竞赛、举办一次演讲比赛、开展一次理论测试“十个一”系列活动，掀起学习宣传贯彻中共二十大精神热潮，推动理论学习入脑入心、宣传宣讲出新彩、贯彻措施落地落实。截至年底，全县各党组织及时收听收看中共二十大开幕盛况120余场次，召开学习研讨会90余场次，撰写心得体会1900余份，开展学习宣传100余场次，受众群众达4800余人次。

【队伍建设】 2022年，县委组织部从优秀村党组织书记、乡村振兴专干中招聘事业单位人员2名，补聘乡村振兴专干4名，激励广大党员干部在基层担当作为、建功立业。按照正职1∶2、副职1∶1的要求，建立建强后备干部人才库，精准储备村级后备干部队伍318名。由县级领导干部带队，联合各乡镇党委、县委组织部等有关部门，深入各建制村开展村“两委”班子换届“回头看”工作，进一步加强村“两委”班子建设，全面做好村级换届“后半篇”文章。印发《关于开展桑日县“争星晒成绩·头雁大比拼”村党组织书记乡村振兴擂台比武活动的实施方案》，通过开展村党组织书记乡村振兴擂台比武活动，推动村党组织书记在对标比武中找差距、补短板、抓落实，进一步锤炼抓党建促乡村振兴工作本领。从严管理监督党员，树立一切工作到支部的鲜明导向，抓实“三会一课”“主题党日”等党内基本组织生活制度，推动每名党员在严肃认真的党内政治生活中淬炼思想、锤炼党性。坚持以党员“三包五带五促”活动为抓手，推动各级干部走出机关、进村入户，联基层、联感情，结合新时代文明实践工作和党员志愿服务活动，组建理论政策宣讲、医疗健身、卫生环保、巾帼志愿等志愿服务队360余支，常态化开展志愿服务活动920余场次。

宣传工作

【概况】 2022年，中共桑日县委员会宣传部（以下简称县委宣传部）深入学习习近平新时代中国特色社会主义思想及中共十九大和十九届历次全会精神，全面贯彻习近平总书记关于宣传思想工作的重要思想和全国、全区、全市宣传部长会议精神，认真落实区党委、市委、县委重大决策部署，紧紧围绕迎接和学习宣传贯彻中共二十大精神这条主线，高举思想之旗、汇聚奋进之力、培铸强国之魂、夯实安全之基、奏强桑日之音，守好宣传思想工作底线、建立健全各项制度规范、创新思路打造品牌亮点，为打造“三区一高地”，实现“六个走在全区前列”，推动桑日长治久安和高质量发展提供坚强的思想保证和强大的精神动力。

【理论学习】 2022年，县委宣传部制定《中共桑日县委理论学习中心组2022年学习计划》，建立全县巡听旁听工作制度，由县处级领导干部点对点联系指导各级党组织开展理论学习。不断探索创新学习形式和学习载体，固化成功经验4条（即划定专题学、增加“专家解读”、指定拓展学习篇目、举办专题讲座），累计开展县委理论学习中心组集体学习12次，围绕中共二十大精神专题研讨4次，中心组成员累计撰写心得体会246篇。制定下发《桑日县推进“党的创新理论大众化”工作实施方案》，在“网信桑日”微信公众号、“桑日融媒”抖音号以及珠峰云等平台开设专栏累计推送重要学习文章361篇（条）。全县各级党组织累计开展理论学习1647场次，开展读书交流活动86场次，开展线上线下理论知识测试6场次。

【理论宣讲】 2022年，县委宣传部通过深入开展党员干部群众宣讲教育，让各族群众吸收现代文明最基本的精神和价值取向，从而在推动社会主义现代化新桑日的进程中凝聚精神力量。为进一步提高理论宣讲的效果，优化宣讲团队13支，3486名宣讲志愿者和基层骨干宣讲员深入机关、企业、乡镇、建制村、校园、寺庙等开展各类宣传宣讲活动2319场次，累计发放各类外宣品、宣传资料1.3万件（册），受益听众达3.9万人次。党政机关干部、党员群众运用“学习强国”学习平台、“网信桑日”公众号等开展政治理论学习，了解全国、全区、全市、全县的方针政策，让理论用于实践。

【思想道德建设】 2022年，县委宣传部开展公民意识教育，是强化各族群众思想道德建设的有力抓手。爱国主义、集体主义、社会主义教育是提高公民思想觉悟、道德水准、文明素养的基础工程。采用灵活运用多种方式，集中开展主题鲜明、方法多样的宣讲活动，在社会主义精神文明建设方面取得丰硕成果。深入开展公民意识教育，加强理想信念教育，提高全社会文明程度。以培育未成年人思想道德建设为重点，开展“童心向党”“强国有我 请党放心”等红色实践教育活动157场次，引导青少年自觉培育和践行社会主义核

2022年，桑日县委理论学习中心组第6次（扩大）学习会召开

心价值观，赓续红色血脉。以培育群众文明素养为基础，成立“黄马甲”文明劝导服务队，开展文明劝导活动123场次，纠正不文明行为5243例、媒体曝光16次。引导全民参与和全民监督，开展“我为文明桑日代言”“不文明行为随手拍”等活动56场次，曝光不文明行为5期。注重典型引领，评选文明村镇17个、文明家庭12个。

【精神文明建设】 2022年，县委宣传部精心孵化群众教育平台，着眼丰富群众精神文化生活、提升群众综合素质、密切党群干群关系，打造群众性互动平台“桑日青稞小讲堂”于6月同步在全县43个建制村开设，为老百姓搭建起“大舞台”，让他们通过讲“小故事”来树立“大榜样”，推动党员干部把身子沉下去，让基层群众的声音传上来，促进全民素质整体提升。开办“桑日青稞小讲堂”87期，吸收理论宣讲志愿服务队队员18名，培育基层骨干宣讲员2名。县民间艺术团累计下乡演出62场，观看群众超1.5万人次，县电影管理站累计深入机关、农牧区、学校、寺庙放映电影516场次，观影人数4.3万人次。创作小品、相声、舞蹈等文艺作品17个，组织各类文艺团体下乡演出569场次。制作和推送“学习宣传贯彻党的二十大精神”等党的创新理论大众化相关音视频等稿件146个，阅读量达194万次。

【意识形态主体责任落实】 2022年，桑日县上下深入学习领会习近平总书记关于意识形态工作的重要论述，切实增强做好意识形态工作的自觉性、主动性、能动性，守正创新、立破并举，创造性地做好意识形态和宣传思想工作，巩固全县人民团结奋斗的共同思想基础。全县认真落实中央、区党委、市委关于意识形态工作的决策部署，自觉肩负起做好意识形态工作的政治责任，牢牢掌握意识形态工作领导权、管理权、话语权，始终绷紧意识形态斗争这根弦，切实增强政治敏锐性和政治鉴别力，确保把中央、自治区党委和市委关于意识形态工作的决策部署落实到位。履行好主体责任，定期分析研判意识形态领域情况，层层传导压力，做到任务落实不马虎、阵地管理不懈怠、舆情防控不放松、责任追究不含糊，把意识形态工作的领导权牢牢抓在手上。各级党委（党组）书记作为第一责任人，带头抓意识形态工作、带头管阵地、把导向、强队伍，做到重要工作亲自部署、重要问题亲自过问、重大事件亲自处置。各级党委（党组）班子其他成员根据工作分工，按照“一岗双责”要求，抓好职责范围内的意识形态工作。召开常委会意识形态专题会议，听取县人大、政府、政协等单位工作汇报。举办桑日县2022年度宣传思想文化工作培训班1期，举办微信服务群管理培训1期，举办内部培训3期，累计培训宣传思想文化工作者、新媒体和网站从业人员、专兼职网评员和微信使用管理者等共153人次。持续加强互联网阵地监管，对全县12个网络媒体平台和账号开展巡查30轮，发现和纠正错字、错词等问题3个。及时修订完善桑日广播电视台安全播出实施方案、应急预案等，联合相关单位开展隐患排查2次，开展地面卫星接收设备专项整治行动13次。开展上门巡检103次，维修“村村通”设备167台次。

【舆论导向】 2022年，区内外各类主流媒体（含报纸杂志、网站、电视、微信公众号等）采用、转发、播放桑日县新闻稿件2365篇（条）。

2022年5月17日，桑日县宣传思想暨意识形态工作会议在县政务中心大礼堂召开

桑日县门户网站、“网信桑日”“桑日组工”等发布稿件2621篇，累计点击量超40万次。拍摄优质短视频408条，阅读点击量达3010.8万次。

【宣传工作】 2022年，县委宣传部围绕贯彻落实中央、自治区、山南市重大决策部署和县委、县政府重点工作，聚焦迎接和学习宣传贯彻中共二十大精神、乡村振兴、疫情防控、保护生态环境、创建全国文明城市、民族团结进步等，累计制作宣传栏、户外广告、宣传标语等310个，制作发放防诈骗、“非法集资”等宣传资料1435份，制作推出《网络中国节》《大美桑日》《创建全国文明城市你我共同参与》《网红看西藏交通》《疫情防控千万条接种疫苗第一条》，以及改进作风、防诈骗等主题原创短视频36个，累计点击量达80万人次以上。打造的“桑日青稞小讲堂”文化品牌，受到山南市重点推介。

【创城工作常态化】 2022年，县委宣传部构建“1+7+1”工作体系，即1个创建领导小组、7个大工作推进组、1个督察组。出台创建全国文明城市的实施方案、测评体系、任务分解表等文件，并纳入县委意识形态和精神文明考核评价体系。建立“县委主要抓、创建领导小组统筹抓、7个推进组具体抓”的工作体系和联席会议等工作制度。实行“一整改、二曝光、三问责”的工作模式。实施“四治一提升”工程，围绕环境“治脏”，累计组织新时代文明志愿服务队、巾帼志愿服务队等清理垃圾3.6吨，组织干部群众义务植树20万株，关停砂石场1家。突出城市“治乱”，累计清理私搭乱建23起、占道经营37起、出店经营54起。坚持交通“治堵”，召开县委书记、县长联合现场办公会，解决停车难、集贸市场优化等问题4个。针对小区“治畜”，累计抓捕流浪狗264条。立足硬件“升级”，县文化广播影视中心、融媒体中心、新时代文明实践中心、县城污水处理厂、白堆乡污水处理站、垃圾分类池、户外劳动者“爱心驿站”等建成投入使用，达西姆曲防洪堤、鲁牧沟治理、江南灌区续建配套设施和节水改造工程等项目推进有序。

【文化执法】 2022年，县委宣传部推进“扫黄打非”工作，共开展文化领域执法检查11次，检查单位63家次，发现并督促整改问题7个。收缴违规出版物24册。开展版权工作，认真履行新闻出版行政审批及行业监管职责，累计办理行政许可、变更及备案等审批事项4件。推进全县软件正版化工作。“农家书屋”“寺庙书屋”完成自治区验收。深入开展网络安全宣传教育，制定《桑日县“西藏清朗2022”系列专项行动方案》《桑日县关于持续清理整治网上历史虚无主义专项行动工作方案》《清朗·民族宗教领域网上负面有害信息清理整治桑日县专项行动工作方案》《桑日县关于加强“网红”培养管理工作实施意见》等，开展网络安全进校园、护苗2022专项行动、“三下乡”等活动45场次，定期不定期巡查各单位微信群、QQ群以及电子邮件35次。

统一战线

【概况】 2022年，中共桑日县委员会统一战线工作部（以下简称县委统战部）全面贯彻落实中共十九大、十九届历次全会和中共二十大精神，深入学习贯彻习近平总书记关于做好新时代党的统一战线工作的重要思想，紧紧围绕“四件大事”“四个确保”，聚焦全区“四个创建”“四个走在前列”和市委“六个走在全区前列”目标要求，提振精神、夯实基础，勠力同心、破解难题，全力推动全县统一战线工作高效有序开展，为社会局势和谐稳定和经济高质量发展作出积极贡献。

【政治引领】 2022年，县委统战部坚持把加强对统战成员的思想政治引领作为统战工作的首要任务，组织涉宗干部和统战成员学习贯彻习近平新时代中国特色社会主义思想、中共十九大精神、十九届历次全会精神和中共二十大精神以及习近平总书记关于统一战线工作重要论述，深入学习中央民族工作会议、自治区党委民族工作会议和市委民族工作会议精神以及全国、全区、全市统战部长会议精神，引导广大统战成员把思想和行动统一到党中央、自治区党委、市委和县委的部署要求上来，始终紧紧团结在党的周围，坚定不移走中国特色社会主义道路，切实增强“四个意识”，坚定“四个自信”，坚决捍卫“两个确立”，做到“两个维护”，确保在思想上、政治上、行动上始终与党同心同德、同心同向、同心同行。

2022年11月14日，桑日县宗教领域开展“三个意识”书法、绘画、摄影评比活动

【维护稳定】 2022年，县委统战部根据自治区、市、县三级维护稳定工作要求，特别是宗教领域工作要求和任务目标，召开全县宗教领域中共二十大维护稳定工作部署会议，科学分析存在的问题，对全县宗教领域维护稳定工作进行全面动员部署，明确各项目标任务。实行县、乡（镇）、村、驻村工作队、双联户逐级分包的五级联系责任制，构建横向到边，纵向到底，左右畅通的重点管理工作体系。制定下发《2022年桑日县宗教领域维护稳定工作方案》《桑日县宗教领域预防突发事件处置工作预案》，要求涉宗干部全面掌握应急预案的操作流程和指挥体系，不断提高应急意识和应急能力。严格落实疫情防控各项措施，进一步细化完善疫情防控工作方案和预案，召开视频调度会9次，及时劝返朝佛留宿人员9名，通过微信公众号、微信工作群等转发各级各类公告25次、宣传政策法规知识23次。协调有关部门，为全县5座寺庙安装人脸测温安检门，投入9万元购买“数字哨兵”设备，发放6批次生活物资和5批次防疫物资，价值20余万元，为全县宗教领域打赢防疫持久战提供充足的物资保障。制定下发《桑日县宗教领域关于开展涉稳涉隐大排查大整治专项行动实施方案》，先后20余次深入寺庙（拉康）和各类修行洞，开展全方位安全隐患排查，劝返留宿人员35名，对过期失效的灭火器进行清理，对寺庙私拉乱接现象要求立即整改，对寺庙道路交通安全隐患问题，争取资金进行维修，对寺庙和僧舍墙体出现裂缝等安全隐患较大的房屋，要求僧人及时搬离，并按程序申请维修。

【民族团结】 2022年，桑日县召开全县民族团结进步创建工作推进会，传达学习《西藏自治区民族团结进步模范区创建条例》《中华人民共和国民族区域自治法》，对全县民创工作进行安排部署，深入乡镇、村居、寺庙、学校等地开展“民族政策＋法律法规”巡回宣讲62场次，受教人数5000余人，发放宣传资料1万余份、悬挂横幅65条、更新45个户外大型广告牌、34个宣传栏、制作灯杆道旗174盏，使各族干部群众在潜移默化耳濡目染中感受党的民族政策。为全面深入持久推进民族团结进步创建“九进”工作，调动全民投身模范县创建工作的积极性、主动性和创造性，开展“民族团结百＋四宣讲队进企业”“端午佳节颂党恩、民族团结粽情深”“加强民族团结、唱响时代旋律”“民族团结一家亲、奔跑发展一条心”等主题活动，让民族团结的理念深深扎根于各族干部群众的心中，营造民族团结、和谐发展的良好氛围。深入各成员单位检查指导创建工作52次，对督导中发现的好经验、好做法及时提炼总结，形成典型事迹13件，并在全县范围内进行推广，引导各行各业齐抓共管民族事业，同频共振推动民族工作。开展5期民族团结互观互检活动，形成比学赶超的良好氛围，深化民族团结进步创建工作整体成效。顺利完成民族团结进步创建国家民委终验工作。

【宗教治理】 2022年，县委统战部依法依规严格审批各类宗教活动，定期不定期联系回访疗养和就医僧人，召开全县寺庙财税监管工作推进会，对2022年寺庙财税监管工作进行安排部署，制定下发《桑日县2022年寺庙财税监管工作实施方案》，深入曲龙寺、曲桑寺、仁青岗寺、卡玛当寺、巴朗曲康5座寺庙开展前期调研和政策宣讲工作，寺庙固定资产登记、财务收支审计、文物清点、土地测量等工作已顺利完成。召开“三个意识”教育活动动员部署会议，对教育活动各项目标任务进行全面细致的安排部署，制定下发《关于在宗教界深入开展“国家意识、公民意识、法治意识”教育的实施方案》，举办“三个意识”教育宣讲员培训班。投入70余万元实施真措拉康僧舍改建和吾坚曲德寺寺庙书屋建设工程，切实解决寺庙僧尼生活学习上存在的实际问题。

【组织建设】 2022年，县委统战部始终把加强涉宗党员干部的理论学习和思想政治教育作为首要任务，以学习型机关为抓手，建立健全涉宗各党支部学习制度，充分利用“云视讯”会议系统、“周例会”等平台认真组织学习政治理论、业务知识，努力提高理论水平和业务能力，促进涉宗党员干部整体素质的提高。截至年底，开展集中学习80余次，召开研讨会12场，党课14场、撰写心得体会70余篇。建立完善10多项党建工作管理制度。对照基层党组织标准化建设要求，深入各寺管会开展专项督导12次，认真查找存在的问题，制定可行的工作措施，逐项进行整改落实。涉宗各党支部严格执行《关于新形势下党内政治生活若干准则》，认真落实“三会一课”、主题党日、谈心谈话、党费收缴等制度，坚持和完善重温入党誓词、党员过“政治生日”等政治仪式，增强党员教育管理的针对性和实效性。加强党务干部队伍建设，选派6名涉宗干部参加党务工作者培训。开展庆祝中国共产党成立101周年系列活动，进一步加深对党的认识，拓展学习形式。持续抓好经常性纪律教育，结合自治区、市、县纪委通报的违纪违法案件，组织广大涉宗党员干部集中观看警示教育片12场次，参观红色基地1次，开展廉政党课2次，签订共产党员不信仰宗教承诺书42份，并通过制作宣传栏、张贴廉洁宣传标语和海报等形式，营造涉宗领域反腐倡廉的良好氛围。

2022年3月18日，桑日县委统战部在县城主干道宣传《西藏自治区民族团结进步模范区创建条例》

【自身建设】 2022年，县委统战部召开全县涉宗领域党建及党风廉政建设工作会议，对2022年寺管会基层党建及党风廉政建设重点任务进行详细安排部署，要求涉宗各党支部持续深化基层党组织标准化建设工作，着力打造组织过硬的模范机关，持续深化党风廉政建设，认真落实党风廉政建设主体责任制和“一岗双责”，深入开展廉政教育和反腐败斗争工作，努力营造统一战线系统风清气正的政治生态。县委统战部班子带头，多次深入情况复杂的寺庙、乡镇，深入群众和僧尼，听实话、察实情，听取基层的意见和建议，着力解决基层调查研究不够，对实情掌握不透，解决问题不多等问题，促进工作推陈出新。组织涉宗干部深入学习中央、区、市、县系列会议精神和相关条例法规，认真学习各类通报精神，使全体涉宗干部切实领会精神实质，把准工作方向、统一思想行动。制定出台《桑日县委统战部干部倒扣分制管理办法》《桑日县委统战部关于干部职工休（请）假、出差、学习等事项的制度》《关于涉宗干部在工作日禁止饮酒的规定》，提升规范化管理水平，促进干部作风转变。坚持把督导检查作为推动工作落地的有力抓手，开展督导40余次，针对发现的问题下发通报6篇，因工作落实不细、自我要求不严提醒谈话5人。

机构编制

【概况】 2022年,中共桑日县委员会机构编制委员会办公室(以下简称县委编办)认真贯彻落实全国全区全市组织部长会议、编办主任会议精神和工作部署,围绕“稳定、发展、生态、强边”四件大事,坚持总量与结构双控,忠诚履职尽责,锐意开拓进取,机构编制工作取得一些新成效。

【乡镇改革】 2022年,县委编办根据区、市两级关于推进基层整合审批服务执法力量的贯彻落实方案,把改革工作作为头等大事来抓,通过多领域调研,结合实际形成新模式,并组织实施,完成乡镇机构优化和调整设置工作,深入推进基层治理体系建设。对接市委编办征求“三定”(定职能、定机构、定编制)审核意见,完成三乡一镇“三定”规定下发。

【机构编制布局优化】 2022年,县委编办完成乡村振兴信息中心、国库集中支付中心、就业服务中心和公安局桑日火车站派出所机构设立工作。完成乡镇行政专职人员周转编制调整和核增的17个事业编制分配工作。完成13家下设事业单位“三定”规定起草工作。

【事业单位登记管理】 2022年,县委编办根据行政、事业单位登记管理工作相关要求,办理法人变更换领代码证24家(行政22家、事业2家),变更机构性质换领代码证1家,事业单位法人设立登记1家。5月,完成事业单位法人年检工作,全县共登记事业单位15个,应年检事业单位14家,已年检事业单位14家,年检率达100%。已年检14家中,年检合格14家。

【机构编制日常管理】 2022年,县委编办严格执行机构限额、编制种类和总量、领导职数规定。从严落实编制数据更新制度和工资发放联审制度,定期对全县编制总量和空缺编职数,特别是领导职数、全县在编人员变动情况等数据的更新管理制度,确保机构编制各项数据底数清、情况明。

【机构编制“回头看”工作】 2022年,县委编办根据区党委组织部第二督导检查组开展机构编制回头看检查反馈的“存在编办、人社、财政三部门人员信息不一致问题”,及时对接县人社局、财政局,对全县相关数据开展排查,其中实名制系统共发现问题41个,已全部整改到位。

老干部工作

【概况】 2022年,桑日县委老干部局(以下简称县委老干部局)通过定期开展支部书记“讲党课”“主题党日”、座谈会等方式,组织学习宣传贯彻习近平新时代中国特色社会主义思想和中共二十大、十九届历次全会精神、中央第七次西藏工作座谈会精神、全国、全区、全市组织部长会议精神以及全县组织工作会议精神专题学习会议25场次,建立党支部书记带头学,组织带领党员学习的常态化学习制度。针对疫情期间线下无法展开组织生活的问题,将“主题党日”“三会一课”从“线下”挪到“线上”,10月3日以“喜迎二十大胜利召开”为主题,将“微信群”变身“线上会议室”,组织县退休干部第一、第二、第三党支部班子成员召开工作例会,10月16日,组织观看中共二十大开幕会盛况,确保疫情防控之下,广大退休老干部政治学习不断线、服务工作不放松、组织生活不停顿。在老干部微信群实时推送“共产党员”“西藏先锋”“山南组工”“桑日组工”等公众平台上的政策理论、时事政治、工作动态等信息。

【老干部活动】 2022年,县委老干部局通过召开座谈会、登门拜访、发放征求意见表等方式,组织190名退休干部为县委、县政府建言献策10余条。组织24名老干部职工参加县委举办的“喜迎二十大、永远跟党走、奋进新征程”歌唱比赛;全县3个退休党支部每月固定1天,开展既有“鲜味”又有“党味”的“主题党日”活动;开展“为群众办实事、为家乡增绿、为党旗添彩”主题党日活动,组织57名老干部参加全县义务植树活动。组织县退休第一、第二、第三党支部的26名老干部代表,赴拉萨市西藏百万农奴纪念馆、林芝市全国援藏展览馆、隆子县玉麦乡等红色教育基地考察学习。

【关爱暖人心】 2022年,县委老干部局坚持用心用情、精准服务工作理念,当老干部的知心人、贴心人、

2022年7月，桑日县委老干部局组织退休老干部到林芝、拉萨等地参观考察

暖心人。将疫情防控与贴心服务有机结合，对全县 115 名老干部、68 名退休工人、28 名退休教师进行信息排查，及时掌握老干部职工当前所在地风险区、核酸采样情况以及思想、身体和生活需求，做到对老干部现状底数清、情况明。采取电话慰问全县 211 名老干部职工，通过打一遍电话，送一份关爱，掌握一次情况，解决一次诉求。建立每日健康监测报告制度，所有老干部职工每天通过微信群报备健康码及核酸检测情况，并及时报告异常情况。提醒广大老干部在疫情期间要加强电信诈骗防范意识，保障自身财产安全，让他们切实感受到组织的关怀和温暖，确保服务保障。开展“暖心走访慰问”活动，组织党员志愿者服务队，为县域内退休老干部制作发放便携式“二维码小证件”。针对部分高龄、行动不便的退休老干部，主动询问情况，积极协调安排医护人员提供上门核酸检测暖心服务，定期送去生活物资，确保老干部生活物资充裕，切实做到疫情期间服务保障工作爱心不减、温情不减、热情不减，用心用情为老干部排忧解难提供帮助。疫情期间，退休老干部次旦朗杰、多吉、次仁罗布等 7 人主动与所属小区（社区）、街道党支部对接，参与疫情防控志愿服务，以实际行动彰显退休老干部、老党员的社会责任和使命担当，用自己的方式为“抗疫”助力，传递战“疫”正能量。

【组织保障】 2022 年，县委老干部局以实施暖心、舒心、帮扶三大工程为着力点，优化服务质量，“三大节日”期间，开展“暖心”行动，由县委主要领导带队，组织部、人社局、教育局等相关单位主要负责人参与走访慰问老干部、老教师、生活困难老干部 29 人，慰问去世老干部家属 3 人，召开迎新春座谈会 4 场，落实慰问资金 21.4 万元。围绕“八星党支部”创建工作，对县退休第一支部、第二支部活动场所进行维修，对退休党支部活动场所功能进行提档升级，开辟退休干部党员活动室、图书阅览室、党建长廊、娱乐室、健身区等 6 种场地，切实补好硬件设施这块“短板”，让退休干部党建工作真正实现学习有场所、服务有设施、活动有阵地。

强基惠民

【概况】 自桑日县第十一批干部驻村工作开展以来，桑日县全面贯彻落实习近平总书记关于驻村帮扶工作、西藏工作的重要指示和新时代党的治藏方略，紧紧围绕干部驻村“五项重点任务”，以“五比五看”活动为载体，聚焦主责主业，努力服务全县中心工作，奋力争先，守正创新，全县干部驻村工作高质量发展势头强劲，各项工作有序推进，成效显著。

【组织领导】 2022 年，桑日县委常委会先后 2 次召开专题会议安排部署第十一批干部驻村工作；县驻村办认真研究下发《关于做好全县驻村轮换工作的通知》《关于做好成立驻村工作临时党支部工作的通知》，各派出单位召开专题会议对本单位轮换工作进行部署，明确单位主要负责人主持交接并做好入驻前各项保障工作，做到轮换有序、无缝对接。

【驻村人员选派】 2022 年，桑日县严格选派程序，制定“四个优先”原则（政治表现好的优先、能力素质强的优先、发展潜力大的优先、工作经验足的优先），根据单位职能调整县直单位驻村点 5 个，推行“因村定人、因需选人”的“双向选择”模式，严格按照“2+X”和“3+X”模式，每村人员配备不得超过 5 人的原则，选派驻村干部 174

名，其中市直单位选派2名，县直单位选派51名，乡镇选派40名；纳入驻村工作队乡村振兴专干41名，科技专干37名，农业农村专员3名，切实做到驻村工作队员精准定位、精准选派，做到能力顶配、任务匹配、专业搭配。

【业务培训】 2022年，县驻村办围绕干部驻村所需各类政策需求，对症下药，对全县174名驻村干部开展为期2天的专题培训，切实帮助第十一批驻村工作队全面准确掌握驻村工作政策知识，尽快进入工作角色，有效提高驻村干部履职尽责的能力和水平。

【调研工作】 2022年，县委副书记、驻村总领队孙守英自入驻以来深入调研全县43个村产业培育、群众增收、人居环境、维护稳定，基层党建等工作，重点对各村产业发展资源禀赋、市场需求和环境条件进行调研。对2018年以来建成的21个强基惠民项目和中央扶持的15个村集体项目建设、使用、收益等情况进行全面摸底调查，深入查找问题、分析原因，提出整改措施，指导乡镇党委建立"四个一"村集体经济管理工作机制（每月一次会议调度、每月一次实地督导、每季度一次集中研判、每季度一次集中观摩），切实解决集体穷、产业弱的问题。

【安排部署】 2022年，针对前期调研发现的各村经济发展的薄弱点和疑难症，县驻村办协助总领队先后召开3次工作例会专题研究强基惠民项目，指导各驻村工作队围绕人居环境整治、牦牛养殖、村级活动场所功能改造升级等方面确定立项项目21个，经驻村工作领导小组研究通过8个，总投资713万元。

2022年5月17日，桑日县第十一批干部驻村工作业务培训班开班仪式举行

【机制建设】 2022年，为切实用好用活强基惠民工作经费，规范工作程序，桑日县研究下发《桑日县强基惠民项目申报审批流程》，明确村党组织、驻村工作队、乡镇党委、县驻村办以及其他相关单位工作职责，理顺项目申报流程，重申工作要求，切实保障强基惠民项目运行规范。

【疫情防控】 2022年，各驻村工作队按照疫情防控工作相关要求，从严从细落实各项疫情防控措施。第一时间成立疫情防控工作领导小组，制订完善相关方案预案86份，组织召开疫情防控工作相关会议324场次，通过上门走访、电话询访等方式，对辖区内群众及流动人员进行排查，摸清外来人数、中高风险区返村人员以及本辖区在外人员底数，第一时间建立信息台账，精准落实各类人员管理。共排查外来人员1700余人次。联合村干部、志愿者通过微信群、小喇叭、敲门入户等方式，动员群众进行核酸检测，并向群众宣传疫情防控政策知识，构筑起不间断的"立体化"宣传网络，开展疫情防控政策知识宣传2542次，受教育群众37万人次。切实消除群众恐慌心理，引导广大群众自觉遵守防疫措施，做好个人防护，做到不信谣、不传谣、不造谣，以实际行动为全县抗疫工作出力。及时掌握了解群众生产生活中的困难问题，建立健全群众物资需求等各类台账，及时与县乡有关部门对接，第一时间供应蔬菜、水果等群众日常生活物资，提供运输煤气、帮助秋收、解决农机燃油问题、送医送药、重点场所消毒消杀等暖心服务，竭尽所能帮助广大群众排忧解难。协助医护人员针对高龄、行动不便等特殊群体上门采样。为广大农牧民群众特别是老人、小孩制作藏易通二维码便携式"小证件"，切实提高核酸检测效率。帮助群众解决"急难愁盼"问题750余件，受益群众9860余人次，开展“敲门行动”1590余场次，累计为6570名群众制作发放藏易通二维码便携式“小证件”。

【铸牢中华民族共同体意识】2022年，各驻村工作队深入开展铸牢中华民族共同体意识宣传教育实践活动，协助开展“国家意识、公民意识、法治意识”群众性教育实践活动，以集中宣讲，入户宣传等方式，宣传《西藏自治区民族团结进步模范区创建条例》256次，受教育群众1.7万人次，引导各族群众树立正确的“五观”和“三个离不开”思想，不断增强各族群众“五个认同”，打牢中华民族共同体思想基础。协助村党组织成功迎接国家民创工作验收。以“六微六学”课堂为平台，以“十个一批”工作举措，采取集中培训、举办夜校、结对帮学、“藏译通”线上学习等方式，整合用好线上线下各类学习资源，切实提高农牧民党员特别是村“两委”班子成员使用掌握国家通用语言文字的能力和水平。开展集中学习434场次，受教育党员群众1.4万余人次，帮助3500名农牧民党员群众下载“藏译通”。

【群众致富】2022年，各驻村工作队协助村党组织规范发展党员，研究印发《关于开展基层党建示范点创建工作的行动计划（2022—2024）》《桑日县2022年关于开展基层党建示范点创建工作的实施方案》。配合做好全市基层党建示范点联评联创行动。协助做好常态化防返贫监测198次，切实守住不发生规模性返贫的底线。协助开展农牧民实用技能培训13场次，受训群众417人次，帮助32名群众实现就业，增加现金收入85700元。从各个渠道争取项目19个，总投资6000余万元，以项目建设助推乡村振兴，增加群众收入。

【维护社会稳定】2022年，各驻村工作队始终把维护祖国统一、加强民族团结作为驻村工作的着眼点和着力点。县驻村办召开专题会议安排部署安全隐患大排查整改工作，各驻村工作队以党员“三帮五带五促”为载体，深入开展矛盾纠纷和安全隐患排查工作，组织村干部、联户长、党员、人民调解员等加大矛盾纠纷排查力度，发挥三级调解和网格化管理优势，延伸排查触角，拓宽排查范围，做到矛盾排查工作村不漏户、户不漏人、人不漏事。全年共开展矛盾纠纷排查2000余次，排查安全隐患2100余次。采取点对点的方式开展法制知识宣讲262场次，覆盖群众1.1万余人次，引导群众学法、懂法、守法、用法，营造良好法治氛围。

【美丽乡村建设】2022年，各驻村工作队坚持党建引领基层治理，充分发挥党员群众主体作用，推动农村人居环境整治提质增效。结合人居环境专项整治行动和植树造林行动，鼓励引导农牧民群众对院内屋外、庄前屋后、道路两旁、河道沟渠、田间地头等重点区域的树木杂草、生活垃圾、淤泥等进行清扫，打造“望得见山、看得见水、记得住乡愁”的宜居宜业宜游的美丽乡村。全年共开展人居环境整治1321场次，参与群众5.4万人次。

【反分裂斗争】2022年，各驻村工作队坚持和发展新时代“枫桥经验”，指导驻村工作队协助村党组织持续开展反分裂斗争宣传教育150余场次，受教育群众4.1万余人次，引导各族群众主动参与反分裂斗争，坚决与十四世达赖和达赖集团划清界限，“团结稳定是福、分裂动乱是祸”的理念深入广大农牧民心中。

【驻村队伍建设】2022年，桑日县高度重视干部驻村工作，调整充实

2022年8月，新冠疫情期间，各驻村工作队开展核酸检测、疫情防控工作

干部驻村工作领导小组，明确县驻村办、乡镇党委、临时党支部以及相关单位工作责任。始终把政治纪律和政治规矩挺在前，县驻村办成立专门暗访督导组，常态化开展督导检查，采取“白天实地督导＋晚上视频调度”的方式，加大对各驻村工作队的调度力度，累计督查调度27次，对督查发现的问题现场反馈、现场指导、现场整改，确保各类问题整改到位。坚持指导不领导、到位不越位、参与不干预的原则，紧紧围绕干部驻村工作“五项重点任务”，研究制定《桑日县关于在驻村工作队中开展“‘五比五看’，争当‘六员’驻村干部，争创‘五好’驻村工作队活动”实施方案》，将驻村“五项重点任务”细化为5个方面20个小项，明确驻村工作队目标要求和驻村干部工作职责，真正推动全县干部驻村工作高质量开展。严格落实区党委、市委关于关心关爱驻村干部的保障措施，因身体原因调整驻村干部1人，按照大村5万元、小村4万元的标准，县本级配套184万元支持驻村干部为民办实事解难事。各乡镇、县直派出单位为村党组织第一书记、驻村干部提供必要的工作生活条件。建立派驻单位与乡镇联系沟通机制，县直各派驻单位、乡镇班子成员定期与第一书记、驻村工作队员开展谈心谈话，了解思想动态，协助做好驻村工作队员的跟踪管理和服务保障工作。疫情期间县驻村办开展健康“巡诊”活动，为奋斗在基层“疫线”的驻村干部送去价值4.45万元的药品以及生活物资。

桑日县人民代表大会

综述

【概况】 2022 年,桑日县人民代表大会常务委员会(以下简称县人大常委会)筹备召集人民代表大会 1 次,举行常委会会议 6 次、主任会议 15 次,听取审议专项工作报告 28 项,组织代表集中视察 1 次,检查 13 部法律法规实施情况,办理代表建议 63 件,配合区、市人大开展专题调研、执法检查、立法调研等共 15 次,依法选举任免国家机关工作人员 26 人次,补选市级人大代表 1 名,县级人大代表 3 名。

【重要会议】 2022 年 1 月 15—17 日,桑日县第十四届人民代表大会第三次会议在桑日县政务中心召开,会议听取和审议人大常委会工作报告、人民政府工作报告、人民法院工作报告、人民检察院工作报告,审查 2021 年国民经济和社会发展计划执行情况与 2022 年国民经济和社会发展计划(草案)的报告、2021 年财政预算执行情况和 2022 年财政预算(草案)报告,表决通过《桑日县第十四届人民代表大会第三次会议关于人大常委会工作报告的决议》《桑日县第十四届人民代表大会第三次会议关于政府工作报告的决议》《桑日县第十四届人民代表大会第三次会议关于人民法院工作报告的决议》《桑日县第十四届人民代表大会第三次会议关于人民检察院工作报告的决议》《桑日县第十四届人民代表大会第三次会议关于桑日县 2021 年国民经济和社会发展计划执行情况与 2022 年国民经济和社会发展计划的决议》《桑日县第十四届人民代表大会第三次会议关于桑日县 2021 年财政预算执行情况和 2022 年财政预算的决议》。

【任免干部】 2022 年,县人大常委会始终坚持党管干部与人大依法任免相结合,严格落实对拟任人员任前资格审查、宪法知识考试,任中与常委会组成人员见面和表态发言,任后颁发任命书和进行宪法宣誓制度,不断强化拟任人员的宪法意识和依法行政、公正司法理念,促进依法为民履职尽责。深入开展人大常委会任命国家机关工作人员履职评议工作,通过听取报告、现场评议等方式,18 名国家机

2022年1月26日,县人大常委会主任王雅峰(右排中)到白堆乡开展代表议事活动

2022年5月18日，桑日县召开第十四届人大常委会第八次会议，投票产生2022年桑日县民生实事项目

关工作人员接受履职评议，促进公职人员尊崇宪法，遵守法律。依法选举任免国家机关工作人员26人次，依法同意行政拘留人大代表1名，补选市级人大代表1名、县级人大代表3名。

【维护稳定】 2022年，县人大常委会严格落实区、市、县维稳工作举措，参与县委关于维稳工作安排部署，安排常委会主任、副主任、专门委员会主任委员等4名干部参与维稳蹲点督导工作。组织各级人大干部20余名、人大代表200余名参与重大活动重要节点期间维稳蹲点督导、疫情防控、虫草采集秩序维持蹲点、抵边搬迁动员等重大工作任务。

【重大事项决定】 2022年5月18日，桑日县第十四届人民代表大会常务委员会第八次会议，投票产生2022年桑日县民生实事项目人大代表票决制实施项目5个，分别为绒乡沿江农田马鹿围栏项目、白堆乡藏嘎村桑珠林农田水渠项目、卡乃村旅游配套设施建设项目、桑日县5个景区公厕项目、桑日县中学、桑日县绒乡小学纸笔互动智慧课堂项目。5月18日，桑日县第十四届人民代表大会第八次会议表决通过《开展第八个五年法治宣传教育的决议》。8月2日，桑日县第十四届人民代表大会第九次会议，表决通过《关于批准桑日县2021年县本级财政决算报告的决议（草案）》《关于批准桑日县人民政府2022年存量资金盘活和使用计划情况报告的决议（草案）。12月26日，桑日县第十四届代表大会常务委员会第十一次会议表决通过《关于桑日县第十四届人民代表大会代表资格审查委员会关于个别代表资格审查工作报告的决议（草案）》《关于批准2022年桑日县第二次本级财政预算调查方案的决议（草案）》。

【监督工作】 2022年，县人大常委会依法听取审议专项工作报告28项、组织代表集中视察1次、检查13部法律法规实施情况，配合区、市人大开展专题调研、执法检查、立法调研等共15次。加强法律执行监督。适时听取审议法治政府建设工作报告、法院工作报告、检察院工作报告，推动“一府两院”依法行政、依法履职。开展国旗法、国歌法、国徽法、国防动员法、国家通用语言文字法等法律法规的执

2022年2月15日，县人大常委会组织代表到措美县学习民生实事人大代表票决制项目工作

2022年4月18日，桑日县贯彻落实《民法典》专题调研座谈会召开

法检查，开展民法典、村民委员会组织法、自治区实施村民委员会实施办法贯彻落实情况、公安机关执法规范化建设工作、立案诉讼服务工作等专题调研，促进社会管理创新、维护社会和谐稳定。加强经济运行监督，依法对计划报告、预算报告、决算报告、预算执行情况、预算调整报告、存量资金盘活使用报告等进行审查并作出决议7件，督促县政府重视培植财源、优化支出结构、强化增收节支、防范化解债务风险。加强国有资产的监督，依法听取国有资产管理情况报告和行政事业性国有资产分析报告，下发审议意见2份，督促县政府全面摸清家底，明晰产权和管理责任，健全完善管理制度，充分发挥国有资产使用效益。听取和审议审计工作报告、2020年度预算执行审计及其他财政收支审计查出问题整改情况的报告，对审计查出问题整改落实情况进行跟踪监督，推动审计查出问题的整改落实。始终坚持以人民为中心的发展思想，紧扣民声、贴近民心，围绕群众关注的热点难点问题精准监督，依法履行职权。扎实开展雅砻环保行活动，组织开展西藏自治区国家生态文明高地建设条例、河湖长制条例、乡村振兴促进法等方面开展执法检查5次，协助市人大常委会开展山南市沙棘林保护条例、雅江生态保护条例立法调研和粮食安全专题调研，征集城市建设管理、环境保护等方面意见建议30余条，督促相关部门主动担当作为，抓实生态环境保护工作、人居环境整治工作和乡村振兴战略，不断推动政策向民生聚焦、服务向民生覆盖，持续提升人民群众的获得感、幸福感、安全感。深入开展民族团结进步雅砻行活动，开展西藏自治区民族团结进步模范区创建条例和市人大关于在各级人大代表中开展铸牢中华民族共同体意识学习教育活动的意见贯彻落实情况的检查，协助市人大常委会开展残疾人保护法和自治区实施办法实施情况、文物保护法和自治区文物保护条例、市文明行为促进条例等方面进行执法检查，促进县域养老、文化事业健康发展。

【代表履职服务】 2022年，县人大常委会始终尊重代表主体地位，健全人大代表工作制度，常态化邀请代表列席县人大常委会会议，畅通代表知情知政渠道，促进代表更好发挥作用，推动代表在联系人民群众和经济社会发展中展现新担当、实现新作为。组织代表对2022年重点项目开复工情况、扶贫产业项目以及旅游产业项目运营情况集

2022年5月23—24日，县人大常委会开展《中华人民共和国村民委员会组织法》执法检查工作

中视察1次，全面了解县域经济社会发展情况。组织部分代表到措美县考察学习1次。各级人大代表之家、代表联络站开展学习培训、联系选民、代表议事和集中研讨活动400余场次，收集意见建议60余条。围绕乡村振兴促进法和代表履职方面，组织开展人大代表集中培训2次，对130名区市县乡四级基层农牧民人大代表开展国家通用语言文字考试。

【代表意见建议办理】 2022年，县人大常委会始终坚持把高质量办理代表建议作为增强代表履职实效的着力点，落实人大常委会领导领衔督办制度，继续采取会议集中交办、领导重点督办、听取办理报告、回访办理成效等有效措施，推动建议办理质效不断提升。依法听取2022年度县人民政府、自然资源局、农业农村局代表意见建议、批评和意见办理情况报告。全年向政府交办代表建议、批评和意见61件、人大办1件、县委组织部1件。63件代表建议中已办结26件、因不符合现行政策规定、条件不成熟或办理时间跨度长等情况只答复未办结37件。63件代表建议、批评和意见办理中满意50件、基本满意10件、不满意3件，答复率、满意率和办结率分别为100%、80%、41%，推动代表建议办理由重答复向重落实转变。

【规范性文件备案审查】 2022年5月，向市人大提交《关于开展第八个五年法治宣传教育的决议的备案报告》1件。

【党组织建设】 2022年，县人大常委会旗帜鲜明讲政治，坚持把政治建设放在首位，深入学习贯彻中共十九大精神、十九届历次全会精神和中共二十大精神，深刻领悟“两个确立”的决定性意义，增强“四个意识”、坚定“四个自信”、做到“两个维护”，始终保持人大工作的正确政治方向。准确把握党中央方针政策和区党委、市委、县委决策部署，紧密结合实际，依法履职尽责，用做好人大实际行动和成效体现对以习近平同志为核心的党中央的绝对忠诚。严格执行请示报告制度，就重要会议、重点工作、重大事项及贯彻执行党中央、区党委、市委、县委决策部署和依法行使人大职权等情况向县委请示报告40余件次。全年县人大常委会党组召开党组会议11次、理论学习中心组学习会9次，组织观看警示教育片1次，参观廉政文化警示教育基地1次。

人大常委会办公室工作

【概况】 2022年，桑日县人大常委会办公室（以下简称县人大办）紧紧围绕全县工作大局，优质服务人大常委会中心工作，不断加强自身建设，认真履行工作职责，充分发挥参谋助手、督办服务、综合协调作用，较好地完成各项工作任务。

【办文办会】 2022年，县人大办按照“积极主动、严谨细致、全面周到”的原则，协调和服务人民代表大会1次，举行常委会会议6次、主任会议15次。执行《党政机关公文处理工作条例》，严格落实区市县关于执行公文处理相关规定的要求，严把公文政策关、法制关、文字关、格式关，做到实事求是、准确规范、精简高效、安全保密，起草、审核各类会议材料、文件等资料300余份，桑日人大网信息更新80余条次，撰写简报98篇次，编撰“桑日人大代表、选民之声”3期。

【代表联络工作】 2022年，县人大办协调各类代表视察、执法检查等活动18场次，组织机关干部开展基层调研走访4次，联系代表60余人次，督促代表意见建议办理情况2次，协调推动民生实事项目人大代表票决制工作20余次。协助人大常委会向政府交办代表建议、批评和意见61件、县委组织部1件、承办1件。

桑日县人民政府

综述

【概况】 2022年，桑日县人民政府（以下简称桑日县政府）旗帜鲜明讲政治，坚持把学习宣传贯彻中共二十大精神作为首要政治任务，把忠诚捍卫“两个确立”、坚决做到“两个维护”体现在把准政治方向上，体现在坚持党的领导上，体现在落实政治责任上。全年提请县委研究重大事项37件。召开政府党组理论中心组会议12次、常务会议15次、专题会议29次，坚持不懈用习近平新时代中国特色社会主义思想凝心铸魂，始终牢记“国之大者”，不断提高政治判断力、政治领悟力、政治执行力，自觉同党的理论和路线方针政策对标对表、及时校准偏差，始终在思想上政治上行动上同以习近平同志为核心的党中央保持高度一致，确保总书记的重要指示批示精神和党中央决策部署在桑日落地生根、见到实效。桑日县坚决贯彻落实国务院稳经济“一揽子”政策、自治区、市临时性措施，本级财政投入869万元制定配套措施对冲疫情影响，采取成立复工复产专班，疫情期间闭环施工等措施，抢时间、补进度，33个项目全部开复工建设。坚定不移稳一产，粮食种植规模继续呈现扩大态势，同比增加9个百分点。投入4107万元，实施高标准农田5500亩。全年粮食产量达9968.48吨，其中青稞6351.88吨，同比分别增长4.1%、0.04%。扩种葡萄基地2167亩，助推葡萄产业高质量发展。实施工业强县战略，华电大古分公司、华新水泥、四家光伏电站分别实现产值6.39亿元、4.33亿元、1.04亿元。持续发展清洁能源产业，街需水电站取得核准，巴玉水电分公司在桑日完成注册。增期、沃卡等4座抽水蓄能电站前期工作加紧推进。全县6座清洁能源电站总装机容量达76.04万千瓦，全年累计发电量达26.66亿千瓦时，累计完成产值7.5亿元。大力发展旅游业，本级投入1800万元实施思金拉措旅游景区基础设施建设项目，全年共接待游客20.68万人次，完成旅游总收入884.11万元。本级财政安排10万元用于旅游消费复苏，投入190.32万元开展“助企惠民·城乡共促·享购桑日”、工会“消费帮

2022年6月22日，县委副书记、县长索朗巴珠（左四）到各乡镇调研产业发展情况

扶”活动，举办“白堆乡第四届农特产品、文化产品推介会”“增期周末小市场”等活动，拉动消费、惠及民生、提振桑日市场。加大助企纾困力度，积极落实房屋租金减免政策，累计减免租金167.48万元，各类市场主体在疫情冲击下仍新增52户，达到2244户。全县经济发展呈现出韧性强、潜力足、长期向好的良好局面。

2022年10月，县委副书记、县长索朗巴珠（右二）深入帕竹酒庄调研葡萄酒生产情况

【维护稳定】 2022年，桑日县坚定不移贯彻总体国家安全观，认真落实各项综合性维稳措施。党政军警民联防联动，完成中共二十大、疫情防控期间以及其他各类重要节点安保维稳工作。以铸牢中华民族共同体意识为主线，深化各民族交往交流交融，深入推进民族团结进步创建工作。桑日县被评为2022年度自治区民族团结进步模范集体，同时被命名为自治区民族团结进步模范县。依法管理宗教事务，持续加大“导”的力度，深入开展“国家意识、公民意识、法治意识”教育，全县宗教和睦、佛事和顺、寺庙和谐。深化平安桑日建设，群众安全感满意度保持在100%。坚持和发展新时代“枫桥经验”，全年妥善解决双拖欠事项57个，兑现民工工资及各类款项459.67万元。依法严厉打击违法犯罪，织密织牢公共安全防控网，县域安全系数进一步提升。严格落实安全生产“十五条硬措施”，加大隐患排查整治力度，安全生产形势持续稳定向好。

【疫情防控】 2022年新冠疫情发生后，桑日县迅速反应、科学应对、全力迎战，第一时间建立“1办17组”扁平化指挥体系。先后投入3337万元，强化抗疫经费保障。党员干部、医务人员、公安、民辅警、志愿者等逆行出战，12名医务人员主动请缨支援拉萨市、山南市疫情防控工作，切实担当起抗疫重任。1.8万名桑日各族干部群众众志成城、守望相助，湖南省岳阳市无私援助，迅速筹集医疗物资与桑日县携手抗疫，本土民营企业、合作社纷纷慷慨解囊，积极履行社会责任，凝聚共克时艰的强大合力。坚定不移贯彻落实总策略、总方针及后续优化措施，织密防控网络、提高防控效能、落实防控要求、履行防控责任，全县境内实现零感染，用实际行动践行人民至上、生命至上理念。

【民生福祉】 2022年，桑日县推进农牧民增收工作，产业项目分红354.22万元，带动448户群众户均增收0.86万元。兑现生态岗位资金251.65万元。全年实施400万元以下政府投资项目39个，吸纳农牧民群众728人，实现创收654万元。把做好高校毕业生就业创业工作放在更加突出的位置，通过区内区外同向发力、政府出资购买岗位等方式，开发就业岗位709个，应届毕业生就业率达到97.84%。抓实农牧民转移就业工作，全年转移就业6782人，实现创收4655.7万元。全面贯彻党的教育方针，全年落实“三包”经费882.33万元。改善办学条件，17所学校供暖项目全面推进，教学质量稳步提升，县中学被评为自治区级文明校园。加快建设健康桑日，深入开展地方病及慢性病防治工作，全面加强“两降一升”管理，孕产妇、婴幼儿死亡率均控制在指标内，家庭签约率达100%。县人民医院附属工程建设、住院楼等卫生基础设施建设项目有序推进。全面启动核酸检测分检中心。健全医疗保障体系，充分运用医保信息系统，实现城乡居民医疗报销一站式、一单制结算。全年城乡居民职工手工零星报销1198人、321.63万元。落实各类困难群众救助补助资金780万元。文化事业繁荣发展，群众文化活动日益丰富，非物质文化遗产保护全面加强。扎实做好退役军人服务保障工作。桑日各族群众的

【基础设施建设】 2022年，桑日县以创建全国文明城市为契机，城市扩容提质步伐加快，县文化广播影视中心、县城污水处理厂、县城停车场等建成投入使用。达西姆曲防洪堤、江南灌区续建配套设施和节水改造工程等项目建成。统筹乡村基础设施和公共服务布局，开展农村房屋改造、厕所革命、饮水设施维修、山洪沟治理等工作，投入7600余万元实施雪巴、塔木2个美丽宜居乡村振兴示范点建设项目。认真落实“路（桥）长制”，完成S507至达杰、帮贡、卡乃/3条公路建设招投标工作，推进“四好农村路”建设。全面推进乡村振兴，统筹整合涉农资金项目13个，总投资13671.84万元。聚焦返贫风险人群，建立监测机制，坚决守住不发生规模性返贫的底线。持续动员抵边搬迁工作，有意愿搬迁群众48户162人。健全农村金融服务体系，为121户脱贫户及边缘易致贫户提供扶贫小额信贷590万元。区域发展更趋协调，城乡品质稳步提升。

【生态环境】 2022年，桑日县坚持山水林田湖草沙一体化保护和系统治理，全面推行“林长制”“河（湖）长制”。完成基本草原划定工作。实施国土绿化暨全民义务植树、乡村“四旁”植树活动，全年完成植树造林1600余亩、13万余株。开展农村人居环境整治工作，全县2348名巾帼志愿者积极参加村庄清洁行动。扎实整改历年森林督察反馈问题，有序实施雅江流域生态修复项目。推进第二轮中央环保督察反馈问题整改工作。强化国土空间规划和用途管控，落实生态保护、基本农田、城镇开发等空间管控边界，实行最严格生态保护制度。编制完成桑日县创建生态文明建设示范县五年规划。全县生活垃圾收集转运全覆盖，充分利用华新水泥窑协同焚烧厂进行无害化处理。投入765万元实施增期乡雪巴村污水处理站项目。强化土壤污染风险防控。推进生物多样性保护，加强以马鹿为代表的野生动物保护。全县空气质量优良率、集中式饮用水水源地和主要江河湖泊水质达标率均达到100%。桑日绿色发展的“气质”更加纯正、“颜值”更加靓丽。

【政府效能建设】 2022年，桑日县政府聚焦改进作风狠抓落实工作，深入落实全面从严治党要求，执行“三重一大”决策机制，将项目投资、财政资金安排等列为县政府常务会议常设议题，做到科学民主依法决策。切实做到为人民服务、对人民负责、受人民监督。高质量办理人大代表建议61件、政协委员提案26件，法治政府建设迈出新步伐。发挥审计监督作用，防范和惩治统计造假。积极转变政府职能，持续深化“放管服”改革，全年采集电子证照1355条。实施招商引资项目5个，完成投资7303万元。全年审批农村宅基地用地建房25户，完成全县750宗农村集体土地确权登记工作。全年实施农村住房（危房）改造184户，兑现补助资金324.7万元，政府效能不断提升。开展节约型机关建设，从严控制“三公”经费、压减一般性支出。严格执行中央八项规定及其实施细则精神，持续整治形式主义、官僚主义和不作为、不担当问题，政治生态持续向好。

重要会议

【政府常务会议】 第十三次常务（扩大）会议。2022年1月18日，县委副书记、县长索朗巴珠在党政办公楼205会议室主持召开十四届县人民政府2022年第一次全体会议暨第十三次常务（扩大）会议，传达学习习近平总书记2022年新年贺词精神、习近平总书记在中央政治局专题民主生活会议上的重要讲话精神、习近平总书记对“三农”工作作出的重要指示精神、习近平总书记对党史学习教育作出的重要指示精神、党史学习教育总结大会精神、中央农村工作会议精神，传达学习中央、区党委、市委、县委经济工作会议精神，传达学习自治区、市、县两会精神，安排部署政府系统贯彻落实工作，研究议题10项。

第十四次常务（扩大）会议。2022年3月16日，县委副书记、县长索朗巴珠在党政办公楼205会议室主持召开十四届县人民政府第十四次常务（扩大）会议，传达学习《中央信访工作联席会议办

2022年4月29日，县委副书记、县长索朗巴珠（会议桌左端）主持召开全县配合中央生态环境保护督察工作领导小组会议

公室 国家信访局信访督查工作办法》《西藏自治区信访工作责任制实施细则（试行）》，传达学习全国疫情防控工作视频会议精神及全区疫情防控工作电视电话会议暨第五次会商会精神，传达学习《关于三起违反中央八项规定精神典型案例的通报》，传达学习全市重点项目开复工推进会议精神，听取全县一季度项目开复工情况汇报、抵边搬迁工作推进情况及全县信访工作开展情况汇报，安排部署当前各项重点工作，研究议题27项。

2022年4月12日，县委副书记、县长索朗巴珠在党政楼205会议室主持召开十四届县人民政府第十五次常务（扩大）会议暨生态环境保护专题学习会议，传达学习习近平论社会主义生态文明建设（2022年）重要讲话精神；习近平总书记在参加首都义务植树活动上的重要讲话精神，传达学习中央第四生态环境保护督察组督察西藏自治区动员会议精神暨全市全面配合中央生态环境保护督察部署会议精神；传达学习王君正书记、严金海主席关于中央第四生态环境保护督察组进驻西藏以来对信访举报案件整改督办工作作出的重要批示精神；传达学习《中共中央办公厅 国务院办公厅关于印发〈关于全面推行林长制的意见〉的通知》；传达学习西藏自治区总林长会议精神及西藏自治区开展国土绿化行动暨拉萨南北山绿化动员部署会议精神，听取全县配合中央生态环境保护督察组各项工作开展情况及全县林长制工作推进情况汇报，安排部署政府系统贯彻落实工作，研究议题7项。

第十六次常务会议。2022年4月29日，县委副书记、县长索朗巴珠在205会议室主持召开十四届县人民政府第十六次常务会议，研究议题3项。

第十七次常务会议。2022年5月10日，县委副书记、县长索朗巴珠在党政楼205会议室主持召开十四届县人民政府第十七次常务会议，研究议题14项。

第十八次常务会议。2022年5月30日，县委副书记、县长索朗巴珠在205会议室主持召开十四届县人民政府第十八次常务会议，研究议题5项。

第十九次常务会议。2022年6月8日，县委副书记、政府县长索朗巴珠在党政办公楼205会议室主持召开十四届县人民政府第十九次常务会议，研究议题3项。

第二十次常务会议。2022年6月23日，县委副书记、县长索朗巴珠在党政楼205会议室主持召开十四届县人民政府第二十次常务会议，通报县人民政府与农行桑日县支行、西藏宏信发展有限公司关于藏药材综合开发基地金融借款合同纠纷案相关事宜，研究议题2项。

第二十一次常务会议。2022年7月1日，县委副书记、县长索朗巴珠在党政办公楼205会议室主持召开十四届县人民政府第二十一次常务会议，研究议题4项。

第二十二次常务会议。2022年7月21日，县委副书记、县长索朗巴珠在县党政楼205会议室主持召开十四届桑日县人民政府第二十二次常务会议，研究议题27项。

第二十三次常务会议。2022年7月25日，县委副书记、县长索朗巴珠在党政楼205会议室主持召开十四届县人民政府第二十三次常务会议，通报中国农业银行股份有限公司桑日县支行诉西藏宏信发展有限公司、桑日县人民政府、西藏雅海事业开发有限公司，第三人西藏海特事业有限公司金融借款合同纠纷，研究审议 2 个请示。

第二十四次常务会议。2022 年 9 月 20 日，县委副书记、政府县长索朗巴珠在县党政楼 205 会议室主持召开十四届桑日县人民政府第二十四次常务会议，研究议题 3 项。

第二十五次常务（扩大）会议。2022 年 10 月 11 日，县委副书记、县长索朗巴珠在党政楼 101 会议室主持召开十四届县人民政府第二十五次常务（扩大）会议，书面传达学习《山南市贯彻落实〈关于更加有效发挥统计监督职能作用的意见〉实施方案》《山南市贯彻落实国家统计督察反馈意见整改工作方案》《山南市统计造假不收手不收敛问题专项纠治实施方案》；传达学习习近平总书记在辽宁视察时的重要讲话精神、习近平总书记在省部级主要领导干部“学习习近平总书记重要讲话精神，迎接党的二十大”专题研讨班上的重要讲话精神、传达学习 7 月 28 日中共中央政治局会议精神及 8 月 30 日中共中央政治局会议精神，传达学习习近平总书记对做好青海大通县山洪灾害救援处置工作、四川甘孜泸定县 6.8 级地震作出重要指示精神，传达学习全国、全区、全市安全生产电视电话会议精神，研究有关议题，安排部署政府系统贯彻落实事宜。

第二十六次常务会议。2022 年 11 月 29 日，县委副书记、县长索朗巴珠在党政办公楼 205 会议室主持召开十四届县人民政府第 26 次常务会议，传达学习近期重要会议精神，安排部署政府系统贯彻落实意见，研究议题 24 项。

【政府党组会议】 2022 年第一次（扩大）会议。2022 年 2 月 11 日，县委副书记、政府党组书记、县长索朗巴珠主持召开县政府党组 2022 年第一次（扩大）会议暨理论学习中心组会议，书面传达学习西藏自治区第十一届人民代表大会第五次会议精神；山南市第二届人民代表大会第二次会议精神。

2022 年第二次（扩大）会议。2022 年 2 月 25 日，县委副书记、政府党组书记、县长索朗巴珠主持召开县政府党组 2022 年第二次（扩大）会议暨理论学习中心组会议，传达学习习近平总书记在 2022 年春节团拜会上的重要讲话精神；习近平总书记在山西考察时的重要讲话精神；传达学习地方党委和政府领导班子及其成员粮食安全责任制规定；传达学习中共中央、国务院《关于做好 2022 年全面推进乡村振兴重点工作的意见》；传达学习自治区党委书记王君正、自治区政府主席严金海、山南市委书记许成仓对“三农”工作作出的批示指示精神和区党委、市委农村工作会议精神；传达学习西藏自治区第二轮中央生态环境保护督察工作部署会议精神；传达学习自治区党委、市委民族工作会议精神；传达学习关于五起不作为、慢作为和不正确履职典型案例的通报；组织政府职能部门集中观看《生命重于泰山》《中央生态环境保护督察组部分通报典型案例》《零容忍》警示教育纪录片，研究政府系统贯彻落实意见。

2022 年第三次（扩大）会议。3 月 30 日，县委副书记、政府党组书记、县长索朗巴珠主持召开县政府党组 2022 年第三次（扩大）会议暨理论学习中心组会议，传达学习习近平总书记在中央党校（国家行政学院）中青年干部培训班开班式上的重要讲话精神；传达学习十三届全国人大五次会议政府工作报告精神；传达学习习近平总书记在参加十三届全国人大五次

2022年11月2日，县委副书记、县政府党组书记、县长索朗巴珠（后排中）主持召开桑日县人民政府党组2022年第10次（扩大）会议暨理论学习中心组第10次会议

会议内蒙古代表团审议时的重要讲话精神；传达学习习近平总书记在参加全国政协十三届五次会议农业界、社会福利和社会保障界委员联组会时的重要讲话精神；传达学习3月17日中共中央政治局常务委员会会议精神、全国新冠疫情防控工作电视电话会议精神、全区新冠疫情防控工作电视电话会议精神及全市新冠疫情防控工作电视电话会议精神；传达学习中共西藏自治区委员会 西藏自治区人民政府《关于完善国有金融资本管理的实施意见》，传达学习《西藏自治区民族团结进步模范区创建条例》，听取民族团结进步创建工作开展情况汇报，研究政府系统贯彻落实事宜。

2022年第四次（扩大）会议。2022年4月22日，县委副书记、政府党组书记、县长索朗巴珠主持召开县政府党组2022年第四次（扩大）会议暨理论学习中心组会议，传达学习习近平总书记对东航客机坠毁作出的重要指示和李克强总理重要批示精神；3月31日中央政治局常务委员会会议精神；习近平总书记关于安全生产重要论述摘编；全国、全区、全市安全生产电视电话会议精神及自治区党委书记王君正在全区应急管理系统调研时的重要讲话，传达学习习近平总书记在海南考察时的重要讲话精神；传达学习《信访工作条例》；传达学习国务院领导对统计工作的重要批示精神及中共中央办公厅、国务院办公厅关于印发《关于更加有效发挥统计监督职能作用的意见》精神；传达学习《关于洛扎县发改委扎西达杰通过县乡党政信息网违规传输涉密文件的情况通报》文件精神，研究桑布提前退休事宜，安排部署政府系统贯彻落实事宜。

2022年第五次会议。2022年5月27日，县委副书记、政府党组书记、县长索朗巴珠主持召开县政府党组2022年第五次会议暨“三区三线”划定工作推进会议，书面传达学习西藏自治区国土空间规划“三区三线”划定细则、《江嘎同志在2022年全市自然资源工作会议上的讲话》及《2022年全市自然资源工作报告》的通知精神；传达学习中共中央政治局常委、国务院副总理韩正在“三区三线”划定工作电视电话会议上的讲话精神及自治区主席严金海、市长次仁平措在自治区、市“三区三线”划定工作推进电视电话会议上的讲话精神；听取全县城镇开发边界划定、生态红线划定、基本农田划定工作开展情况汇报。

2022年第六次（扩大）会议。2022年5月30日，县委副书记、县长索朗巴珠在205会议室，主持召开县人民政府党组2022年第六次（扩大）会议暨理论学习中心组第六次会议。传达学习习近平总书记对湖南长沙居民自建房倒塌事故作出的重要指示精神、听取县住建局关于城乡居民自建房安全隐患排查情况报告；传达学习5月5日中共中央政治局常务委员会议精神和自治区党委书记王君正在日喀则市调研时的讲话精神、在林芝市发布《关于紧急寻找次密接人员的通告》引发广泛舆论关注一事的批示精神；传达学习《西藏自治区民族团结进步模范区创建条例》；传达学习《西藏自治区行政执法案卷评查办法》。

2022年第七次（扩大）会议。2022年7月5日，县委副书记、县政府党组书记、县长索朗巴珠主持召开县政府党组2022年第七次（扩大）会议暨理论学习中心组第七次学习会议，传达学习习近平总书记在四川考察时的重要讲话、习近平总书记给南京大学留学归国青年学者重要回信、致中国儿童中心成立40周年重要贺信、总书记致信2022年“六五环境日”国家主场活动精神，学习习近平总书记在中共中央政治局第39次集体学习时的重要讲话精神，学习全国公安系统英雄模范立功集体表彰大会、第九次全国信访工作会议精神，学习《关于鼓励抵边安居的若干优惠政策（试行）》《西藏自治区2022年优化营商环境行动方案》文件精神。

2022年第八次（扩大）会议。2022年7月27日，县委副书记、县政府党组记、县长索朗巴珠在205会议室，主持召开县人民政府党组2022年第八次（扩大）会议暨理论学习中心组第八次会议，重温习近平总书记在西藏视察时的重要讲话、重要指示精神。

2022年第九次（扩大）会议。2022年7月28日，县委副书记、县长索朗巴珠在205会议室，主持召开县人民政府党组2022年第九次（扩大）会议暨理论学习中心组第九次会议，传达学习近期习近平总书记重要讲话精神，学习中央有关领导讲话。

2022年第十次（扩大）会议。2022年11月2日，县委副书记、县政府党组书记、县长索朗巴珠主持召开县政府党组2022年第十次（扩大）会议暨理论学习中心组第十次学习会议，学习中共二十大精神特别是中共二十大精神、十九届中央纪律检查委员会向中国共产党第二十次全国代表大会的工作报告、中国共产党章程、习近平总书记在二十届中共中央政治局常委同中外记者见面时的讲话精神、二十届中共中央政治局第一次集体学习会议精神、10月24日国务院党组会议精神、自治区、山南市、桑日县领导干部大会精神，县政府领导索朗巴珠、胡鹤等结合学习中共二十大精神进行研讨发言。

【专题会议】 2022年1月7日，受县委副书记、县长索朗巴珠委托，副县长拉桑主持召开政府专题会议，传达学习中央、自治区、市委经济工作会议精神，研究政府工作报告及索朗巴珠在县委经济工作会上的讲话稿。

2022年1月30日，县委副书记、县长索朗巴珠在党政楼205会议室主持召开政府专题会议，通报市委涉粮问题专项巡察反馈情况，研究审议县发改委（粮食和物资储备局）关于开展政企分开相关事宜。

2022年1月29日，县委副书记、县长索朗巴珠主持召开全县重点项目前期工作调度会议，通报全县"十四五"规划项目第一批前期经费使用情况及2022年国家投资项目建设计划制订情况；听取部分项目单位2022年项目前期工作开展情况汇报，安排部署2022年项目建设各项工作，推动全县迅速掀起项目建设热潮，促进重点项目早开工、早落地、早建成、早见效，确保圆满完成全年固定资产投资任务。

2022年1月29日，县委副书记、县长索朗巴珠主持召开全县粮食安全和"菜篮子"工作专题部署会议，传达学习习近平总书记关于粮食安全工作的重要论述，学习贯彻中央农村工作会议精神（摘选）；自治区党委书记王君正关于做好全区"三农"工作的重要批示精神及山南市委书记许成仓批示精神，通报全县2021年粮食安全和"菜篮子"工作情况，安排部署2022年相关工作。

2022年2月11日，县委副书记、县长索朗巴珠在205会议室，主持召开县人民政府粮食安全工作专题会议。

2022年2月11日，县委副书记、县长索朗巴珠主持召开全县环保督察整改工作专题会议，深入学习贯彻习近平生态文明思想，贯彻落实全国、全区生态环境工作会议精神，区党委生态文明建设领导小组会议精神，全市环保督察整改工作推进会议精神，听取全县中央环保督察反馈问题整改工作推进情况，安排部署相关工作。

2022年2月21日，县委副书记、县长索朗巴珠主持召开全县配合做好第二轮中央生态环境保护督察工作专题部署会议，会议坚持以习近平生态文明思想为指导，贯彻落实党中央关于生态文明建设的系列决策部署，落实好区党委政府、市委市政府关于配合做好第二轮中央生态环境保护督察工作部署会议要求，动员全县上下进一步统一思想认识，坚持问题导向、全面对标、迅速行动，全力配合做好中央环保督察及反馈问题整改工作。

2022年2月22日，县委副书记、县长索朗巴珠在党政楼205会议室主持召开县政府专题会议，研究审议《桑日县粮油公司公开招聘报名人员笔试面试的请示》事宜。

2022年2月22日，县委副书记、县长索朗巴珠在党政楼205会议室主持召开县政府专题会议，研究审议桑日县关于全面做好农村公路"路（桥、涵）长制"工作实施方案（暂行）的请示。

2022年2月23日，副县长刘积庭主持召开山南市精神病福利机构项目推进会议，听取设计单位对山南市精神病福利机构项目设计的优化方案。

2022年3月14日，副县长孙祥伍在党政办公楼205会议室主持召开桑日县电子商务进农村场地选址相关事宜专题会议。

2022年3月25日，副县长罗布主持召开政府专题会议，研究桑日县水泥砖厂行业清理整顿工作。

2022年3月30日，县委副书记、县长索朗巴珠主持召开山南市鲁牡木材石材专业市场森林督察挂牌督办整改工作第2次专题会议，研究整改相关事宜。

2022年3月30日，县委副书记、县长索朗巴珠在党政办公楼205会议室，主持召开县政府专题会议，研究桑日县抵边搬迁配套政策建议的请示。

2022年4月6日，副县长王鹏在党政楼301会议室主持召开农业农村工作专题会议，就葡萄基地建设、项目征占用林地整改、农牧民增收、人居环境整治、耕地弃荒撂荒等相关工作进行专题研究，安排部署相关工作。

2022年4月7日，县委副书记、县长索朗巴珠在党政楼205会议室主持召开桑日县第二轮中央环保督察迎检暨森林资源督查案件整改工作部署推进专题会议，会上通报各职能部门（专项组）的整改情况，研究协调工作中存在的问题困难。

2022年4月29日，县委副书记、县长索朗巴珠主持召开全县配合中央生态环境保护督察工作领导小组会议，传达学习自治区党委书记王君正、自治区主席严金海关于中央生态环境保护督察集中通报典型案例的批示指示精神；传达学习肖友才常务副主席在自治区生态环境保护督察工作推进会上的讲话精神和市长次仁平措在山南市配合中央环保督察工作领导小组会议上的讲话精神；听取全县配合中央生态环境保护督察各专项组工作开展情况汇报，安排部署下步整改落实相关工作。

2022年4月29日，县委副书记、县长索朗巴珠主持召开全县森林资源督查案件整改工作推进部署会议，传达学习《中共中央办公厅 国务院办公厅关于印发〈关于全面推行林长制的实施意见〉的通知》及自治区林长会议精神；传达学习4月6日，市长次仁平措在全市森林资源督查案件整改工作推进部署会议上的讲话精神，听取全县森林资源督查案件问题整改工作推进情况汇报，并就从严从抓好问题整改工作进行安排部署。

2022年5月10日，副县长王鹏在党政楼101会议室，主持召开县农业农村局与县乡村振兴局相关工作交接会，听取2家单位工作开展情况。

2022年8月7日，在收听收看市“十三五”期间完成政府投资项目审计整改工作电视电话会议后，县委副书记、县长索朗巴珠立即主持召开桑日县“十三五”期间完成政府投资项目审计整改工作推进专题会议，通报涉及桑日县有关问题整改情况，对桑日县审计整改工作进行再研究、再部署，推动审计查处问题整改真正落到实处。

2022年8月9日，县委副书记、县长、县应对新冠疫情防控领导小组组长索朗巴珠在党政楼205会议室主持召开全县疫情防控应急物资采购专题会，安排部署有关工作。

2022年8月12日，县委副书记、县长索朗巴珠主持召开政府专题会议，分析研判当前疫情防控形势下桑日县面临的各项困难及问题，专题部署疫情防控隔离点设置有关工作。

2022年9月26日，副县长王鹏在101会议室，主持召开2022年桑日县生态岗位资金兑现工作推进会。

2022年10月14日，县委常委、常务副县长贾锋在党政楼205会议室主持召开政府专题会议，研究贯彻落实《山南市关于贯彻落实〈关于稳经济若干临时性措施〉的配套措施》相关事宜，并结合全县实际，制定出台桑日县相关配套补充措施工作进行安排部署。

2022年10月17日，县委副书记、县长索朗巴珠主持召开县人民政府专题会议，研究审议加查、桑日拉玉沟虫草联合采集综合用房建设项目方案，安排部署相关工作。

2022年10月25日，县委常委、常务副县长贾锋在党政楼301会议室主持召开政府专题会议，研究县法院、县检察院财务统管改革实施相关事宜。

2022年10月31日，副县长拉桑在县重点办会议室主持召开会议，专题研究西藏YJDG水电站工程竣工建设征地移民安置验收相关事宜。

政府办公室工作

【概况】 2022年，桑日县人民政府办公室（以下简称县政府办公室）在协助县人民政府行使职能过程中发挥着运转枢纽和参谋助手的作用，担负着参与政务、管理事务、综合服务的重要职责。

【应急管理】 2022年，县政府办公室严格落实24小时专人值班制度，尤其节假日、汛期等特殊时期，关键岗位必须在职在岗，确保各种突发事件得到快速高效处置。在县委、县政府的坚强领导下，有序、高效地处置包括低温雨雪天气、防汛等各类突发事件，最大限度减少损失，确保人民群众生命财产安全，维护社会稳定。

【理论学习】 2022年，县政府办公室始终坚持以创建学习型机关，建设创新型队伍为目标，学习中共二十大精神，中央、区、市相关会议精神，提升干部为民情怀和担当意识，全年共开展学习例会60余次。

【信息专报】 2022年，县政府办公室紧紧围绕市委、市政府的各阶段中心工作，突出工作重点，全方位、多角度、深层次地向市政府报送反映全县经济建设、社会事业发展成效的信息，为市委、市政府提供有参考意义和使用价值的信息。全年共计上报信息316条。

【督查工作】 2022年，县政府办公室以求真务实和敢于“硬碰硬”的作风，扎实地抓好督查督办工作，使政府的每一项决策和县领导的每一次重要批示均得到贯彻落实。全年共下发督办通知单35个，上报督查专报80个，进一步树立督查工作的权威性。

行政审批和便民服务

【概况】 2022年，桑日县本级财政投入资金255.44万元对原综合文化活动中心进行改扩建后，更名为政务服务中心，改扩建后的政务服务中心达到标准化建设要求。截至年底，已有县人社局、县民政局、县医保局、县市监局、县自然资源局、县公安局、县电力公司、县自来水公司、县综合代办窗口9家单位、9名工作人员进驻县政务服务中心，并为每个窗口配备“好差评”评价器，可办理事项36项。全年县政务服务中心接待群众8456人次，受理各类申请8361件，办结8361件，办结率达100%。

2022年4月18日，桑日县行政审批局工作人员对22家单位就自治区一体化政务服务平台使用进行一对一业务指导

【“放管服”改革】 2022年，桑日县行政审批和便民服务局（以下简称县行政审批局）根据《山南市行政审批和便民服务局关于落实和衔接自治区取消和下放行政许可事项的通知》要求，取消典当特种行业许可证核发等3项行政许可事项。按照《自治区办公厅关于规范乡村证明事项的通知》要求，取消医疗救助证明、学生户籍、户口本遗失证明事项，保留11项。大力压缩证照开办时限，个体工商户营业执照当场办理，企业营业执照办理时间压缩在4个工作日内。按照《西藏自治区人民政府办公厅关于印发西藏自治区全面推行证明事项告知承诺制工作实施方案的通知》要求，梳理出证明事项14类，可实行告知承诺制的有核发居住证、税费减免、市场主体登记、异地就医备案4类。对照《西藏自治区行政许可事项清单（2022版）》和《山南市行政许可事项清单（2022年版）》，编制桑日县行政许可事项清单241项（县级25家单位实施中央层面设定行政许可事项237项，中央驻县机构3家单位实施中央层面设定行政许可事项3项，自治区地方性法规、政府规章设定行政许可事项1项）。

【“互联网＋业务服务”工作】 2022年，县行政审批局开展“互联网＋政务”培训。4月组织单位工作人员对22家单位就自治区一体化政务服务平台使用进行一对一业务指导。6月邀请市行政审批局到桑日县开展自治区一体化平台业务集中培训，参加培训人员共30人。开展“一件事一次办”（“一件事”是指企业、群众需办理的一个事项，既可以是单独的“一件事情”，也可以是需到多个部门办理或多件相关的“事”“一揽子事”，经过梳理整合、流程再造后，变成企业、群众眼中或窗口统一办理的“一件事”；“一次办”是指一次告知、一次表单、一次联办、一次办好，线上一次登录、一网通办，线下只进一扇门、最多跑一次）事项

2022年12月13日，桑日县行政审批和便民服务局对教育局床上用品采购项目进行验收

统计。已上报4类事项，分别为开土特产、开茶馆、开面包店、公民婚育。深入开展"互联网＋政务服务""互联网＋监管"数据采集工作。全年办件数据录入50281条，采集电子证照1355条，录入监管信息9537条。

【政府采购】 2022年，县行政审批局根据《中华人民共和国政府采购法》和《西藏自治区2021—2022年度政府采购目录及限额标准》要求等规定，截至年底，受理政府采购项目154个，采购预算总额8129.98万元，实际评审后金额为7463.5万元，审减资金666.48万元，资金审减率为8.2%；实施规范化政府采购档案管理。

信访工作

【概况】 2022年，桑日县信访信息系统登记受理群众来信来访、网上投诉11件、18人次（初件8件、重复件3件，重复信访占比27.27%），同比分别下降件次人次67.65%、65.38%，办结11件，办结率100%。

【涉访源头治理】 2022年，桑日县信访局（以下简称县信访局）坚持和发展新时代"枫桥经验"，制定《2022年县级党政领导"四级信访接待日（市县乡村四级政府系统、纪检系统、组织系统、公安系统领导干部定点定日接待群众来访）"工作的通知》，通过领导接访、带案下访等措施，化解一批信访问题，累计领导干部接访、带案下访3次。统筹资源力量推进"双拖欠"类涉访问题等隐患专项排查化解，坚持每季度至少开展2次排查活动，累计开展8次，交办责任部门处理涉访矛盾纠纷隐患4件，取得阶段性成果。加强与人社部门工作互联互通，推广水电九局"5+1"项目管理措施（"5"指"五步法"：签订合同、科学考勤、工资核实、工资代发、回访机制；"1"指"联动"：与市、县两级人社局联动，开展现场普法宣传、落实民工实名制管理），涉及雅下开发项目沿线的大古水电站、巴玉水电站、街需水电站全年未发生一起"双拖欠"信访事项。

【安全保障】 2022年，县信访局提前谋划部署，科学制订预案，及时启动三大节日、全国两会、冬奥会、3月重要时期、中共二十大等重点时期信访安全保障工作机制，专门安排工作人员到拉萨靠前值守，为重大活动和重要会议创造安全稳

2022年6月21日，县劳动监察大队参与调解拖欠民工工资信访事项

定的社会环境。

【队伍建设】 2022年，县信访局贯彻新时代党的建设的总要求，以政治建设为统领，不断强化政治机关意识，把党的政治建设融入信访工作全过程各方面，加强集中培训、岗位练兵，强化思想淬炼、政治历练、实践锻炼，不断提高信访干部政治判断力、政治领悟力、政治执行力。认真落实全面从严治党要求，严格执行中央八项规定及其实施细则，始终把纪律规矩挺在前面，持之以恒抓好改进作风狠抓落实工作，引导广大信访干部见贤思齐、拼搏奉献。

后勤服务

【概况】 2022年，桑日县机关后勤服务中心（以下简称县后勤中心）以改进作风，狠抓落实活动为契机，以"热情、周到、节俭"的原则，紧紧围绕县委、县政府中心工作大局，切实强化管理、保障和服务职能，着力加快建立集中统一、权责明确的管理体制，为县委工作的顺利开展提供强有力的后勤保障。

【政治学习】 2022年，县后勤中心将学习贯彻习近平总书记重要指示精神作为当前首要政治任务来抓，切实把思想和行动统一到重要指示精神上来，自觉把重要指示精神作为开展后勤工作的"定盘星"，转化为做好后勤工作的强大动力，进一步坚定"四个自信"，切实做好"两个维护"。以开展学习型机关创建活动为契机，通过领导班子带头学、党员干部主动学、普通干部谈体会等方式，以"三会一课"、主题党日、中心党组扩大会等形式，专题集中学、分组学、自主学，确保指示精神落到实处、落地生根。以开展改进作风狠抓落实工作为契机，持续加大班子建设，既发扬党内民主，又坚持正确集中，敞开心扉、坦诚相见、相互尊重，做到支持维持不排斥、想事干事不乱事、理解谅解不误解，通过班子的团结协作，带出风正气顺、心齐劲足的干部职工队伍，形成群策群力共谋发展的良好局面。

2022年9月2日，桑日县后勤中心开展民防疫物资检测工作

【机关食堂改革】 2022年，县后勤中心先后对机关食堂进行改革、优化人员配置（调整5名公益性岗位服务员，面向社会招聘6名服务员）、调整劳务合同资金（由原来的4人5万元/月调整至11人6.1万元/月），转变工作思路，建立健全各项制度和工作流程，定期召开食品安全教育、服务宗旨教育会议。有效提高工作人员的食品安全意识和服务意识，认真做好源头监管，严格监督管理食品的选购、加工、制作及存放，杜绝出现变质变味食品。

【公务接待】 2022年，县后勤中心突出精细化服务，建设满意的公务接待，实行超前化服务。每次接待前，认真研究，制定科学合理的接待内容清单，做到谋划在前，超前服务，严格执行公务接待程序，严格执行公函制度、审批单制度和接待清单制度，严格实行"无公函不予接待、无审批不能接待、无清单不得报销"制度。将接待纪律作为公务接待管理不可逾越的红线，从公务接待各个环节入手，严格执行上级明确的接待标准；严格控制陪餐人员，接待对象在10人以内的，陪餐人数不超过3人；超过10人的，不得超过接待对象的三分之一等，全年共计公务接待118场次2918人次。

【机关干部职工日常就餐工作】 2022年，机关食堂推出每周菜谱，提前做好每天菜品荤素搭配多样化，不断调整花样，努力提高菜品质量，争取做到15天主菜不重复

2022年12月13日，桑日县机关食堂就餐场景

的情况。机关食堂还推出周5打包外卖服务，取得很好的效果。全年就餐人数44906人，1月份食堂收入为15891元，日均用餐人数为144人；4月份食堂收入为42458元，日均用餐人数为386人。

【公务车辆管理及调度工作】2022年上半年，县后勤中心通过集中组织学习和邀请县交警大队民警对驾驶员进行国家道路安全法律法规的学习，要求驾驶员严格遵守中心制定的“驾驶公车十不准”的明确规定，为进一步加强后勤驾驶员安全责任意识，牢固树立行车安全理念，杜绝交通安全事故和违规违纪驾车现象发生。严格执行车辆派遣制度，明确工作责任分工，通过签订责任书，把车辆安全管理责任逐层落实到人，保证在运行过程中不发生任何安全责任事故。上半年车辆安全行驶总里程达到79.1万千米，三项费用收入总计175.3万元，支出总计203.2万元。为进一步加强公务车辆管理使用，实行管理透明化，确保公务车辆阳光运行。根据县纪委要求，为现有公务车辆发放粘贴26个印有“桑日县公务用车”及监督电话的黄底红字二维码标识，广泛接受社会监督。

【基础设施建设】2022年，县后勤中心联系援藏工作队争取资金20万元对办公楼进行维修。向县人民政府申请资金308万元，维修机关食堂，改善机关食堂就餐环境及设备。

【疫情防控】2022年8月9日至10月31日，县后勤中心配送39010份一日三餐花费65.1万元（隔离点保障各类物资共计50000元），主要用于购买肉类、干杂、生活用品（餐具）蔬菜等其他保障物资。防疫保障车辆累计行驶总里程达27万余千米。其中，后勤机动车辆27台，产生里程213228余千米，产生油料及相关费用624047元。

藏语文工作

【概况】2022年，桑日县藏语言文字工作委员会办公室（编译局）（以下简称县编译局）紧紧围绕县委、县政府中心工作，加强全县社会用字规范化、制度化建设，完成各项翻译工作。

【翻译工作】2022年，县编译局始终以为全县提供藏语言文字翻译服务为宗旨，及时完成桑日县两会材料的翻译任务以及县直各部门

2022年3月13日，桑日县编译局联合县委宣传部、县城市综合执法局对全县藏语和汉语标语使用情况进行全面检查

的各类材料的翻译任务。全年共翻译会议材料文件50余份；横幅、门牌等22个，翻译字数达47.76万余字；翻译有关疫情文件及宣传资料7份，翻译字数达7500余字；中共二十大相关内容翻译4份，翻译字数7000余字。

2022年7月12日，桑日县编译局为增期乡雪巴小学发放藏文书法桌和藏文习字板30套

【社会用字检查】 2022年，县编译局联合县委宣传部、县城市综合执法局深入县域内道路、街面、商户门面藏语标语、广告牌、（牌匾）各类横幅等，对藏语和汉语标语使用、悬挂国旗、堆放物品和门前三包卫生清扫情况等进行全面检查，共发现问题13处，主要为国旗老化、错别字、无牌等问题，已按照要求进行整改。7月12日，副县长白玛央金率队深入增期乡雪巴小学开展“规范社会用字、喜迎党的二十大”主题党日活动，为增期乡雪巴小学发放藏文书法桌和藏文习字板30套，价值3万元的书法用具和一些宣传物品。工作组一行深入增期乡和白堆乡境内，对公路沿线各类标示标牌和商铺门牌、宣传标语以及部分广场宣传用语的藏语和汉语规范使用情况进行检查，对存在问题的进行登记造册并及时与责任单位和个体工商户联系，要求限期整改。7月22日，联合县民创办，对桑日县民族团结广场及县中学、县城领域的民族团结进步创建展板及宣传栏等内容开展专项检查，对翻译不规范等问题要求相关部门及时整改。

【疫情防控】 2022年，县编译局严格落实县委、县政府关于疫情防控工作要求，服从组织安排选派志愿者下沉到基层一线开展疫情防控工作。按照县疫情防控工作要求安排2名工作人员，参加疫情防控核酸采样储备人员培训会议。根据县疫情办安排，配合县域内人员流调工作。

中国人民政治协商会议桑日县委员会

综述

【概况】 2022年,中国人民政治协商会议桑日县委员会(以下简称县政协)坚持围绕中心、服务大局,认真履行政治协商、民主监督、参政议政职能,深入开展改进作风狠抓落实工作,着力助推县委、县政府各项决策部署贯彻落实,为推动桑日县长治久安和高质量发展贡献政协智慧和力量。全年召开常委会2次、党组理论学习会议10次、交流研讨会议4次、主席会议3次,深入开展党史学习教育常态化学习和改进作风狠抓落实工作专题学习,持续巩固党史学习教育成果和深化改进作风狠抓落实工作成果。坚持和完善党组、主席会议、常委会议和机关支部集体学习制度,制订并落实县政协党组理论学习计划,研究制定《政协桑日县委员会委员学习工作办法》,坚持以学习增进思想共识,以学习引领履职实践,以学习提高工作质量。深入学习贯彻《中国共产党政治协商工作条例》、中共中央办公厅印发的《关于加强和改进新时代市县政协工作的意见》,以加强党建引领政协事业发展。充分发挥政协党组把方向、管大局、促落实的领导作用,做到重大事项、重要情况、重点工作及时向县委请示报告,确保县委各项决策部署不折不扣贯彻落实到政协全部工作中。

【协商民主建设】 2022年,县政协聚焦稳定、发展、生态、强边四件大事,聚力"四个创建""四个走在前列"和山南市"六个走在全区前列",研究制订县政协2022年度协商计划,围绕助推桑日县长治久安和高质量发展,选择县委、县政府重视、人民群众盼望解决的具体问题,有针对性地组织开展专题协商、提案办理协商,在协商中统一共识,在协商中建言发展,全面发展协商民主。根据协商计划,组织开展专题调研,撰写《桑日县中小学德育教育》专题调研报告。协同山南市政协完成《人居环境卫生整治》《夯实异地扶贫搬迁群众新生活基础》《挖掘古建筑历史文化丰富旅游产业发展》专题调研,上报高质量且有价值的调研报告。

【提案办理工作】 2022年,县政协完善提案办理民主协商机制,加大提案督办力度。提案委员会对三届二次会议34件提案进行认真审查,共立案26件。加强与县政府

2022年11月24日,桑日县政协主席巴桑次仁(中)开展上党课活动

2022年4月24日，桑日县政协到加查县开展考察学习

办公室的联系与沟通，2月21日召开提案交办会，所有的提案移交给县政府承办。制订开展提案督办工作实施方案，由一名副主席牵头开展督办工作。4月17日、5月26日，县政协副主席索朗央宗率队深入农业农村局、乡村振兴局、水利局等单位，以督办提案的形式，了解提案办理工作推进情况，进一步促进提案办理工作的协作配合，确保政协提案办理取得实效。

【乡镇政协联络办建设】 为不断推动各乡镇政协联络办建设制度化、规范化、程序化，提升基层政协履职工作水平。2022年4月8日、4月27日，县政协组织政协机关工作人员和各乡镇政协联络员分赴琼结县、加查县学习取经、取长补短。4月29日，县政协党组书记、主席巴桑次仁主持召开乡镇政协联络办建设工作推进会，对乡镇政协联络办建设进行再安排、再部署，多次深入各乡镇督导检查联络办建设及发挥作用情况，实现委员活动有依托、有阵地、有保障，为开展协商议事活动提供阵地、平台和经费保障，促进政协专门协商机构职能的有效发挥。

【委员“交朋友”活动】 2022年，县政协密切与政协委员、界别群众的联系交流，深入开展“交朋友”活动，搭好平台，上下联动，充分发挥他们在政协中的重要作用。研究制定《桑日县政协关于深入开展“交朋友”活动实施方案》。根据活动方案，县政协党组班子成员和机关干部将“交朋友”活动融入日常工作和服务委员全过程，并号召全体政协委员深入各界别群众广泛开展“交朋友”活动，不断推动委员联系界别群众制度化机制化。截至年底，共计开展“交朋友”活动42人次，形成登记台账1本，信息简报2期。

【贯彻落实县委工作部署】 2022年，县政协充分发挥职能优势，始终坚持“围绕中心、服务大局”，在参政议政中着眼新作为，严格按照县委的工作要求，强化担当，不当看客，积极主动参与乡村振兴、维护稳定、虫草采挖、疫情防控、河湖林长制、人居环境卫生整治等各项中心工作，及时协调解决实际困难，督促相关部门及时办理落实，做到既建言献策，又主动参与。坚持重大事项、重要问题主动向县委汇报，与县委、县政府主要领导共同商议。

【疫情防控】 2022年，县政协坚决落实县委、县政府疫情防控部署要求，全面动员、广泛参与，为打赢疫情防控阻击战贡献政协力量。自疫情发生后，县政协党组书记、主席巴桑次仁、县政协副主席扎西、

2022年6月21日，桑日县政协开展“交朋友”活动

县政协副主席、增期乡党委书记张楠第一时间奔赴一线，主动下沉到联系乡镇和寺庙蹲点督导、值班值守。县政协机关干部第一时间下沉一线，参与核酸检测、物资保障等。广大政协委员纷纷亮明“委员”身份，深入前沿阵地，参与志愿服务。经济工商联界委员主动践行企业社会责任，采取捐款捐物的形式展现委员担当，捐款捐物合计957258.5元。疫情期间，共计45名政协委员和政协干部参与疫情防控工作，用实际行动凝聚起共同抗疫、守望相助的强大合力。

【民族团结创建】2022年，县政协严格按照县民创办统一部署，县政协领导班子成员深入乡镇、寺庙、学校宣传宣讲党的民族宗教政策，加强民族团结教育，铸牢中华民族共同体意识。积极协助开展全国民族团结进步模范县创建工作，由县政协副主席索朗央宗兼任工作领导小组办公室常务副主任，负责创建工作的协调、解说、宣传、督导等，确保桑日县顺利通过国家验收。

【自身建设】2022年，县政协切实加强委员队伍和机关能力建设，建立委员履职档案，完善政协委员履职考核机制。以规范化运作为目的，以程序化约束为抓手，进一步调整政协班子成员及机关干部的职责分工，出台机关干部工作相关规章制度。把加强委员的学习培训作为事关全局和长远的一项基础性工作，积极探索并深入开展多形式、多层次、多渠道的委员学习培训，形成全面提高委员综合素质和履职能力的良好格局。

重要会议

【政协第三届桑日县委员会第二次会议】2022年1月13—16日，桑日县政协委员会召开中国人民政治协商会议第三届桑日县委员会第二次会议，应出席委员55人，实出席委员47人。应邀出席的还有县委、人大、政府以及在家的县级领导，县（中、区）直单位负责人共200余人。会议期间，县委书记康爱民，县委副书记、县长索朗巴珠等出席会议。委员们围绕桑日县经济社会发展重大问题和涉及群众切身利益的实际问题，履职尽责，积极建言献策，提出有价值的意见建议，6名委员作大会发言。大会期间，共收到提案34件，其中撤案1件、立案26件、转为意见建议7条，内容涉及经济发展、社会建设、文化建设、保障和改善民生、生态环境保护、民族团结和社会管理等方面。

【常务委员会会议】政协第三届桑日县委员会常务委员会第二次会议。2022年1月4日，政协第三届桑日县常务委员会第二次会议在县政协会议室召开（白堆厅），会议应出席常务委员11人，实出席常务委员10人。会议由政协主席巴桑次仁主持。会议听取三届二次会议筹备工作情况报告；审议常委会工作报告及提案委员会工作情况报告。

政协第三届桑日县委员会常务委员会第三次会议。2022年1月13日，政协第三届桑日县常务委员会第三次会议在县政协会议室召开（白堆厅），会议应出席常务委员11人，实出席常务委员10人。会议由政协主席巴桑次仁主持。会议审议通过关于召开政协第三届桑日县委员会第二次会议的决定（草案）和会议议程（草案）、会议日程（草案）、常务委员会工作报告及报告人、提案工作情况报告及报告人。

政协第二届桑日县委员会常务委员会第四次会议。2022年1月15日，政协第三届桑日县常务

2022年2月21日，桑日县召开“两会”人大代表意见建议及政协委员提案交办会

委员会第四次会议在县政协会议室召开(白堆厅),会议应出席常务委员11人,实出席常务委员10人。会议由政协主席巴桑次仁主持。会议听取各小组召集人汇报讨论情况;审议通过《常委会工作报告决议(草案)》《提案工作情况报告决议(草案)》《政治决议(草案)》;审议通过提案审查情况报告(草案)。

政协第二届桑日县委员会常务委员会第五次会议。2022年8月5日,政协第三届桑日县常务委员会第五次会议在县政协会议室召开(白堆厅),会议应出席常务委员11人,实出席常务委员10人。会议由县政协党组书记、主席巴桑次仁主持。会议传达学习《中国共产党政治协商工作条例》《关于加强和改进新时代市县政协工作的意见》《庄严在全区政协工作交流座谈会上的讲话》;审议通过《关于马双阳同志辞去政协桑日县第三届委员会委员职务的决定》;审议通过《桑日县中小学德育工作情况的视察报告》。

2022年6月8日,桑日县政协组织委员视察中小学德育工作

【提案交办会】 2022年2月21日,桑日县政协委员会召开三届二次会议提案交办会,将提案全部移交给县人民政府。会议期间共收到提案34件,经审查后立案26件,转为意见建议7件,未立案1件。此次交办的提案涉及社会和谐稳定、乡村振兴、保障和改善民生、生态文明建设等诸多方面,体现各位委员关注民生、体察民情、胸怀大局、服务人民的责任意识。

重要活动

【视察调研活动】 2022年5月7日和5月20日,市政协副主席吾金到桑日县开展乡镇政协委员联络办工作的调研和夯实易地扶贫搬迁群众新生活的基础调研。6月8日,县政协组织政协委员深入三乡一镇中小学围绕校园环境、德育设施建设、德育课程设置、音体美兴趣小组活动开展等方面情况进行视察。

【考察学习活动】 2022年4月8日和4月24日,桑日政协委员会分别组织机关工作人员和各乡镇政协联络员赴琼结县和加查县考察学习。

【慰问驻村工作队活动】 2022年,县政协慰问驻村工作队及村“两委”班子、贫困户共10次,送去价值15000余元慰问金和慰问品。县政协派驻绒乡扎巴村第一支部书记,协助村“两委”班子,理清发展思路,制定发展措施,加强宣传教育,排查矛盾纠纷,维护社会稳定。

纪检监察

综述

【概况】 2022年，中共桑日县纪律检查委员会　桑日县监察委员会（以下简称县纪委监委）团结带领全县纪检监察干部以学习宣传贯彻中共二十大精神为主线，立足纪检监察职责，坚决扛起协助职责和监督责任，坚持围绕中心、服务大局，充分发挥监督保障执行、促进完善发展作用，努力推进纪检监察工作高质量发展。

【思想建设】 2022年，县纪委监委立足纪检监察职能定位，把握“两个确立”最高政治原则，采取常委（扩大）会、“三会一课”、党支部集中学习会等形式，深入学习贯彻习近平新时代中国特色社会主义思想、习近平总书记关于治边稳藏、西藏工作的重要指示和新时代党的治藏方略，认真学习中共二十大精神、习近平在中央第七次西藏工作座谈会上的讲话和视察西藏时的讲话精神以及条例法规20余次。坚持自觉主动学、及时跟进学、联系实际学、深入思考学，坚决贯彻落实市委、市纪委监委和县委关于全面从严治党重大决策部署和工作安排，切实提高政治站位、保持清醒头脑、增强政治定力，自觉把党委决策部署与纪委监委职责结合起来，主动融入县委中心工作，坚决捍卫“两个确立”、增强“四个意识”、坚定“四个自信”、做到“两个维护”，确保纪检监察工作始终沿着正确政治方向前进。

【党史学习成果巩固】 2022年，县纪委监委建立党史学习教育常态化机制，持续巩固学习教育成果，大力弘扬伟大建党精神，传承红色基因、赓续红色血脉。结合全区开展的改进作风狠抓落实工作，立足工作实际，聚焦“四查四问”“八个抓落实”开展专题研讨3次，督促干部立足“四查四问”，深入检视存在问题、交流工作心得、激发工作动能，及时补齐短板弱项，厘清工作思路，确保纪检监察工作高质量发展。

【自身建设】 2022年，县纪委常委会带头全面准确贯彻执行《中国共产党纪律检查委员会工作条例》，修订完善《中共西藏桑日县第十届纪律检查委员会常务委员会工作规则》，进一步提升县纪委常委会民主决策水平，保障工作决策规范化、制度化和科学化。完善全员业

2022年1月5日，桑日县纪委监委召开2021年度党风廉政建设述责述廉会议

2022年2月10日，桑日县纪委监委召开过渡期专项监督工作推进会

务培训机制，加强纪法训练和实践锻炼，采取学习培训、跟班学习、参与办案、以老带新等途径，提升纪检监察干部综合能力素质和业务水平。共选派3人次纪检监察干部到自治区纪委监委和市纪委监委跟案、跟班学习。

【自我监督】 2022年，县纪委监委全面贯彻落实《关于加强新时代纪检监察干部监督工作的意见》，深入开展纪检监察系统转变作风狠抓落实专项活动，严格按照“四查四问”要求，抓好各阶段各环节工作。紧扣贯彻落实西藏纪检监察干部行为规范以及规范饮酒、禁止参与赌博行为规定等重点，采取明察暗访、“四不两直”等方式，纠治作风漂浮、有禁不止以及“走读式”谈话方面的违规问题。

监督工作

【概况】 2022年，县纪委监委按照全面从严治党总体要求，持续强化不敢腐的震慑，围绕监督执纪工作部署，坚持无禁区、全覆盖、零容忍，认真履行监督执纪问责职责，认真学习《关于加强对“一把手”和领导班子监督的实施方案》，强化对“一把手”的监督和同级监督，全面净化党员队伍政治生态。全年收到信访举报、巡察移交、监督检查发现问题线索共计22件。处置问题线索22件，初核了结7件；立案审查调查5件，其中给予党内警告处分2件、5人，给予开除党籍处分2件、2人，开除党籍、开除公职、解除劳务合同1件、2人，移送司法机关2人，挽回经济损失41.6万元，移交2件、重复举报2件，结案率达86%以上。实现全县中共十九大以来办理第四种形态案件“零”突破，精准运用“两书一函”，下发纪律检查建议书2份、下发监察建议书4份。

【政治监督】 2022年，县纪委监委采取“四不两直”方式对中共二十大精神的学习宣传贯彻情况、习近平总书记关于西藏工作的重要论述和新时代党的治藏方略、自治区第十次党代会、市第二次党代会和县第十次党代会等精神贯彻落实情况及“十四五”规划实施等情况的监督检查4批次，切实督促各部门落实党中央决策部署和区市县党委重点工作安排。开展督促中央环保督察反馈问题的整改落实工作的监督检查，开展“十三五”政府投资项目审计反馈的5个方面7项问题的整改工作监督检查，截至年底，全部整改完成。开展涉粮领域专项整治，推动专项检查和巡察反馈问题整改走深走实。盯住重要会议开展监督检查10余次，对违反会风会纪的2家单位主要领导由县纪委监委对其进行提醒谈话，以会风带动作风。进一步严明政治纪律和政治规矩，坚决纠正和查处落实上级决策部署不坚决、搞变通、喊口号、装样子甚至有令不行、有禁不止的行为，在“三月综治宣传月”、萨噶达瓦等重要时期开展监督检查5次，切实筑牢维稳防线。

【干部监督管理】 2022年，县纪委监委组织召开年度党委（党组）书记述责述廉评议会议，听取9家单位“一把手”就抓党风廉政建设工作情况汇报，并对履职情况进行点评，进一步压实主体责任。对全县6名新任干部进行集体廉政谈话，围绕“政治坚定、勇于担当、作风过硬、清正廉洁争做新时代好干部”对新任干部提出工作要求，加强对新提拔干部的教育管理，从源头上杜绝苗头性、倾向性问题发生，做到抓早抓小、防微杜渐。

【党风廉政意见监督】 2022年，县纪委监委对受理的问题线索实行集中管理、动态更新、定期汇总，结合日常监督、审查调查、巡视巡察成果，对党员干部所在单位政治生态状况进行准确画像，严格回复廉政意见，严防“带病提拔”“带病上岗”。对党员干部、村“两委”班子成员、乡村振兴专干、专业技术人员等480人次的提拔、评优、晋升职级以及职称评定等进行党风廉政意见复函。

【疫情防控监督检查】 2022年，县纪委监委围绕“六保”“六稳”任务，抓好疫情防控工作。成立以纪委监委主要领导为组长的疫情防控督导检查组，对全县疫情防控工作开展情况监督检查73次，出动120人次，共计检查行业部门、乡(镇)、寺庙、村(居)、核酸采样点、卡点、水厂、电站、项目施工现场、个体工商户等重要场所200余处，累计发现问题19件。其中，移交公安机关1件，通报批评1件，对17件问题进行督促整改。参与疫情防控工作，选派4名纪检监察干部参与核酸采样与检测、流调溯源、志愿服务等工作。

【重点领域专项治理】 2022年，县纪委监委强化对政策支持力度大、权力集中、资金密集、资源富集的部门、行业、领域的监督，针对涉粮领域紧盯党委和政府落实粮食购销主体责任、紧盯业务主管监管部门落实监管责任、紧盯国有粮食企业特别是基层粮库“靠粮吃粮”问题进行专项监督检查4次，督促整改问题10个，建章立制3个。以开展惠民惠农财政补贴资金“一卡通”管理问题专项治理工作为抓手，联合县财政局、审计局对全县23家单位2018—2020年惠民惠农财政补贴资金共计27183.75万元兑现情况开展监督检查，印发工作提醒20份，发现问题10个，督促整改问题10个。

2022年7月18日，县纪委监委到绒乡江塘村开展“民族团结一家亲　同心共筑中国梦”主题宣讲

反腐败工作

【群众身边的不正之风和腐败问题整治】 2022年，县纪委监委强化日常监督，突出重点监督。围绕产业项目运营分红、村集体“三资”管理使用、农牧民专业合作社经营中的腐败和作风问题，聚焦就业创业、教育医疗、养老社保、生态环保、安全生产、食品药品安全、疫情防控等领域，开展监督检查20次，对个别村级党组织建设有短板、核心作用发挥不强，村“两委”对发展村集体经济思路不清、村容村貌“脏乱差”等问题进一步督促整改，进一步推进村“两委”班子队伍建设，促进村集体经济发展壮大，提升乡村治理能力；围绕返贫监测预警和帮扶，对安全饮水、教育脱贫、健康扶贫、住房安全、社保兜底、易地搬迁和就业增收等工作开展情况进行监督，切实压实各行业部门责任。加强对桑日县防返贫监测对象帮扶情况的监督，坚决守住防止规模性返贫底线。全年查处群众身边不正之风和腐败问题8件，教育“三包”经费贪污、酒(醉)驾、赌博、打架斗殴分别占问题线索总数的4%、14%、9%、9%，给予党纪政务处分10人，其中党内警告5人、开除党籍3人、移送司法机关2人。

【巩固拓展脱贫攻坚成果同乡村振兴有效衔接】 2022年，县纪委监委聚焦“四不摘”政策要求和专项监督“二十个盯”，按照“县乡联动、定期调度、分类研判”的工作思路，切实压实各级党委、政府主体责任、行业部门监管责任，抓实乡村振兴领域重点项目建设，督促落实各项强农惠农政策。制定《桑日县巩固拓展脱贫攻坚成果同乡村振兴有效衔接专项监督细化方案》，印发《桑日县巩固拓展脱贫攻坚成果同乡村振兴有效衔接专项监督问题线索移送协作机制（试行）》，畅通问题线索移送渠道，以实实在在的监督成效为巩固拓展脱贫攻坚成果同乡村振兴有效衔接提供坚强纪法保障。先后召开专项监督工作会议5次，对中央纪委国家监委、自治区纪委监委和市纪委监委关于专项监督会议、文件精神进行传达学习，安排部署专项监督工作，开展专项监督2场次，共计发现并督促整改问题29个，发现问题线索1件，下发纪律检查建议书1份。

【“四风”纠治】 2022年，县纪委监委在重要节日节点前期，利用“网信桑日”等公众号刊登节前廉洁提醒5期。节日期间，紧盯“四风”和中央八项规定精神等重点内容对各乡镇（村）、林卡、商超以及寺管会等重点区域开展监督检查25次，切实做好节日期间纠“四风”工作，使正风肃纪成为常态，确保党员干部廉洁过节，营造风清气正的节日氛围。深入开展改进作风狠抓落实专项整治活动，集中查处和纠治只表态不落实、不担当不作为、层层加重基层负担等突出问题。切实整治作风顽疾，严查党员干部赌博、工作期间饮酒、酒驾醉驾、违规发放津贴补贴等问题，针对部门履职不到位的进行全县范围内通报1次。督促全县开展违反中央八项规定问题自查工作，在全县范围内开展公务接待上酒水问题自查，防止隐性变异的四风问题，切实营造风清气正的干事创业氛围。

【警示教育成果拓展】 2022年，县纪委监委引导全县各级党员干部开展廉政学习教育活动。下发桑日县查处的《五起党员干部违纪违法典型案例的通报》、转发区纪委、市纪委典型案例通报3期，增强警示教育的针对性、多样性和有效性，切实提高全县党员干部遵纪守法意识。督促全县干部观看《零容忍》警示教育片，加强廉政文化宣传，增强拒腐防变“免疫力”。筹备警示教育展览，聚焦“身边事教育身边人”主题，对中共十九大以来全市查处的重点领域部分典型案例进行宣传，教育引导党员干部廉洁自律、遵纪守法，县级领导和单位主要负责人共计99人参加活动，全县41个单位、428人陆续参观。

2022年3月18日，十届县纪委常委会第十七次常委会（扩大）会议召开

巡察工作

【概况】 2022年，县委共组织开展2轮常规巡察，共巡察2个乡镇、7个县直部门、19个村（居），对28个党组织开展巡察，并对2021年被巡察村级党组织整改情况进行监督检查。巡察共发现问题314个，问题线索3个、6人，收缴违规资金29075元。督促2021年被巡察村级党组织整改问题94个，移交问题线索2个，整改89个，需要长期整改5个，整改率94.68%，追缴村集体资金481436.6元，建立相关制度5个。

【坚持政治巡察定位】 2022年，中共桑日县委员会巡察工作领导小组办公室（以下简称县委巡察办）深入学习贯彻中共十九大和十九届历次全会、自治区十次党代会、市委二次全会、县委十次党代会以及习近平总书记关于巡视巡察重要论述和指示批示精神，围绕“三个聚焦”监督重点，强化被巡察党组织落实党的领导要求、履行职能责任的监督检查，推动全县各项工作落实落细。以党建引领业务工作，将党的方针政策、巡察业务知识纳入党建工作计划，坚持每月集

2022年11月15日，桑日县纪委监委召开十届桑日县委第三轮巡察业务培训会议

中学习不少于3次，共组织巡察干部学习17次，开展巡察培训2次，总结复盘1次，通过学习提升干部的政治判断力、政治领悟力、政治执行力。紧扣被巡察单位职能职责开展政治巡察，为提高巡察监督的针对性，提前一周让巡察组学习了解被巡察单位“三定规定”，制订详细的工作方案，通过巡察发现相关单位落实村级产权制度改革、供销社综合改革任务效率不高，以及群众反映强烈的高标准农田项目监管不力等深层次问题，进一步彰显巡察的震慑作用。立足以人民为中心的理念，第一轮共移交立行立改问题88个，在最短时间内解决和反馈群众关心关切的问题，确保政治巡察监督不发散。

【巡察工作规划】　2022年，县委巡察办在总结提炼九届巡察工作规律、体制机制、组织架构的同时，扩大巡察监督的覆盖面，加大上下联动，做到工作早谋划、早部署，系统联动。研究制定五年巡察工作规划。精心组织人员撰写十届县委《2021—2025年巡察工作规划》，按照巡察全覆盖的工作要求，将43个村级党组织全部纳入巡察范围，将对102个党组织进行巡察，并落实六方责任，各司其职统筹谋划好未来五年的常规巡察、专项巡察、联动巡察任务，为县委巡察工作明确方向和目标。

【常规巡察】　2022年，县委巡察办按照年初巡察工作计划，开展两轮巡察，第一轮已对县农业农村局、商务局、林草局、国土局开展上下联动巡察，对白堆乡及6个村级党组织以巡乡带村方式开展常规巡察，3个巡察组共发现问题141个，移交问题线索2个，立行立改88个，11个被巡察单位处于有序整改中。

【巡察整改和成果运用】　在全县2022年党风廉政建设和反腐败工作会议上传达学习中央《关于加强巡视整改和成果运用的意见》，组织县纪委、县委组织部、县委巡察办人员对粮食领域专项巡察整改问题10个和2021年巡察村级党组织整改问题94个，成立整改领导小组，制订工作方案，开展督查检查，通过实地走访、查阅资料和个人谈话，已整改粮食领域专项巡察问题10个，村级巡察问题89个，需要长期整改问题5个，进一步压实被巡察党组织整改责任，保证监督的实际效果。

【巡察队伍建设】　2022年，县委巡察办在抽调人员上做到坚持原则有特长的干部纳入巡察队伍。在组长的选配上优先选择单位负责人或四级调研员做到政治过硬。副组长选调有巡察工作经验的或对党建、财务、项目等业务熟知的人员，保证巡察工作的衔接性、连续性。组员从具有基层工作经验、具备写作能力、熟悉电脑操作、谈话经验丰富人员中选调，确保作风硬、业务精，从而提高整体巡察队伍素质。在工作要求上做到能移交的问题线索绝不纳入整改。按照区市县全面从严治党工作要求，越往后执纪监督越严的态度，从中期汇报开始领导小组提出要求，做到问题定性准确，拒绝模棱两可。在纪律要求上做到组长全面负责。巡察干部在驻点全面服从组长安排，作为监督者对自已更严讲纪律、守规矩，带头遵守中央八项规定精神和各项纪律规定，抵制各种诱惑，确保干干净净做事，清清白白做人，做到巡察期间不出事。

受援工作

【概况】 2022年，桑日县实施规划内对口援藏项目4个，总投资4335万元。续建项目2个，总投资1685万元，分别为桑日县绒乡卫生院标准化建设项目、桑日县增期乡乡镇(村)供水工程建设项目。新建项目2个，总投资2650万元，分别为桑日县桑日镇雪巴村道路改造建设项目、桑日县帕竹文化乡村特色产业基础设施建设项目。截至年底，项目均已竣工验收。

【体制机制建设】 2022年，岳阳第九批援藏队始终把纪律规矩挺在队伍建设的最前面，严格落实湖南援藏总队从严管理“十条禁令”、正向激励“十条措施”、行为规范“五必须五严禁”等制度，创新推行“制度+阵地+保障”队伍建设模式，制定出台《关于进一步加强援藏干部人才强化管理工作的实施意见》等9项规章制度，全面强化日常管理，严格扎紧制度的“笼子”，时刻拧紧思想的“阀门”，自觉恪守廉洁的“底线”，切实维护岳阳援藏干部人才的良好形象。

【智力援藏】 2022年，岳阳市第九批、第十批援藏完成援藏工作队轮换工作，岳阳市第十批援藏工作队共19人，其中列入中组部计划干部10名(处级干部2名、科级干部5名、专业技术人才3名)，短援技术人才9名，“万人计划”教师1名，“小组团”医疗技术人才7名。

【产业援藏】 2022年，岳阳市援藏工作队走遍桑日县的乡镇村庄，系统谋划提出“游思金拉措湖、逛民俗文化街、泡沃卡温泉水、登沃德贡杰山、观达古雅江景”旅游“财富之路”发展思路，安排1400余万元援藏资金，依托桑日葡萄基地，打造以农业生态和乡村民俗为主题的特色精品葡萄产业酒庄群落和旅游度假村，越来越多的农牧民在“家门口”开起牧家乐，卖起牦牛干，端起旅游振兴乡村的“金饭碗”。发展特色工业，建材铺就“致富路”。针对桑日资源禀赋和华新水泥“单打独斗”的现状，运用产业链发展思维，提出依托华新水泥行业龙头优势，围绕其周边打造建筑材料全产业链和工业集中片区的发展思路，协调国土、林草、农牧等相关部门，促成投资5000万元的蜀宏钢结构项目落地。

【保障和改善民生】 2022年，岳阳市援藏工作队开展生态综合整治，打造美丽环境。投入援藏资

援藏项目——桑日县规范化学校建设项目

援藏项目——桑日县卫生服务综合楼建设项目

金1250万元完成桑日镇雪巴村沿河道路改造，全面清理县城比巴河道，新建挡墙、边沟、涵洞、护栏、景观桥、观景平台、儿童游乐设施等项目。推进旅游景区整治，发展美丽经济。聚焦优化景区环境、擦亮旅游名片，为做大做强文旅产业“清障开道”，组织开展对达古峡谷、嘎堆需追等重点景区内外环境集中整治，安排援藏专项资金，完成桑日县帕竹文化产业基础设施建设，修建主干道至酒庄的道路，新建景区公厕、产品销售点、停车场、景区入口大门、景区河谷治理、人行游步道、观景台、休闲亭、观景栈道等内容，协同桑日县帕竹荣顺庄园有限公司着力打造“帕竹庄园”的品牌，逐步形成产业融合发展的格局。结合西藏文化及本地特色，丰富和健全葡萄全产业链，带动当地农牧民自主创业，共同打造以体验为主的乡村休闲文旅小镇，为推动一、二、三产业的融合发展打下坚实基础。深入开展人居环境整治，安排援藏资金330万元完成桑日县洛村人居环境改造项目，对洛村道路进行全线拓宽，铺装沥青路面，新建停车场，增设路灯、标示牌、绿化带等，全面提升村道路的品质。

【民族交流交融】 2022年，岳阳市援藏工作队协调推动两地干部人才交流互访20批、160人次，形成岳桑两地“人越走越亲、心越走越近”的情感认同。创造性推行岳桑两地中学联合办学模式，桑日中学成为西藏自治区第一所建立汉藏联合办学机制的县级中学，桑日中学升学率年均提升20%。持续开展组团帮扶，岳阳市卫健系统先后派出25名长、短期和对口支援技术人才，在医院管理、等级创建、专业技能操作等方面进行帮扶，推动桑日县人民医院成功创建二级乙等医院，完成国家交予的对口支援西藏县医院的技术扶贫工作。创新开展以队联村、人联户的常态化“走近走亲走心，交流交往交融”行动，组织湖南援藏队51名队员与洛村51户村民一一结对，常态化开展走访调研，把解决群众“急难愁盼”问题作为主旋律，先后收集群众各项诉求31项，解决率达到95%，安排援藏资金150万元，建成全县首个村级文化广场，投资330万元启动人居环境改造项目，争取上级资金260万元建成6500米灌溉水渠，解决全村341亩耕田灌溉问题，为结对户解决就医就业就学等问题60余件，为补齐民生短板，先后投入1250万元启动桑日县增期乡供水建设项目，投入435万元开展桑日县绒乡卫生院标准化建设，提升乡镇卫生院硬件设施条件，为实现桑日县公共事业跨越式发展奠定坚实基础。

【文化教育援藏】 2022年，岳阳市援藏工作队坚持把铸牢中华民族共同体意识作为核心目标，坚持与藏民面对面抓实党的建设和文化建设。结合教育援藏工作，在桑日县中小学校组织实施“爱党爱国红色基因”教育工程，通过组织学生看红色影片、讲红色故事、办红色讲座等。

群众团体

桑日县总工会

【概况】 2022年，桑日县总工会（以下简称县总工会）以经济建设为中心，以维护和表达职工合法权益为职责，创新破难，开拓进取，努力探索工会工作新方法、新路子，以加强和改善广大职工的合法权益为突破口，想职工之想，充分发挥工会是职工“娘家”角色作用，维护广大职工的权益。截至年底，全县有82家基层工会组织，会员人数达1938人，其中机关事业单位54家、会员人数达933人。拉林铁路护路工、乡村振兴专干、农牧科技专干、“三支一扶”人员、公益性、协警、“两站两员”、法院书记员等547人。国有及控股企业3家、会员人数27人、村级工会基层组织6家、农牧民会员133人。“两新”组织17家、会员人数达256人。新就业形态劳动者1家、会员35人，社会组织1家、会员7人，入会率达90%。

【送温暖、帮扶活动】 2022年“三大”节日期间，县总工会召开座谈会，慰问在档困难职工3名、自治区劳动模范及全国先进工作者6名，每人发放1000元的慰问资金，总计9000元。按照《西藏自治区基层工会经费收支管理实施办法（试行）》文件要求，开展相关慰问活动，关心关爱干部职工。全年慰问生病住院干部职工21人（会员），以每人800元的标准发放慰问金，共16800元。慰问结婚登记的新人，以每对500元的标准为6对新人会员职工送上新婚礼物，共价值3000元。

【职工福利】 2022年9月5日，县总工会按照会员每人300元的标准，为841名工会会员发放价值300元的月饼，共计252300元。6月初，为841名干部职工发放每人价值300元的毛毯，共计252300元。中秋节为920名职工发放价值363元美的4升空气炸锅，共计333960元。12月8日，县总工会在全县农牧产品、文化产品物资交流推介会召开之际，向工会会员干部职工发放2820张消费帮扶提货券，消费帮扶资金达752000元。

【文体活动】 2022年，县总工会以“喜迎二十大、展现自我、争创新高”为主题开展第三届“思金拉措

2022年5月31日，桑日县总工会到扎热塘虫草采挖点开展2022年“五送”服务解民忧活动

杯”篮球比赛、第二届“马鹿杯”足球比赛、拔河比赛等系列活动。努力营造比学赶超、拼搏进取、生机活力的机关工作氛围，加强各单位间的交流合作，激励和引领广大干部职工大力弘扬以爱国主义为核心的伟大民族精神，全县共457人参加活动，奖金、裁判员补助等费用共计12875元。支部成员参加“喜迎二十大 永远跟党走 奋进新征程”歌唱比赛，荣获二等奖。

2022年5月31日，桑日县总工会慰问国网桑日县供电公司以及桑日县锦砻市政供水有限公司13名一线职工

【法治宣传】 2022年，县总工会开展“三月综治宣传月”“六月平安建设宣传周”“安全生产月”“平安桑日宣传日”宣传活动，宣传《中国工会章程》《中华人民共和国工会法》《农民工进城务工指南》《农民工使用手册》等相关法律法规知识等，共发放各类宣传资料1000余份。开展法律进企业座谈会，组织县贸易公司、县粮食局、平安商务酒店、锦砻市政供水有限公司等企业，宣讲《中华人民共和国劳动法》《中华人民共和国劳动合同法》《中华人民共和国法律援助法》等法律法规知识并邀请全国劳动模范加律举办讲座、组织座谈会受益人达280人，发放宣传资料400余份，接受现场咨询40人次。

【疗休养活动】 2022年5月，县总工会组织桑日县机关企事业单位公益性岗位等一线工作人员共30人，到拉萨、林芝开展为期15天区内疗休养活动，共支出179572元。

【“五送”活动】 2022年，县总工会为坚守在虫草采挖监测点的9个工作组（8个临时党支部），以每个组1000元的标准送去慰问品，共计9000元。协调县卫生服务中心的医生为工作人员及农牧民群众看诊，并送去价值1万元的药品，邀请琼结县艺术团为驻虫草采挖点工作人员及农牧民群众演出。为国网桑日县供电公司、锦砻市政供水有限公司13名一线职工送去棉被、保温饭盒、旅行壶、酸奶等价值500元的慰问品，共计6500元。全年“五送”活动总金额共25500元，受益500余人次。

【工会会员实名制录入工作】 2022年，为贯彻落实《西藏自治区工会组织和会员实名制管理专项行动工作方案》精神，加强工会组织建设，县总工会推进工会会员实名制管理，实现会员会籍的动态管理，截至年底，会员录入完成率达90%。

【基础设施建设】 2022年职工综合活动中心项目完成调研、勘测、评定、项目审查等工作。县总工会投入8.6万元建设2个高标准的户外劳动者爱心驿站，驿站配有饮水机、微波炉、藏式床、桌子、电暖气、衣架、急救医疗箱等基本设施，受益群众25人。被全国总工会推选为“最美户外劳动者”服务站点。

共青团桑日县委员会

【概况】 2022年，共青团桑日县委员会（以下简称团县委）深入贯彻落实中共十九大会议、中央第七次西藏工作座谈会精神，认真学习中国共产党第二十次全国代表大会会议精神。充分发挥共青团组织的助手作用，坚持服务大局、服务社会、服务青年，着力深化团的各项工作，加强团的自身建设，努力拼搏，真抓实干，开拓创新，努力开展具有自身特色的共青团工作。

【政治理论学习】 2022年，团县委认真学习中共十九大和十九届历次全会精神，中央第七次西藏工作座谈会精神及中共二十大精神，贯彻落实总书记在“不忘初心、牢记使命”主题教育上的重要讲话精神，利用理论武装自身，树立正确的世界观、人生观和价值观，用更加饱满的精神投入工作。

【少工委建设】 2022年，团县委加强基层组织建设和基层工作的安排部署，不断适应新形势下青少年工作的新要求，构建共青团工作新体系，推动桑日县少工委建设，经与各乡镇、各小学沟通合作，截至年底，建立少工委9家，覆盖各乡镇和各小学所在村庄。拓展少先队在乡镇、村的组织覆盖和工作覆盖，对进一步丰富少先队员校外活动形式，进一步增强少先队员光荣感和组织归属感有重要意义。

【法治宣传教育】 2022年，团县委充分利用“4·15”全民国家安全教育日、六五世界环境日、6月中旬的综治宣传周等重要时间节点开展法律宣传活动。全年共组织相关宣传活动9次，通过宣传《预防青少年违法犯罪手册》《青少年权益保护》《网络安全常识》的一系列法律法规，增强青少年的法律意识和自我保护意识，在青少年中形成学法、知法、懂法、守法的良好风尚。

【青少年爱国主义教育】 2022年，团县委认真贯彻中共十九大精神，通过“3·28”西藏百万农奴解放纪念日、“青年大学习”“开学第一堂课”“知团情、晓团史”、缅怀革命先烈红色学习教育实践等形式多样的活动将思想建设工作与团务工作深度融合，帮助青少年提高爱国主义思想，增强青少年民族团结意识，牢固树立听党话、跟党走的思想，高举中国特色社会主义伟大旗帜，为实现中华民族伟大复兴而贡献自己的力量。全县青年开展网上“青年大学习”，每期参与人次达300余人。组织5所小学与湖南、湖北共10所学校各族青少年开展“书信手拉手”“结对子”活动，促进各民族青少年的融合交流。

2022年6月7日，团县委联合市场监督管理局在白堆小学和增期雪巴小学开展“快乐六一 安全成长”主题教育宣传活动

【关心关爱青少年成长】 2022年，团县委重点针对留守儿童等开展走访、慰问活动3次。通过“芙蓉学子”公益助学活动、国资委助学活动为3名贫困大学生提供每人5000元一次性补助，及时解决贫困学生就学难的问题。向团市委申请到11个湖南对口支援西藏助学金名额，为11名中小学生提供每人1000元的助学金。

【发挥大学生的助手作用】 2022年，团县委坚持服务大局、服务社会、服务青年，着力深化团的各项工作，加强大学生的自身建设，进行寒假大学生“返家乡”社会实践活动。通过号召返乡大学生给身边的儿童和青年进行预防犯罪教育，为他们科普科学知识，进行危险防范宣传，发挥大学生标杆作用，为家乡建设和发展贡献自己的力量。全年共开展活动3次，受益200余人次。

【志愿服务】 2022年，桑日县志愿者协会有青年志愿者24人，配合各级党委、政府开展服务，在重要时间节点参与矛盾纠纷排查、治安巡逻。全县有5名西部计划志愿者在岗。县团委召开西部计划志愿者座谈会2次。传达学习志愿者管理条例，各级重要文件精神，针对志愿者的工作问题进行总结，并了解志愿者生活中的困难，针对性地进行走访慰问。开展志愿服务活动10余次。活动内容覆盖环保行动、3月植树节植树、慰问各类贫困人群、红色专题学习教育实践等。疫情期间，团县委团结青年志愿者，以战时纪律、战时状态、战时举措，坚决打好疫情防控人民战争。

2022年6月21日，团县委联合桑日县新时代文明实践中心、县教育局、“扫黄打非”办，深入绒乡扎巴村、卓吉村幼儿园开展以“童心向党　筑梦成长　喜迎党的二十大”为主题志愿服务活动

【慰问活动】 2022年，团县委在春节、藏历新年、“五一”国际劳动节、“五四”青年节、“六一”国际儿童节等节日期间开展慰问西部计划志愿者、贫困户、贫困残疾儿童、中小学学生、洛木卡点疫情防控人员等活动7次，送去大米、清油、饮料、水果、学习用品等慰问品，投入资金2万余元。

桑日县妇女联合会

【概况】 2022年，桑日各级妇联组织围绕二十大胜利召开抓纲铸魂，围绕“十四五”汇智聚力，围绕妇女儿童和家庭需求排忧解难，围绕保持和增强政治性、先进性、群众性改革创新，用心用力用情引领服务联系妇女群众，各项工作取得良好的进展，得到区、市妇联主要领导的肯定和认可。

【思想政治引领】 2022年，桑日县妇女联合会（以下简称县妇联）深入落实“巾帼夜校”学习制度，发挥“关键少数”作用，带动妇联干部及时跟进学习习近平总书记最新重要讲话、重要文章和区党委、市委重要指示批示精神，举办巾帼大宣讲，用好“学习强国”“微信学习群”等学习平台和妇女之家学习阵地，带动妇联干部执委学出对标对表的政治坚定和干事创业的责任担当。成功承办全区“跟党奋进新征程 巾帼建功新时代”巾帼大宣讲暨全国三八红旗手“四进”示范宣讲活动，切实把宣传教育开展在群众身边、深入妇女人心，引导广大妇女自觉维护祖国统一、加强民族团结，铸牢中华民族共同体意识。

【妇女创业创收创新】 2022年，县妇联着眼村级资源优势，打造妇女创业创新基地，组织妇女开展创业增收项目。其中指导增期乡雪巴村妇联通过巾帼阳光茶馆收入446517元，指导支巴村藏香粉售卖点收入17万元，其他妇联组织收入98483元，共71.5万元，增加妇女群众经济收入，有效巩固桑日县巾帼脱贫成果。

【家庭文明建设】 2022年，县妇联召开学习贯彻《习近平关于注重家庭家教家风建设论述摘编》巾帼学习会，开展山南市“最美家庭”和“文明家庭”创建活动，评选市级“最美家庭”5户，自治区级“最美家庭”1户，以“当好贤内助”为主

2022年3月28日，巾帼志愿者开展纪念“3·28”西藏百万农奴解放63周年系列活动

2022年3月，巾帼志愿者开展“我与环境共友好，携手保护母亲河”主题活动

题，对县机关妇女干部进行全覆盖警示教育1次。组织“把爱带回家 暖童心护成长”儿童关爱志愿服务活动，广泛开展家庭教育公益宣传活动，印发《中华人民共和国家庭教育促进法》宣传册1000余份，开展“好家风家教”宣传教育特色活动8场，覆盖家庭超过500余户。

【妇女儿童维权和服务】 2022年，县妇联制定桑日县妇女儿童发展规划（2021—2025），围绕政治、经济、教育、健康、家庭等领域，提出妇女儿童发展目标措施。开展矛盾纠纷和涉稳问题排查化解专项行动，排查化解易引发“民转刑”案件的婚恋及家庭纠纷13起。实施城乡居民适龄妇女“两癌”免费检查项目，为符合条件的妇女免费体检，持续加大妇女儿童维权工作和关爱帮扶力度，全年未发生一例涉及妇女儿童的违法犯罪案件。

桑日县工商业联合会

【概况】 2022年，桑日县工商业联合会（商会）（以下简称县工商联）坚持把政治理论学习放在首要位置，深入学习贯彻落实习近平总书记对做好新时代民营经济统战工作作出的重要指示批示精神，切实把思想和行动统一到党中央决策部署上来，不断提高政治判断力、政治领悟力、政治执行力，打造“政治坚定、作风优良、业务精通”的工商联干部队伍。特别是自疫情发生后，县工商联把疫情防控工作作为当前的一项重大政治任务，发挥党和政府联系民营经济人士的桥梁纽带作用以及政府管理和服务民营经济的助手作用，引导会员企业做好疫情防控工作，开展捐赠物资协调对接、志愿服务、下沉志愿等工作，统筹疫情防控和业务工作有序开展，以实际行动为打赢疫情防控阻击战贡献力量。

【工商联（商会）换届工作】 2022年，县工商联严格按照《中华工商业联合会章程》和区、市相关文件要求，制订换届工作方案，成立换届工作领导小组，严格按照人选的提名推荐和产生程序，通过广泛征求意见建议、实地考察、综合评价等方式，开展民营企业代表人士的推荐、考察、公示工作，坚持把思想政治强、行业代表性强、参政议政能力强、社会信誉好的优秀民营经济人士推荐为工商联（商会）新一届领导班子候选人员，充分酝酿第二次代表大会代表名额分配，确保参会代表的政治面貌、民族、性别、年龄、领域等结构多元且合理，顺利召开桑日县工商联（商会）第二次代表大会，依法依章选举产生桑日县工商联第二届执行委员会委员21人、常务委员7人、主席（会长）1人、专职副主席（副会长）1人、兼职副主席（副会长）4人。

【“万企兴万村”行动】 2022年，县工商联召开桑日县“万企兴万村”行动启动会议，传达学习全国、全区“万企兴万村”行动启动会议精神，发出《桑日县“万企兴万村”行动倡议书》，县委副书记、县长索朗巴珠出席会议并讲话，动员桑日县广大民营企业积极投身“万企兴万村”行动中，助力乡村实现全面振兴。县工商联（商会）新一届民营经济人士班子成员边巴次旦、巴桑达瓦、普布次仁、加律4人主动带头认领4户防止返贫动态监测对象，签订《帮扶对象认领书》，试行一年的结对帮扶，承诺力所能及地为帮扶对象开展帮扶活动，帮助监测户走出困境。组织干部深入桑日镇比巴村、增期乡支巴村、白堆乡里龙村等地，对全县4户防止返贫监测对象开展调研，并向每户说明开展调研的主要用意、与民营企业结对帮扶关系建立情况，详细了解全县4户防止返贫监测对象的家庭人口、劳力、收入、就医、子女上学等基本情

2022年4月26日，桑日县工商业联合会（商会）召开第二次代表大会第一次全体会议

况和每户存在的主要困难和需要民营企业解决的实际困难。

【先进推荐工作】 2022年，县工商联对积极投身社会公益慈善事业、"万企兴万村"行动、吸纳高校毕业生、带动群众增收致富、助力乡村振兴、疫情防控等方面作出突出贡献的民营企业和民营企业家推荐到各级各类表彰评选工作中，进一步增强民营企业成就感、获得感。2022年成功推荐，平安建筑工程有限责任公司为市、县两级民族团结进步模范集体，旭日建筑有限责任公司总经理巴桑达瓦为市、县两级民族团结进步模范个人。

【疫情防控】 2022年疫情发生后，桑日县平安建筑工程有限责任公司、旭日建筑有限责任公司、永恒建筑有限责任公司、夏果绿化工程有限责任公司、桑日镇致富农牧民施工队、日出建筑工程有限公司、达尔培广告工程有限公司等桑日本土企业负责人，投身疫情防控工作，履行社会责任，主动回报社会，开展一系列公益捐赠和志愿服务活动，累计捐赠物资金额达480余万元，得到全县广大干部群众的一致好评。特别是桑日县旭日建筑有限责任公司向全市12个县（区）先后捐赠154座移动式核酸采样工作站（价值368万元）。

【结对帮扶】 自2022年启动"万企兴万村"行动以来，桑日县工商联各会员企业发扬"义利兼顾、以义为先"的光彩精神，开展形式多样的公益活动，特别是新一届县工商联民营经济人士班子成员肩负职责使命，以突出帮扶防返贫监测"三类对象"为重点，聚焦帮扶对象的"急难愁盼"，制定"一户一策"的帮扶措施，其中安排就业岗位1个，按月资助1户，捐资助学1户，捐资捐物1户。全年开展慰问金额达3.7万元。

【公益捐赠活动】 2022年，县工商联各会员企业把对党的感恩之情凝聚到"万企兴万村"的实际行动中，利用春节、藏历新年，开展形式多样的慰问活动，共捐赠物资达68.3万元，其中桑日县夏果绿化工程有限责任公司向雪巴村、洛村307户群众，每户捐赠消毒保洁柜1台，共计价值约56.8万元；致富农牧民施工队向桑日镇拉龙村51户群众，送去"卧式冷藏冷冻箱"各1台，共计价值约6.5万元；冲达商砼有限责任公司向绒乡冲达村174户群众送去大米、面粉等慰问品，价值5万余元。

【非公有制企业党建工作】 2022年，县工商联深入开展西藏民主改

2022年4月26日，桑日县召开万企兴万村行动启动大会

革63周年的集中宣讲，讲解新旧西藏发生的翻天覆地变化，教育引导广大民营经济人士，始终做到与党同心、同向、同行。组织广大民营企业通过电视、手机、电脑等媒体自行收听收看中共二十大开幕盛况，聆听习近平总书记代表第十九届中央委员会向中共二十大作的报告，开展形式多样的交流研讨，不断在民营企业和民营经济人士中掀起学习中共二十大精神的热潮。深入各会员企业对党组织建设相关工作进行摸底调研，对未组建党支部的企业，以谈话形式教育引导符合“三有”标准的企业，严格按照“两新”组织的相关要求开展党组织组建工作，确保完成“两个覆盖”工作目标任务。以定期不定期的方式，深入旭日建筑有限责任公司党支部了解班子运行、理论学习等党建工作开展情况和存在的问题，指导旭日建筑有限责任公司党支部开展支部换届选举会议，完成“两新”组织基层党组织县级基层党建示范点建设工作。

桑日县残疾人联合会

【概况】 2022年，桑日县残疾人联合会（以下简称县残联）机关为人民团体组织，行政编制2名，实有行政人员2人。

【残疾人动态更新工作】 为进一步摸清2022年残疾人基本服务现状与需求，2022年10月10—31日，县民政局、县残联联合三乡一镇民政助理员、各建制村负责残疾工作的驻村干部共50余人，顺利完成2022年持证残疾人基本状况调查工作，该次动态更新工作实现全县残疾人员调查率达到100%，涉及残疾共计1233人，注销18人，更新完后持证残疾人数为1215人。

【残疾人补贴】 2022年6月，县残联落实残疾人“阳光家园”项目资金重度残疾人员20人，兑现资金30000元。10月，落实2022年精神重度残疾人办证补贴67人，兑现资金10050元。11月，落实贫困残疾人实用技术培训补助3人，兑现资金4500元。12月，落实35人严重精神障碍患者监护人补贴84000元。深入三乡一镇7户中开展无障碍改造摸底调查工作，并根据家庭需求及实地查看形成“一户一策”，将符合条件的5户相关信息及时上报市残联，争取上级家庭无障碍改造资金每户35000元，共175000元。

【送温暖慰问活动】 2022年，县残联对40名残疾困难户，每人发放节前慰问金每人1000元，共计4万元。2月，县民政局、县残联衔接市残联，为桑日县40名重度残疾人、25名残疾儿童、75名学生争取中国红十字会节前慰问品，并为40户重度残疾家庭发放红十字博爱箱，为75名贫困学生和25名残疾儿童带去慰问品308件。4月，根据《关于下拨湖南省第九批援藏“三交”项目资金的通知》内容，市残联对桑日县瘫痪在床重度残疾人和在校残疾大学生下拨慰问资金2.1739万元，县残联按照文件要求购买棉被、被罩等物资，并于6月深入17户卧病在床重度残疾家庭、8户大学生残疾家庭开展走访慰问及调研工作。8月、9月疫情防控期间摸底排查各乡镇残疾人社会救助需求情况，对9户、12人进行抗疫物资救助。

【全国助残日系列活动】 2022年，县民政局、县残联组织干部职工、乡镇民政分管领导及助理员22人，参加第32次“全国助残日”线上答题活动，提高民政系统干部职工对残疾相关政策的了解。县残联对全县范围内20名已就业困难残疾人员及边缘易返贫困难残疾人员发放助残日慰问金每人500元，共1万元。

【残疾人联合会第一次代表大会】 2022年12月16日，桑日县召开残疾人联合会第一次代表大会，各相关机关代表、残疾人代表、残疾人亲友代表30余人参加会议。会议审议通过桑日县残疾人联合会过去五年工作报告，选举产生县残疾人联合会第一届主席团主席、副主席、委员及出席山南市残疾人联合会第二次代表大会代表。讨论征集工作报告意见、建议，并聘请桑日县残疾人联合会第一届主席团名誉主席；推举产生桑日县残疾人联合会第一届主席团执行理事会理事长、理事（兼职）。

法 治

政法委

【概况】 2022年，中共桑日县委员会政法委员会（以下简称县委政法委）坚决履行好指导、支持、督促职能，做好政法工作的“指挥部”“督战部”，开展各类督促检查27次，深入政法各部门督导工作开展情况，听取政法部门班子建设、政法队伍建设、维护稳定等方面的情况汇报，政法各部门全局性工作会议、重要舆情处置、履行全面从严治党主体责任、主要负责人外出情况，均按要求及时向县委政法委报告。4月24日开始启动执法司法案件“回头看”暨执法监督检查活动，对2017—2021年期间已办结案件组织交叉互查，全面检视执法司法工作薄弱环节，整治执法司法突出问题，有效纠治执法司法纪律作风问题，不断提高人民群众对执法司法活动的满意度。研究协调政法单位之间、政法单位和有关部门之间有关重大事项8次，统一政法单位思想和行动。开展对政法领域重大实践和理论问题调查研究5次，提出整改意见和建议15条。坚持重心向下，健全完善乡镇政法委员履职尽责制度，组织3次乡镇政法委员专题培训，开展乡镇政法委员2021年度工作述职评议。

【坚持党对政法工作的绝对领导】 2022年，县委政法委始终把党的政治建设放在首位，严格执行向县委请示报告重大事项的有关规定，坚持把学习贯彻《中国共产党政法工作条例》及区党委实施细则作为重要任务来抓，坚持“第一议题”制度，把学习贯彻习近平新时代中国特色社会主义思想、中共二十大精神，各级党委重要会议、重要文件精神、重要政策法规作为政法委书记办公会、县委政法委员会全体会议“第一议题”，主要负责人领学，分专题导学，分政法领域促学，累计召开7次书记办公会议、37次县委政法委全体会议、3次政法系统政治轮训，确保政法工作始终沿着正确的政治方向健康发展。

【中共二十大维稳工作】 2022年，县委政法委先后召开政法系统中共二十大维稳安保工作暨疫情防控工作安排部署会议、政法系统维稳警示教育会议、县委政法委书记办公会议，坚持把维稳安保和疫情防控工作一体研究、一体部署，

2022年4月，桑日县政法系统开展改进作风、狠抓落实工作系列活动

并举行政法系统“护航二十大 忠诚保平安”请战书签字活动，坚决守住一条底线，誓夺中共二十大维稳安保全胜完胜，以实际行动践行“两个维护”。严格按照维稳戒备等级要求，充分动员干部职工、民兵、双联户长、护村队、平安志愿者、巾帼志愿者等群防群治队伍作用，每日参与法律政策宣传、巡逻值班、疫情防控、隐患排查等工作，齐心协力构筑群防群治严密防线，累计全县发动群防群治力量4000余人。

2022年6月13日，桑日县举办建设更高水平平安桑日“八大行动”、政法机关深入开展“政法惠民十件实事”启动仪式

【平安桑日建设】 2022年，县委政法委统筹好政法系统和相关职能部门的资源力量，督促全县各级各部门落实平安建设领导责任制，形成工作联动、问题联治、平安联创的良好局面。常态化开展扫黑除恶斗争，抓好《中华人民共和国反有组织犯罪法》宣传实施，持续开展重点行业领域专项整治。督促政法各部门依法严厉打击违法犯罪，开展打击电信网络诈骗犯罪专项行动。5月26日召开全县打击排查养老诈骗专项行动工作推进会，开展离退休老干部宣传专场3次，农牧区宣传12次，走村入户“敲门行动”宣传3次，未发现涉养老诈骗问题。推进立体化智能化社会治安防控体系建设，深化“雪亮工程”建设应用，织密织牢公共安全防控网。坚持和发展新时代“枫桥经验”，按照“属地管理、分级负责，谁主管、谁负责”原则，层层压实矛盾纠纷排查责任，实现27件矛盾纠纷梯次化解。严格落实铁路护路联防工作责任制，本级累计投入铁路护路各项资金190万元。每月定期召开铁路护路联防联控会议。建立“双段长”责任制，召开联席会议3次，隐患整治26件。

【护航高质量发展】 2022年，县委政法委严格督促落实政法机关服务高质量发展相关措施，持续深化法治化营商环境建设专项行动，合法平等保护各类市场主体，贯彻少捕慎诉慎押司法政策，健全完善政法公共服务体系，深化“放管服”“互联网+政务服务”等改革。进一步把法律服务延伸到广大人民群众身边，通过开展“我为群众办实事 法治护航虫草季”等主题普法活动，促进法治资源向基层延伸、向农牧区覆盖、向困难群体倾斜，进一步解决人民群众办事难、打官司难、寻求法律服务难的问题。

【从严管党治警】 2022年，县委政法委召开政法系统改进作风狠抓落实工作推进会，启动政法干警参与赌博、经常出入娱乐场所、违规高额借贷等问题专项整治活动，严格执行新时代政法干警“十个严禁”和自治区政法干警行为规范“十个一律”，政法系统谈心谈话“全覆盖”、问题自查和组织核查阶段完成。组织全县政法系统干警到全区爱国主义教育基地、西藏民主改革第一村克松村、市廉政警示教育基地参观见学。4月15日召开政法系统全面从严治党工作暨政法队伍教育整顿后续工作推进会，推动政法系统深刻汲取违纪违法典型案例教训，切实肃清流毒影响，持续营造风清气正的政治生态。畅通群众监督渠道，设立监督举报电话和网络监督信箱，把压力一级一级地传导到“神经末梢”，倒逼工作落实。

【舆论环境营造】 2022年，县委政法委坚决捍卫政法意识形态主导地位，牢牢把握正确的政治方向和舆论导向，有序开展3月、6月、9月平安建设宣传。加强政法宣传和舆论引导，在西藏长安网、山南网、网信桑日等平台发表各类新闻信息46条，弘扬主旋律，传播正能量，为政法工作提供坚强舆论保障。

公安

【概况】 2022年，桑日县公安局（以下简称县公安局）以中共二十大安保维稳为主线，贯彻落实自治区、市、县委、县政府和市公安局党委的工作部署和要求，以各专项行动为载体，围绕推进公安业务、基础建设、队伍建设等工作重点工作要求，主动担当作为，严厉打击各项违法犯罪，全面提升公安机关实战能力和水平，各项公安业务工作取得新成效。

【队伍建设】 2022年，县公安局严格按照既定的各项维稳处突方案，开展应急处突拉练。全年共组织警力开展武装拉动演练8次、各类处突演练10余次、最小作战单元实战演练60余次，相继投入警力近700余人次，车辆150余台次，为辖区人民群众创造祥和安定的环境。推进实战大练兵，提升警务实战能力。严格按照山南市公安局的实施方案要求，有针对性练兵。以警种部门为单位，组织最小单元练兵，对反"自焚"、反聚集、反暴恐、反个人极端事件的处置，开展追捕、搜索、堵截、安检、控制等的演练。全年共开展各类全警实战大练兵训练40余次，举办警务技能大比武1次，参训民警2000余人次，参训率达99%。打造教官队伍，建立"领导干部上讲台"机制，打造业务部门主要负责人及各警种业务骨干组成的素质高、能力强、覆盖各个业务警种的业务教官和警务实战教官团。选派部门6名骨干民警参加警务实战大练兵小教官培训。交警、刑警、网安、国保等部门共开展业务练兵30余次，参训民警300余人次。严格执行在岗带班制度，统筹抓好安保维稳工作，特别是在中共二十大召开前后按照要求做好值班备勤和应急值守，值班人员必须坚守岗位，落实"1、3、5分钟"应急响应机制，24落实全警力进行备勤和应急处置准备，依法及时稳妥处置突发事件。指挥中心每天进行手台调度，对值班备勤力量不定时开展集结演练。同时，做好就地休整工作，保证广大民警、辅警保持旺盛的警力投入安保维稳工作中。

【反分裂斗争】 2022年，县公安局牢固树立坚决贯彻总体国家安全观，始终把深入开展对达赖集团斗争作为硬任务，放在更加突出的位置来抓。开展情报信息工作，全力服务实战，共搜集各类情报信息2211条，上报情报信息1607条，市局情报中心采纳175条。加强辖区巡防工作，维护辖区稳定。在重要节点把警力更多地投向日常防范薄弱地段、时段，有效确保辖区社会面的治安稳定，共开展各类巡逻防控1450余次，出动警力3000余人次。

【社会面防控】 2022年，县公安局共组织警力开展各类处突演练20余次、反"自焚"演练10余次，相继投入警力200余人次，车辆50余台次。完成"中国共产党成立101周年"、"新中国成立73周年"、中共二十大、三月综治宣传月、全国两会、萨噶达瓦宗教活动、虫草采挖等安保活动。在各项维稳安保任务中，未发生个人极端案事件以及群体性事件，确保辖区社会治安大局平安稳定。

【刑事侦查】 2022年，县公安局受理刑事警情23起，立刑事案件13起，不予立案10起；破获刑事案10起，抓获犯罪嫌疑人36人，

2022年12月13日，县公安局举行2022年度打击电信网络诈骗涉案资金返还仪式

起诉案件10起。坚持以人民为中心理念,紧盯电信网络诈骗这一突出违法犯罪,全面提升打击工作质效,切实保障人民群众财产安全。共破获电信网络诈骗案件4起,与2021年持平。抓获、逮捕电信网络诈骗犯罪嫌疑人26人、10人;通过反诈平台止付银行账号28个,止付金额129169.48元;冻结银行账号17个,冻结金额1101646.84元。侦破肖某被网络投资诈骗案,抓获犯罪嫌疑人张某、陈某、曹某等24人;缴获作案工具手机29部、银行卡3张、营业执照4套、公章4套,缴获赃款20万余元,缴获黄金首饰12件。挽损电诈案被害人资金141481元。

【治安管理】 2022年,县公安局办理治安案件28起,其中涉疫案件13起、诈骗案3起、殴打他人案2起、故意伤害案3起、寻衅滋事案1起、违法储存危险物质案1起、未配备危险化学品押运员案1起、赌博案3起、虚构事实扰乱公共秩序案1起、处理违法单位1家,处理违法行为人60人,其中行政拘留3人、行政罚款33人、行政拘留并处罚款5人、教育警告19人。投入犬只管理专项工作财政经费5万元,共计开展集中抓捕工作4批次、抓捕流浪狗166条。全面排查各类纠纷88起、涉及资金1408.19万元、涉及人数522人,已化解33起(劳资纠纷4起、运输纠纷2起、邻里纠纷4起、婚姻纠纷5起、民事纠纷2起、家庭纠纷8起、合同纠纷2起、民间借贷纠纷2起、买卖纠纷1起、其他纠纷3起)涉及资金共计44.6万余元,涉及79人,移交相关部门55起、涉及资金1363.59万元,涉及473人。

2022年3月,县公安局组织交警开展酒驾、醉驾专项夜查

【易燃易爆危险品管理】 2022年,桑日县共计拥有加油站4家、加气站1家、涉爆施工项目2个、在册民爆单位1家、临时有料储存点3处(华新水泥厂2处、华新矿山1处)大型旅店业4家、在册家庭旅馆业10家。拥有在册涉爆项目2个(S508改造项目、华新水泥厂矿山开采项目)、登记爆破作业单位1家(高争爆破公司)、审批使用炸药86980千克、导爆管8200发、电雷管2900枚,开展民爆安全检查200余次(治安大队抽查30余次),全年民爆领域未出现任何事件。共计实有危险化学品使用单位2家、储存库2座、全年共计开展检查41次(治安大队24次)发现隐患2处、整改2处。共计审批零散汽油3320升、柴油4124吨、收缴汽油30升、柴油170升,全年开展安全检查250余批次,发现隐患21处、整改21处。辖区除公安机关外,有配枪单位2家(检察院、法院)开展公务用枪检查工作12批次,发现问题1处、当场整改1处。

【人口服务管理】 2022年,县公安局将户籍管理权限下放到派出所进行管理,提高实有人口管理水平。截至年底,县公安局户籍管理部门共审核校对常住人口共17891人,办理居民身份证1200余张、办理主项变更业务20次、非主项变更9174项、办理市外迁入33人、市外迁出34人、死亡注销106人、新生入户151人。全面覆盖居住证办理信息系统,累计登记8900余人、在位503人、办理居住证56张,其余均按照3天及6个月以下居住实际办理暂住登记卡。全面完成现有人员、房屋、地址、单位信息采集共计登记录入18330人、录入房屋4868间、单位626家,并完成录入工作。

【涉网犯罪治理】 2022年,县公安局合理安排组织民警值班备勤,开展网上巡查、监控。实现网吧在线率达到100%,终端在线率达到90%以上,网吧实名上网率达到100%。全年搜集上报各类涉藏网络情报信息279条，搜集上报各类网络敏感词汇60条，搜集上报各类违法信息网站500余个，侦控各项工作完成率100%。

【道路交通安全】 2022年，县公安局落实公安交管12项便民措施，严把源头关。县公安局交警大队车辆管理所共办理业务723笔，其中驾驶证相关业务253笔，驾驶证转入67笔，驾驶证审验196笔，行驶证相关业务207笔。共处置交通刑事案件9起，撤案1起，办理取保候审8人，起诉8起。交通违法行政案件57起，处理违法行为57人，其中行政拘留3人。全年共开展宣传教育150余次，发放宣传资料3万余份，张贴宣传海报500余张，制作并悬挂条幅120余条，制作警示宣传音频、视频资料5个，开展重点驾驶人交通安全警示教育100场次。县城内共施划停车点15处，可满足500多辆车辆停放，共处罚违停车辆400余辆，向车主发送违停提醒短信500余条。全县加装交通信号灯2组，电子监控系统8套、爆闪警示灯80余个、黄闪红慢警灯10个。交警大队及5个交警中队配有新型酒精检测仪7台、呼气式酒精排查仪7个，执勤民(辅)警全部配有执法记录仪、手台、肩灯等装备。全力开展事故隐患排查整治工作，通过实地勘查，共排查上报道路交通安全隐患225处，已整改23处。定期组织力量深入学校、危急化学品运输企业、客运企业等重点单位进行执法检查，共排查130余次，下发责令整改通知书3份，整改事故隐患9处。

【指挥调度】 2022年，县公安局指挥中心严格要求，充分利用视频监控系统对辖区路面警力部署、道路交通状况、重点活动场所等进行严密监控，监控探头在线率达100%，基本覆盖全县各领域，为办案提供案件视频资料共8份。110指挥中心共接警情1695起，其中有效警情189起，警情回访189起、回访率达100%。共汇总报送每日一报311份。

【疫情防控】 2022年疫情发生后。县公安局始终把人民群众生命安全摆在第一位，全力以赴做好疫情防控工作，确保全县社会大局持续平稳。成立由县委常委、政法委书记、公安局党委书记、局长任组长的疫情防控工作领导小组，明确工作措施、工作职责和具体要求，确保各项工作的有力开展。加强对重点部位、卡点的值守，每天安排值班民警辅警24小时执勤，协同卫健部门对进入桑日的车辆人员进行检测排查。

紧急动员部署。2022年8月9日，县局疫情办组织召开桑日县公安局疫情防控工作推进会，下发《桑日县2022年疫情防空工作方案》，并将任务分解12项，定人、定部门压实责任。结合疫情防控形势深化“百日行动”工作要求，抽调刑侦、交警民警充实县公安局疫情防控办公室。

强化远端防控。2022年，县公安局根据疫情形势，在3个检查站基础上，结合桑日县交通特点紧急启用大古交警中队成立大古临时卡点。协助1个检查站、3个临时卡点强化对进县出县车辆人员查验与政策解读引导，积极帮助一线解决实际问题，反映实际困难。

强化流调溯源。2022年，县公安局根据桑日县总体方案部署，由县委常委、政法委书记、公安局局长次仁达瓦担任流调工作领导小组组长，县公安局副局长次仁玉珍担任协查组组长、县公安局治安大队队长班旦罗布担任区域协查副组长，抽调各部门经理10人协同其他单位抽调15人开展流调溯源及区域协查工作。

【扫黑除恶斗争】 2022年，县公安局开展好常态化扫黑除恶斗争、电信诈骗整治战、环境资源和野生动物保卫战、突出违法犯罪活动阻击战四场“战役”，努力以良好治安秩序支撑社会大局稳定。建立完善“一村一档”工作，共建立台账42册。为深入开展相关线索摸排等工作，共开展线索排查工作60余次。

【中共二十大安保维稳】 2022年，县公安局高度统一思想，全体民(辅)警要严格按照县公安局党委部署要求，履行各自分工任务，落实战时标准，坚决扛牢责任，切实担负起保一方平安，护一方稳定的重大政治任务，严格按照既定的工作目标任务，以最坚决的态度、最果断的行动、最扎实的作风圆满完成安保维稳各项任务。其间，全体民(辅)警严格遵守公安部“六项规定”，新时代政法干警“十个严禁”和西藏自治区政法干警“十个一律”要求，以最高站位、最佳状态、最实举措、最严纪律，以保平安护稳定的实绩实效彰显桑日公安的忠诚担当。

【法治宣传教育】 2022年,县公安局开展防范电信诈骗、预防经济犯罪、禁毒、交通安全、扫黑除恶、流动人口、安全防范、网络安全等宣传共计120余次,受教群众25000余人次,发放资料50000余份,发放宣传小礼品5000余份,摆放宣传展板90余块、播放宣传视频20次。

检察

【概况】 2022年,桑日县人民检察院(以下简称县检察院)全年刑事案件认罪认罚适用率98%,确定刑量刑建议提出率100%,确定刑量刑建议采纳率98%,刑事抗诉采纳率100%,民事审判违法监督案件检察建议采纳率100%,公益诉讼案件诉前整改率100%,各项指标均优于全区平均值,位列全市12个县区院前列。

2022年7月1日,桑日县人民检察院组织干警在新时代文明广场开展《社区矫正法》实施两周年宣传活动

【维护稳定】 2022年,县检察院常态化开展扫黑除恶斗争,以办理打非治乱犯罪案件为途径,办理涉九类案件1件、1人。紧紧抓住维稳工作重要节点,组织干警参与维稳值班500余人次,出动车辆50余台次。开展强基惠民,用心办好司法"民生工程",选派1名优秀干警驻绒乡冲达村担任第一支部书记,班子成员先后深入驻村点检查指导工作4次,不断夯实党的基层基础。强化机关内部安全,开展安全生产工作,严格执行重大紧急案事件报告制度。

【疫情防控】 2022年,县检察院落实疫情防控"四方责任",一手抓防控,一手抓办案,保证防疫不松懈,办案不停歇。加强组织领导,召开疫情防控视频会议2次,成立工作专班1个。加强内部防控,严格落实山南市应对新冠疫情工作相关要求,确保单位内部平安稳定。选派9名干警下沉寺庙、村居、卡点等防疫一线,配合开展核酸检测、排查登记、物资保障、区域协查等工作200余天次。充分发挥检察职能,对商铺、快鸟驿站等重要场所开展专项监督检查活动3次,提出整改意见4条,督促完成整改,"检察蓝""志愿红""防疫白"角色无缝对接,全力以赴为打赢疫情防控阻击战贡献检察力量。

【刑事检察】 2022年,县检察院受理审查逮捕犯罪嫌疑人21人,受理审查起诉48人;以宽严相济刑事政策为指导,全面准确规范推进少捕慎诉慎押刑事司法政策,对轻微刑事犯罪嫌疑人依法不捕3人、不诉11人。加强刑事审判监督,依法提请抗诉1件,上级院支持抗诉1件,市中级人民法院采纳并改判1件。开展羁押必要性审查1人,建议公安机关变更强制措施1人,采纳1人,有效降低诉前羁押率,最大限度减少和转化社会对立面。加强对提前介入工作的总体把控,针对疑难、复杂案件适时介入、引导侦查3件次。用好侦查监督与协作配合办公室,开展联席会议3次,协商刑事案件3次,嵌入式监督协作达共赢。

【民事检察】 2022年,县检察院强化精准监督理念,在民事监督案件的线索发现、调查核实、跟进监督等方面下功夫,深入推进对生效裁判、执行活动等领域的监督,调阅审查县人民法院民事诉讼卷宗20卷,对民事裁判活动中程序不规范问题立案7件,发出检察建议1件,采纳1件,切实把"二号检察建议"的监督理念和监督效果落到实处,以程序公正保障实体公正。

【行政检察】 2022年，县检察院注重发挥行政检察维护司法公正、促进依法行政的双重作用，调阅审查公安机关行政执法案件7件，对行政执法过程中存在的不规范问题立案1件，通过公开宣告送达的方式发出改进工作检察建议1件，采纳1件。持续落实“四号检察建议”，开展全县道路窨井盖安全隐患专项排查1次，发现问题13处，通过诉前磋商程序督促相关行政机关整改落实到位，以“小井盖”护佑“大民生”；结合“八号检察建议”，联合县应急管理局、县住建局开展加油站、燃气站安全隐患排查2次，发现安全隐患4处，督促现场整改1处，限期整改3处，全部整改到位。针对公安机关在整改中存在的现实困难和法律困惑，提供法律咨询，从法律层面提供帮助，实现法律服务和法律监督相结合。

【公益诉讼检察】 2022年，县检察院严格履行“检察长+河湖长+林草长”“检察长+公益诉讼”工作要求，围绕水资源保护、林草资源保护、河湖水域岸线管理保护、水污染防治、水环境治理开展巡河巡林检查4次。持续把生态环境和资源保护、食品药品安全等“四个传统领域”作为办案重点，全年摸排线索8件，立案8件，通过诉前磋商结案7件，发出诉前检察建议1件，诉前整改1件，督促清除处理违法堆放的各类生活垃圾19吨、面积40亩，清理回收劣质、过期药品20余种、3千克，过期食品30余种、120千克，督促整改建筑项目、工厂作业不规范问题10家、35处，及时通报相关行政机关处置，助力生态文明建设走在全区前列。

【未成年人保护】 2022年，县检察院以“一号检察建议”为指引促进社会治理，检察长带头担任法治副校长，推出“开学第一课”“检爱同行”“‘未’你而来”“法律小课堂”“家长课堂”等法治教育套餐，受教育师生、家长1500余人次。开展教职员工准入查询性侵害、虐待等违法犯罪信息制度落实情况专项监督工作，覆盖人数达392人。开展校园及周边安全隐患排查整治工作，对小学、幼儿园周边商铺开展食品安全检查6次，办理未成年人食品安全案件1件，通过诉前磋商结案1件，联合桑日镇派出所对辖区网吧、宾馆等营业性娱乐场所经营活动开展专项检查1次，对检查中发现的问题和隐患进行登记并督促整改，切实呵护未成年人健康成长，为建设“平安校园”“法治校园”贡献检察力量。

2022年7月20日，县检察院到桑日镇完小开展“检爱同行 法治进校园”法治教育宣传活动

【检察改革工作】 2022年，县检察院完成内设机构改革，对5个内设机构整合优化，对9名在编人员重新定岗，配齐配强机关中层干部；抓实人员分类改革，完成第三批员额检察官入额遴选工作，入额员额检察官2名。按照《山南市县级以下法院、检察院财务统管改革实施方案》部署要求，推进财务统一管理改革，保障依法独立公正行使检察权。落实特邀检察官助理制度，在6家行政机关聘用6名特邀检察官助理，破除办案中的专业知识瓶颈，借助外脑聚智赋能。

法院

【概况】 2022年，桑日县人民法院（以下简称县法院）以习近平法治思想为引领，紧紧围绕“努力让人民群众在每一个司法案件中感受到公平正义”目标和学习宣传贯彻中共二十大精神这条主线，坚持服务大局、司法为民、公正司法，应对案件大幅增长态势和疫情影响，持续提高审判质量效率、队伍素质能力和司法公信力，为桑日长治久安和高质量发展贡献人民法院智慧和力量。

【刑事审判】 2022年，县法院审结危险驾驶罪等危害公共安全犯罪案件5件、5人，审结妨害公务罪和帮助信息网络犯罪活动罪等妨害社会管理秩序犯罪案件7件、48人，审结盗窃等侵犯财产犯罪案件6件、13人，审结贪污贿赂职务犯罪案件2件、3人，刑事犯罪同比下降23%。

【民商事审判】 2022年，县法院发挥民商事审判调节社会关系的作用，平等保护市场主体合法权益，依法妥善审理各类民商事纠纷，审结买卖合同、建设工程合同、租赁合同和民间借贷纠纷等案件134件和非诉保全审查案件1件，稳妥化解市场经济活动中的矛盾纠纷，创造良好的法治化营商环境。维护家庭和睦和谐，妥善化解婚姻家庭纠纷，依法保护弱势群体合法权益，审结婚姻家庭、继承纠纷23件。加大“双拖欠”、劳动争议、人身损害等事关民生案件审理力度，审结涉民生案件5件，努力让人民群众切身感受到公平正义就在身边。加大司法救助力度，办结司法救助案件1件、3人，救助金额6.5万元，协调市中院解决5万元。

【行政审判】 2022年，县法院坚持依法保护行政相对人合法权益与监督支持行政机关依法行政并重，通过悬挂宣传横幅、发放宣传资料

2022年2月8日，桑日县人民法院召开党组党史学习教育专题民主生活会

等形式因地制宜地宣传行政法相关知识，培养行政机关和公民的法治意识及维权意识。全年未受理行政案件。

【执行工作】 2022年，县法院共受理并执结执行案件104件，同比上升52%，有财产可供执行法定期限内执结率和无财产可供执行终本合格率均达到100%。实施类执行案件平均用时65.7天、执行财产保全平均用时12.3天。已结执行案件结案标的金额1157.65万元，实际到位金额797.85万元，实际到位率为68.92%，排名全区前列。限制高消费4人次，纳入失信被执行人员名单4人次，屏蔽失信人员1人次，向公安系统申请临时布控8人次，成功触控3人次，调查被执行人财产线索180人次，坚定不移朝着切实解决执行难目标迈进。

【队伍建设】 2022年，县法院始终树立“抓党建带队建促审判”工作思路，采取“三抓三督三提升”工作法，严格执行中央八项规定及其实施细则精神、防止干预司法“三个规定”和“十个严禁”“十个一律”等铁规禁令，开展改进作风狠抓落实工作。成立审务督查小组，开展会风会纪、着装规范等日常督察20次，干警作风得到明显改善。向当事人及群众发放作风监督卡708份，持续拓宽监督渠道。制作“上岗证”及“三个规定”手机彩铃，落实“三个规定”填报制度，不断改进司法作风。组织干警拍摄《正义路上》手势舞，开展“转作风 提能力 让青春在岗位上飞扬”主题演讲比赛，展示新时代法院干警新气象。全年组织干警签订党风廉政建设责任书，学习违反中央八项规定精神典型案例通报13期。参观“以身边事教育身边人”展览2次，征集廉政家书15份，廉政作品15幅。

【法治宣传】 2022年，县法院坚持“谁执法谁普法”责任制，树牢“法治宣传也是办案、办案就是法治宣传”理念，深入村居、寺庙拉康、学校、企业，结合“四讲四爱”、民族团结进步创建、“遵行四条标准、争做先进僧尼”等活动，采取巡回集中宣讲、公开庭审、网上直播、以案释

法等群众喜闻乐见的方式，开展集中法治宣传35场次，受教育群众0.6万人次。

【诉讼服务】 2022年，县法院深化立案登记制改革，共登记立案288件，其中当场立案269件，一次性告知19次。推进“一站式”服务工作。出台网上立案工作规范、院长接待日、法官值班制度等10项规范性制度，逐步加强“一站式”多元解纷和诉讼服务工作机制建设。通过窗口和“12368”诉讼服务热线等方式为198人次提供法律咨询服务。加大诉前调解、立案调解力度，通过诉前调解办结案件6件、司法确认案件1件。深化“分调裁审”工作。实行案件繁简分流、轻重分离、快慢分道，刑事案件适用速裁、简易程序审结案件13件，民事案件适用简易程序审结案件124件，民事案件调撤率高达94%。车载科技流动法庭行程3万余千米，巡回办案172件。

【司法体制改革】 2022年，县法院完成内设机构改革、人员岗位调整和第三批法官入额工作，减少管理层级，优化职能配置，提高工作质效。推进以审判为中心的刑事诉讼制度改革，贯彻宽严相济刑事政策，落实认罪认罚从宽制度，审结认罪认罚案件18件、61人，分别占审结刑事案件的90%、89%。依法判处三年以下有期徒刑、拘役、管制48人，适用缓刑22人，依法判处有期徒刑五年以上1人。健全审判执行绩效考核制度，进一步激发内生动力，员额法官年人均结案48件。制定“每月一督办、每季度评查—通报—分析”审判管理工作新机制，建立一个案为“点”、流程管理为“线”、审判质效指标为“面”的审判管理网络，在案件受理数创历史新高的情况下，案件质效指标不断优化升级。全年共召开审判执行推进会11次，督办8次，案件评查4次，审判运行态势分析4次，主审法官会议1次。落实院庭长办案要求，院庭长办案288件，占案件总数100%。

【智慧法院建设】 2022年，县法院推进数字法院、自动化办公等业务应用系统和“三公开”平台建设，网上公开审判流程、执行信息198次，公开裁判文书88篇，庭审直播28场次，总观看人数达4.7万人次。疫情防控期间，智慧法院大显身手，依托移动微法院、人民调解平台、集约送达等线上系统，网上立案19件、跨域立案2件、电子送达91次、网上调解纠纷6件。

【疫情防控】 2022年疫情发生后，县法院先后组织23名干警，452人次和1辆执法车全力参与疫情防控工作中，号召干警逆流而上，冲锋在前，展现法院干警的勇毅与担当。全力组织核酸采样、体温检测及帮助独居老人抢收油菜籽等志愿服务工作。充分运用智慧法院建设成果，变“群众线下跑”为“信息网上跑”，通过网上调解、电子送达、云端庭审，实现疫情防控与审判工作两不误，保证司法为民始终“在线”。8月，通过微信平台等云端手段，审结6起标的7.55万元的民事纠纷。

2022年4月6日，桑日县人民法院到县人大办、绒乡程巴村走访自治区级人大代表、县级人大代表，汇报法院第一季度工作开展情况，并征求对法院工作的意见建议

司法行政

【概况】 2022年，桑日县司法局（以下简称县司法局）开展全县法制宣传、人民调解、刑释解教人员安置帮教、社区矫正、矛盾纠纷排查、法律援助等工作。

【普法工作】 2022年，县司法局

《桑日县第八个法治宣传教育规划》,组织召开“七五”普法总结暨“八五”普法推进会议。参与县委宣传部组织开展“三下乡”活动,共参与“三下乡”活动4场次,累计发放宣传资料2300余份,受教育人数达4000余人。开展“三月综治宣传月”、“国家安全日”、“六月综治宣传周”、平安宣传周、扫黑除恶斗争、电信诈骗、组织犯罪法等主题宣传活动10场次,发放宣传资料4600余份,受教育人数达5700余人。开展虫草采挖点宣传活动8场,发放宣传资料2100余份,受教育人数1395人。与统战民宗部门联合开展“三月宗教场所主题普法宣教月”活动,深入辖区5座寺庙开展法治宣传教育5场次,组织寺管会僧尼考试5场次。利用2天时间深入达古水电站、华新水泥厂等企业开展境外法律风险防控、《中华人民共和国劳动法》、疫情防控等主要内容的宣传教育活动5场次,受教育380余人次。联合援助律师在县中学开展法治讲座1场次,受教育师生300余人次。组织各学校法治副校长开展“开学法治第一课”活动中,累计为学校师生开展法治教育5场次,受教育师生达1700余人。邀请市专家、援助律师在机关大礼堂开展法律进机关法治讲座4场次,受教育干部职工300余人。联合援助律师深入县人武部、武警中队各开展1次法治讲座,解答法律咨询6人次。开展县、乡、村三级视频线上宣讲活动1场次,受教育干部210人次。投入10万余元,制作“法律八进”宣传资料1万余份。投入25万余元在增期乡雪巴村建设法治示范村宣传教育基地。投入5万余元在恰嘎曲德寺建设法治寺庙宣传阵地。投入24万余元在增期乡曲龙寺建设法治寺庙宣传阵地。法治示范村建设已通过验收。

【矛盾纠纷排查调处】 2022年,桑日县优化人民调解员队伍,将人民调解员档案库按照上级要求录入人民调解员系统。劳资纠纷调解委员会发挥作用明显,特别是在劳资纠纷上调处案件力度大,满意率高。全年共排查调处矛盾纠纷25起,成功调处25件,累计涉及金额66.12万余元。针对矛盾纠纷日益增加的大趋势,为进一步提升调解员业务水平,组织开展1次人民调解业务培训,129名村居调委会调解员参训。县司法局不定期对调解业务人员进行指导,比如调解案件受理、协议的签订、卷宗的存档、人民调解终止协议的签订、案件的移交、案件的回访、协议的履行情况等均进行系统的培训和指导。在春节、藏历新年、“三月综治宣传月”、虫草采挖期间、疫情防控期间、中共二十大召开期间等重大节日和重要时段前后,按照要求在全县开展矛盾纠纷大排查大调处活动。

【法律服务】 2022年,县司法局充分发挥法律援助律师作用,共办理各类诉讼案件21件,提供法律咨询73人次,为全县提供免费法律顾问,代书70件,见证认罪认罚13件,参与调解矛盾纠纷4件。下半年,协调谦卓律师事务所律师为桑日县提供法律援助服务。为彻底解决桑日县法律援助工作长期无律师的现状,与湖南省仁和律师事务所对接,邀请该律师事务所来桑日县开设分所。

【司法所建设】 2022年,根据自治区组织部等五部门联合下发的《关于进一步规范司法所建设的意见》通知、司法厅《西藏自治区加强司法所规范化建设打造“枫桥式”司法所三年行动方案》通知和司法厅《司法所建设“顽瘴痼疾”专项整治方案》通知精神,县司法局将各司法“人权”“财权”“事权”“物权”相关

2022年2月24日,桑日县法律援助工作得到群众的一致认可,并送上锦旗

事宜收回县司法局统一管理。绒乡、增期乡、白堆乡司法所建设项目设计、土地等前期手续已经办理完毕。

【依法治县、法治政府建设】 2022年，桑日县进一步调整充实依法治县委员会及各专项组成员。召开桑日县依法治县委员会第一次全体会议。制定并下发《全面依法治县2022年工作要点》《关于贯彻落实王君正书记在十届区党委全面依法治藏委员会第1次会议上的讲话精神的任务分解表》《2022年度全县学习宣传习近平法治思想工作实施方案》《关于贯彻落实〈关于进一步加强市县法治建设的意见〉的实施方案的通知》等文件。深入开展行政复议体制改革，下发《桑日县行政复议体制改革实施方案》，推动行政复议改革。自2022年1月1日起，县级人民政府司法行政部门统一受理本级人民政府管辖的行政复议申请。行政复议申请人向政府其他部门提出行政复议申请的，其他部门应当指引申请人向本级人民政府行政复议机构（即司法行政部门）申请。行政复议申请受理后，由本级人民政府行政复议机构按照“统一受理、统一审理、统一决定、统一送达”的行政复议案件办理工作新模式集中办理。2022年1月1日前，县政府部门已经受理的行政复议案件，由该部门继续办理至终结。2022年以来，全县未发生行政复议案件。为有力推进桑日县行政复议工作有序开展，本级财政预算5万元为行政复议专项经费，该项经费专款专用，主要用于行政复议案件产生的律师、文书等费用。为提升行政复议工作质量，成立行政复议咨询委员会。根据上级要求推动“三项制度”的落实和行政执法清理工作，组织对市监局、安监局等部门“三项制度”落实情况进行督察检查，对检查过程中发现的问题现场进行整改。开展行政执法监督检查，在监督执法过程中发现执法人员不亮证执法或无执法证执法等现象，对此问题，与市法制办沟通协调，争取加大执法人员培训和考试力度。按照国家要求行政执法证统一换证，将全县执法部门执法证件进行统计上报更换，截至年底，已经换证60余人。开展行政执法人员培训工作，下发通知要求持有行政执法证人员积极参加线上培训，并要求必须学满60学时，拟申请行政执法证人员在学满60学时的同时，参加3次线上模拟考试和1次正式考试，考试合格后方能申请领取行政执法证，对未学满60学时的行政执法人员，取消行政执法证合法性。推动规范性文件合法性审查工作。县司法局联合县人大办邀请区外援藏专家在县大礼堂开展规范性文件合法性审查工作培训会，各单位负责规范性文件工作人员共计50余名参加培训会，有效提升规范性文件合法性审查工作的能力和水平。加强法律人才库培养力度，将桑日县法学毕业工作人员、取得律师职业资格人员推荐到山南市规范性文件合法性审查人才库中，储备一批专业性较强的法律人才队伍。充分发挥法律顾问职能作用，县委、县政府法律顾问团队参与县委、县政府重大决策会议6次，提出法律建议9条。

2022年1月18日，桑日县司法局新时代文明实践中心法律志愿队在街需水电站开展普法宣传活动

经济综合管理

发展和改革

【概况】 2022 年，桑日县发展和改革委员会（以下简称县发改委）紧紧围绕全县经济社会发展的中心工作，不断深化改革，提高项目质量，提升服务能力，实现年初各项计划目标。全县地区生产总值完成 22.25 亿元，同比增长 2.3%；规上工业增加值完成 6.36 亿元，可比价增速 10.9%；全社会固定资产投资完成 17.03 亿元，同比下降 28.2%；社会消费品零售总额完成 1.67 亿元，同比下降 6.7%；农村居民人均可支配收入完成 21403 元，同比增长 7.5%。

【农牧业生产】 2022 年，桑日县粮经饲比例调整为 76：18：6，粮食种植规模继续呈现扩大态势，比 2021 年增 9 个百分点。全县粮食播种面积达到 1.91 万亩，粮食产量达到 9968.48 吨，同比增长 4.1%。实施投资 2135.13 万元和 1971.97 万元的 2021 年、2022 年高标准农田建设项目，涉及三乡一镇 13 个建制村，改造农田 5500 余亩。全县牲畜总头数 83751 头（只、匹），新生仔畜数 18574 头，仔畜成活率达 95% 以上，牲畜出栏率 20%。

【工业发展结构优化】 2022 年，华新水泥厂生产水泥 92 万吨，销售水泥 92.08 万吨，完成工业总产值 4.33 亿元。华电大古电站发电量累计完成 24.68 亿千瓦时（占全区总发电量的 20%），累计产值完成 6.39 亿元。4 家光伏电站发电量累计完成 9784.29 万千瓦时，累计完成产值 1.04 亿元。

【固定投资质量提升】 2022 年，全县计划实施项目 57 个，总投资 9.73 亿元。其中续建项目 9 个，计划新建项目 48 个。受新冠疫情影响，全县需要开复工项目 33 个，总投资 7 亿元。截至年底，已全部开复工建设。制定《桑日县加快推进今冬明春重点项目建设攻坚行动方案》，梳理冬季不停工项目 23 个，年底新开工项目 21 个，冬季备工备料项目 3 个，推进前期工作项目 21 个，年度债券项目 11 个。深入推进“十四五”规划内项目前期工作，桑日县涉及“十四五”规划内项目 54 个，总投资 399.8 亿元。截至年底，完成前置手续项目 36 个，完成率达到 90%。完成 2023 年中央预算内投资计划项目申报

2022年4月16日，县发改委调研霍布塘易地搬迁点供水保障二期工程设计工作

16个,总投资1.28亿元。

【乡村振兴】 2022年,桑日县实施统筹整合涉农资金项目13个,总投资13671.84万元。实施“以工代赈”项目2个,总投资234万元。完成11个项目的扶贫资产清理确权工作,形成扶贫资产2亿余元。

【清洁能源发展】 桑日县共有6座清洁能源电站运营,其中水力发电站2座,光伏发电站4座,总装机容量达76.04万千瓦,2022年累计发电量达26.66亿千瓦时,累计完成产值7.5亿元。8月,街需电站获取国家发改委核准。增期、达古、永木3座抽水蓄能电站建设项目纳入国家“十四五”规划内。

【抵边搬迁动员工作】 2022年,为进一步鼓励群众开展抵边搬迁,桑日县发改委研究制定桑日县鼓励抵边安居配套保障相关措施,计划由本级财政解决搬迁群众搬迁安置费用,搬迁安置费用按照5.5万—7.5万元/户不等标准发放,经县政府常务会议及县委常委会会议研究通过。继续以绒乡扎嘎沟整村搬迁动员为重点,加强桑日镇、白堆乡、增期乡的搬迁优惠政策宣讲,采取县级干部带头讲、职能部门负责人具体讲、乡镇党政负责人主动讲、驻村工作队入户讲的形式,加大群众教育引导力度,为群众讲清楚各项政策措施依据。全年共召开各类动员会议、专题会议10次,开展搬迁入户宣传、集中宣传、巡回宣讲共计126次。桑日县有意愿搬迁群众共48户162人,其中增期乡有意愿搬迁群众32户

2022年5月20日,岳阳市第九批援藏工作队考察葡萄基地

118人,白堆乡有意愿搬迁群众3户8人,绒乡有意愿搬迁群众9户24人,桑日镇有意愿搬迁群众3户8人,区外有意愿搬迁群众1户4人。先后组织群众代表参观隆子县、错那县搬迁安置点9次,参与群众代表133人。其中县委副书记、县长索朗巴珠带队组织三乡一镇负责人、群众代表参观搬迁安置点1次;县政府分管副县长组织群众代表参观搬迁安置点1次;各乡镇负责人组织群众代表参观搬迁安置点7次。

【支持民营企业发展】 2022年,县发改委严格落实400万元以下政府投资项目交由农牧民施工企业实施的相关要求,2022年桑日县400万元以下政府投资项目交由农牧民企业实施项目30个,总投资4099.7万元。截至年底,实现增收人数14976人,实现务工增收404.3万元。

【健全完善粮食收益保障等政策】 2022年,县发改委严格按照市发改关于粮食收购储备相关要求,开展桑日县县级储备粮油储备工作,共采购县级储备粮4万千克,其中大米2万千克,面粉2万千克;开展青稞收购工作,完成青稞收购75.858吨。根据山南市应对新冠疫情领导小组物资保障组《关于进一步做好常态化疫情防控物资保障工作的通知》文件精神,开展疫情保障物资增储工作,共增储糌粑5000千克、茶叶100条(9755千克)。

自然资源

【概况】 2021—2022年桑日县国土调查面积为263221.24公顷。2022年,桑日县村镇第一批城市建设项目用地共2个项目,总面积为0.4604公顷。

【县级国土空间总体规划编制】 2022年,桑日县自然资源局(以下简称县自然资源局)加快编制县级国土空间总体规划。强力推进“三区三线”完善工作。将成果已上报自然资源部审核。按照区市要求耕地保有量和永久基本农田保护任务不减少,在永农划定的基础上再考

2022年5月30日，桑日县自然资源局组织召开桑日县第一批村庄规划编制成果审查会议

虑生态红线和城镇开发边界的划定。统筹完善国土空间资源要素布局，完成村庄规划评估编制工作。

【环境保护和生态修复】 2022年，根据生态环境督察整改相关要求，县自然资源局认真对照问题清单，对桑日县涉及的9个矿区进行梳理整改，并根据各个矿区问题的特点进行立行立改和分阶段推进整改治理工作。桑日镇雪巴砂石场、桑日镇努卡砂石场、桑日县绒乡吉荣砂石场已基本完成生态环境保护与土地恢复治理工作。桑日县绒乡吉荣村采石场、桑日县绒乡扎巴大理岩矿、桑日县洛沙滩方解石采石场《三家矿山环境恢复治理实施方案》通过专家评审。桑日县张嘎铬铁矿、华新水泥（西藏）有限公司明则砂石场，开展矿权注销相关工作。

【土地登记申报发证】 2022年，桑日县750宗农村集体土地的所有权确权登记按时、保质保量完成办证工作。4座寺庙完成确权登记颁证。三乡一镇（绒乡、白堆乡、增期乡、桑日镇）完成农村宅基地“房地一体”确权登记外业工作、有序开展房地一体公示工作。做到“多证合一”“多审合一”，探索推进“多测合一”。

【地质灾害防治】 2022年5月12—15日，县自然资源局共计投入人数10人（高级工程师1名，工程师3名，助理工程师2人，自然资源局工作人员1名，驾驶员3名），分为3组，开展地质灾害汛前排查工作。排查全县境内地质灾害隐患点158处，并对5处重点地质灾害隐患点进行巡查，分别为绒乡冲达村华新水泥厂后泥石流、绒乡多那村2号泥石流、绒乡多那村贡木沟泥石流、白堆乡许木村1号滑坡、桑日镇比巴村3组2号崩塌。经排查，此次无新增地质灾害隐患点。6月26日，桑日县绒乡卓吉村左、右两侧发生泥石流灾害，县自然资源局开展地质灾害应急调查工作，排查人员通过对泥石流的发育类型、分布特征、稳定性现状、发展趋势以及危害程度进行现场排查，撰写《桑日县绒乡卓吉村南侧2处泥石流灾害进行应急调查报告》和《桑日县绒乡卓吉村南侧泥石流灾害立项建议书》。

【自然资源法律法规宣传教育】 2022年，县自然资源局充分利用“4·22”世界地球日、“5·12”全国防灾减灾日、“6·25”全国土地日等重要时间节点，开展相关内容普法宣传活动，普及有关法律法规，开展精准普法工作，通过设立

2022年7月，桑日县自然资源局调研评估许木村地质灾害点

咨询点、悬挂布标、抖音、网信桑日、发放宣传资料等，向群众普及相关法律法规知识。发放知识性手册及宣传折页达1500余份，发放宣传物品共3000余件。

市场监督管理

【概况】 2022年，桑日县市场监督管理局（以下简称县市监局）紧紧围绕市场监管各项任务，认真履职尽责，积极部署，多措并举，迅速行动，切实强化市场监督检查，全面做好市场监管领域各项工作。截至年底，全县共注册登记市场主体2244户。全年新增市场主体109户，其中企业8家，合作社2家，个体户98家，从业人员119人。

【疫情防控】 2022年，县市监局严格实施防控举措，坚决禁止野生动物违法违规交易，坚守餐饮食品安全底线，对全县蔬菜店市场实施“三个到位”（宣传引导到位、督促检查到位、整改完善到位）全覆盖监管。充分调动各方资源，坚持特事特办，群众生活物资，民用口罩等保供，有效解决防疫用品燃眉之需，截至10月31日，为全县集中保供生活物资共计786吨，产品涉及蔬菜、鸡蛋、肉类、水果、干杂、副食品等。与发改委、商务局、农业农村局、市监局联合共同为拉萨市保供糌粑29.75吨。在个体商户微信交流群发布《市场价格行为提醒告诫书》，在县城及乡镇醒目处张贴告诫书300余份，对全县个体经营户提出告诫。每天分两个时间段深入市场开展价格监督检查，自疫情发生以来，物防组采取多种措施，包括集中采购、集中保供，多家竞争等模式，控制桑日县物价保持平稳。县内粮油肉蛋奶、蔬菜等民生物资价比山南市低40%，未发生捏造和散布涨价信息、囤积居奇、哄抬物价、推动价格过高、过快上涨等价格违法行为。疫情期间共开展价格监督检查100余次，投入人力260余人次。第一时间落实县财政局委托县市监局对非公有租赁门面的个体工商户、小微企业251户租房补贴703017万元，5天内完成发放房租补贴任务。对超市、商店、菜店、餐饮店食品安全情况进行每日专项检查，执法人员检查中严格要求市场主体严禁宰杀活禽，落实索证索票，切实确保肉、蔬菜、粮油等食品安全，并向市市场监管局上报检查情况小结及新型冠状病毒感染疫情防控市场检查日报表、进口冷链食品市场监管情况表、野生动物市场监管情况统计表、打击销售长江流域非法捕捞渔获物专项行动情况统计表等。开展进口冷链食品排查工作，有效防范新冠疫情通过进口冷链食品输入风险。为进一步加强冷链食品“人、物、环境同防”工作，强化冷链食品经营单位主体责任落实，持续巩固和推进桑日县冷链食品常态化疫情防控工作，以明察暗访相结合的方式对冷链食品生产经营单位开展督导检查。共计检查冷链食品单位122户次。加强市场价格监管，密切关注防疫药械、日常生活用品价格动态。主要对一次性医用口罩、医用酒精、体温计及抗病毒药品是否从合法渠道购进、是否存在过期、失效等不合格产品、是否标签符合要求、价格符合规定等方面进行重点检查。约谈学校食品供货商，严格要求落实企业主体责任，自觉遵守《中华人民共和国食品安全法》等规定，切实做好食品的进货查验、储存运输、抽检留样、从业人员食品安全知识培训、企业安全自查等各项工作，确保校园线下教学正常开学，保障全县师生食品安全。加强组织领导，强化工作责任。县食药安委办召开由公安、卫健委、教育、农业农村局、商务局、旅发局等22个成员单位食品安全工作专题会议，

2022年2月19日，桑日县市监局开展食品安全检查工作

会议总结2021年食品安全工作取得的成绩，并对2022年食安委工作进行安排部署，会上县食药安委与各成员单位签订食品安全工作责任书，共签订责任书22份。

【市场主体】 2022年，县市监局深化商事制度改革，企业准入更加便利安全，推动简化办证程序，实施减免费用、绿色通道，实现市场主体类型、多业务环节的全程无纸化、零见面、无介质审批。严格落实企业登记身份管理实名验证，推广注册身份验证App，遏制冒用他人身份证信息办理注册登记的违法行为，维护广大企业和人民群众的合法权益。

【商标、广告管理】 2022年，县市监局到有条件的企业和农专社做好商标行政指导工作，完善广告经营单位档案。开展虚假违法广告专项整治和“讲文明树新风”公益广告宣传活动。截至年底，桑日县有效商标增加到138件，新申请商标6件，取得专利2件。

【服务新农村建设】 2022年，县市监局深入开展“护农”、保春耕等专项整治行动4次，出动执法人员8人次，检查涉农经营户39户次，对涉及有农用机械租赁和农业技术服务的农专社，涉及农业金融的行业，开展法律知识进企业的宣传教育活动。加强乡镇、村一级学校周边商品质量安全整治工作，责令下架过期、失效、假冒商品600余千克。

【“双随机、一公开”抽查】 2022年，县市监局根据山南市市监局双随机抽查名单，落实抽查工作。不定向抽查6户市场主体，采用实地走访与公示信息核查相结合的方式，对企业所公示的信息，真实反馈抽查结果，提高市场主体监管的公平性和规范性。

【打击传销工作】 2022年，为进一步加大打击传销工作力度，引导广大群众充分认识传销的危害性，自觉规范和抵制传销，营造和谐稳定的社会环境，在全年打击传销工作中，经县市监局排查，全县无新涉传人员参与。

【消费维权】 2022年消费维权日，桑日县分两组开展“3·15”国际消费者权益日系列活动。第一组联合县检察院、城管局、国策以及绒乡、桑日镇、增期乡的“两代表”“一委员”开展以“共促消费公平，共建放心消费”为主题的假冒伪劣商品集中销毁活动。到县垃圾填埋场现场销毁收缴的假冒过期伪劣产品，共销毁商品种类80余类、4000余千克，价值10万余元。第二组联合县委宣传部、应急管理局、商务局、扫黄打非办、消防等部门在县友谊广场开展以“维护消费者权益，构建美丽和谐社会”为主题的宣传活动，活动通过悬挂横幅、发放资料和现场咨询等形式，宣传《中华人民共和国广告法》《中华人民共和国价格法》《中华人民共和国食品安全法》《中华人民共和国特种设备管理法》以及化妆品、药品安全、注册商标、地理标志、消费维权、农资、疫情防控宣传等相关知识和法律法规，现场发放各类藏语和汉语翻译的宣传资料10000余份，接受群众咨询180余人次。并开展“营造和谐消费环境，促进经济又好又快发展”为主题的市场监督检查活动。

【法治市监建设】 2022年，县市监局成立法治建设领导小组，安排专职法制员，开展案件评审工作，对案件中存在的问题进行梳理，内部程序进行规范。狠抓干部教育，在参加上级法制培训的同时，将新修订的《中华人民共和国广告法》《中华人民共和国疫苗管理法》《中华人民共和国食品安全法实施条例》和各类新的规章制度纳入执法考核工作，提升针对性和实效性。开展法律进万家活动，到各乡镇开展法治宣传活动，发放宣传资料2000余份。市场监管局执法人员，法治教育网上学习学时均已达到60学时以上。

【特种设备和计量工作】 2022年，县市监局多次与相关部门联合开展党政办公楼、人民医院、华新水泥厂、煜炜工贸有限公司、加气站、加油站等场所，开展电梯、压力容器、起重机械等特种设备和加油计量器安全监督检查。下达《特种设备现场安全监督检查记录》《特种设备安全监察指令书》共12份，加强特种设备的安全监管。配合第三方计量检测机构开展2022年质量、计量检测工作。

【食品销售及餐饮服务环节整治】 2022年，县市监局开展以农村地区、乡（镇）、学校周边、旅游景点为重点区域，以食品批发店为重点场所，以商店、超市和食品（杂）店

2022年3月15日，桑日县市监局开展消费者权益日活动

为重点单位，以节日性、季节性食品为重点品种，集中整治无证照的食品销售环节食品经营户，以餐饮业为主的食品安全专项整治。重点对存在严重食品安全隐患的小餐饮店、小作坊进行整治。桑日县有6家餐饮服务单位(店)达到示范标准。开展学校食堂食品安全专项整治，年初与学校签订《食品安全责任书》，强化学校食品安全校长负责制和责任追究制，督促落实供应食品留样制度。联合相关单位严格开展定期和不定期对学校食堂及学校周边商户、餐饮店进行日常检查。为切实做好桑日县2022年小考、中考期间餐饮服务食品安全监管工作。执法人员加强供餐单位及周边餐饮单位的巡查，排查各种是食品安全隐患，有效预防和控制食源性疾病发生，实现“平安中考”“平安小考”。联合教育局、应急管理局、消防等部门，开展学校食堂食品安全专项检查工作，全县中小学校规范化建设和“明厨亮灶”工程，覆盖率达100%。全年食品安全行动共出动执法人员93人次，监督检查单位436户次，下发整改记录12份，并跟踪整改。

【药品药械、疫苗监督管理】 2022年，县市监局联合相关单位，对县疾病预防控制中心、县卫生服务中心、三乡一镇卫生院、村卫生室、诊所、药店开展药品药械、疫苗监督检查工作，专项检查以药械、疫苗采购、储存、运输等环节和相关资质、证件为重点，进行监督检查。共出动执法人员22人次，监督检查单位21户次，下发整改记录3份，并跟踪整改位。执法人员对疫苗储存使用单位开展《中华人民共和国疫苗管理法》宣传工作，并与疾控中心等相关单位签订《桑日县疫苗质量安全责任书》《桑日县药械安全责任书》，保障全县疫苗及药械质量安全。

【产品质量安全管理】 2022年，县市监局根据2022年产品质量抽检工作任务要求，协助第三方检验机构开展抽检工作，共抽检37个批次，涉及食品、装饰品、工程类等8类产品。

【旅游、土特产品管理】 2022年，县市监局共发放虫草收购临时营业执照207户，其中外地171户，本地36户。加强虫草采集点的管理，减少各类矛盾纠纷，保证采集区内商品质量，在采集区集中开展习近平总书记重要讲话精神宣讲活动以及各类法律法规知识，检查收购户和商户213人(户)次，发放宣传单5000余份，集中宣讲2次。

【化妆品领域监管】 2022年，县市监局切实加强化妆品相关知识普及力度，组织开展以“安全用妆 携手童行”为主题的化妆品安全科普宣传周活动，现场接受群众咨询，发放宣传资料5000余份。开展化妆品市场专项检查工作，有效净化全县化妆品市场。

统计

【概况】 2022年，桑日县统计局聚焦统计数据质量、统计改革、依法治统，建立健全用数据说话、用数据决策、用数据管理、用数据创新的管理体制，建立高质量发展统计指标体系，确保统计资料真实准确、完整及时，全面提升统计运作效率、数据质量和服务水平。以“重点专业”为抓手，做到应统尽统。通过加大查漏补缺在建项目拨付款凭证审核力度，督促新开工项目及时入统、在库项目资金及时拨付。全面完成2022年18家规下工业、8家批零住餐调查对象、4家资质以上建筑业等单位统计报表填报审核验收工作。全面完成9家劳动工资调查对象季报8家、年

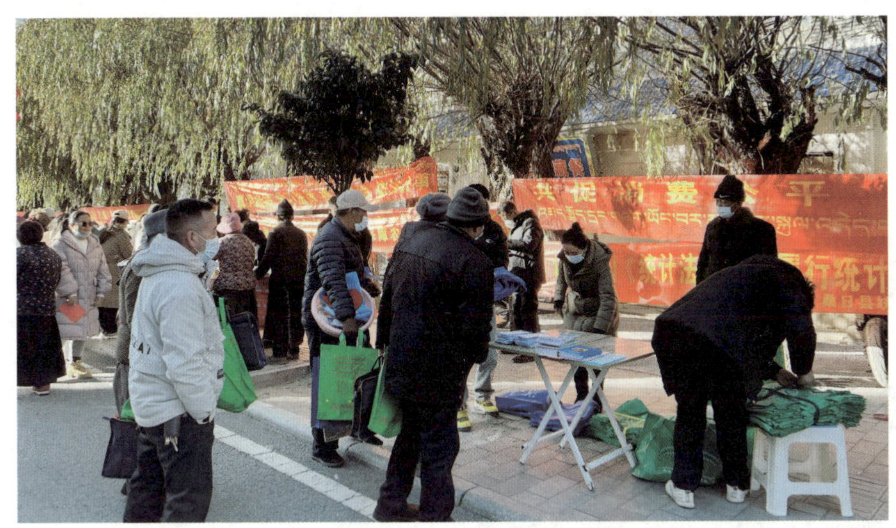

2022年12月9日，桑日县统计局举办“数说新桑日 奋进新征程”统计法宣传活动

报18家工作；抽取部分住宿、餐饮、批发、零售等共计20余家市场经营企业开展疫情对市场经营主体的影响社会调查。开展住户样本轮换、规模以下工业、限额以下贸易业、劳动力抽样调查、第五次经济普查（清查）等专项调查，为上级党委政府、业务部门及县委、县政府提供真实可信的数据。

【住户调查】 2022年，根据《国家统计局关于开展住户调查大样本轮换工作的通知》要求，县统计局靠前谋划、提前部署，完成国家和地方10个调查点的小区简图标绘、建筑物清查、住宅名录表制作工作，完成摸底1364户，系统抽户100户，开展100户AB问卷填写，顺利完成开户任务。确定10个点的辅助调查员，通过视频软件协助市调查队开展各阶段培训2次。11月辅助调查员进行试记账任务，12月开始推进2023年记账工作。

【人口抽样调查】 2022年，桑日县统计局对增期乡达古村001、003、005小区进行人口调查任务，全面完成1026个清查任务，清查建筑物389个、清查住房单元317个，系统抽取26户调查对象作为人口抽样调查样本，完成调查样本户近一年内出生人数、死亡人数以及常住人员的基本情况调查任务并录入人口抽样调查系统。

2022年9月25日，桑日县统计局采取“五个强化”措施扎实开展住户调查大样本轮换工作。图为桑日县统计局工作人员在小区绘制简图

审计

【概况】 2022年，桑日县审计局（以下简称县审计局）实施2021年度预算执行和其他财政收支情况审计，实现预算执行审计监督全覆盖。重点关注财政政策贯彻落实情况、部门预算执行和部门决算编报情况、全口径预算管理情况、专项资金使用管理情况等。审计过程中注重预算执行及政策跟踪审计的整体性、宏观性、建设性。通过揭示问题、剖析原因、提出建议，规范财政组织预算执行及部门预算管理，促进盘活财政存量资金，提高财政资金使用效益。针对审计发现的突出问题，提出有效的审计建议和意见，加大督促审计整改力度，保障财政资金使用的安全性。共从7个大方面发现主要问题19条，提出审计意见建议19条。

【政府投资项目审计】 2022年，县审计局突出重点抓住关键，牢牢把握经济监督职责使命。聚焦“十三五”工程投资项目，重点对审计厅关于桑日县政府投资项目审计调查报告提出问题的整改落实情况进行跟踪督办，共涉及5个方面7项问题，督促和协助相关

2022年5月7日，桑日县审计局联合财政、税务部门举办“抓党建 促业务”主题党日活动

部门制定整改措施，并跟踪督办，全部整改到位。制定完成桑日县“十三五”政府投资项目500万—3000万元审计方案，共涉及56个项目，投资额约6亿元。

【领导干部经济责任审计】 2022年，县审计局参与离任经济责任事项交接工作，保障财务工作换人不断档，完成对县乡村振兴局、统计局、总工会、行政审批局等部门的财务交接监督。对桑日县沃德投资有限公司法定代表人自2016年7月13日至2022年6月30日任职期间的经济责任进行审计，重点关注公司经营和财务收支管理的合规性、资产负债和经营成果的真实性、重大经营活动和经营决策、工程项目代建等情况，审计共发现5个方面的问题，提出经济责任审计结论7条。

【专项审计】 2022年，县审计局根据县政府安排，开展对大古水电站工程竣工验收建设征地移民安置费用财务收支专项审计，审计期为2014—2022年，重点关注建设项目投资及概算执行情况、移民安置资金收支情况等，出具审计报告1份。共发现7个大方面存在的16条问题，提出审计意见建议7条。对桑日县“十三五”以来中央和地方预算内安排的信息化建设项目的申报立项、决策审批、建设效果和专项资金管理使用等情况进行摸底调查，抽取2个项目进行审计并出具专项审计报告1份。审计共发现问题3条，提出审计意见建议3条。

【审计整改落实】 2022年，县审计局对上一年度实施的审计项目进行监督检查，重点检查各部门对2020年度预算执行审计发现问题的整改落实情况开展“回头看”工作，要求被审计单位严格按照审计整改意见制订整改计划，将问题逐一消化，并报告整改落实情况，审计整改率达到98%以上。

【审计委员会办公室工作运行】 2022年，桑日县审计委员会办公室认真落实县委审计委员会工作要求，筹备十届桑日县委审计委员会第二次会议，认真学习贯彻中央、区党委和市委审计委员会会议精神，会议审议并通过由县委审计委员会办公室提出的2022年审计项目计划。全年向县委审计委员会报送报告和重要信息等8份，审计委员会主要领导作出关于加强审计工作以及审计发现问题整改落实等指示批示4次，县审计局会同相关部门及时抓好推进、协调和落实。

2022年8月1日，桑日县审计局举办“赓续红色血脉，传承红色基因”党史学习教育朗读会

农业农村·林业·水利

农业农村

【概况】 2022年，桑日县农业农村局（以下简称县农业农村局）围绕抓好疫情防控，维护社会稳定，狠抓种植业、畜牧业攻坚扶贫，大力实施乡村振兴战略、以产业增效、农民增收、农村增绿为目标，优化产业结构，落实各项工作任务，全县农业农村工作进展顺利，农业农村经济平稳运行。桑日县农村居民人均可支配收入达22055.3元，同比增长11.4%，增长2258.7元。

【涉农会议、文件贯彻落实】 2022年，桑日县认真贯彻落实中央一号文件和中央、区党委、市委农村和农牧业工作会议、粮食安全和“菜篮子”工作部署会议精神，将会议精神作为引领，来指导、统筹和推动农牧业经济发展工作。12月27日，县委召开农村工作领导小组（县委实施乡村振兴战略领导小组）会议，县委书记康爱民总结2021年“三农”工作取得的成绩，并对2022年工作作出具体安排部署。1月、2月，桑日县分别召开粮食安全和“菜篮子”工作部署会。2月24—25日，召开县委农村工作会议和农牧工作会议，传达学习中央、区党委农村工作会议精神以及自治区党委书记王君正对自治区农村工作会议的批示、自治区政府主席严金海对自治区农村工作会议的批示、市委书记许成仓关于“三农”工作的指示精神、市长次仁平措在市委农村会议上的讲话精神。县委副书记、县长索朗巴珠会上作重要讲话，并代表县人民政府与各乡（镇）人民政府签订《桑日县2022年农业农村工作目标责任书》。县委副书记张鑫围绕2022年主要目标任务再次作部署。会后，三乡一镇人民政府负责人立即召开工作安排部署会，将工作任务层层分解到乡、到村、到户、到地块，推动农牧业生产各项工作的有序开展。4月28日，桑日县再次召开县委农村工作领导小组（县委实施乡村振兴战略领导小组）会议，会议对全县实施乡村振兴的重点工作任务进行安排部署，确保乡村振兴工作精准高效有序推进。

【种植业】 2022年，桑日县粮经饲比例调整为76∶18∶6，粮食种植规模继续呈现扩大态势，比2021年增加1个百分点。全县耕地面积2.3万亩，粮食播种面积1.74万亩。粮食产量达到996.8千克，同

2022年7月25日，桑日县开展县级种子田自验工作

比增长4.09%。青稞产量635.3千克，同比增长0.047%。蔬菜产量300.2千克，较2021年相比产量有所下降。

【畜牧业】 2022年，桑日县黄牛改良点14个、犏牛经济杂交点2个，全年完成黄牛改良1602头，犏牛经济杂交36头。全县牲畜总头数6.8826万头；新生仔畜7963头，成活7909头，成活率99.32%；成畜死亡头数10头，死亡率0.01%；牲畜出栏2419头(包含牛、羊、猪)，禽类存栏4890万羽，出栏0.17万羽；肉产量0.248万吨(包含牛、羊、猪)，奶产量0.25万吨，蛋产量56吨。

【疫情防控】 2022年，县农业农村局全面落实县疫情防控指挥部的安排部署，积极响应、攻坚克难、连续作战，一手抓疫情防控，一手抓农业稳产保供，全面完成“三秋”及秋季重大动物疫病防控工作。为做好全县疫情防控期间粮油、蔬菜、水果等重要农副产品供应保障，截至10月16日，全县共集中采购16次，平价进购蔬菜100万余元。疫情期间，全局下沉志愿者到村一线18人，与村“两委”班子、驻村工作队、医务工作人员并肩作战，开展入户摸排、登记信息、交通卡点设岗、村街道庭院消毒、维护核酸检测秩序、搬运防疫保供物品等工作。对接交通运输等部门，协同合作，为从事农业生产和农产品销售的经营主体办理应急保供运输车辆通行证15个。为助力拉萨做好疫情防控工作，陆续通过邮政专车向拉萨输送糌粑30吨。推进2022年葡萄基地、2022年高标准农田和产业强镇建设项目复工复产。

【粮食安全】 2022年，桑日县粮经饲比例调整为76 ： 18 ： 6，粮食种植规模继续呈现扩大态势，比2021年增加1个百分点。全县耕地面积2.3万亩，其中，粮食播种面积1.74万亩(青稞面积1.265万亩，小麦面积4745亩，杂粮面积53亩)，经济作物面积4213.2亩(油菜面积1800亩，蔬菜面积2413.2亩)，饲草面积1433.8亩。制定《桑日县良种繁育基地、良种推广工作实施方案》，推广良种繁育二级种子田建设面积1417亩，其中，“喜拉22号”237亩、青稞“5171–7”650亩，“京华165”230亩，“山冬7号”300亩。自推黑青稞品种繁育400亩。已落实冬播作物自治区二级种子田“山冬7号”0.525万亩及青稞种子2.625万亩，为了青稞的增产内部推广大田品种(“藏青2000”“喜拉22号”“黑青稞”)种子4.85万千克，群众增收31万余元。普及科学技术知识，印制各类防灾减灾宣传资料8915份，分片包干、责任到人，指导群众做好农业技术推广应用和农业防灾减灾工作，累计开展集中培训12场次，培训农牧民2300余人次，切实为农业生产提供强有力的技术支持和保障。配合县财政局通过“一卡通”兑现各类民生资金264.4万元，资金拨付完成率100%，受益农3602户。为加快高标准农田建设，制定“十四五”高标准农田建设专项规划，全年高标准农田建设项目总投资1971.97万元，其中中央财政补助资金586.24万元；自治区财政补助资金135万元；市级配套资金71万元；县级自筹资金1179.73万元，占总投资的59.82%，完成形象进度100%。

2022年疫情期间，市农业农村局督导桑日县秋收工作

【项目建设】 2022年，全县形成规模的产业共计五类，分别为种植业项目5个、加工业项目2个、文化旅游类项目2个、商贸流通类2项、资源开发类1项。先后投入并高质量建成总投资352.65万元的追塘坝易地搬迁土地开发项目、总投资2937.35万元的追塘坝易地搬

迁高效温室项目、总投资1400万元的程巴村苗圃基地项目和总投资500万元的赤康村苗圃基地项目。推进总投资4.1247亿元的葡萄基地建设项目。

【农村宅基地审批】 2022年，县农业农村局按照规范农村宅基地用地建房申请审批通知要求，严格宅基地用地审批手续，共审批25户，未出现一宅多户、一户多宅、违规占用农用地等情况。

【农村集体产权制度改革】 截至2022年年底，桑日县完成4个乡镇43个建制村清产核资工作，并全部完成换证赋码工作，新增村集体股份经济合作社43家。

【重大动物疫病防控】 2022年，县农业农村局下发《关于进一步加强重大动物疫病防控工作的紧急通知》，成立畜禽技术专家团队，全面抓好动物疫情监测预警、流通环节监管、产地检疫及动物卫生监督执法等工作，出动人员20人次，对养殖合作社企业开展排查，对全县养殖场所严格人员管理，减少生产区域内人、物、畜禽等与外界接触，指导做好饲养管理人员个人防护。严格落实养殖场及周边环境消毒措施，统筹抓好高致病性禽流感等主要人畜共患病监测，守住重大动物疫病防控"安全线"。建立日报告、周总结和重点养殖场直连直报制度，增强信息时效性，提高研判精准度。制订重大动物疫情应急处置预案，抓好非洲猪瘟、高致病性禽流感等重大动物疫病防控，累计共免疫牛双价口蹄疫疫苗6.7万头、羊双价口蹄疫注射1.2万只、高致病性禽流感免疫0.64万羽，做到应免尽免，不留空当。完成非洲猪瘟季度采样检测(含送检)共42份，检验结果全部为阴性。

【抛荒撂荒地摸底调查】 2022年，县农业农村局开展摸底调查。经调查，全县抛荒撂荒耕地面积103.59亩，已全部整改到位。

【土壤污染防治】 2022年，桑日县推广测土配方施肥技术应用，严格按照市农业技术推广中心所提出的施肥配方，向农民提供统测、统配、统供、统施"四统一"服务，在全县范围内推广测土配方施肥技术，减少凭经验盲目施肥所带来的化肥浪费和面源污染。调运化肥359.1吨，同比减少17.3%；调运农药2.07吨，同比减少0.4%，减少过量施肥、使用农药所引起的污染。全县共推广测土施肥技术1.7万亩，不仅使肥料养分平衡，促进农作物正常生长，提高肥料的利用率，减少养分流失，土壤养分结构趋于合理，土壤性质得到改善，耕地质量得到提高。同时减轻因盲目过量施肥给作物带来肥害和造成土壤和水源的污染，影响农产品的质量安全。全县在市农业农村局解决有机肥1500吨的前提下，推广秸秆粉碎饲料化、快速腐熟还田等技术，引导和鼓励农户广辟有机肥源，督导农民按照1750千克/亩的标准积造农家肥，增施农家有机肥和商品生物有机肥，疏松和活化土壤，改善土壤理化性状，培肥地力。

乡村振兴

【概 况】 2022年，桑日县统筹整合涉农资金项目13个，总投资13671.84万元，实际到位资金12768.64万元。开工项目13个，开工率100%。支出资金10422.81万元，支出率为76.2%；中央资金支出8340.17万元，支出率为89.8%。桑日县乡村振兴局(以下简称县乡村振兴局)按照上级业务部门对于2023年项目的要求，2023年统筹整合涉农资金项目中涉及水利、农业农村等部门的项目，已协调各相关部门加快推进项目前期工作。县乡村振兴局负责的乡村振兴类项目，已编制完成可研方案，同步开展相关前置手续办理。上报一般证券类项目7个，已通过发改委评审项目7个，组织开展招投标工作。新谋划项目6个，针对每个项目建立项目微信群，实行一日一调度，确保项目前期工作按期完成。

【防止返贫动态监测和帮扶】 2022年，县乡村振兴局安排专人负责，制定《桑日县防止返贫动态监测实施方案》，先后组织200人次参与排查工作，对全县4190户、14890人进行全覆盖集中排查，新增监测对象6户、25人，其中边缘易致贫户4户、17人，突发严重困难户2户、8人。截至年底，共有监测对象10户、46人。召开研讨会，针对新增监测对象致贫原因，逐户研判制定帮扶措施，消除返贫风险，坚决守住不发生规模性返贫的底线任务。对监测对象明确结

2022年5月23日，桑日县乡村振兴局深入监测户开展入户排查工作

对帮扶人，由县级领导干部结对，制定帮扶措施10余条。成立返贫临时救助基金，根据《桑日县防返贫救助资金使用办法》，发放5万元。

【农村人居环境整治】 2022年，桑日县成立由县政协党组书记、主席巴桑次仁为组长，各乡镇以及有关部门负责人为成员的桑日县农村人居环境整治工作专班，建立健全县、乡、村三级管理机制，层层细化压实责任。每季度组织专班对4个乡镇农村人居环境整治工作进行考核。2021年从本级财政投入2000万元，用于农村人居环境整治工作，其中投入1740余元实施奴卡村、措巴村、拉龙村等3个村居人居环境整治工作，截至2022年年底，各项工作均在收尾阶段。以县域内主干道和村居为重点，全面清理主次干道沿线、村庄周边、村内巷道、房前屋后的垃圾杂物。先后组织村民集中开展清理行动120余次，参与村民12000余人次，动用车辆机械40余辆次，清理生活垃圾、淤泥、建筑废料50余吨，栽植树木10000余株，完成厕改100户。

【问题整改落实】 2022年，县乡村振兴局根据《自治区关于2021年度巩固拓展脱贫攻坚成果同乡村振兴有效衔接考核反馈问题的整改方案》及《山南市关于2021年度巩固拓展脱贫攻坚成果同乡村振兴有效衔接考核反馈问题的整改方案》，制定完善《桑日县2021年度巩固拓展脱贫攻坚成果同乡村振兴有效衔接考核反馈问题的整改方案》，并主动认领4项21个问题，取得实质性成效并长期坚持21个。

【资产清理确权工作】 2022年，第三方公司完成资产核查、资产台账登记工作，形成扶贫资产2亿余元，涉及13个项目。

【易地搬迁后续帮扶工作】 2022年，县乡村振兴局制订后续帮扶方案，集中安置点巩固提升计划。协同自然资源、住建、发改以及所在乡镇，对搬迁户搬入住后住房的现状及后续帮扶情况进行跟踪统计，建立收入、帮扶等台账；提供果树（桃树、苹果树）共计540棵，用于霍布塘易地搬迁安置点发展村集体经济，促进搬迁群众增收。

【调整充实工作力量和任务分工】 2022年，县乡村振兴局全面贯彻实施乡村振兴战略的深度、广度、难度都不亚于脱贫攻坚，按照聚焦

2022年7月1日，桑日县乡村振兴局组织相关单位到增期乡措巴村开展人居环境整治工作

重点、平稳有序的要求，持续做好巩固拓展脱贫攻坚成果同乡村振兴有效衔接。不断完善各项规章制度，以过硬举措推进各项工作落实，落实“五级书记抓乡村振兴要求”，协助县委调整充实桑日县委农村工作领导小组（县委实施乡村振兴战略领导小组）及下设专项组，每个小组由1名县级领导担任组长，组员各司其职、通力协作，形成“1+10”（“1”是农村领导工作小组；“10”是产业振兴组、人才振兴组、文化振兴组、生态振兴组、组织振兴组、巩固拓展脱贫攻坚成果组、科技支撑组、规划组、政策保障组、考核评估组）工作推进机制。

林业和草原

【概况】 2022年，桑日县辖区总面积263217.54公顷，林地面积122499.863公顷，占辖区总面积的46.54%。生态公益林地面积122171.918公顷，生态公益林中，国家公益林地面积12130.700公顷、地方公益林地面积110041.218公顷。全县森林面积98655.953公顷，占林地面积的80.54%，森林覆盖率37.48%，林木绿化率45.46%。全县三乡一镇共有管护人员598名，林业生态脱贫岗位管护人员499名。

【义务植树】 2022年，桑日县林业和草原局（以下简称县林业局）组织全县干部职工，种植白皮松、川西云杉、河北杨、金丝柳、榆树等11.8万余株。全县共有干部群众8232人参加义务植树，面积1600亩，投入资金300万元。

【乡村绿化】 2022年，县林业局结合“3·12”植树节活动，给三乡一镇村居委提供树苗，共提供榆树、白皮松、川西云杉、河北杨、金丝柳等树苗111380株，主要用于村部周围、村口、路边、房前屋后等地段的绿化。按照市林草局年初工作安排，统筹谋划，及时调度，每月按时上报重点工作进展情况，各项工作得到有序、稳步推进、按期完成。

【陆生野生动物资源】 桑日县地处藏南山地灌丛区与藏东森林区的过渡地带，植被类型较多。高等植被约有53科191属409种，其中草被植被359种、乔木13种、灌木37种。动物资源种类也较多，有脊椎动物53科173种，其中鸟类31科123种，哺乳类14科31种，两栖爬行类5科6种，鱼类3科13种。

【自然保护地监管】 2022年，县林业局加大自然保护区巡查管理力度。开展打击乱捕滥猎和破坏西藏马鹿、白唇鹿等野生动物生境和生物资源的专项执法检查，共出动12人次，车辆3辆次，严肃查处破坏侵占自然保护区、猎捕采挖野生动植物及非占用保护区进行工程建设等破坏保护区资源的行为。完善保护区管理工作，为明确保护区管理职责，制定保护区管理责任制，针对保护区分布广，实行分区划片、分片包干、责任到人。完善保护区管理体系，为加大对自然保护区的管护力度，在原有的598名护林员的基础上，新增加精准扶贫护林员433名、野保员57名、湿地管理员7名、野生动植物疫源疫病监测人员2名。加强保护区防火与病虫害防治工作。在“预防为主，积极消灭”的原则下，开展保护区范围内的防火综合治理工作，加强防火队伍建设，确保保护区内无火灾发生。病虫害防治实行“预防为主，综合治理”的方针，加强各类病虫害和有害生物的预测预报和检疫工作，积极采取以生物防治为主的病虫害防治措施，提高防治水平。利用有利时机，广泛宣传《中华人民共和国森林法》《中华人民

2022年6月，桑日县林草局深入实地查看植树造林情况

共和国自然保护区条例》《中华人民共和国野生动物保护法》等有关法律法规的宣传教育工作，采取设立宣传咨询服务台、悬挂宣传标语、发放宣传画报等形式。通过宣传，提高保护区及周边居民以及进入保护区人员的自然保护意识。

【重点工程建设】 2022年，县林草局紧密衔接区、市林草局，结合县委、县政府工作要求，坚持林、灌、草多层次原则，着力加大国土绿化、美化、本土化和色彩化比重，因地制宜科学开展5个项目。推进桑日县天然草原退牧还草工程，计划投资1248万元，该项目建设规模和主要建设内容为修木围栏1万米、草原改良2万亩、人工种草3万亩，完成前置手续。建设桑日县草原有害生物防治物资站450平方米，计划投资为250万元，该项目已完成前置，待下达资金实施。开展桑日县荒漠化治理工程，投资为55万元。桑日县天然林保护与营造林工程，计划投资306万元，该项目开展勘测设计工作。开展桑日县虫草采挖点便民基础服务设施建设项目，计划投资为500万元，新建4处虫草采集管理基础设施建设，完成设计勘测工作。

【森林督查整改工作】 2022年，桑日县委、县政府先后8次组织召开森林督查整改推进会议，对整改工作进行安排部署，统一思想、明确目标，分解任务、制订方案、整改措施、整改时限，确保整改工作按期完成。2018—2021年，桑日县森林督查需要整改的问题共23个，其中2018年森林督查整改问题1个、2020年打击毁林专项行动发现问题2个、2021年度森林督查整改问题20个。县委、县政府高度重视森林督查案件整改工作，先后组织召开政府常务会议、县委常委会研究解决森林督查案件整改所需植被恢复费857.28万元、行政处罚金355.64万元、编制林地可行报告费163.79万元、恢复方案编制费27万元，同时对整改工作进展再安排、再部署、明确目标、分解任务、制订方案、明确整改时限，有序推进各项工作整改工作任务，完成整改23个案件并录入系统。

【"林长制"工作】 2022年，桑日县研究制定《桑日县全面推行林长制工作方案》，完成"县乡村"三级林长设立工作，明确全县三级林长及相关成员单位的责任区域和工作职责、任务目标，建立桑日县林长各类制度8个，建立县级林长巡林登记台账36份，下发8份森林督查整改案件任务清单，全面完成县、乡、村三级林长的设立工作，共设立县级林长36名，总林长2名、副林长34名；乡级林长43名，林长8名、副林长35名；村级林长248名，林长43名、副林长205名。建立县级林长巡林台账36本，设立林长制公示牌3个（县级2个、乡级1个），制作全县三级林长基本信息及责任区专栏2个，深入基层开展林长制相关文件会议精神及关于山南市林长办写给各级林长的一封信等内容宣传宣讲3次，县级林长包联到乡镇，县级副林长包联到建制村，乡镇级林长、副林长包联到自然村，村级林长、副林长包联到山头地块，切实将责任层层落实到位。2022年，市级林长到包联乡镇督导检查2021年度森林督查整改及秋冬季森林草原防灭火工作等落实督促检查6次、县级林长到乡村级督促检查22次。

【森林草原防灭火】 2022年，县林业局按照"以防为主，积极消灭"的原则，切实承担起森林防灭火职责。对三乡一镇及相关成员单位及时转发《关于切实加强春节、藏历新年期间野外用火管理的紧急通知》通知，召开森林草原防灭火会议7次，与各乡镇签订《森林草原防火目标管理责任书》8份，按照属地管理原则乡镇与各村居及辖区内项目施工企业层层签订目标管理责任书。落实公益林专业管护队伍，生态岗位护林员工作职责及林区群众责任，完善相关规章制度，严格要求把生态效益补偿资金的兑现与基层履行森林草原防火义务与责任直接挂钩，把林区的每个山头、地块的森林草原防火责任落实到具体责任人，做到山有人管、林有人护、火有人防、责有人担。在全县范围发放森林防灭火知识手册500余本、林业知识手册250本、野生动物保护手册150本、宣传手提袋600个、宣传指甲册200余套。通过开展多次排查和督查，森林草原防火责任得到进一步强化，火源管控力进一步加大，森林草原防火各项措施得到进一步的落实。

【林业有害生物防治】 2022年，县林业局组织技术人员深入林区实地调查林区灾情4次，组织当地护林员263人、专业技术人员3人次开展林业有害生物防治工作。全年森林病虫害防治面积2500余亩，发放各类药剂8箱，防治率达到95%以上。

【生态补偿及林业就业帮扶机制】 2022年，桑日县公益林面积122499.863公顷，涉及专职护林员598员，兑现2022年度生态公益林补助资金792.35万元。兑现2022年度林业生态护林员补助资金174.65万元，每年可帮助解决贫困户就业499户。开展“结对帮扶”活动，为驻村联系点贫困户、结对帮扶对象及各疫情卡点送去面粉、大米、食用油、蔬菜、方便面等慰问品，价值9300余元。了解掌握帮扶对象生产生活、家庭、身体状况，耐心倾听生活上的困难和要求，帮助他们重树致富的信心，改变当前生活状况。

水利

【概况】 2022年，桑日县水利局（以下简称县水利局）聚焦水利基础设施薄弱环节和突出问题，不断巩固拓展脱贫攻坚成果同乡村振兴有效衔接。全面加强项目监管，切实推动项目建设力度，多次召开专题会议研究水利部门促经济稳增长举措，力争抓住机遇，实施一批条件成熟的水利工程，加快推进德里姆曲防洪堤工程、增期河防洪堤工程、程巴专业市场供水工程等一批年度项目建设任务，争取新建续建各级项目投资达1.65亿元，为推动全县经济社会发展提供有力水利支撑。

【项目建设】 2022年，县水利局加快新建续建项目建设进度。新建投资项目12个，总投资9289.05万元，完工项目4个，开工建设4个，一般债券项目4个。续建项目2个，总投资6354.06万元，已完工。累计带动农牧民就业1423人次，增收356.07万元。加快推进一般债券项目建设，共争取一般债券项目4个，总投资3993.05万元，全面开工建设。争取到2022年度乡村振兴补助资金832.3万元。严格按照水利部、乡村振兴局综合司等部门联合发布的关于加快推进农村规模化供水工程建设通知要求，组织专人负责项目衔接及前置手续办理。完成绒乡一体化供水工程设计及评审工作，总投资2262万元。完成桑日县县城防洪堤工程设计评审工作，总投资4911万元。持续推进维修养护项目前期工作进度，按照中央、区市关于强化农村防汛和供水保障专项推进方案要求，设计一批不在中小河流治理资金范围内的冲沟治理项目，不断强化防洪工程建设、不断完善抗旱工作体系、不断加强水旱灾害防御应对。

【防汛抗旱】 2022年，桑日县整体降雨量较2021年同期有所减少，但局部地区仍伴有短时强降雨、冰雹等强对流天气。自全面进入汛期以来，全县共发生大小规模灾害共4起，损失496万元。继续严格落实以行政首长负责制为核心的各项防汛责任制落实工作，按照人员的变动，及时调整充实《桑日县2022年防汛抗旱领导小组》，完善《桑日县防汛抗旱应急预案》，签订2022年防汛抗旱目标责任书44份，水库安全度汛目标责任书9份。充实完善“小型水库三案一书”，严格落实“水库三个责任人”，进行“水库三个责任人”“三个重点环节”网络培训。开展2022年山洪灾害防御演练培训。严格执行县乡村三级河湖长汛期巡河，各级河湖长巡河次数达300余次。新增储备河堤石笼网、加厚塑料布、铁丝、编织袋、救生圈、抽水泵、PE（聚乙烯）饮水管等约80万元物资。加强隐患治理和排查，按照

2022年6月，自治区水利厅质安中心到桑日县检查在建工程建设情况

汛前排查隐患的内容，加快实施白堆河治理工程、增期河治理工程、德里姆曲治理工程、四曲那玛河道清淤等项目，共计争取各级资金4637.6万元。充分利用“5·12”全国防灾减灾日及主题党日为契机，采取多种形式，对暴雨、洪涝、泥石流等自然灾害的防范与自救知识进行广泛宣传。加强群测群防工作，利用会议、广播、电视、宣传栏、宣传册、发放明白卡等方式宣传山洪灾害防御知识，联合市防办在大古水电站举行山洪灾害防御实战演练，发放各类材料1000余册。利用“网信桑日”“桑日河湖长制”等自有微信公众平台，及时发布水雨情信息和防灾减灾知识18篇，提高群众防灾避灾及自救能力。

2022年6月17日，县水利局检查工程建设情况

【河湖长制工作】 2022年，桑日县共有大小河流91条、湖泊32座、水库4座。流域面积200平方千米以上河流5条、1平方千米以上湖泊1座。及时制定《桑日县全面推行河（湖）长制工作实施方案》，调整充实县、乡、村三级河（湖）长领导小组120人，每年预算5万元作为业务经费。投入40万元开展“一河（湖）一策”的编制工作，投入5.4万元更新完善公示标牌20余张。完成中小河流治理方案编制，全县境内流域面积200—3000平方千米的中小河流6条，有防洪任务的中小河流6条，分别为四曲哪玛、达西姆曲、增久曲、比巴河、杰当浦、德里姆曲。开展各类宣讲20余次，巡河检查300余次，组织群众清理河道20余次，执法检查12次，县政府成立专班联合县各行业部门，持续推进桑日县努卡砂石厂生态恢复治理工作。

【水土保持监管】 2022年，县水利局根据《水利部水土保持司关于下发2022年第2批次省份遥感监管疑似违法违规扰动图斑的通知》，《西藏自治区水利厅关于开展2022年生产建设项目水土保持遥感监管工作的通知》要求，桑日县组织专人对全县境内的卫星图斑疑似违规问题进行全面的复核，针对3个疑似违规图斑已全面开展认定核查工作，确保在规定时间内完成整改。全年审批水土保持报告表8个，下发缴费通知单4个，完成自主验收报备回执4个。

【水资源论证工作】 2022年，县水利局全面加强水资源论证和取水许可办理工作。督促完成桑日县5座温泉水资源论证工作及取水许可决定下发工作。取得江北灌区降乡子灌区、沃卡灌区和比巴灌区、江南灌区的取水许可批复，正在开展90个农村饮水工程（供水100人以上）水资源论证工作。对辖区机井进行执法摸排工作，对未办理水资源论证的新建游泳馆下达责令整改通知1份，确保取用水管理专项整治行动提升工作扎实开展，国有自然资源资产管理落实到位。

【农村饮水安全工程运行管理】 2022年，县水利局完善《桑日县农村饮水安全工程运行管理办法》，全面落实“三个责任”，建立健全完善“三项制度”。落实“三个责任”。全面落实农村饮水安全管理地方人民政府的主体责任、水行政主管部门的行业监管责任、供水单位运行管理责任，确保“三个责任”落实到位。健全完善县级农村供水工程运行管理机构、运行管理办法和运行管理经费“三项制度”，确保农村饮水工程有机构和人员管理、有政策支持、有经费保障。结合桑日县农村供水工程实际情况印发《西藏自治区桑日县农村供水工程水费收缴工作的方案》，各乡镇自2020年7月开始开展农村饮水工程水费收缴工作。投入76万元委托第三方机构认真开展水质检测工作（枯水期、丰水期各1次）。

商贸·旅游

商务

【概况】 2022年，桑日县商务局（以下简称县商务局）紧紧围绕全县中心工作，认真贯彻落实中央第七次西藏工作座谈会精神，贯彻落实山南商务工作会议和县委经济工作会议上的各项既定安排和部署，深入推进商贸流通领域各项工作按照既定要求、既定目标和任务有序开展。强化思想认识、认真履职尽责、提升服务效能，确保年内各项工作任务取得实效。

【监督检查】 2022年，县商务局在重要节假日期间和重要时期，按照职责范围，认真做好社会面管控和防火防盗、疫情防控、隐患排查等维稳值班备勤和督导检查工作。健全完善各项应急预案和值班要素，严格落实维稳各项举措，进一步强化干部群众的安全防范意识。加强对商贸流通领域成品油企业安全监管工作，联合所在乡（镇）、县应急管理、生态环境、城管执法局等单位，定期不定期对辖区内加油站、临时撬装售油设施、液化气站、本系统续建项目、商铺、茶馆、超市等人员密集场所，适时开展安全隐患排查治理和整改落实工作。加强商贸流通领域企业自建房、农贸市场承租企业、生活必需品储备库等行业（场所）安全隐患排查治理工作。按照区、市、县的统一安排和部署，联合各乡（镇）、住建、市场监管、应急管理等有关部门，定期不定期组织开展安全隐患排查治理工作。加强教育和引导工作，健全完善安全隐患排查登记台账和商贸领域产品销售、进货造册备案等方面的整治工作。全年联合所在乡（镇）、发改、住建、市场监管、应急管理、生态环境等部门共开展商贸领域各类执法监督检查30场次，出动人员车辆50余人（辆）次、检查市场主体企业80余家，督促企业严格落实安全生产主体责任，强化应急预案演练，为排查治理各类安全隐患、遏制和杜绝各类安全生产事故的发生奠定坚实的基础。

【疫情防控】 2022年，县商务局严格按照自治区、山南市及县委、县政府的统一安排部署，认真做好新冠疫情防控各项工作，确保市场生活必需物资保供有序、价格平稳。立足县域实际，沟通和协调发改委、市监局、农业农村、县疫情办等有关部门，强化落实疫情防控期

2022年11月25日，县商务局局长组织相关部门召开物资交流会动员大会

2022年1月20日，县商务局检查节前加油站安全生产工作情况

间生活物资和糌粑的保供工作，督促检查市场主体商品价格，严格筛选县域保供企业和个体商户，有序开展生活物资的统计、采购、运输、配发等工作；定期不定期安排人员到辖区内超市、蔬菜冻肉店开展督导检查，合理筛查布点、及时调配生活物资，协助发改、市场监管等部门强化市场价格的运行监管，为确保市场生活物资平稳供应、消除疫情带来的不利影响创造条件。全年就日用百货、蔬菜、粮油肉类等商贸领域物资供需共开展执法检查60场次，涉及企业主体80余户。强化宣传和教育工作，严格消杀防控举措，在元旦、春节藏历年、全国两会、"三月综治宣传月"、虫草采集、疫情防控、中共二十大等时间节点，强化宣传教育和引导工作，联合县疫情办、市监局等有关部门，加强对超市、商铺、餐饮、菜店等人员密集场所的疫情防控措施，在认真做好人员登记的同时及时督促配备额温枪、场所码、医用口罩、消毒凝胶等防疫消杀物资，密切部门协作，形成工作合力。全年共开展各类宣传教育20场次，散发各类宣传资料600余份，受教育群众近1000余人次。落实工作责任，及时调度监测。畅通信息渠道，加强每日信息报送工作，严格贯彻执行疫情防控价格监测"日报告"制度，及时统计成品油企业汽柴油、县城生活物资当日储备情况，切实保障节假日和疫情防控期间各类生活物资供应的平稳有序。

【项目建设】 2022年，县商务局联合发改、住建、生态环境、应急管理等有关部门，适时开展执法检查，督促承建方、监理单位严格施工现场各项安全防范措施，落实企业主体责任，推进桑日县生活必需品储备库项目建设。该建设项目已竣工验收，结算审核工作已办结，各项工程款已按要求拨付到位。积极沟通对接县直相关部门以及拉萨净云、京东物流等第三方电商平台企业，按照区、市商务部门关于电子商务进农村综合示范整体推进工作安排和部署，立足县域实际，安排专人负责，协调做好县级电商服务中心房屋租赁协议的签订、店面装修、县域农特产品数据采集等各项配套服务工作，加快推动和完善县域物流体系网络的建设。

旅游

【概况】 2022年，桑日县旅游发展局（以下简称县旅发局）以县级顶层设计为指导，推进旅游产业项目，优化旅游产业空间布局；以创新驱动为动力，强化业务培训，加强旅游安全管理，发挥旅游业在乡村振兴战略中的作用，推动县域旅游高质量发展，全年共接待国内外游客20.68万人次，完成旅游总收入884.11万元，同比分别减少42.2%和30.9%。

【思金拉措旅游景区基础设施建设】 2022年，县旅发局充分发挥旅游产业带动经济高质量发展中的作用，实现旅游产业"多点开花"的良好局面，争取本级资金1800万元实施思金拉措旅游景区基础设施建设项目，4月22日通过县委常委会会议研究，11月开工建设。

【审计问题整改】 2022年，县旅发局按照《自治区审计厅审计调查报告》文件精神，第一时间制订整改方案，对具体整改内容向各施工单位进行部署和整改，已全部完成整改9项问题。

【常态化旅游景区疫情防控】 2022年，县旅发局严格落实主体责任，经常性组织工作人员深入辖区酒店、温泉，家庭旅馆和旅游公厕，对场所消毒工作、游客落实扫码、测温、消毒情况进行检查，并及时张贴“健康码”，发放消毒液、空气清新剂、垃圾袋。辖区各酒店旅馆严格执行客房用品用具“一客一换一消毒”，旅游公共场所坚持每天清洁消毒、通风透气，确保各项措施落地落实，为全县旅游可持续发展奠定良好的基础。

【安全生产】 2022 年，县旅发局严格按照安委会工作部署，年初与境内的宾馆酒店、家庭旅馆、温泉接待点负责人签订《桑日县旅游行业安全生产目标管理责任书》。加强对旅游景区（点）、旅游道路交通、旅游食品安全、旅游消防安全的监管力度，组织人员开展旅游安全检查 20 次，出动检查人员 42 人次。深入贯彻落实自治区、市、县关于迅速开展火灾隐患大排查整治通知精神，深入景区（点）开展隐患排查整治工作 8 次，确保旅游安全生产形势平稳，旅游安全、有序、可持续发展。

【人员培训】 2022 年，为进一步提高桑日县旅游行业从业人员综合素质，提高服务能力，促进桑日县旅游业稳步发展，县旅发局以授课、实操和现场观摩形式，围绕农家乐、民宿经营与管理，民宿铺床、餐桌摆台，旅游服务接待礼仪，围绕安全生产专项整治三年行动等内容举办 2022 年桑日县乡村旅游从业人员专题培训。全县景区（点）具体负责人、增期乡雪巴村“两委”、各乡村旅游接待点服务人员等 20 余人参加培训。

【旅游基础设施建设】 2022 年，县旅发局按照年初工作部署，持续推进旅游宣传工作，设立 1 处高炮广告，增设 4 个景区旅游道路指示牌；持续为创建文明城市助力，围绕文明旅游，分别在沃卡温泉、达古景区等主要景区开展 1 次文明劝导活动，制作文明旅游宣传册 2000 份、手机支架 1000 个、扇子 500 把、口罩 1.5 万个、杯子 300 个、垃圾分类袋 300 个等宣传手册和宣传用品。编制桑日县全域旅游规划，已完成专家评审。沃卡温泉景区申报 AAA 级景区有序推进。桑日旅游资源普查完成招投标。提升家庭旅馆品质，推进标准化建设工作，配备家庭旅馆的抱枕、床垫已完成制作于近期进行配送，从而进一步夯实桑日旅游业发展基础。

【旅游服务】 2022 年 8 月 8 日，滞留游客得知拉萨家中被列为中风险区后，县旅发局主动引导、热情周到服务，争取更多的政策措施，不折不扣落实好各项防疫工作，全力做好滞留游客的服务保障。多次电话联系询问他们的生活情况。增期乡雪巴村村委会通过“四议两公开”（“四议”是指村党支部会提议、村“两委”会商议、党员大会审议、村民代表会议或村民会议决议；“两公开”是指决议公开、实施结果公开）制度，决定从 8 月 8 日开始直至 5 名游客离开桑日期间免费为他们提供 2 间客房（每间客房为 220 元 / 天）。8 月 9 日，雪巴村村委会为 5 名滞留游客发放口罩，送去方便面、矿泉水、蔬菜、水果、糌粑、饼子等物资。9 月 9 日，县委常委、副县长胡鹤率县旅发局工作人员一行到游客滞留点慰问，实地了解滞留游客的生活服务需求，并为他们带去月饼、牛奶、水果、矿泉水、方便面、药品等物资。

【行业典型工作开展】 2022 年，县旅发局、县编译局联合党支部组织党员一同到思金拉错措景区会同增期乡党员志愿服务队开展以“保护环境 绿色出游”为主题的环境保护志愿行动主题党日活动。5 月 19 日，县旅发局在县主干道开展以“感悟中华文化，享受美好旅程”为主题的“5 · 19”中国旅游日

2022年7月6日，县旅发局开展文明旅游、文明劝导志愿服务活动

沃卡温泉

宣传活动，发放涵盖文明旅游、桑日旅游、西藏自治区旅游条例（修订）等内容的各类宣传画册、宣传品 200 余份，向星级酒店、餐饮场所投放《中华人民共和国旅游法》《西藏自治区旅游管理条例》《文明旅游知识宣传册》100 份，引导游客文明旅游、安全出游、绿色消费。深入达古景区提供现场咨询、捡拾景区垃圾、维护景区秩序等方式，开展文明知识普及、文明旅游引导、文明行为劝导"文明出游"主题党日文明劝导活动，引导游客文明出行。

电力供应

【概况】 2022 年，国网桑日县供电公司供电量 2104.15 万千瓦时，同比增长 10.37%；售电量 1779.35 万千瓦时，同比增长 10.29%；综合线损率 17.01%；同比下降 1.15 个百分点。年度应收电费 1065.22 万元，同比增加 22.02%；实收电费 1065.22 万元，回收率 100%，预收电费 57.78 万元。乡镇计量装置故障运维项目投入 17.67 万元，完成率 100%。开展"大长频"配网技改项目 1 个投资 228.22 万元，改造 10 千伏配网线路 8.589 千米；开展低压线路改造项目 1 个投资 13.52 万元，改造 0.4 千伏配网线路 3.75 千米。

【重点工作】 2022 年，国网桑日县供电公司完成"子改分"工作任务，实现全面上划，公司发展有新航向、新目标，并迈上新的台阶。随着公司改革发展，各项业务逐步趋于规范，同质化管理水平得到进一步提升。紧盯"十四五"及技改大修年度项目计划，加强项目实施管理，落实项目专项费用，协调推进项目进度，实施供电线路改造项目 2 项，进一步提高供电可靠性。强化依法治企、合规经营管理，有效发挥支部班子成员责任，落实"三重一大"决策和议事规则，充分发挥民主集中制原则，研究重点项目 2 次，开展安全工作 2 次，开展生产经营 4 次，开展人事工作 4 次。组织关键岗位人员开展法律法规和规章制度学习 5 次，进一步提高公司各级管理人员和关键岗位人员依法办理业务的意识，降低法律风险。落实管理达标能力提升三年行动计划，执行"一县一策"实施方案各项计划工作任务，积极申报内部帮扶需求，通过内部帮扶人员的专业指导，公司管理水平和生产经营相关业务人员工作能力得到显著提升。自疫情发生以来，严格贯彻落实国网西藏公司 1—6 号令和当地政府关于疫情防控工作要求，编制公司疫情防控工作方案 2 份，确保疫情期间人身安全及各项工作有效推进。

【安全生产】 2022 年，国网桑日县供电公司贯彻落实上级关于安全生产工作安排部署，压紧压实各级人员安全责任，完成公司安全责任清单修编，明确各类人员岗位安全职责，签订年度安全责任书 19 份。贯彻落实"安全生产三年专项整治行动"、隐患大排查大整治、迎峰度冬、森林草原防火、消防安全、信息安全等安全生产工作要求，安排工作计划、细化工作措施，认真开展隐患排查，共发现隐患 44 项，完成整改 38 项，未整改 6 项。全年未发生电网、人身、设备、交通、信息等安全事件。组织开展安全生产教育培训，学习习近平总书记关于安全生产重要论述和指示批示精神 4 次，开展"'一把手'讲安全课"1 次，学习讨论重要安全通报 3 次。组织人员参加训导中队安全培训，开展计划作业演练 4 次，反违章教育 2 次。组织观看"生命重于泰山"安全警示教育片 2 次。邀请县应急救援大队开展"119"消防安全活动日 1 次。组

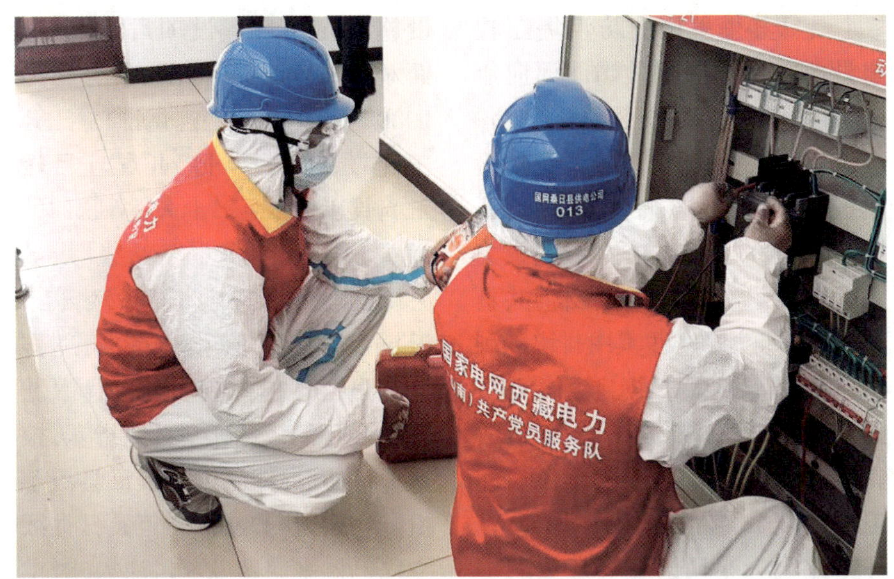

2022年8月30日，国网桑日县供电公司共产党员服务队开展桑日县重要用户电力设施安全隐患排查治理工作

织全员开展《电力安全工作规程》考试4次。组织人员开展取证工作，3名人员取得登高作业证及高压作业证，2名人员取得低压作业证，有效提升本质安全水平，为计划作业提供保障。履行公司安委会职责，定期组织召开安委会会议4次，研究季度、月度安全生产工作。监督各级人员安全履责情况，开展安全评价、考核工作，对电网故障、计划作业、抢修等生产工作中的违章问题按照“四不放过”（事故原因未查清不放过、责任人员未处理不放过、整改措施未落实不放过、有关人员未受到教育不放过）原则及时组织召开事故分析会3次，分析事故原因并提出解决措施和考核意见，确实将安全纳入公司生产工作全过程管理。落实“四个管住”要求，严把计划执行关、“两票”规范关、人员准入关，加强作业现场管控力度，按要求上报并实施计划作业8次，配合国网西藏公司、国网山南公司现场安全管控督察，进一步提升现场管控能力。

【供电服务】 2022年，国网桑日县供电公司严格落实保障电力可靠供应的要求，定期开展变电设备、输配电线路、公变台区巡视巡检工作，对发现的隐患按照要求进行处理，确保所辖电网安全稳定运行。加强与电力客户的沟通服务，向广大电力客户宣传电力设施保护法、安全用电知识、电价政策、业扩报装流程等内容4次，推广“网上国网”App注册，提升供电服务水平。落实国网西藏公司1—5号令关于“防疫保供”工作任务，安排2名工作人员到山南市鲁琼方舱医院开展保电工作。安排3名人员轮流开展上门收费充费工作，践行“你用电我用心”的服务理念。及时处理“95598”工单，受理客户咨询、故障报修等业务，开展用户侧抢修服务20余次，提升专业技能和服务质量。加强用户侧智能计量装置改造，对自然损坏的磁卡式计量装置和不符合要求的计量装置及时进行更换，共改造98只，为用户解决安全用电问题。执行“三零三省”要求，规范业扩报装受理流程，向用户发布关于规范办电业务的通知，减少用户到营业场所咨询、办理业务的次数，对于行动不便的用户采取上门服务的方式解决用户报装问题，业务办理能力得到不断提升。

2022年4月6日，国网桑日县供电公司共产党员服务队深入农村开展防灾减灾宣传活动

桑日县沃德投资有限公司

【概况】 2022年，桑日县沃德投资有限公司在册职工共16人。其中政府委派1人，对外招聘15人。解决本地未就业大学生8人，占员工总人数50%。截至11月30日，公司资产总额为17933.71万元，净资产总额为3875.03万元，同比增长65.44%。公司拥有5家子公司，分别为西藏沃德建设工程有限公司、西藏源安管理咨询有限公司、西藏鲁定餐饮文化服务管理有限公司、西藏沃德人力资源服务管理有限公司、西藏九方运业管理有限公司。其中，西藏沃德建设工程有限公司、西藏源安管理咨询有限公司、西藏鲁定餐饮文化服务管理有限公司3家子公司已正常运营。

【2021年度3个水利项目】 桑日县沃德投资有限公司实施达西姆曲防洪堤工程项目、鲁牧沟治理工程项目、江南灌区续建与节水改造工程项目。达西姆曲防洪堤工程项目总投资3041.56万元，鲁牧沟治工程项目总投资1067.79万元，江南灌区续建配套与节水改造工程项目总投资3214.71万元。截至2022年年底，达西姆曲防洪堤工程项目、鲁牧沟治理工程项目、江南灌区续建与节水改造工程项目均完成合同工程完工验收。

【2022年度3个水利项目】 桑日县沃德投资有限公司实施桑日县德里姆曲防洪堤工程、白堆乡防洪堤工程、增期河防洪堤工程建设项目。桑日县德里姆曲防洪堤工程建设内容为治理德里姆曲河河道长6.546千米，新建堤防总长度5.70千米，其中左岸新建重力式铅丝石笼护岸1.981千米、贴坡式铅丝石笼护岸1.097千米；右岸新建重力式铅丝石笼护岸2.622千米；共新建河堤建筑物14处(其中排水涵洞5处、无坝取水口2处、下河堤道7处)。项目概算总投资1173.49万元，资金来源国家投资，工程施工总体工期为8个月。2022年4月10日开工建设。桑日县白堆乡防洪堤工程规模及建设内容为治理河道长2.70千米，新建堤防总长度3.574千米，其中白堆村段左岸新建重力式铅丝石笼1.75千米；右岸新建重力式铅丝石笼1.824千米。共计新建河堤建筑为8座(其中排水涵洞3处、无坝取水口1处、下河梯4处)。工程概算总投资为718.98万元，资金来源于国家投资，工程施工总体工期为8个月。2022年4月30日开工建设。桑日县增期河防洪堤工程建设内容、规模为治理河道长度13.284千米，新建堤防总长度12.264千米，其中增期河右岸新建重力式铅丝石笼护岸4.906千米、贴坡式铅丝石笼护岸1.43千米；左岸新建重力式铅丝石笼护岸4.808千米、贴坡式铅丝石笼护岸0.65千米；莫巴支沟新建重力式铅丝石笼护岸0.47千米。新建河堤建筑物35处。项目概算总投资2621.67万元，资金来源于国家投资。工程施工总体工期为9个月。2022年4月30日开工建设。

【葡萄基地基础设施配套用房建设项目】 桑日县葡萄基地基础设施配套用房建设项目，总建筑面积1854.48平方米，总投资为1030万元。2022年3月15日开工建设，12月29日，开展项目竣工验收工作。

【桑日县绒乡程巴水塘建设项目】 根据《关于委托西藏源安管理咨询有限公司担任绒乡程巴村水塘建设项目法人的函》文件指示，根据项目建设需要，委托桑日县沃德投资有限公司为2022年桑日县绒乡程巴村水塘建设项目法人，对工程建设质量、安全、进度及资金使用负首要责任，配合县乡村振兴局落实项目招投标、组织工程建设、开工备案等工作。项目总投资为950万元，施工总工期12月。项目于2022年6月初完成招标工作，2022年6月30日开工实施。截至年底，施工进度达到78%。

【2022年水利一般债券项目】 根据《桑日县人民政府关于同意西藏源安管理咨询有限公司担任2022年水利一般债券项目法人的批复》文件指示，桑日县比巴河堤工程、桑日县比巴河堤险工险段防洪堤、桑日县绒乡防洪堤工程、桑日县江塘村防洪堤工程的项目法人由西藏源安管理咨询有限公司担任。对工程建设的质量、安全、进度和资金使用负首要责任，配合县水利局落实“项目招投标、组织工程建设、开工备案、组织或参与工程及有关专项验收、工程档案资料管理、接受并配合相关部门开展的审计、稽查、巡察等监督检查”等工作，履行法律法规规定的职责及应当履行的其他职责。桑日县比

巴河防洪堤工程总投资为1159.98万元,施工总工期8个月。项目于2022年10月27日发布招标公告,2022年12月5日下发中标通知书。2022年12月8日项目开工。桑日县绒乡防洪堤工程总投资为2193.11万元,施工总工期为5个月,项目于2022年10月27日发布招标公告,2022年12月5日下发中标通知书。2022年12月8日项目开工。山南市桑日县线乡江塘村防洪堤维修工程总投资为200万元,施工总工期为3个月。项目于2022年11月29日完成招投标(邀请招标)工作,2022年12月5日项目开工。桑日县桑日镇比巴河防洪堤险工险段维修工程总投资为284.85万元,施工总工期为4个月,项目于2022年11月29日已完成招投标(邀请招标)工作,2022年12月5日项目开工。

【2022年乡村振兴建设项目】 根据《关于实施山南市桑日县绒乡扎巴村乡村振兴建设项目的委托书》文件指示,桑日县绒乡扎巴村乡村振兴建设项目和桑日县增期乡卡乃村乡村振兴建设项目的项目法人由西藏源安管理咨询有限公司担任。具体负责工程招投标、项目进度的跟进、质量的把关、安全的保障,严格按照核定的概算(批复)成本控制工程投资,对项目建设的实施阶段进行有效组织、控制、协调、保质、按期完成建设任务,招标过程中严格履行招投标程序,以公开、公平、公正原则做好招投标工作。建设过程中严格控制工程变更严禁工程竣工决算时超概算批复。建成后及时办理竣工结(决)算,并将竣工资料及时移交至相关部门。桑日县绒乡扎巴村乡村振兴建设项目总投资为2999.86万元,施工总工期12个月。项目于2022年11月15日发布招标公告,2022年12月9日开标评审,计划于2022年12月16日下发中标通知书,于2022年12月20日项目开工。桑日县增期乡卡乃村乡村振兴建设项目总投资为2999.98万元,施工总工期12个月。项目于2022年11月15日发布招标公告,2022年12月13日开标评审,2022年12月16日下发中标通知书,2022年12月20日项目开工。

【桑日县高海拔学校供暖全覆盖项目】 根据《关于实施桑日县高海拔供暖全覆盖项目委托》文件指示,桑日县高海拔学校供暖全覆盖项目的项目法人由西藏源安管理咨询有限公司担任。具体负责项目前期手续、项目招投标、项目进度的跟进,质量的把关、安全的保障,严格按照核定的概算(批复)成本控制项目投资,对供暖项目的实施阶段进行有效组织、控制、协调,按期完成建设任务,招标过程中严格履行招投标程序,以公开、公平、公正原则做好招投标工作。供暖项目建设过程中严格控制工程变更,严禁工程竣工决算时超概算批复。供暖项目建成后及时办理竣工结(决)算,并将竣工资料及时移交至相关部门。桑日县高海拔学校供暖全覆盖项目,建设规模及内容为桑日县内14所幼儿园立柜式空调,集成式空调采购。总投资197万元,项目资金来源为国家投资和本级财政资金,施工总工期1个月。完成评审工作。

【桑日县沃德投资有限公司办公楼改造项目】 为响应县委、县政府号召,保障全县疫情防控医学隔离观察使用场地,桑日县沃德投资有限公司坚决扛起社会责任,以坚定的政治担当,立即组织公司员工将新分配的新时代文化广场公司办公楼全部腾空,并按时间节点移交县应对新冠疫情工作领导小组使用,公司转移至鲁定林卡临时办公。经县委书记康爱民,县委副书记、县长索朗巴珠,县委常委、常务

2022年5月18日，桑日县沃德投资有限公司项目负责人带队检查施工质量

副县长贾峰等指示，将友谊广场原电力公司办公楼作为桑日县沃德投资有限公司办公场所，因办公楼年久失修，要求桑日县沃德投资有限公司自筹资金修缮，及时办理相关维修手续，以保证日常工作正常运转。该项目由西藏源安管理咨询有限公司担任法人，对工程建设的全过程负责，对工程质量、进度、资金管理和安全生产负总责，桑日县沃德投资有限公司保时保质保量，优质高效地完成此项目。截至年底，工程已投入使用。

【鲁定林卡经营】 自2021年5月28日接管鲁定林卡以来，桑日县沃德投资有限公司采取公益性与经营性相统一的方式，成立子公司西藏鲁定餐饮文化服务管理有限公司对其进行经营管理，对林卡老旧、破损设施设备、电气线路等进行全面更换，完善相关配套设施，于2022年4月对外营业。在疫情防控期间，桑日县沃德投资有限公司在了解到因服务面广、核算点位多、参与人数庞大等情况后，主动担当作为，发挥下辖子公司西藏鲁定餐饮文化服务管理有限公司优势，购进新鲜、安全的食材，科学合理地制定食谱，严管制作各环节，采取无接触送餐模式，免费为医护工作者、公安干警、志愿者等配送餐食和饮品，最大限度保障一线工作人员全身心投入疫情防控工作，为打赢疫情防控阻击战奠定坚实的后勤保障基础。截至9月30日，累计为一线工作人员免费提供早、中、晚餐1.6万份，共计开支48万元。

【山南神力时代广场商铺】 2022年，桑日县沃德投资有限公司购买8间山南神力时代广场商铺，建筑面积共726.58平方米，总价约为2400万元。

桑日县帕竹荣顺（净土）庄园有限公司

【概况】 桑日县帕竹荣顺（净土）庄园有限公司（以下简称帕竹公司）是一家专业从事超高海拔葡萄种植和葡萄酒销售的企业。2022年，帕竹公司不断提高葡萄种植质量和葡萄酒销售业绩。

【葡萄种植】 2022年，帕竹公司通过不断改善种植技术和管理方法，公司成功地优化种植环境，合理施肥和病虫害防治。引进新栽培技术，以增加葡萄市场竞争力。葡萄种植团队发挥重要作用，密切关注葡萄的生长情况，确保葡萄的健康生长和丰收。

【葡萄酒销售】 2022年，帕竹公司通过拓展市场和提升销售策略，取得可喜的销售成绩。不仅加大对传统市场的开发力度，还进入新兴市场，并与各大商超和餐饮企业建立稳固的合作关系。销售团队了解客户需求，提供个性化的销售方案，通过有效的沟通和协作，与客户建立长期的合作伙伴关系，推动葡萄酒销售的增长。

【乡村振兴】 为全面实施乡村振兴战略，促进农村全面升级，农村全面进步，农村全面发展，加快农业农村现代化，全面建设社会主义现代化国家。2022年，帕竹公司坚持“以工补农”的形式，认真贯彻落实习近平总书记提出的不离乡不离土就近就便增收致富的指示精神，为桑日县乡村振兴作出积极贡献。

土地流转金。每年每亩300—750元的地租，截至2022年仅土地流转金一项就达到384万元，使村集体收入翻几番。对应国家提出在保护中开发、在开发中保护得到良好的体现。

务工与机械租赁收入。2017—2022年，帕竹公司发放各类务工工资1100余万元，加之整个基地建设实施过程中，优先使用本地机械、车辆运输，较好带动当地经济，此项收入共计达到2200万元。

自来水供给

【概况】 2022年，桑日县供水量633912立方米。桑日县锦砻市政供水有限公司（以下简称县供水公司）全力保障县城供水正常运行，24小时维修出勤累计342次，全年累计更换新增水表96支，夜间抢修27次。

【供水安全】 2022年，县供水公司坚持“以需定压、以压定量”的供水办法，根据各个季节、每日不同时间段用户用水需求，及时合理地调节水量，在积极寻求既能满足用户需求，又不浪费水源最佳结合点的基础上，对供水管网进行全日24小时压力监测，保证供水平稳运行。聘请第三方检测公司每季度定时、不定点在县城范围内抽检样本。

【企业管理】 2022年,县供水有限公司加大管网巡视力度,提升测漏治漏工作的时效性,更换阀门10余套,上门服务用户280余次,减少管网漏失。规范收费管理,加大收费管理力度。压缩开支,降低各项费用的发生。在实行材料比价采购和财务签批一支笔制度的基础上,加强办公用品支出管理,在降低日常消耗用品上做文章,有效地降低办公用品的消耗。在车辆管理、用电管理、机械维修等方面都采取相应措施,有效地降低供水成本。

水厂池清洗

财税·金融

财政

【概况】 2022年,桑日县财政局(以下简称县财政局)落实稳增长、调结构、强支撑、促改革、惠民生、保稳定、防风险等一系列政策措施,围绕县委、县政府中心工作,主动作为,扎实工作,攻坚克难,完成全年财政各项任务目标,财政预算执行情况良好。地方一般公共预算收入-12446万元,比同期减少22579万元,下降223%(按自然口径剔除留抵退税后,实际完成6313万元,同比减少3820万元,下降38%)。税收收入-9382万元,其中,增值税-14505万元,比同期减少18492万元,下降464%;企业所得税完成214万元,比同期减少42万元,下降16%;个人所得税完成231万元,比同期增加64万元,增长38%;资源税完成80万元,比同期减少67万元,下降46%;城市维护建设税完成185万元,比同期减少343万元,下降65%;印花税完成93万元,比同期减少17万元,下降15%;耕地占用税-177万元,比同期减少780万元,下降129%;环境保护税完成75万元,比同期减少84万元,下降53%。非税收入完成1358万元,比同期减少2818万元,下降67%。

【退税工作】 2022年,县财务部门落实党中央、国务院实施新的组合式税费支持政策,扣除留抵退税因素后财政收入出现负增长。由于疫情、退税减税政策等冲击,地方财力减少,甚至出现收支缺口,需调减年初预算或调整支出结构,包括压减公用经费、相应增加抗疫支出等。截至年底,共退税37517万元,涉及企业12家。其中退税较多的有以下4个企业:华电西藏能源有限公司大古水电分公司退税31414万元,尚德(桑日)太阳能发电有限公司退税2153万元,国家电投有限公司山南电力有限公司桑日分公司退税1859万元,桑日协鑫光伏科技有限公司退税1135万元。

【地方一般公共预算支出】 2022年,桑日县一般公共预算支出91189万元,比同期增加20558万元,增长29%,完成年初预算数的87%。一般公共服务支出18961万元,比同期减少824万元,下降4%;公共安全支出6992万元,比同期增加792万元,增长13%;

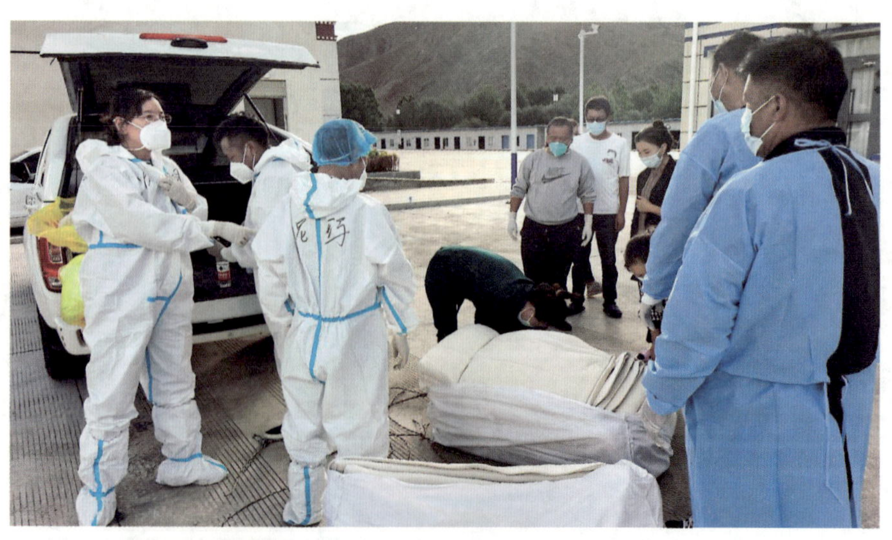

2022年8月,县财政局局长组织干部职工参加新冠疫情防控志愿工作

教育支出10986万元，比同期增加407万元，增长4%；科学技术支出66万元，比同期减少32万元，下降33%；文化旅游体育与传媒支出1699万元，比同期增加804万元，增长90%；社会保障和就业支出7184万元，比同期增加4277万元，增长147%；卫生健康支出5874万元，比同期增加2762万元，增长89%；节能环保支出743万元，比同期增加382万元，增长106%；城乡社区支出4625万元，比同期增加3701万元，增长401%；农林水支出20966万元，比同期减少2637万元，下降11%；交通运输支出1099万元，比同期增加382万元，增长53%；资源勘探工业信息等支出100万元，比同期增加50万元，增长100%；自然资源海洋气象等支出217万元，比同期减少231万元，下降52%；住房保障事务支出2965万元，比同期增加2642万元，增长818%；粮油物资储备支出3万元，增长100%；灾害防治及应急管理支出685万元，比同期增加56万元，增长9%；其他支出8024万元，比同期增长100%。

【政府性基金收支】 2022年，桑日县政府性基金收入6247万元（含上级补助收入59万元、2021年结转资金23万元、本级基金收入6165万元），同比增加6219万元，增长22212%。政府性基金支出28万元，同比增加23万元，增长460%。

【直达资金支出】 2022年，县财务局压实责任，有序推进直达资金支付工作，对接相关部门加快推进直达资金支付，每月定期反馈支出进度，全县共到位直达资金22461.88万元，实际支出17191.89万元，支出进度达76.5%。

【涉农统筹整合资金支出】 2022年，县财务局，坚持“整合资金办大事、突出重点办实事”的工作思路。全年扶贫整合资金达到13600.94万元，其中中央9212.38万元、自治区2538.56万元、市级配套800万元、县级1050万元，支出进度70.42%。

【存量盘活资金中支出】 2022年，县财务局在收入增速下滑情况下，盘活存量资金，加快预算执行进度，各项重点支出保障较好。共清理收回存量资金12000万元。资金具体使用聚焦“四件大事”，主要用于保民生、保稳定、保发展、保生态领域等。

【一般债券资金预算】 2022年，县财务局根据《西藏自治区财政厅关于下达山南市2022年政府一般债券资金预算指标的通知》要求，桑日县新增政府一般债券资金21200万元，截至年底支出4655万元。

【预算绩效工作】 2022年，县财务局严格按照政府采购程序，委托三方机构对桑日县2021年预算覆盖做绩效，已开展前期工作，受疫情影响还未完成。

税务

【概况】 2022年，国家税务总局桑日县税务局（以下简称县税务局）推进“组合式税费”支持政策落实，优化税收营商环境、开展“便民办税春风行动”，服务桑日县高质量发展，建设税收现代化，推动各项工作再上新台阶。全年剔除留抵退税因素影响，组织税收收入9870万元、社保收入11417万元、非税收入6844万元，并获得“山南市文明单位”“桑日县先进基层党组织”等荣誉称号。

【征管改革】 2022年，县税务局深入贯彻落实全面数字化的电子发票受票试点工作要求，有序推进“全电发票”各项试点工作平稳落地。做好“全电发票”相关政策宣传和业务辅导工作，进一步了解受票纳税人的意见建议，不断完善相关服务与监管手段，持续做优做细“全电发票”宣传辅导服务。牢固树立“税费并重”理念，紧紧依靠地方政府，深化部门协同，对接地方各级行政主管部门，扎实做好工会费划转后的征缴流程、业务衔接、互联互通、信息共享工作，主动发挥联络协调作用，为高质高效落实各项改革奠定坚实基础。

【纳税服务】 2022年，县税务局继续开展“便民办税春风行动”。拓展办税方式，简化办税程序等，持续优化网上办税、移动办税、人工办税“三位一体”的办税服务体系。邀请人大代表、政协委员以及纳税人代表等特邀监督员走进办税服务厅体验“操作系统亲自办”“走进大厅陪同办”“深入一线体验办”等服务举措和办税流程，谈体会、问时效、提建议，针对性地弥补

2022年2月23日，县税务局到大古水电站调研企业情况

短板和不足，着力提升纳税人办税体验感和满意度。结合桑日县实际情况，制作“桑日县税务局税企沟通模板”，通过电话访谈、实地约谈等方式，全面宣传组合式税费支持政策内容。疫情期间，拓展“非接触式”税费服务，通过纳税人缴费人互动群随时提供税务咨询辅导，引导纳税人通过电子税务局、扣缴义务人扣缴客户端、“个人所得税”App等平台办理涉税涉费业务，稳妥进行发票“线上申领、线下配送”服务工作。

【依法治税】 2022年，县税务局牢固树立依法治税理念，夯实学习基础，培养法治思维。以领导干部带头学的形式积极开展在线学习，营造“干中学，学中干”的良好学习氛围，提升执法人员的综合执法素质。强化普法宣传，拓展法治实践。坚持集中宣传和日常辅导相结合。落实“谁执法谁普法”责任制，强化税务干部在执法中普法、在服务中普法的责任意识，进一步普及税费政策知识，提高纳税人税法遵从度。全面推行优化税收执法方式的“三项制度”要求，全面规范税收执法事前、事中、事后各环节的程序要求。在涉及公示程序的工作中，严格按照各项工作制度、要求和法律规范执行，确保纳税人的合法权利得到有效保护。全年完成新注册登记个体户34户、企业30户。

【税收优惠政策】 2022年，县税务局落实党中央出台的组合式税费支持政策，构建良好营商环境，促进企业发展。成立政策落实工作领导小组，组织一线税务人员集中学习，做好申报、指导的保障。通过集中宣传、网上宣传、进企业等多渠道、多方式宣传相关优惠政策，确保纳税人对新政策全面了解。开展政策培训答疑以及“一对一”辅导，确保纳税人“应知尽知，应享尽享”。探索创新，优化流程，加快审核速度，助推政策红利快速直达企业账户，构建良好营商环境，纾解企业资金困难。全年完成减免退缓税金4.23亿元。

2022年疫情期间，县税务局通过网络为纳税人办理业务

中国农业银行股份有限公司桑日县支行

【概况】 截至2022年年底，中国农业银行股份有限公司桑日县支行（以下简称农行桑日县支行）各项存款余额达89632万元，比年初增加12198万元。其中，对公存款为47264万元，比年初增加4869万元；储蓄存款余额42368万元，比年初增加7329万元。实现中间业务收入122.77万元，其中对公收入17.42万元，零售收入105.35万元。各项贷款余额达67507万元，

2022年4月14日，农行桑日县支行到县集中供养中心宣讲消保知识

比年初增加349万元。其中，个人贷款余额达36445万元，比年初增加2415万元，占各项贷款余额的53.99%；涉农贷款余额达24773万元，占各项贷款余额的36.70%；对公贷款余额6289万元，占余额的9.31%，其中涉农贷款中扶贫贷款余额达1631.12万元。

【金融扶贫】 2022年，为做好金融扶贫及农牧区金融服务工作，农行桑日县支行开创性地建立"3+2"流动服务机制，在基层乡镇营业所实行"三天坐班、两天走村入户"的流动金融服务模式，走进村庄、走进农户家中，开展金融知识进万家、政策宣讲、社保卡发卡激活、农户信息采集建档等形式多样的金融流动服务，将金融服务送到千家万户，送到最需要的地方，有效保障农牧区的金融服务需求。

【乡村振兴】 2022年，为做好金融服务乡村振兴战略，农行桑日县支行结合本地特色，推出掌上银行藏语模块，可支持账户查询、转账等模块全藏文操作，方便农牧区群众使用掌上银行，让现代化的金融工具更好的服务"三农"，助力乡村振兴。

【金融服务扶持政策落实】 2022年，农行桑日县支行贯彻落实减费让利要求，用足用好小微企业金融服务扶持政策，主动减费让利，杜绝不合理收费和加长信贷链条的行为，切实降低民营企业贷款综合成本，降低民营企业信贷融资综合成本和金融服务费用。

【民营经济金融服务体系建设】 2022年，农行桑日县支行加强银企沟通协调能力，主动邀约民营企业业主，围绕企业发展遇到的困难、银行方面的信贷准则、银企双方如何解决融资难问题等进行深入交流探讨，不断增进信任，加强沟通，促使桑日县银企合作基石更加牢固，合作领域更加广阔，合作效益更加显著，努力开创互利双赢的银企合作新局面。

【金融知识宣传】 2022年，农行桑日县支行履行行业职责，开展防范电信诈骗、非法集资、反洗钱、反假币等领域的宣传宣教活动，努力普及社会公众金融知识，提升金融素养。

【金融安全监管】 2022年，农行桑日县支行持续开展洗钱、非法集资、反恐融资等资金监测工作，及时向人民银行报送报表，加大客户身份识别，加强客户信息保护工作，确保金融稳定。

交通·邮政·通信

交通运输

【概况】 2022 年,桑日县计划实施农村公路建设项目 3 个,分别为增期乡卡乃村、达杰村和帮贡村 3 个建制村通畅项目,总投资 14375.18 万元。桑日县 S507 至卡乃村公路改建项目,批复总投资 2436.21 万元,建设里程 6.269 千米。桑日县增期乡 S507 至帮贡村公路改建项目,批复总投资 6032.08 万元,建设里程 24.971 千米。桑日县增期乡 S507 至达杰村公路改建项目,批复总投资 5906.89 万元,建设里程 18.517 千米。截至年底,项目前期工作完成,批复已经下达,已进入招投标阶段,因疫情原因,招标工作还未完成,桑日县交通运输局(以下简称县交通局)衔接上级业务部门和自治区公共资源交易中心。

【道路交通隐患治理】 2022 年,县交通局争取本级财政资金 60 万元,实施农村公路和通寺公路隐患整治工程,切实解决农村公路交通标志标线更换整改工作,提升安全通行水平。争取上级危桥改造资金 320 万元,完成绒乡叶琼村、白堆乡夏间错扎桥设计工作。

2022年7月12日,桑日县交通运输局实地检查错扎线养护工程

【农村公路养护】 2022 年,县交通局加强道路养护,努力提高通行能力。全面落实“四好”(建设好、管理好、保护好、运营好)农村公路精细化养护。先后投入 200 余万实施绒乡叶琼村挡墙建设、堆绒线水毁修复、白堆乡夏间村错扎组公路养护等项目,加强农村公路隐患整治工作。先后投入机械台次 40 余次,全面开展绒乡普巴村、巴资村、平琼村、卓吉村等应急抢通抢险工作,加强雨雪季节农村公路保通保畅工作,保障农村公路畅通有序。落实“四好”农村路就业岗位人员 29 人,兑现补助资金 101500 万元(每人每年 3500 元)。

【“路(桥)长制”工作】 2022 年,县交通局出台农村公路“路(桥)长制”实施方案,县委副书记、县长任总路(桥)长,县交通运输局(路长办)负责牵头,结合工作实际,制定路(桥)长制明白卡巡查台账。完成县、乡、村三级路桥长体系初步建设任务。为全面做好“四好农村路”创建和深化农村公路管理养护体制改革打下坚实的基础。

【客运公司运营】 2022 年,县交

2022年12月22日，桑日县交通运输局组织设计单位实地踏勘帮贡村农村公路项目

通局严把行业准入关，配合市运管局开展交通行业从业人员的资质审查工作，提升从业人员整体素质能力。坚持从业人员安全学习，加强对从业人员的相关法律法规、职业道德、规范服务及行车安全的教育。优化客运班线的调剂和“一车两线”工作，确保桑日县农村客运班线通车率达85%以上。组织4名客运公司驾驶员承担全县的转运工作，完成工作任务。

【源头治超】 2022年，县交通局开展源头治超法律法规宣传的同时，开展道路运输超限超载整治活动和源头企业整治活动，组织实施联合治超专项行动，始终保持治理超限超载高压态势，流动稽查覆盖范围不断扩大。

【交通安全监管】 2022年，县交通局按照“党政同责、一岗双责、失职追责、齐抓共管”的要求，建立健全交通运输安全生产责任体系，层层签订《安全生产目标责任书》，认真落实企业主体责任。坚持交通安全“一岗双责”，进一步加强道路客货运输源头监管，通过行政执法加强对客货运输市场的查处。加强交通工程建设安全生产管理，严格执行安全生产制度，落实安全生产员职责，强化对施工现场的管控，对在建项目不定期进行安全检查，发现问题要求参加单位限期做出整改，有效确保施工现场人员、设备安全。切实加强重大节日和汛期期间安全生产工作，确保道路交通运输安全。全年共开展安全生产宣传教育活动5次，散发交通安全宣传单365份，提高广大农牧民群众的安全出行意识，保证公路交通的持续安全畅通。

邮政

【概况】 2022年，中国邮政集团有限公司桑日县分公司（以下简称中国邮政桑日县分公司）坚持“质量第一、效益优先”推动高质量发展，坚持用“三个视角”“三大规律”，聚焦“五大体系”，找差距、抓落实，深入实施“两升一稳”经营发展策略。坚持以市场为导向，以客户为中心，不断提高市场开拓和竞争能力，提高发展质量和效益，有效推进桑日邮政事业持续健康发展。截至11月，累计完成业务收73.8万元。欠产40.78万元，代理金融业务收入28.09万元，包裹快递业务收入完成12.23万元，函件业务收入完成0.09万元，报刊业务收入完成17.56万元，增值业务收入完成1.26万元，分销收入7.78万元，集邮收入3.82万元。

【企业管理】 2022年，中国邮政桑日县分公司以工作、学习两不误的要求，以工作忙闲情况，对职工思想政治、职业道德、法律法规、业务技能、上级文件通知等学习情况进行合理有效的安排，及时加强学习，认真贯彻落实，努力提高全局职工的综合素质，上级指示精神能够及时传达到位。结合国家、自治区、市三级邮政管理部门对桑日县机要业务、普服等工作的检查，发现的问题，并做整改，机要业务收寄、投递等得到进一步的改善。数次深入各乡镇邮政营业所培训普服业务和进行检查，配齐各种业务单册，配齐邮件收寄设备，规范营业开关门时间等。始终把安全生产工作放在全局工作的议事日程上，在全分公司上下树立“安全第一，预防为主，在日常工作、生活中不出大事，尽量小事也不出，社会效益和经济效益同步提高”的方针。经常教育职工加强人身安全、

2022年4月20日，乡邮投递员对群众进行反假邮路宣传

道路交通安全、消防安全、邮政金融资金安全、邮件安全，个人安全为主的其他安全知识的学习。始终做到“看好自己的门、管好自己的人、办好自己的事”，坚决杜绝每一名邮政人不参与黄、毒、赌等活动，努力创建“平安、和谐、稳定”的社会秩序，做到安全文明生产无事故的要求，没有发生客户无理申告等现象。

【企业和谐文化建设】 2022年，中国邮政桑日县分公司始终坚持开展业务公开工作，通过晨会、月小结会制度的执行，定期向全体职工公布企业经营发展情况。通过发挥工会小组长作用，落实职工过生日、职工生病、红白事慰问，这些都是由工会小组长组织，职工自愿筹款来开展的。重新成立营销分队，组织形成“比学赶超”的营销氛围。

电信

【概况】 2022年，桑日县电信局（以下简称县电信局）保障着桑日县三乡一镇1.7万名群众的日常用网需求。严格按照县政府的要求办事，及时排查无信号区域，对急需基站的区域向山南市电信公司申请加急新建基站，日常巡查各基站信号情况，缩短办事时限，提高办事效率，信号覆盖率达98%，新建基站及时率达100%，新建基站9座。

【电信服务】 2022年，县电信局按照通信管理局发布实名认证的要求，以一人一卡人脸认证的工作流程，实现全年无违规的实名制办卡案例。努力做到以优质的服务，清廉高效的工作作风。在下乡下村活动中，向群众发放反电信诈骗宣传册600册，直接受益群众2600人。

【工作开展】 2022年年初，县电信局开展一次总结会，对2021年桑日电信局的工作进行总结。3月，召开维稳值班及安全生产会议。3月重要时期，制定值班表，由局长带头总值班，全局员工轮流值班，未出现任何维稳安全事故。进行安全排查，更换5瓶灭火器，整改1处安全隐患，巡检重点区域机房，油机房等。10月，因信号不稳定原因，桑日县绒乡多个建制村出现打不开藏易通健康码，信号弱的问题，因绒乡设置有疫情检查站关口急需修复基站，县电信局设立3个小队，在1天内修复基站信号差的问题，使绒乡群众能及时扫藏易通。

中国移动桑日县分公司

【概况】 2022年，中国移动桑日县分公司以保有中高端市场基准，以拓展潜在市场为动力，以效益增长为目标，全面推进各项工作，完成全年指标，客户份额56.8%，业务参与率平均在45%左右。经营业绩在山南全市12个基层单位中排名第一。

【基站建设】 2022年，中国移动桑日县分公司建设值得信赖的网络、保障客户权益、营造健康通信环境是中国移动最为基本的责任。坚持“网络质量是通信企业的生命线”的理念，加大移动通信网的建设，全面支撑客户需求和市场发

2022年6月，中国移动桑日县分公司到小区开展驻点咨询业务活动

展，确保客户的网络满意度持续改善。截至年底，共有基站115个，网络和信号覆盖99%以上。

【文化建设】 2022年，中国移动桑日县分公司不断开展爱国守法，明礼诚信，团结友善，勤俭自强，敬业奉献的公民道德教育，和以企业精神，经营宗旨，服务理念为主要内容的企业文化教育。对职工之家进行重点布置，添加几类小的健身器材设施以及员工厨房用具，以活跃职工业余生活，陶冶职工情操。以“正德厚生、臻于至善”作为企业文化的核心内容，时刻践行公司“十字”方针，并以“做信息社会栋梁、创无限通信世界”为己任，努力成为“卓越运营体系的创造者”。

【服务质量】 2022年，中国移动桑日县分公司为有效提升客户感知，加快服务工作显性化，将服务领先作为硬性指标在全县范围内展开竞赛，按营业厅、直销队、客户经理、装维人员细分开展各项活动。通过一同分析经典服务投诉案例，采取改进措施并总结经验。

【争先创优】 2022年，中国移动桑日县分公司自觉践行公司“客户为根、服务为本”的服务理念，围绕客户最关心、最直接、最现实的问题，推进实施一系列服务举措。要求做到“三亮”，即亮标准、亮身份、亮承诺。在服务窗口，采取公示牌、公示板、电子显示屏等形式，对服务事项、服务流程、服务标准、服务承诺等进行公示，并通过佩戴党员徽章、团员徽章、服务卡和设立党员责任区、党员示范岗、党员先锋岗、团员模范岗等，亮出身份、亮明责任，强化自我约束，接受群众监督；“三比”，即比技能、比作风、比业绩。对照行业和单位先进标准、先进典型，开展“对标定位”、岗位练兵、技能比武，不断提高业务技能，争当行业“排头兵”；“三创”，即争创群众满意窗口、争创优质服务品牌、争创优秀服务标兵。推行阳光服务、微笑服务、规范服务、高效服务等特色服务，充分利用“党员示范岗”“党员志愿者”“青年文明号”“工人先锋号”“巾帼文明岗”等服务品牌，开展为民服务，丰富品牌内涵，提升品牌品质，打造社会知名度、群众信任度高的优质服务品牌；“三评”，即群众评议、党员互评、领导点评。通过设置意见箱、电子测评系统，组织召开内部评比会、评议会，以及聘请形象监督员、行风评议员、开展客户满意度调查等方式，对履职情况、服务质量进行群众评议。做好群众意见反馈和问题整改工作，以实际效果取信于民。

2022年7月，中国移动桑日县分公司维护人员在增期乡抢修基站

城乡建设·生态环境

住房和城乡建设

【概况】 2022年，桑日县住房和城乡建设局（以下简称县住建局）以城乡建设为立足点，牢记嘱托、感恩奋进，狠抓党风廉政、乡村振兴、扫黑除恶、风险防控、生态环保等各项工作，人民群众居住环境得到明显改善，城市环境综合承载能力大幅提升。

【基础设施建设】 2022年，县住建局新建项目6个。2022年公租房（人民医院）建设项目总投资1895.31万元，建设住房56套，建筑面积4529.31平方米，于6月28日开标，7月18日开工。桑日县2021年办公用房及周转房维修改造工程总投资471.90万元，于3月9日开工，6月14日竣工验收并投入使用。山南市桑日县污水处理厂生活用房建设项目总投资99.99万元，本级投资，于3月9日开工，7月初竣工验收。实施增期乡乡政府集中供暖工程建设项目。县城创城项目（厕所和停车场改造）已开工建设，完成形象进度90%。桑日县2022年厕所革命建设项目已开工。

【民生工程】 截至2022年年底，完成2020年农村住房改造658户，未完成改造92户。完成2021年农村住房改造110户，正在改造38户。所有改造完成并验收通过后统一兑现补助资金。推进自建房安全摸底专项整治工作，共排查自建房6312栋，其中经营性自建房240栋，非经营性自建房6072户。初步判断存在安全隐患388栋，其中经营性13栋，非经营性375栋。对初判的隐患房屋，县住建局委托第三方专业鉴定，鉴定后存在安全隐患的房屋，通过管理措施和工程措施，确保群众安全。

【城市管理】 2022年，桑日县年供水总量在80万吨左右，比2021年下降20万吨，水质综合合格率达99%以上；查处管道暗漏点50余处，维修破损管道117处，确保县城的供水安全。加强路灯亮化设施的日常维护管理，保证路灯的用电安全和亮灯率达95%。加强市政设施巡查，及时完成县城突发的排水、排污、井盖、道路等设施安全隐患问题的抢修恢复；及时修补破损路面，完成城市桥梁承载能力检测力度。

2022年3月22日，县住建局召开迎接中央环保督察安排部署会

2022年8月16日，县住建局、县供水公司联合为疫情一线工作人员送温暖

【质量安全监管】 2022年，县住建局实行建筑安全目标管理责任制，与各施工单位签订建设工程质量安全生产目标责任书14份，构建“权责明确，行为规范，监管有效，保障有力”的安全监管责任体系。落实“月考月评”制度，自3月15日起，对全县在建工地进行现场打分，作出通报排名，对靠后的进行谈话提醒。落实建筑领域每日报平安制度，全县所有在建工程项目，每日在桑日县建筑领域监管群执行有事报事、无事报平安制度，确保监管到位。强化安全生产预警机制，在节假日、恶劣天气季节以及施工高峰期，及时下发文件，及时提出强化监管的相关要求，有针对性地进行部署。强化监督检查，利用项目验收、安全生产检查等时机，深入各施工现场检查建筑安全生产工作，开展各类监督检查工作30次，覆盖全县所有在建项目，在建工地，共下发整改通知17份，下发停工整改通知书7份，对生产经营单位未履行安全生产管理职责罚款2起，罚款金额5.5万元。

【维护稳定】 2022年，县住建局加强宣传工作和线索搜集。坚持“线上+线下”相结合的线索摸排方式，畅通群众举报投诉渠道，设置各类举报邮箱，在建筑领域宣传养老领域非法集资风险专项整治工作，在建筑领域监管微信群公开举报电话，发动群众检举揭发城乡建设行业领域的乱象。通过召开座谈会、进企业、到工地、入小区等多种方式，深挖问题线索，全年未收到问题线索及举报事项。

城市管理和综合执法

【概况】 2022年，桑日县城市管理和综合执法局（以下简称县城管局）全面贯彻落实县委、县政府关于城市管理和综合治理的部署要求，紧紧围绕2022年全县重点工作，深入推进创建全国文明城市活动，推动城市管理各项工作举措落地落细落实，确保按时完成任务。

【市容环卫】 2022年，县城管局按照城市管理“7+2+1工作法”（即7分服务、2分管理、1分执法）按照疏堵结合、集中整治、宣传疏导、规范提升的办法，集中力量，采取错时交叉和机动巡查模式，以占道经营、店外堆放、占道促销等为重点开展整治。全年组织开展集中整治20次，占道经营专项整治10次，规范出店经营16起，开具“温馨提示单”和“责令整改书”共计16份。开展城乡接合专项整治补短强弱。出动执法人员20余人次，在城乡接合部开展市容秩序专项整治，劝导流动摊贩2处，规范出店经营10余起。落实“门前三包”责任推动市民共管共治。组织各区对临街门店进行全面摸底、上门宣传，发放宣传资料500余份。对标卫生、文明城市标准，紧盯县城重点地段、重点线路、重点时段定人定岗，采取“清扫+保洁+运输”的模式，进行生活垃圾集中整治和洒水降温作业。针对乡镇生活垃圾，每日对各村的生活垃圾进行开展收集处置工作，共计清理卫生死角50多处、清运垃圾800车次。在生活垃圾填埋场处理生活垃圾3434吨、华西水泥窑焚烧处理生活垃圾量为421.69吨。为规范设置垃圾收集容器打造干净清爽街面，除保留必要的果皮箱外，撤除主干道破损、老旧、设置不合理的垃圾收集容器，共撤除垃圾桶10余个，根治垃圾收集容器“多、乱、破”问题。推广城区生活垃圾分类，下发《桑日县生活垃圾分类工作领导小组成员单位职责分工的通知》充分发挥领导小组办公室作用，引进先进理念，组织班子成员对山南市生活垃圾分类进行学习。

【疫情防控】 2022年，县城管局全面做好单位防控管理工作，做好单位人员摸排和管辖企业进行全面摸排，是否有风险地区返回人员，是否与风险地区人员密切接触，是否存在发热、干咳等症状。及时通过电话、微信等传达疫情防控相关文件精神，加强防控措施的宣传落实。疫情期间，安排县国策公司及时生活垃圾清运、转运、垃圾运输车等公共设施设备、公共区域进行防控消杀、通风工作。每日对县城区域道路开展清扫、冲洗、消毒、人工捡拾的立体化环卫作业，生活垃圾转运车增加转运频率，严格做到日产日清，保障保洁人员按照疫情要求做好自身防护工作，减少传播渠道。每日出动保洁人员12名，加大清扫保洁力度，清扫运输生活垃圾共计69次，清理垃圾9趟，共有20余吨垃圾。清运生活垃圾共计35次，发放14个垃圾桶。为了管辖企业工作人员安全，协调县疫情办及时领取疫情防护物资，分发给所属管辖企业。其中国策公司分发防护服160件、一次性帽子1126个、防护面罩18个、医用口罩4300只、一次性橡胶手套2100双、N95口罩40只、84消毒液3桶、免洗手液43瓶；海星物业分发防护服90件、一次性帽子96个、防护面罩17个、医用口罩450只、一次性橡胶手套218双、眼罩9个、免洗手液2瓶、洗洁精9瓶、雨靴9双、插板1个；昕烨公司分发防护服10件、一次性帽子14个、防护面罩3个、医用口罩150只、一次性橡胶手套2双、眼罩1个、雨靴2双；兴旺加气站分发一次性帽子14个、防护面罩2个、医用口罩100只；污水处理厂分发医用口罩100只。

【市政维护】 2022年，桑日县市政设施维护提质增效，城市道路维护推进有序，人行道方面完成城区主次干道日常维护，完成人行道大理石的更换、修补，共计926千米。车行道方面完成城区水泥混凝土路面、沥青混凝土路面的坑洼修补，共计25.5平方米；维修公共健身场地，更换安详家园篮球场地板胶664平方米；完成121米污水管道的清淤工作，维修和更换全城井盖400个、雨水井清淤349个。加大城市照明维护力度，定期开展城市照明设施进行检修和维护工作，共计维修路灯线路1028米，更换LED灯头110盏，按照季节及环卫工人清扫以及学生上学时段，及时调整照明时间，确保资源不浪费。

2022年3月29日，县城管局组织国策公司开展县城油路及人行道清扫工作

【供气供水】 2022年，县城管局紧盯安全城镇燃气安全，开展城市燃专项检查40余次，发现问题16项，并切实以“抓住重点、解决问题”为目标，从实际出发，认真梳理整改问题，制定整改措施，建立整改台账，通过定期不定期进行督导检查，确保将存在问题全部整改到位。截至年底，全部整改完毕。加大对供水公司的监管力度，定期不定期对水厂供水情况进行督导，并及时督促水厂对城区破损的供水管道进行维修20余次，确保供水安全、稳定。

【安全生产和考核工作】 2022年，县城管局切实抓好城市管理领域安全生产，特别是突出城镇燃气安全，以预防为主，综合治理，突出工商用户及大型商业综合体为重点，对管道燃气商户免费上门安检，上门安检50余户。广泛宣传，增强意识。结合开展“安全生产月”、宪法日普法等活动，以燃气安全生产和法律、法规为主要内容，制作展板、发放资料、现场答疑，接受群众咨询服务1500余人。根据《2022年度城市管理供水、污水、垃圾规范化管理考核评分细则》分别对辖区内垃圾填埋场、污水处理厂、供水公司2022年度11

项 86 条指标、目标任务的落实情况进行绩效考核。

生态环境

【概况】 2022 年,山南市生态环境局桑日县分局(以下简称县生态环境局)深入贯彻落实习近平生态文明思想,牢固树立绿水青山就是金山银山的理念,严格执行环境保护法律法规,以第二轮中央环保督察整改工作为抓手,着力解决突出环境问题,为全力改善环境质量,加快建设美丽桑日,努力满足广大人民群众对美好环境的需求,扎实开展生态环境领域各项工作。

【生态环境保护工作责任制】 2022 年,县生态环境局牢固树立保护生态环境就是保护生产力、改善生态环境就是发展生产力的理念,认真履行生态环境可持续发展战略决策,始终把提高全县生态环境质量和改善人民群众生活环境作为重点工作来抓,落实落细生态环境保护"党政同责、一岗双责",县委常委会、县政府常务会定期听取生态环境工作开展情况汇报。将生态环境保护发展纳入《桑日县国民经济和社会发展第十四个五年规划和 2035 年远景目标纲要》,纳入桑日县国民经济和社会发展规划。编制完成《桑日县生态文明建设规划(2021—2025)》。落实人大常委会关于对《西藏自治区国家生态文明高地建设条例》《雅砻环保行》等方面工作报告的审议意见,进一步强化抓好生态环境保护工作的责任感和使命感。

【环境保护督查反馈问题整改】 2022 年,为迎接第二轮中央环保督察准备工作,县生态环境局组织召开动员部署会 1 次、县委常委专题会 1 次、安排部署会和工作推进会 3 次,成立配合生态环境保护督察工作领导小组和环保督察工作专班,建立健全各项工作机制。深入 4 个乡镇、43 个建制村和各企业开展环境问题大排查、大整治工作,排查问题 48 项,并针对发现问题形成问题清单,明确责任单位,提出整改意见,各项问题整改均按时得到推进。第二轮中央环保督察反馈性共性问题中主动认领 17 个大项,制定 67 条措施,其中个性问题 3 个,均按时推进整改进度。

【环境质量监测】 2022 年,县生态环境局对桑日县集中式生活饮用水水源地水质、空气环境质量、地表水环境质量进行常规性监测,对县城污水处理厂、垃圾填埋场环境现状、卫生服务中心医疗废水等重点行业企业进行监督性环境监测。监测结果显示,全县环境质量保持良好,全县生态环境质量持续改善,保持稳中向好趋势,生态环境公众满意度较高。

【环境执法检查】 2022 年,县生态环境局加大对饮用水水源地保护、矿产资源开发、重点项目建设、生活垃圾、医疗垃圾,污水处理等重点行业、企业的环境问题开展监察执法,严厉打击环境违规违法行为。在全县重点企业、重点领域、旅游景区等地开展环境保护执法检查 42 次,开展联合检查 8 次,出动执法人员 62 人次,共检查企业 10 家,下发移动执法记录检查单 27 份,对存在问题要求提出限期整改,各项整改任务均有序推进。

【垃圾分类转运处理】 2022 年,县生态环境局委托海星物业公司转运处置生活垃圾,形成覆盖全县所有村(居)、学校、寺庙、景区和虫草采挖点的生活垃圾转运系统。海星物业公司桑日管理处在桑日县建立 9 条垃圾清运路线,各条线路每 7 天巡回收集一次生活垃圾。充分利用华新水泥窑协同处置生活垃圾厂,将收集转运垃圾进行无

2022年4月15日,山南市生态环境局桑日县分局到华新水泥厂开展环保宣传活动

2022年1月30日，桑日县开展县域环境卫生志愿服务活动

害化处理，做到生活垃圾收集处理得到全覆盖。本级财政配套医疗废弃物管理专项资金206万元，强化工作运行机制，建立县人民医院集中医废暂存间1处、乡镇卫生院医疗废弃物暂存间4处，建设和优化村卫生室暂存间共39处。本级财政每年投入104万元专项资金，委托由山南市顺洁公共服务有限公司承担全县4个乡镇卫生院、39个村级卫生室、1家个体诊所医疗垃圾进行回收，转运到山南市医疗废物处置中心无害化处理。

【项目建设】 2022年，县生态环境局从生态功能转移支付资金中投入63万余元完成桑日镇比巴村比巴入河环境整治项目。投入765万元实施增期乡雪巴村农村污水治理项目，项目施工进度达到35%。

【宣传教育活动】 2022年，县生态环境局通过“4·15”全民国家安全教育日宣传活动、“6·5”世界环境日、综治宣传、安全生产等宣传活动平台，以组织开展卫生大扫除活动、走访调研、发放宣传资料和环保宣传品、发放禁白倡议书等形式，深入宣讲生态环境保护法律法规、普及环保知识常识，共计宣传300余次，累计发放宣传资料、物品1200余份，宣传受教5000余人次。

【生态文明示范县、乡(镇)、村创建】 2022年，县生态环境局对全县8个村居配备环境基础设施，共投入资金49万元，申请创建4个乡镇、35个村生态文明建设示范乡(镇)村。

【生态岗位资金兑现】 2022年，桑日县生态岗位人员720人，共完成兑现资金252万元，助推乡村振兴与脱贫攻坚有效衔接，推进生态文明建设，规范管理生态岗位，完善落实生态岗位政策。

【生态文明建设】 2022年，山南市着力推动加强生态文明建设走在全区前列专项工作开展后，桑日县委、县政府高度重视，拟成立桑日县着力推动加强生态文明建设走在全区前列专项工作领导小组，起草制订工作方案，主动认领各项工作任务，将按照“党政同责、一岗双责”规定，加强组织领导，压实工作责任，明确工作目标。根据桑日县关于《配合山南市着力推动加强生态文明建设走在全区前列2022年工作方案》的要求，桑日县涉及任务共51个，40项任务处于有序推进阶段。

教育·科技

教育

【概况】 2022年,桑日县辖中小学6所,其中初中1所、小学5所;在校生1700人,其中小学1086人、初中614人。建立双语幼儿园19所,其中县级幼儿园1所、乡级幼儿园2所、村级幼儿园16所,入园幼儿525人。全县专任教师258人,其中中学57人、小学152人、幼儿园49人,专任教师学历合格率达100%。县域内中小学无大班额现象,未设立重点校和重点班。

【德育教育】 2022年,桑日县教育局(以下简称县教育局)落实党组织领导下的中小学校长负责制,按照"一汉一藏"的比例配齐配强各学校书记、校长。实行教育局党组成员包校、学校支部班子包班级制度,全面贯彻党的教育方针,落实立德树人根本任务,明确教育系统党建工作重点,量化党建工作目标任务,细化党建工作分工,开展党建专项督查指导3次,保证各项工作得到坚决贯彻落实。充分利用周例会、党组学习会、"三会一课"等形式开展各类专题学习,深入学习宣传中共二十大精神,全县教育系统开展学习研讨24场次,撰写研讨发言稿、心得体会260余篇。深入开展党员结对帮扶、送教上门、"三包五带五促"活动,帮扶学困生21名、送教上门近100人次,落实包片25处,包户10户,包学生21人,组织全体教师落实包校舍250个,包人1700人。组织疫情防控党员志愿队,志愿服务500余人次。加强党风廉政建设,深入开展"改进作风、狠抓落实"活动,县教育局党支部结合县中学会计、出纳涉嫌严重违纪违法问题,组织召开党风廉政建设专题会议,专题学习习近平总书记中央纪委六次全会重要讲话精神,开展廉政警示教育。组织教育局党员干部、各学校书记、校(园)长参观学习县纪委监委"身边事教育身边人"廉政警示教育展览,现场接受党风党纪教育。增强党员干部廉洁从政意识,规范机关干部和党员教师作风建设,建立完善教育系统财务管理、采购、考勤、包校服务等体制机制建设。

【教学研究】 2022年,县教育局各学校结合实际,严格按照学科设置制订教育教学工作方案、教育教学计划,开齐开足各学科课程,各学校还充分利用"开学第一堂"课,以春季"刚健有为,自强不息",秋季"奋斗成就梦想"为主题,开展法治教育、心理健康、疫情防控、爱国主义等宣传教育活动50余场次,受教师生共计6000余人次。县教育局党组成员、教研人员深入各学校,通过听课评课方式参与学校教研教改,进行教学工作评价,助推各学校教学工作有序开展,全年累计开展教学督导28次,听课评课60场次。组织各学校书记、校长,教育局工作人员深入县中学和5所乡(镇)小学,以听取汇报、随堂听课、观摩教研、查阅资料、座谈走访等形式,开展学校实施素质教育校际评估验收工作,对办学行为、条件保障、常规教学、德体美育、办学成效(绩效)等5项一级指标、18项二级指标、116项具体条目进行全面评估检查。

【考试工作】 2022年,成立桑日县考务工作领导小组,组建工作专班负责中小考报名工作和志愿填报工作,全县共设置1个考点(县中学)、13个初中毕业生考场、3个小学毕业生考场，完成356名初中考生、61名小学考生考务工作。

【教师思政教育】 2022年，县教育局围绕《铸牢中华民族共同体意识》《中小学职业道德规范》《班主任工作漫谈》《用新时代中国特色社会主义思想铸魂育人重要性》等，组织开展4个专题举办讲座；通过线上线下开展十九届六中全会精神、中共二十大精神、全面贯彻新时代党的政治方略奋力谱写西藏长治久安和高质量发展新篇章、西藏自治区第十次党代会精神等宣讲活动26场次，确保全县教师思政教育全覆盖。通过加强思政教育、深化教研教改，全面提升教育高质量发展水平。

【校园安全】 2022年，县教育局按照中央、区、市、县关于疫情防控工作的决策部署，以及各级应对新冠疫情会商会议精神，成立教育系统疫情防控工作领导小组，组建疫情防控工作专班，研究制定《桑日县教育系统新冠肺炎疫情联防联控工作方案》《桑日县教育系统新型冠状病毒肺炎疫情防控工作应急处置预案》，分别召开春秋季开学准备和疫情防控工作安排部署会议，全面加强对疫情防控工作的领导，将责任分解到人，严格落实学校疫情防控措施。制订完善开学准备工作方案，动态掌握师生员工及其同行人员返校前7天内旅居信息和健康状况，建立“一人一档”健康监测档案，联合卫健、公安、应急、市监、疫情防控等部门开展开学前安全评估督查，对符合开学标准的，严格按照错时、错峰的要求，完成2022年春季和秋季学校开学工作。疫情期间，根据自治区教育厅要求和山南市教育局《关于“停课不停学”线上教学工作实施方案》通知要求，研究制订县校两级“停课不停学”线上教学方案，依托“珠峰旗云平台”“国家中小学智慧教育平台”，严格按照疫情防控政策规定开展线上教学，对不具备上网课的学生采取发送教学视频，上门送学的方式，保证学生跟进教学内容。疫情期间县中学设立线上课程9门，小学设立线上课程6门，参与线上教学学生1446名，参与率达到94.4%。开展桑日籍学生出藏返校工作，成立区外就读学生出藏返校工作领导小组，制定细化《桑日县区外就读学生出藏返校运输工作方案》。加强物资保障，秋季学期开学前筹备发放学生医用口罩39850个、防护服150套、眼罩150个、面罩150个、免洗手消毒液135瓶、头套120包、脚套120包、消毒泡腾片60瓶、PVC（聚氯乙烯）手套18包、一次性橡胶手套14包、电动式消毒喷雾器6台、84消毒液6箱，储备价值8万元的口罩、防护服、消毒液等防疫物资。

【基础设施建设】 2022年，县教育局严格按照市教育局工作要求，组织安排局财务人员做好2021年教育经费统计集中审核汇总工作，提高教育经费统计数据质量，优化资金管理使用。根据《关于提前下达2022年教育中央专项资金预算指标的通知》要求，将教育系统中央专项直达资金（乡村教师生活补助、义务教育学生营养改善经费、经济困难学生生活补助、义务教育生均公用经费）共344.72万元预算到校。落实“三包”经费，保障“三包”物资。全县中小学及学前享受“三包”学生共2127人，年初预算经费为882.33万元。全县中小学享受营养改善学生566人，年初预算经费为56.6万元。严格推进教育项目实施管理，2022年教育项目有县中学挡墙建设项目，项目总投资250万元，3月15日复工，于5月竣工验收；各学校监控设备项目总投资156万余元，已完工并投入使用；县中学校园文化建设项目，总投资20万元，已完工并验收；绒乡小学录播室项目，总投资70万元，已完工并投入使用，增期乡小学录播室项目，预计投资75万元，已完成政府招标采购并开工；县幼儿园网络综合布线项目，总投资25.32万元，已完工并验收；桑日镇小学学生宿舍楼公共厕所维修项目，总投资12万元，已竣工并投入使用；桑日镇小学给水管道维修改造项目，总投资资金20万，已完成改造；白堆乡小学购置智慧黑板项目，总投资10余万元，已投入使用；桑日镇小学、白堆乡小学、增期乡雪巴小学三所小学操场改造建设项目，总投资440万元；增期乡雪巴小学教辅用房建设项目，总投资700万元。桑日县中学、桑日镇小学和15所幼儿园供暖项目，总投资3210万元，已交由设计公司进行初步设计和可研阶段。

桑日县中学

【概况】 2022年，桑日县中学以

“为学生成才奠基，为教师发展铺路”为办学目标，树立“立范、乐教”的良好校风；逐渐形成“踏实、乐学”的良好学风；全面推进素质教育，努力规范办学行为，强化优质服务意识，细化学校内部管理，确保校园安全稳定，营造和谐向上的校园文化，不断提升办学层次和教学质量，不断增强学校可持续发展能力，促进教育全面、协调、持续、健康发展。科学规划七、八、九年级教师结构，提高2022年教学质量，整合教育资源。加强学习培训，提高服务竞争意识，提升教师专业素质和业务能力。规范学校办学行为，狠抓教学教研及教师师德师风建设，全面提高办学水平。注重管理，保障义务教育均衡发展，推进素质教育，有效开展教育教学活动，使学生全面发展。加强安全系列教育，确保学校安全稳定，创建和谐教育大局。严格落实教育部关于加强中小学生作业、睡眠、手机、读物、体质健康“五项管理”的通知精神，控制作业量，保证学生睡眠时间足够、杜绝学生携带手机现象发生、筑牢读物“防火墙”，增强学生体质。

【意识形态工作】 2022年，桑日县中学以意识形态为总纲，围绕意识形态工作开展党建、教育教学、民族团结校园建设、文明校园创建、学生德育教育、安全教育、先进“双联户”创建、师德师风建设、管理队伍及师资队伍建设、工会工作、后勤保障等工作，进一步提升做好新形势下意识形态工作的能力，牢牢掌握学校意识形态工作的领导权、主动权，唱响主旋律、坚守主阵地、凝聚正能量，发出好声音，为桑日县中学的发展提供强大的思想保证、精神动力和舆论环境。

【德育教育】 2022年，桑日县中学贯彻落实《中学生守则》《中学生日常行为规范》，重视班级制度建设，如自习、出操、值日、用餐、听课、作业、课外活动、班干部职责等。有目的、有计划地开展一些以文艺、体育、科技、学科兴趣小组，美术和音乐兴趣小组等为形式的活动，发现学生的特长，培养学生的兴趣，挖掘学生的潜能，促进其特长的发展。常规活动出新意，升旗仪式及国旗下讲话、早操、各学科活动、各重大节日、爱心助学、推优入团、每月团员志愿服务等活动常抓不懈，把学生喜闻乐见的娱乐形式纳入学校的正向轨道。规范校园广播系统的管理，播放的内容以爱国主义歌曲、校园歌曲、名曲及新闻、校内好人好事为主，以优美的旋律，动听的歌声，给人以美的享受。切实加强学生青春期教育和心理健康教育。组织班主任开设心理健康教育主题班会课。班主任在平时工作中把德育管理与心理健康教育结合起来。建设好“心理咨询室”，并充分发挥其作用与功能。加强学校、社会、家庭的三结合教育，定期举办学生家长会，让家长了解学生在校的情况，让教师了解学生在家情况，增进了解，并肩作战，切实帮助学生健康成长；充分发挥社会的德育作用；依托社会力量，与相关单位联系，齐抓共管，建立良好的德育环境。

【教师队伍建设】 2022年，桑日县中学坚持“向管理要质量”思想，切实加强学校常规管理，不断规范办学行为，提升学校内涵。规范完善各项规章制度，修订和完善各项常规管理制度，力求使学校管理制度化、科学化、规范化、精细化。尤其要逐步完善学校考核制度，不断创新考核机制，发挥考核的导向作用，通过考核促进教师间的良性竞争，引导领导队伍、教师队伍、班

2022年6月23日，桑日县中学举行2022年“喜迎二十大　青春不散场　梦想再起航”2019级毕业典礼

主任队伍的健康发展，为德、才、能兼备的教师提供进一步发展平台。规范人事管理，根据上级部门的下发文件，完善学校人事工作的管理制度，规范职称评聘等与教师切身相关的工作。加强师德建设，坚决贯彻落实自治区“一考三评”具体要求，坚持以德治校，依法治教，认真贯彻落实《中小学教师职业道德规范》，提倡严谨治学、敬业爱生、乐于奉献的精神，使广大教师牢固树立正确的教育观、价值观和职业道德观。不断增强服务意识、提高业务水平、加强合作、提升创新能力，通过开展评教、师德评分等活动，树立优秀教师典型，明确教师努力方向，以促进学生更快更好地发展。开展教师业务培训工作，鼓励和支持广大青年教师不断提高学历层次；围绕实施素质教育多层次、多形式开展教师业务培训，对教师进行现代教育理论辅导与培训，切实提高教师的知识水平和教学能力；“请进来”与“走出去”结合，促进和带动教师整体素质的提高。除积极参加上级教育主管部门组织的各类培训活动外，把教师送出去进行集中培训，在教师中真正树立起“最大的福利就是培训”的意识，整体提升教师队伍素质。实施名师工程，激发教师的自我发展意识，发掘教师的发展潜能，促进教师自我发展；完善“各级骨干教师”评选制度和程序，培养一批骨干教师队伍；制定教师专业成长规划，让有志于教学研究、教学效果显著的教师脱颖而出；组织开展教师教学基本功竞赛，为教师搭台子、加梯子、引路子、压担子，促进教师的专业成长。加强新一届学科带头人和骨干教师的示范引领作用，完善考核机制。

2022年4月29日，桑日县中学在学校操场举行运动会

【教学工作】 2022年，桑日县中学加强教学常规工作的督查，促使教学管理规范化。依据“高效课堂”教学模式的特点，注意对学生知识结构和能力的培养，突出学生的互助学习、自主展示，教师及时点评、点拨。规范学生的作业和练习。集体备课做到“五定”（定时间、定地点、定内容、定计划和定主讲人），做好集体备课活动记录和集体教案的编写。严格执行课程计划，开足开齐规定课程，深入实施听课制度，每个教研组安排本组成员每月开组内公开课一次。所有教师一学期至少开一次组内公开课。积极评课议课，每次教研组活动，成员应积极发言。每位教师在听课后都应作出评价，至少谈一点优点，一点不足。每期组织一次教师的相互评课活动。作业布置做到有针对性、讲究实效，尽量做到精而少。课外作业要严格控制作业量，控制学生每天课外作业时间不得超过1.5小时。加大对学困生的辅导力度，每位教师负责帮扶1—2名学困生，教务处对帮扶的效果进行跟踪调查。加强对学校常态课的巡查和管理，学校分校长办、教务处对教师的课堂教学进行巡查管理，对巡查过程中发现的问题要明确指出，帮助教师改正教学不良行为，提高课堂效率。加强教学质量监控，提高教学质量。组织好七、八年级的质量检测、八年级部分科目学考和九年级学考。考试结束，各学科教师进行试卷分析和讲评；教务处组织分层次开好质量分析会、总结会。认真研究教与学的情况，作出正确的客观评价，分析教学情况，提出针对性的改进措施，将质量分析落到实处。调动教研组，开展教研工作，促进教师专业化发展。充分发挥学科教研组的作用，各教研组以务实教研为宗旨，带领教师加强业务学习，转变教育观念，加强信息交流，实施新课标。教研活动以教材、考纲、教法和学法为重点，鼓励教师运用现代教学手段进行课堂教学，教研组有活动纪录，期末有教研总

结。重视演示实验教学和学生分组实验，切实落实西藏自治区第九次党代会提出的“5 个 100%”（即实现中小学藏语和汉语教育普及率、小学数学课程开课率、中学数理化生课程教学计划完成率、中学理化生实验课程开出率、职业技术学校国家目录规定课程开出率均达 100%）；按照上级业务部门要求，开展“三科”（语文、道德与法治、历史培训）教材培训。

【校园安全】 2022 年，桑日县中学领导班子及时了解和掌握校内情报信息，及时发现和解决不安全问题，消除不安全的隐患。落实重点和要害部位安全措施，确保要害部位的安全。各部门工作人员负责检查，发现问题及时汇报，组建安全排查领导小组，定期检查，发现隐患及时排查，要做到发现及时、落实及时。积极开展法制宣传教育和崇尚科学的宣传教育。邀请公安、交通、司法部门的专业人员为学生做一次法治报告，预防和控制学生的违法犯罪。班主任随时关注学生人身安全。各项安全教育常挂嘴边。定时带领学生学习《学生安全教育手册》，并在学校组织大型活动或是放假等时刻，签订“安全责任书”，督促家长告诫孩子要做到交通安全，饮食安全，游泳安全，防火安全，用电安全，旅游安全，学会保护自己，以确保学生的人身安全。完善学生花名册的管理，保证对学生一旦有意外情况及时告知家长。严格学生的请假外出审批制度。班主任发现有学生未及时到学校上课并且没有请假能及时和家长联系，以防有意外发生。学校与家长、学生签订《安全协议书》。坚持学校各项值班制度，健全门卫、巡逻制度，严格值班纪律，对发现的重大案情、重要信息妥善处理。学校领导班子会、教师大会、班会，有关人员逢会必讲安全，做好文字记录。全面落实党中央、国务院和教育部关于做好新型冠状病毒疫情防控工作系列文件精神以及自治区党委常委会会议精神，依据自治区教育厅应对新型冠状病毒疫情“42256”工作要求及《全区教育系统新型冠状病毒肺炎疫情防控工作安全评估制度》相关规定，贯彻“五级联防联控机制”“六项制度”（疫情防控突发报告制度，学生健康管理制度，环境卫生检查通报制度，健康教育到人制度，通风消毒、晨检跟踪制度，学校安全评估制度），确保组织领导到位、制度落实到位、物资保障到位、场所准备到位情况、环境消毒到位、宣传培训到位、沟通协调到位情况，提高学校疫情综合防控水平。

【文明校园创建】 2022 年，桑日县中学加强特色文化建设，结合学校文化传统和历史沿革，倾力打造以民族团结为主题的特色文化。全面贯彻党的民族政策，以校园各类活动为契机，广泛持久地开展民族团结进步教育，努力构建文明、平安、和谐校园，为巩固和发展平等、团结、互助的民族关系作出实际贡献，坚持民族团结教育与学科教学相结合；课堂教育与寓教于乐的校园文化活动相结合；学校教育与家庭、社会教育相结合，尽量贴近学生实际，由浅入深，循序渐进，扎实有效地开展民族团结教育活动。不断增强学校的向心力和凝聚力。牢牢把握“各民族共同团结奋斗”这一主题，不断创新丰富活动载体，秉承各民族师生平等、团结、互助的优良传统，利用校园广播、电子屏、展板、黑板报、手抄报等载体，加大民族团结教育的宣传力度，切实增强全校师生的民族团结意识。民族团结事迹先后被由 20 多家中央媒体组成的媒体团、《西藏日报》、西藏电视台、山南电视台等媒体采访和报道，并被“学习强国”学习平台累计发布达 4 次。学校教学楼命名为“敏学楼”、办公楼命名为“敏为楼”、综合楼命名为“敏行楼”；四栋学生寝室楼分别命名为“德远楼”“志远楼”“识远楼”“行远楼”；职工宿舍楼以 A、B、C、D 字母命名。在教室及过道张贴激励性标语、名人名言或优秀美术作品，定期出教室黑板报。学校着重以非智力因素来熏陶学生的情操，激励学生的勤奋好学。2021—2022 学年第二学期，各科室已将教学楼走廊文化打造出来。

【合作办学】 2022 年，桑日县中学为了深入推进文明校园创建工作，引进先进教学模式，借鉴先进经验，实现优质资源共享，提高教学质量，引领桑日教育发展，继续与湖南省岳阳市品牌初中岳阳市第十二中学的开展合作办学，互取优势，互补短板。

【后勤工作】 2022 年，桑日县中学规范后勤服务工作，加强校产的使用、维护工作，确保学校教师多媒体设备、专用教室和各类设备正常使用；加强循环教科书、教师用书及教本的收集整理入库工作；规范临时聘用人员用工制度；加强学校食品卫生工作的管理和培训，加大学生食堂就餐管理力度，严防食物中毒，切实做好新冠病毒等传染病的防控工作，保证学生有良好的生活环境。以“后勤工作为教学服务、为师生服务”为宗旨，开源节流，力求为全校师生创造一个良好的工作、学习、生活环境，保证学校教育教学计划顺利完成。认真落实“三包”等教育惠民政策，逐步改善寄宿生的住宿条件和学校办学条件，不断加强学校财产管理，完善后勤管理制度，提升后勤服务质量。

桑日县双语幼儿园

【概况】 2022年，桑日县双语幼儿园狠抓教学常规管理，以促进保教质量提高为重点，全面提升教师的整体素质，取得一定的成绩。

【备课上课】 为了提高教师对教案的再研究再探索，2022年，桑日县双语幼儿园的备课以恢复手动备课为主，禁止照抄照搬，要求教师对每一节活动课都进行反思。坚持随堂听课制度，以保证课堂教学的质量。

【晨间活动】 2022年，桑日县双语幼儿园各班根据幼儿的年龄特点，创设丰富的区域活动环境，各班不断丰富晨间活动的材料和内容，要求各班制订好每周的活动计划，有目标，有准备、有检查。在县教育局组织区角比赛中，小班的区角游戏的设计取得很好的效果。

【教师队伍建设】 因为疫情秋季学期未能按时开学，桑日县双语幼儿园结合实际开展线上“十个一”（严守一个底线、完善一个预案、深入一次摸排、严格一次督导、创新一类实践、兑现一个承诺、开展一次评比、指导一次宣传、筹备一批物资、抓好一次总结）活动，德智体美全面提升教师素养，让教师们学有所获。居家期间教师们的学习劲头很强，大部分中青年教师疫情期间进行自我提升，补齐短板，发扬优势。

【管理模式创新】 2022年，桑日县双语幼儿园严把教学质量关。要求班主任必须对教学、日常活动有自己的思考，要多和保育、后勤沟通、交流，要保证每一节活动课的质量。开展和培养骨干教师、新教师，以老带新，多开展园内集体备课、环境创设、活动区建设、玩教具制作、教师幼儿的管理、教学活动反思、幼儿主体墙饰的设计、室内主题墙的装饰、幼儿卫生间的布置、家园联系、突发事件的处理等问题。

【备课模式，读书笔记形式创新】 2022年，桑日县双语幼儿园恢复手写备课，让大家能自觉提高备课的质量，并汲取同行们的经验。完成县教育局学前办安排和布置的各项工作，县教育局学前管理员参加各幼儿园组织的各项活动，每月坚持召开职工大会，通过大会反馈存在问题。学期开学有计划，学期末有总结。坚持做到每个月各项大小节日节点的知识宣传。以安全生产为第一目标，分工明确，责任到位，做到各项安全工作有计划、有台账、有整改。

【课堂、随堂听课模式创新】 2022年，桑日县双语幼儿园课堂形式也以游戏形式为主，突出幼儿的主体性。鼓励教师参加普通话考核，在课堂上，要求教师一律说普通话，青年教师必须说，老教师要学着说，让整个园形成一个人人说普通

2022年6月20日，桑日县学前办开展教师教学竞赛初赛活动

话的氛围。

【组织活动创新】 2022年,桑日县双语幼儿园开展到扎巴幼儿园、程巴幼儿园、冲达幼儿园、赤康幼儿园、雪巴幼儿园送教活动。各幼儿园园长及骨干教师走出桑日到兄弟县加查县取经,放假前开展全县教师技能大赛。

科学技术

【概况】 2022年,桑日县科技局(以下简称县科技局)以科学发展观统揽科技工作,深入实施"科教兴藏"战略,坚持"引创结合,重点突破,夯实基础,支撑发展"科技工作方针,把改善农牧民生产生活条件、增加农牧民收入作为科技工作的出发点和落脚点,突出特色,重点突破,狠抓各项任务分解落实,全力支撑经济社会的发展。

【科技推广项目】 2022年,县科技局扶持扎巴村藏鸡养殖场引进优质藏鸡孵化设备,购置雏鸡饲养材料,进行优质藏鸡孵化技术示范,项目投资为41万元。11月通过市级验收。项目实施后,为30户贫困群众提供免费鸡苗进行养殖,养成鸡及鸡蛋按市场价格收购,为扎巴村7户建档立卡贫困户提供就业岗位。实施桑日县优质葡萄高产栽培技术集成与示范项目。投资300万元。通过科技示范带动、技术培训推动、促进农牧业结构调整,带动农牧民农牧增收60.7万元、实体经济组织利润7.5万元。全县每个科技特派员根据当地资源优势,结合自己特长,重点抓一个产业示范建设。在建设中,大量引进先进适用技术、优良品种,给当地老百姓做好示范,并发挥带动作用,加快农村科技推广和普及,促进农业科技成果转化。2022年示范推广新技术1项、示范推广新品种5个、实施参与推广项目3个。为满足广大农牧民对科技的渴求,科技特派员们活跃在田间地头,采取现场讲解、示范指导、入户面授、集中培训等形式,累计培训农牧民4089人次,把科技渗透到千家万户,使农牧民在最短的时间内掌握先进的农牧业适用技术。

【科技特派员服务管理】 2022年,桑日县完善科技人员直接到户、良种良法直接到田、技术要领直接到人的农技推广机制,围绕农牧业增效、农牧民增收的目标开展科技服务培训工作。根据农牧业发展的实际需要,择优选录84名具有较高素质、有实践经验的农牧民科技特派员在42个建制村开展科技服务工作。开展"三农"科技服务工作,根据西藏自治区大学生村(居)科技专干招聘要求,安排大学生村(居)科技专干,截至年底,全有在岗科技专干人数32人。配齐配强"三区"科技人才。开展基层服务行动,投身服务一线,提高基层科技服务能力,解决农牧业生产中的实际问题。全年共安排8名"三区"科技人才。

文 化

综述

【概况】 2022年，桑日县文化局（以下简称县文化局）推进全县文化产业发展，开展文化设施建设、文艺繁荣、文化资源保护、文化市场管理、文化队伍建设等工作，不断提升公共文化服务能力，加大保护和传承文化遗产力度，全面推进文化强县建设。

【文化市场监管】 2022年，县文化市场综合行政执法队开展各类专项整治行动，加大查处力度，对全县经营性娱乐场所、网吧、书店、各级文物保护单位等人员密集场所和重点单位，全面开展执法检查工作。县文化局、县文化市场综合行政执法队开展违禁出版物排查专项行动检查19次，出动执法人员43人次，开展联合执法检查13次，出动执法车辆31辆，检查过程中未发现任何违法、违规营业及涉黑等问题。

【文化设施建设】 2022年，县文化局推动文化设施建设，充实和完善基层文化阵地。年初根据县政府统一安排，县综合文化活动中心搬迁至影视文化活动中心二楼。争取自治区文化厅项目资金175万对桑日县综合文化活动中心局部改造升级，项目建设周期3个月已完成健身房、简餐吧、图书馆布局和电气改造，建设器材、图书馆超大显示屏已全部安装完毕，简餐吧家具、图书馆书架等设备正在运输途中。开展“农家书屋”后续配套工作，全县共有43个“农家书屋”，成为农村群众学习文化知识重要平台。编制桑日县“十四五”文化设施建设规划。全县共有各类文化场馆6个，其中县级文化馆1个、图书馆1个（新建）、影剧院1个、文化广场2个、文化综合服务中心1个。乡镇文化站4个、村文化活动室43个。

【文物管理与保护】 2022年，县文化局开展文物保护工作，文化资源保护工作上新台阶。全县有文物保护单位18个，可移动文物576件、不可移动文物18处、寺庙拉康17座，已经批准建立的自治区级文物保护单位7个，分别是卡玛当寺、丹萨梯寺、恰噶曲德寺、巴朗曲康、增期寺、曲龙曲桑寺、鲁定颇章。县级保护单位11个，分别是

2022年11月24日，县文化局在增期乡支巴村开展为期15天的农牧民群众扎念培训

乌坚曲德寺、真措拉康、尼玛林寺、莫塔庆林寺、桑丹林寺、仁青岗寺、里龙村古迹文物站、德庆桑林寺、藏嘎拉康、吉荣拉康、程巴石塔。新发现藏嘎墓葬群1处，已经过自治区文物保护研究所评估。完成辖区3座自治区级和2座县级寺庙拉康可移动文物清点工作。完成其余的7座寺庙拉康可移动文物复核工作。5月2日，绒乡巴朗村发现墓葬群后，经文物专家现场确定为古建筑后，当日就向市博物馆进行移交。

2022年6月17日，县艺术团演员赴各乡镇、各村、各驻军部队等地开展文艺指导工作

【非物质文化遗产保护】 2022年，县文化局继续开展非物质文化遗产普查、传承和保护工作。自治区电视台邀请第三方对达古石锅制作技艺进行拍摄，并在西藏电视台播放。县文化局组织专人在全县范围内开展调查、收集、整理工作，申报增期乡东热农牧民专业合作社（达布扎念制作技艺）和桑日县吾旦民族木质手工艺品专业合作社（叶琼扎念）非遗工坊2个。6月9日，举办以“连接现代生活 绽放迷人光彩”为主题的“文化和自然遗产日”系列宣传、展演展示活动，4家农牧民专业合作社和县级非遗工坊合作社，在活动现场进行展销。

【文化惠民活动】 2022年，桑日县文艺创作和各类群众性文艺活动蓬勃开展，成果丰硕。县艺术团深入三乡一镇开展“我们的中国梦——文化进万家”文艺会演活动暨桑日县首届村级演出队文艺演出大赛，大赛于12月结束。县艺术团创作相声《话说手机》、小品《学车第一天》、舞蹈《幸福牧民》等文艺节目17个，开展建制村村级文艺演出队培训22次。县电影队围绕“我为群众办实事”实践活动，深入各村居、虫草采挖点开展纪念百万农奴解放63周年电影放映活动和“奋进新征程 电影进万家”喜迎中共二十大优秀电影展映活动，播放爱国主义影片《雪山泪》《红海行动》《农奴》《桑吉卓玛》等394场，观看人数达3万余人次。启动《走进桑日》编撰工作，委托专业团队对桑日人文、历史、自然、民俗等文化元素，进行全方位、系统化梳理，打造集文学性、故事性、可读性于一体的全民读本。

【文艺演出】 2022年，县艺术团开展“喜迎二十大 欢乐过大年”下乡慰问演出活动、深入虫草采挖点文艺演出、送文艺下乡演出活动42场次，覆盖群众达8200余人。

【文化产业项目建设】 2022年，县文化局争取资金500万元实施丹萨梯保护工程项目。对接自治区文物局投资850万元，实施卡玛当寺修缮保护工程（本体维修工程、电器线路改造工程、消防安防工程）。实施巴朗曲康寺线路改造项目，总投资327066.92元，争取市文化局2022年度本级财政文物保护经费20万元，其余资金从县财政文物保护经费中解决。争取市文物局文保资金31.49万元，实施丹萨梯寺芒卡尔拉康屋顶矮墙维修项目。

融媒体工作

【概况】 2022年，桑日县融媒体中心（广播电视台）（以下简称县广播电视台）紧紧围绕喜迎中共二十大胜利召开这条主线，聚焦“四个创建”“四个走在前列”和市委“六个走在前列”目标要求，按照举旗帜、聚民心、育新人、兴文化、展形象的使命任务，充分发挥“忠诚、团结、敏锐、创新”的广电精神，开拓

2022年10月16日，县广电台带班领导和值班人员坚守岗位监测观看中共二十大开幕式

进取、扎实工作，较好地完成主题宣传、安全播出、公共服务、媒体融合、智慧广电建设等工作任务。

【新闻宣传求质量】 2022年，县广播电视台紧盯县委、县政府中心工作，进一步强化时政新闻和重大新闻报道力度，全力做好新闻策划、典型宣传，完成播出《桑日新闻》汉语新闻59期208条，藏语新闻58期205条，其中西藏卫视采用3条，市广播电视台采用68条；公益广告播出总时长达30余小时；桑日融媒抖音平台创作短视频732条，总点击量超2500万次，其中4条原创短视频单个点击量超百万次。

【安全播出】 2022年，县广播电视台牢固树立"安全播出无小事"意识，狠抓安全播出管理，强化人物技防投入，确保全年安全播出零事故。坚决落实长效机制，持续加强24小时值班带班。不定期开展非法接收设备检查整改工作，杜绝销售、安装和使用非法地面卫星接收设施。全年共开展专项整治行动7次，确保全县广播电视安全播出。研究制订2022年桑日县广播电视台安全保障期安全播出实施方案、应急预案，主动邀请县消防救援大队、供电公司开展安全隐患排查、应急演练4次。严格落实自办节目三级审查制度。坚持每周二开展例行检修工作，全年保障24小时值机人员在岗在位，执行重要节点、重要时段采取多岗值班制，全年未发生台内停播、错播事故，实现广播电视"零插播"，顺利完成元旦、春节、全国两会、二十大召开期间等重大保障期的安全播出任务。

【公共服务】 2022年，县广播电视台组织开展"户户通"定点维修300余次，组织工作人员上门检修户户通、舍舍通150余个。结合主题党日深入绒乡扎巴村开展志愿服务活动集中检修村村通130余户。为增期乡卡乃村、白堆乡仁青岗村集中安装四代机190余户。维护覆盖43个建制村、6座寺庙，共计开展维护维修769户(舍)。保障县城及吉荣、巴朗、雪巴、奴卡2000余户有线数字电视信号覆盖安全，开展巡检、维修、维护400户以上，更换、更改光缆8千米。

【硬件建设】 2022年，本级投资25万元实施有线数字电视三方维护；本级预算50万元作为融媒体中心(电视台)工作经费，预算10万元作为安全播出机房电费及应急经费，预算5万元作为自办台、有线电视、户户通运维经费。

【队伍建设】 2022年，县广播电视台组织全体干部职工参加线上、线下理论学习30余次，持续深入学习习近平新时代中国特色社会主义思想，深入学习贯彻中共十九大、二十大及十九届历次全会和二十届一中全会精神，深入学习贯彻习近平总书记关于西藏工作的重要指示批示精神，深入学习自治区、市、县重要会议精神。组织参加远程理论学习25人次，开展电视台内部技能培训4次，不断提升技术水平。

卫生健康

综述

【概况】 2022年国家投资项目2个，总投资1968万元，完成投资1968万元，完成桑日县传染病能力提升建设项目，实施桑日县人民医院附属工程建设项目。截至年底，全县医疗机构46家，其中三级甲等医院1家（县人民医院）、民族医院1家（县藏医院）、乡镇卫生院4家、村卫生室39家、诊所1家。全县卫生健康机构人员编制97名，卫生专业技术人员102名，含高级职称4名、中级职称25名、初级职称42名。有床位32张（县人民医院20张、县藏医院12张）。

【健康扶贫成果同乡村振兴有效衔接工作】 2022年，县卫健委深入开展“三个一批”行动和三年攻坚行动，扫除乡村两级医疗卫生机构和人员空白点，通过巩固提升健康扶贫工作，稳定实现脱贫对象“三保障”，对全县131名脱贫群众进行逐一核实。重点加强家庭签约履约服务，为监测户逐一开展上门服务，对接医保局针对重大疾病进行救助，组织党员干部开展慰问，发放慰问金4800余元。

【疫情防控】 自2022年8月9日，按照疫情防控工作的部署要求，制定《桑日县区域核酸采样应急预案》，成立核酸采样梯队、核酸检测梯队、桑日县藏医医疗救治梯队。严格落实“四方责任”，确保职责明晰、分工明确、各司其职、密切配合，实行全天候保障防控，所有人员在岗在位，听从指挥，服从调度，累计开展督导54次。开展物体表面、环境核酸检测工作。重点针对邮政、快递、华新医疗废弃物处置焚烧炉、生活垃圾点、个体菜店、后勤服务中心食堂、物资车辆、县城医疗垃圾转运车、医疗暂存间、转运车辆、PCR实验室等重点环境及物表进行每日采样检测。加强医疗废弃物处置工作，医疗防控组深入各村居、乡镇、企业进行业务指导，累计指导86次，收集并处置医疗废弃物18095.62千克。按照“三区两通道”要求，开展全县重点场所消毒消杀工作，组织各乡镇、村居、卫生院、企业等重点区域工作人员进行消毒液配比、消毒消杀等工作开展培训共计20次，培训累计200人次。及时成立桑日县藏医药医疗救治梯队，并对医护及工作人员、各卡点医护

2021年4月16—21日，县卫健委组织开展“健康中国 健康家 关爱生命 科学防癌”主题宣传活动

及公安干警、集中供养中心老年人群、环卫工等重点人群免费发放预防药"催汤剂"累计深入15个点,共发放藏药催汤3500克。支援拉萨及兄弟县区医务人员共计13名。

【慢性病管理】 2022年,桑日县建立高血压管理人数1596人,管理率达100%。年内规范化管理1596人,规范化管理达100%;血压控制人数1412人,血压控制率达89%;全县糖尿病患者规范化管理24例,规范化管理100%,血糖控制达标21人,血糖达标率88%。全县65岁以上老年人1327人,规范管理率100%。

【儿童常规计划免疫工作】 2022年,县卫健委开展专项督导检查3次,严格每月按时接种常规疫苗。全县卡介苗接种率达90.54%,乙肝疫苗首针接种率达97.18%,即时接种率达92.25%,其他九类疫苗接种率达71.8%。

【常规传染病防治】 2022年,全县未发生甲类传染病,乙类传染病共发生2例,传染病发病率为0.01%。

【健康教育及健康促进行动】 2022年,县卫健委组织乡村医生开展工作健康教育业务培训1期,培训60人次。健康教育主题日宣传活动,卫生主题日宣传活动及公众健康咨询活动204场次,宣传人数13260人,咨询人数612人。举办健康知识讲座325场次,共受益人数26000人,共发放各类健康教育印刷资料18000余份,发放宣传礼品共计15236份。开展问卷调查2次,知识知晓率达到85%;全县宣传栏制95个,更换5期次,县级制作宣传长廊2条。各村卫生室、乡(镇)卫生院、统一配备彩色电视和健康教育视频播放U盘,在卫生院门诊候诊区、观察室、健教室等场所或宣传活动现场播放影音视频资料4784次,确保全年公益广告宣传的连续性和频度要求,收益人数达25268人。

【基层巡回诊疗】 2022年,桑日县设立基层巡回诊疗队4支,共计115人。县卫健委切实将基层巡回诊疗服务工作重心下移、优质医疗资源下沉,充分发挥县人民医院、藏医院的作用,全面指导基层开展优质健康服务,切实让疾病早发现、早治疗,让群众少生病、少生大病,累计开展健康巡诊43次,家庭医生签约共组成四支队伍,签约人数15871人,签约户数4193户,签约率达100%,针对慢性病,疫情期间老龄、儿童、孕妇等重点人群开展巡回诊疗上门服务。

【优质服务基层行】 2022年,桑日镇卫生院成功创建优质服务基层乡镇卫生院1个。

【培训工作】 2022年,县卫健委邀请市人民医院、疾控中心专家对桑日县县、乡、村三级卫生技术人员共计47人次,开展传染病防控业务培训。县疾控中心不断加强自身建设,强化业务理论与操作技能,通过跟班学习推进新冠病毒核酸检测技术,有效提升核酸检测、流行病学调查、消毒消杀等具体工作的能力和水平。开展应急演练2次,演练人数共计26人,参与部门6个。全县开展培训及现场演练累计达55次764人。

【家庭医生签约服务】 2022年,全县家庭医生家庭签约15871人,家庭医生签约率达100%。

【先心病患儿救治】 2022年,县卫健委组织县人民医院赴各乡镇开展城乡居民健康体检工作,筛查目标儿童数共331名,筛查出疑似儿童54人,确诊2例,均不适宜手术。

2022年4月21日,桑日县县、乡、村妇幼保健专干到幼儿园为幼儿进行一年一度的血红蛋白检测

【健康体检】 2022年，县卫健委继续高度重视全民健康体检工作，提前安排部署，制订工作方案，组织县、乡、村三级卫生技术人员深入各村开展全民健康体检，全县城乡居民暨僧尼健康体检应检16076人，实际参检人数13508人，因病住院、陪护、求学等原因未能参检2568人，参检率84%。针对筛查病种，进行认真分析，特别是针对脱贫户患病人群，结合实际制定干预治疗措施，予以分类救治。

【基本药物制度落实】 2022年，县卫健委就基本药物零差率销售补贴方案进行调整，成立考核领导小组，就上半年执行绩效考核，兑现资金45.29万元。

【乡村医生队伍建设】 2022年，桑日县有乡医36名、村医86名。各村居已经达到“一村两医”标准。全县乡村医生退出的目标数4人，均为60岁以上。

【社区医院建设】 2022年，桑日县通过援藏投资435万元对绒乡卫生院进行升级改造，于5月竣工并投入使用。白堆乡卫生院升级改造项目投入300万元，已完成前期工作。

【农牧民家庭账户】 2019年，桑日县农牧家庭账户管理职权由县卫健委划转到县医疗保障局，2022年1月实行农牧民个人账户。

医疗

【概况】 桑日县人民医院（以下简称县医院）是一所集医疗、保健、计划生育技术服务、健康教育等多功能于一体的综合性医院，2020年成功创建二级乙等医院，曾先后被授予“平安医院”“文明单位”“民族团结先进模范集体”等称号，是桑日县唯一为广大农牧民提供全方位的医疗、保健服务的医院。医院总占地面积14417.34平方米，总建筑面积9519平方米，其中门诊楼（含办公用房）占地1383平方米，医技楼2612平方米，住院部669平方米，藏医楼2630平方米，干部职工周转房1920平方米，药库55平方米，医疗垃圾及制氧机房250平方米食堂及医疗援助住宿楼1500平方米。编制床位15张，现实际开发床位30张。全院有医疗技术人员共计40人，其中大专及以上学历人数33人，其中副高3人，中级职称15人，初级职称20人。

2022年，县医院共计门急诊12470人次，收治住院69例，出诊258人次，无转院、自动转院和死亡病例。各项计划生育免费技术服务180余人次。做手术3例。

【综治工作】 2022年，县医院开展社会治安综合治理各项基础工作，强化矛盾纠纷排查调处工作。始终坚持“预防为主、教育疏导、依法调处、防止激化”的原则，完善矛盾纠纷排查调处工作机制，开展矛盾纠纷排查调处工作，正确处理人民内部矛盾，尤其是注重防患医患纠纷方面存在的问题，努力维护社会稳定。开展创建“平安医院”“先进双联户单位”工作。

【疫情防控】 2022年，县医院成立领导小组，下设救治组、疫情信息组、后勤保障组，抽调医务和后勤保障人员到一线工作。配合完成相关救治和保障任务，全院上下同心协力、众志成城，同时，加强院感科室建设，完成核酸检测各项工作，完成疫情防控工作任务。

【医院管理】 2022年，县医院开

2022年2月18日，桑日县卫生服务中心为全县旅游从业人员开展安全生产相关知识培训

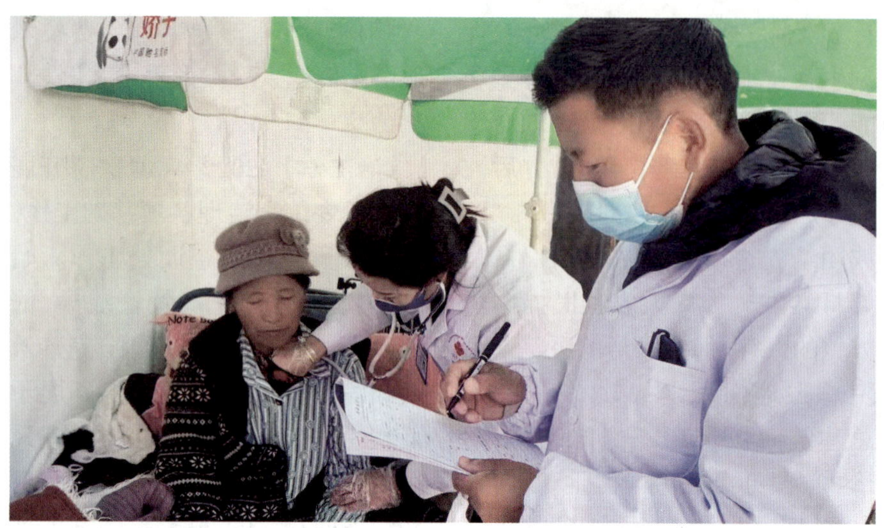

2022年4月16日，桑日县卫生服务中心入户为慢病患者体检

展医疗服务质量评估，对检查中发现的问题，持续改进，不断提高技术水平和服务质量，加强医德医风建设，转变作风、狠抓落实，强化医院文化建设，突出藏医特色，提高医疗质量，深化优质服务，确保医疗安全，改变医院就医环境，增加业务用房，更新医疗设备，严格落实总值班及院周会制度。加强医疗技术人员的培训，累计参训260人次。

【免费健康体检】 2022年，县医院筛查骨关节疾病145人，其中适合手术指征67人。全县农牧民群众及寺庙僧尼免费体检并建立健康档案工作全面完成，共检查13508人次并建立城乡居民健康档案。针对体检中出现的患高血压等慢性疾病患者跟踪调查，针对健康体检中发现胆囊结石的患者重新复查确定后进行手术治疗。结合医疗行业特点，针对乡村因病致贫农牧民实际情况，采取上门免费送医送药、联系上级医院转诊、职工捐款扶持等多种方式，切实解决贫困群众的实际困难。

【“传帮带”工作】 2022年，县医院共有长期援藏、短期援藏专家9名，借助强大的专家队伍，医院业务能力不断提高，业务范围逐渐拓展，特别是以万名医师下基层为依托，发展和提升医疗技术水平，推进“传帮带”各项工作，开展相关业务手术，不断夯实提升服务水平、提升群众满意度的基础。

疫情防控

【概况】 2022年，桑日县坚决贯彻习近平总书记关于疫情防控工作重要讲话重要指示批示精神和党中央的部署，坚定不移坚持人民至上、生命至上，坚定不移落实“外防输入、内防反弹”总策略，坚定不移贯彻“动态清零”总方针，按照疫情要防住、经济要稳住、发展要安全的要求，高效统筹疫情防控和经济社会发展，最大程度保护人民群众生命安全和身体健康。全县无一例因疫情防控引发的矛盾事件，保持“无疫情”的巨大成效，优化二十条的调整，实行精准防控，为经济快速复苏、快速发展提供强有力的保障，2022年实现经济12%的增长。

【联防联控机制建设】 2022年，桑日县把疫情防控工作作为头等大事来抓，成立以县委书记为组长的农牧区疫情防控工作领导小组，制定《新型冠状病毒感染疫情防控工作方案》，推动乡镇党委书记、村支部书记抓好本辖区的疫情防控工作，不断压实县级领导、医院院长包乡镇，乡镇领导、卫生院医生包村的责任，一村实现2名村医。先后抽调20名县级干部、50名科级干部、162名公安干警、医护人员下沉到乡镇、村居投入疫情防控工作中，严格落实属地责任。

【“人、物、环境”同防】 2022年，桑日县组织县市监局、县商务局、县综合执法局、县卫健委、县旅发局、县交通局、县邮政管理局要加大对非冷链集装箱及冷链运输、快递物流包裹、客运车辆等方面的监管，落实清洁消杀措施。针对商超、餐饮行业、茶馆、快递物流等重点行业定期不定期开展监督检查，切实提升疫情风险“早发现”的能力。

【群众急难愁盼问题化解】 为避免“一刀切”和“层层加码”的问题，桑日县公布市长热线和县疫情办热线电话5个，对市长热线来电和群众反映的问题进行积极有效的解决，不断对各部门、各卡点疫情防控工作进行督导，对一刀切、层层加码的现象进行及时整改。确保群众出行、办事、重点物资的安全、畅通无阻，为复工、复产、复商、复学提供强有力的保障。

民政·社会保障

民政

【概况】 2022年，桑日县民政局（以下简称县民政局）行政编制5名、事业编制4名，包括由桑日县民政局管理的事业单位申请救助居民家庭经济状况核对指导中心、特困人员集中供养中心。实有行政人员6人、事业人员5人（含工勤人员）。

【社会保障】 2022年，县民政局推进城乡低保工作，进一步完善城乡居民最低生活保障对象申请、入户调查、民主评议、审核审批程序，强化家庭收入核算，将低收入家庭中的重病、重残人员参照“单人户”纳入低保，落实低保标准与城乡居民人均消费支出挂钩的动态调整机制，加强动态管理，切实做到公平公正，应保尽保，应退即退。第一季度享受农村低保153户、283人，第二季度享受农村低保151户、280人，第三季度享受农村低保156户、308人，第四季度享受农村低保156户、306人，全年兑现农村低保资金946141.5元。1—5月享受城镇低保15户、15人，6—7月享受城镇低保14户、14人，8—12月享受城镇低保13户、13人，共兑现城镇低保资金113876元。为符合条件的27名城乡低保人员发放经济困难高龄、失能老年人兑现补贴资金共计15900元。

2022年5月11日，自治区民政厅一行到桑日县检查指导殡仪馆项目、精神福利机构项目

【社会服务】 2022年，县民政局落实事实无人抚养儿童11人的补助资金78900.12元。“六一”国际儿童节期间为事实无人抚养儿童、10名7岁以下残疾儿童、1名困境儿童开展关心关爱活动送去书包、彩笔等学习用品。联合县残联为残疾儿童配备儿童轮椅等辅助用具。疫情期间严格落实区、市、县疫情防控工作要求，各乡镇村居对农村留守儿童和困境儿童进行调查摸底、了解需求，多方筹措防疫物品和生活物资。为全县农村留守儿童和困境儿童购买发放价值4500元的米、面、油、蔬菜等生活物品，全力保障全县农村留守儿童和困境儿童疫情期间基本生活保障。县残联严格兑现“两项补贴”及“十大民心”资金。全年兑现残疾人“两项补贴”资金2382300元。兑现2022年一级、二级残疾人员“十大民心”资金1394400元。

【社会事务】 2022年，县民政局劝导、引导流浪乞讨人员接受救助，共救助流浪乞讨人员1次，落实救助资金50元。开展《中华人民共和国民法典》婚姻家庭编普法宣传工作，不断规范婚姻登记管理工作。全年共办理结婚登记132对、离婚登记24对，补办结离婚登记15对。

【社会治理】 2022年，桑日县社会组织2家，分别是桑日县牦牛养殖协会和桑日县商会。12月23日，桑日镇奴卡村、雪巴村举行村改社区揭牌仪式。

【平安边界】 2022年，桑日县与邻县曲松县、工布江达县签订平安边界协议。

【特困供养】 2022年，县民政局强化服务理念，优化管理服务机制和制度。全县特困人员供养对象为182人，集中供养人数89人，分散供养人数93人，集中供养自愿入住率为100%。全年落实供养补助资金2205404.9元，其中集中供养1347340.6元、分散供养858064.3元。落实特困人员集中供养机构运行经费和人员工资共3007149.75元。

【临时救助】 2022年，县民政局发挥社会救助"托底线、救急难"作用，将所有遭遇突发事件、意外伤害、重大疾病或其他特殊原因导致生活陷入困境，其他社会救助制度暂时无法覆盖或救助之后基本生活仍有严重困难的家庭和个人，不论户籍、不分城乡，全部纳入临时救助的范围。全年为49户、160人实施临时救助312100元。

2022年12月14日，桑日县民政局干部与曲松县民政局干部在曲松县与桑日县界桩点合影

【疫情期间困难群众救助帮扶工作】 2022年，县民政局根据西藏自治区人民政府印发《关于贯彻落实〈扎实稳住经济的一揽子政策措施〉的实施细则》的通知》《西藏自治区人民政府关于印发〈关于稳经济若干临时性措施〉》《关于贯彻落实自治区稳经济若干临时性措施扎实做好疫情期间困难群众基本生活保障有关工作的通知》文件精神，以社会化发放的形式，为169户、319人城乡低保对象发放9—11月一次性补助资金191400元，为185人特困人员发放9—11月一次性补助资金111200元。通过开通"12349"救助热线，耐心倾听群众和滞留人员诉求，根据实际困难为6名遇困外来务工人员发放价值730余元的生活必需品。为3名到桑日县旅游的滞留人员送去蔬菜、米面、油、鸡蛋、方便面等生活救助物资430元。在特殊时期简化救助审批程序，加大救助力度，为桑日县因疫情导致生活困难38户、57人（包括残疾人、分散特困人员、事实无人抚养儿童、家庭寄养孤儿、农村留守儿童）发放大米、面粉、糌粑、蔬菜包、食用油等，价值10760元，为2名残疾人，1名分散特困人员送医就诊、配备残疾人辅助器具靠背、坐便椅、手拐、气压床垫等。

【项目建设】 2022年，县民政局共有3个项目，分别是总投资6000万元的殡仪馆项目建设、投资5000万元的山南市精神卫生福利机构项目建设、送审金额80万元评审金额79.96万元的特困人员集中供养中心维修建设项目，殡仪馆项目、山南市精神卫生福利机构项目工程进度均达75%，资金支出分别达65%和68%，特困供养中心维修项目建设工作有序推进。

退役军人事务

【概况】 2022年,桑日县退役军人事务局(以下简称县退役军人局)紧紧围绕“让军人成为全社会尊崇的职业”目标定位、以习近平总书记关于退役军人工作重要论述为根本遵循,以退役军人为中心,主动作为、勇于担当、服务大局,有序推进退役军人服务保障事务,各项工作取得显著进步。全县退役军人服务保障体系加快推进,退役军人荣誉感、获得感、幸福感日益增强。

【优抚安置政策落实】 2022年,县退役军人局严格按照优抚对象抚恤补助政策,及时调整抚恤补助标准,每月按时足额发放优抚对象的定期抚恤和生活补助。全年为领取定期抚恤和生活补助的优抚对象发放资金。举行2021年度自主就业退役士兵一次性经济补助金、义务兵家属优待金发放仪式,为家属发放义务兵家属优待金,为自主就业退役士兵发放自主就业一次性经济补助金。

【创业就业】 2022年,县退役军人局通过退役军人系统服务平台、退役军人服务中心(站)、退役军人政策宣传微信群等方式向全县退役军人发布就业招聘信息52条,与县人社协调举办高校毕业生暨退役军人专场招聘会,用工企业单位50家提供退役军人岗位51个,岗位涵盖教育培训、金融保险、人力资源、行政管理、广告设计、酒店餐饮、文秘、建筑工程、护理学、保安保洁等岗位。组织未就业退役军人参加2022年山南市退役军人暨随军家属专场招聘会,助力退役军人再就业。为积极做好退役士兵就业工作,丰富退役军人就业创业渠道,安排专人开展退役士兵专项考录公职人员报名工作,符合条件人员参加专项考录公职人员报名。组织退役军人参加山南市铁路护路队招聘。

【双拥创建】 2022年,县退役军人局落实“让军人成为全社会尊崇的职业”,县乡联动落实为立功受奖家庭送喜报制度,走访受奖家庭,为获得个人三等功荣誉的现役军人家庭送喜报并发放慰问金6000元。为获得个人“四有”优秀士兵荣誉的现役军人家庭送喜报并发放慰问金7000元。在喜迎中共二十大胜利召开暨中国人民解放军建军95周年来临之际,县文化局和县退役军人事务局共同承办“同庆建军佳节·共叙鱼水情深”八一建军节文艺演出、拔河比赛等趣味活动,为远离亲人、坚守岗位、守护祖国平安的最可爱现役军人带去慰问与关怀,并邀请优抚对象、退役军人参加。开展送法进军营、普法入兵心活动。为庆祝建军95周年,加强军地共建,切实维护部队官兵及家属合法权益,邀请县人民法院法官走进武警中队、消防、人武部开展“送法进军营”法治宣传活动。开展慰问走访活动,紧盯现役军人、退役军人和重点优抚对象、驻县部队等在重大节日期间走访慰问,帮助解决实际困难,将拥军优属责任落到实处。县武装部、县武警中队、消防支队慰问2次,发放价值2.5万元慰问品。三大节日期间开展走访慰问活动,共发放慰问金33.6万元。开展“重温峥嵘岁月、永远跟党走”集中座谈会,庆祝第95个建军节,并开展入户走访慰问活动,为退役军人及优抚对象发放慰问金。

【退役军人合法权益】 2022年,县退役军人局争取2022年湖北省退

2022年8月21日,山南市永恒建筑有限公司法人、桑日县退役军人加律向桑日县捐赠抗疫物资

役军人事务厅解决的山南市11个乡镇示范型退役军人服务站创建标准化援藏资金9万元，用于绒乡退役军人服务站标准化建设项目，提升服务站软硬件设施，切实提高基层退役军人服务站整体效果和服务质量。开展宣传教育及矛盾纠纷排查工作，结合退役军人建档立卡、慰问走访、常态化联系等形式到各乡镇、村、户开展多层次的宣传教育和矛盾纠纷排查工作，通过宣传《中华人民共和国退役军人保障法》《中华人民共和国军人地位和权益保障法》《西藏自治区实施〈退役军人、其他优抚对象优待证管理办法(试行)〉细则》，介绍移交接收、退役安置、教育培训、就业创业、优待抚恤、褒扬激励、服务管理等法律条文。全年深入三乡一镇、村等宣传政策10余次。推进退役军人建档立卡、优待证办理工作，采用“线上+线下”两种形式，对全县退役军人重新开展采集录入建档立卡系统工作。多措并举稳步推进退役军人优待证办理工作，保障退役军人及其他优抚对象合法权益。

【退役军人志愿服务活动】 2022年疫情发生后，县退役军人局召开专题会议学习安排部署疫情防控工作，县退役军人服务中心号召全县退役军人参与疫情防控工作。多名退役军人参与抗疫志愿服务，为遏制疫情扩散蔓延、保障群众生命健康贡献退役军人力量。8名退役军人主动到拉萨市参加疫情防控志愿服务。山南市永恒建筑有限公司法人、退役军人加律向桑日县捐赠总价值412850元抗疫物资，以“退役不褪志，退伍不褪色”的使命担当助力疫情防控工作。

人力资源和社会保障

【概况】 桑日县人力资源和社会保障局(以下简称县人社局)为桑日县人民政府工作部门，为正科级单位，加挂桑日县劳动监察大队。2022年，有行政编制3名，暂时使用事业编制2名，部门领导职数3名，实有干部10名，1人在绒乡多那村驻村。

【劳动监察】 2022年，县人社局开展各施工领域共宣传16次，发放《中华人民共和国劳动合同法》、《中华人民共和国劳动法》、全民参保宣传单等各种宣传资料2390余份，悬挂横幅20条，张贴宣传画150张，涉及城乡居民、外来务工者3400人次，其中发放劳务合同模板318份，劳务合同模板发放全覆盖。开展劳动保障专项检查8次，检查发现问题企业4家，整改4家，整体企业施工队合同签订率达100%。共处理根治欠薪平台案件10起，涉及民工13人，涉及金额213000元；解决信访案件3起，涉及民工4人，涉及金额49000元；处理现场上访案件5起，涉及民工50人，涉及金额389000元；处理劳动合同纠纷案件1起，涉及2人，涉及金额7000元。

【工资福利】 2022年，机关工勤人员正常晋升及事业单位工作人员正常晋升薪级工资晋升审核共兑现机关工人24人，月增资为6935元。兑现事业单位工作人239人，月增资为42383元。兑现事业单位管理人员14人，月增资为2744元。兑现事业单位工人1人，月增资为154元。兑现2021年度考核等次为优秀的3名、合格的13名“三支一扶”人员奖金208131元。兑现2021年试用期已满的14名“三支一扶”人员一次性安家费42000元。落实8名短期援藏专业技术人才半年服务期工资差额，月补差工资104379元。落实2021年度从优秀村(居)党组书记中录用事业编制1人及从乡村振

2022年4月12日，县人社局到白堆乡夏坚村调研考察大学生创业情况

兴专干中录用事业编制1人工资待遇。落实事业单位管理人员职级晋升工资待遇，月增资5323元。兑现2021年度被评为优秀人员奖金，共计36人，奖金金额为57000元。落实职务职称晋升人员待遇，人数为16人，其中管理职务5人、副高1人、中级10人，工资月增资为17297元。

【社会保障】 2022年，桑日县参加工伤保险人数1265人，失业保险参保人数695人，机关事业单位养老保险核定总人数1265人。公益性岗位人员参加保险人数148人、核定企业养老保险金59万元、失业保险金25000万元、工伤保险金2500万元；项目单位参加工伤保险共38家，缴纳工伤保险金1380000元。桑日县城乡居民基本养老金保险享受待遇人数为18984人次，发放金额为4727822.37元；死亡人数为109人，共兑现丧葬补助金和个人账户金373158.56元，并按上级要求，已经逐步通过社保卡进行发放城乡居民基本养老保险金，2022年待遇领取人数2176人，其中社保卡发放人员2114人，银行卡发放人员14人，存折发放48人。完成对2022年60周岁以上待遇领取人员及退休人员资格认证工作。

【农牧民技能培训】 2022年，桑日县对农村剩余劳动力开展大规模的技能培训活动。共开展18期技能培训项目，提高农村剩余劳动力技能水平是促进其外出务工的基础，参与人数达794人，其中脱贫户138人，易地搬迁点农牧民111人，培训共计涉及资金达1534000元，培训项目涵盖汽车驾驶、转移就业引导、计算机操作员等10余工种。

2022年12月12日，县人社局在白堆乡文化广场举办“2022年度桑日县农牧民转移就业暨高校毕业生专场招聘会”活动

【农牧民转移就业】 2022年，桑日县实现农牧民转移就业共6790人，实现创收46575830.80元，完成年度人数目标98.51%，创收目标78.27%。霍布唐和追塘坝两个易地搬迁点依靠搬迁点特色产业优势、修建温室大棚、安排生态公益岗位等方式共实现转移就业211人，实现创收3046820元，脱贫户都达到至少1个劳动力实现稳定就业，劳动力就业率达100%，无零就业户数。

【高校毕业生就业创业】 2022年，桑日县应届高校毕业生总数为232人，通过协调乡镇工作人员、电话访问等方式跟踪掌握毕业生就业信息，共有112人离校前就业，96人实现离校后就业，21人存在未上学、退学辍学、暂未毕业等情况，就业率共达98.7%。共有36人申请高校毕业生创业相关补贴，其中18人申请一次性创业启动资金，涉及资金1100000元，18人申请场地租金及水电费和生活费等补贴，涉及资金612643.88元。共有18人申请区内企业就业补贴，其中申请社保补贴，涉及资金448731.26元，申请生活补贴，涉及资金692900元，5人申请住房补贴，涉及资金110300元，18人申请培训补贴，涉及资金36000元，涉及相关资金共1287931.26元。

【人事人才工作】 2022年，县人社局坚持科学设岗、宏观调控的原则，坚持优化结构、精干高效的原则，坚持按岗聘用、合同管理的原则，坚持平稳实施、稳步推进的原则，结合实际，对桑日县事业单位岗位进行设置，设置岗位总量224个，其中管理岗位40个，专业技术岗位169个，工勤技能岗位15个。全年聘任初级职称7人，其中正评3人，以考代评4人；聘任中级职称8人，均为“定向评价、定向使用”。

医疗保障

【概况】 2022年，因政策调整涉及城乡居民缴费及医疗待遇变动，使桑日城乡居民基本医疗保险政策更加完善、更加便利。桑日县医疗保障局（以下简称县医保局）严格操作流程，做好参保群众的信息核对及信息录入工作，确保不重不漏，信息准确。全县城乡居民医疗保险参保人数15309人，参保率达到98%。

【政策宣传】 2022年，县医保局深入基层对各乡镇医管经办人员和驻寺工作人员进行面对面的培训。加大宣传，营造氛围，为使广大群众能够及时了解缴费时间和流程，加大乡镇宣传力度，发放宣传单，做到“宣传到户、应保尽保”，使惠民政策深入人心，提高群众参保的积极性。

【医保缴费】 2022年，县医保局按照“村不漏组、组不漏户、户不漏人”的要求，采取集中缴费和下村入户相结合的方式进行征缴，针对外出务工群体，村干部通过电话、短信等途径通知该群体进行医保缴费。

【特殊群体信息采集】 2022年，县医保局通过相关部门积极联动，及时掌握特困人员、城乡低保、建档立卡贫困户等特殊群体的信息，保障数据的准确性。

【便民医保结算】 2022年，县医保局开通跨省就医结算，全县基本医疗保险参保人员基本实现跨省异地结算，真正做到“群众少跑腿 数据多跑路”。开通乡镇、村居卫生（院）室医保网络运行情况。全县三乡一镇4家卫生院和39家村级卫生室全部开通门诊医疗报销直接结算服务。全面实现“一站式”服务、“一单制”结算、“一窗口”办理的服务平台，基本医疗保险参保人员基本医疗保险、大病保险、医疗救助三重保障实现“一单制”结算，全年城乡居民手工零星报销人数259人，报销金额1998786.77元；医疗救助73人，报销金额107276.15元。职工手工零星报销115人、1217500元，职工生育报销48人、821800元。

2022年3月15日，桑日县医保局在县城宣传基本医疗保险政策，发放宣传资料，共发放400余份

【健全重特大疾病医疗保险和救助制度】 2022年8月1日，桑日县开始执行《西藏自治区人民政府办公厅关于健全重特大疾病医疗保险和救助制度的实施意见》文件，明确救助对象，细化救助流程，坚持应保尽保、保障基本，尽力而为、量力而行。确保基本医疗保险参保人员更好地普及惠民政策。

【医保基金管理】 2022年，县医保局及时到定点医疗机构抽查住院病历、门诊处方、发票、明细单等，加强对挂床住院、过度检查、不合理治疗和违规用药等现象的监管力度。严格要求定点医院严格按住院指针把好初审关，该门诊治疗的决不住院治疗，加大住院的管理力度，杜绝小病大医，确保基金使用得当不流失。对定点医院“三个目录”的执行情况，采取定期或不定期的形式进行重点稽查，从源头上防止基金流失。全年到县人民医院、藏医院及医药超市重点聚焦“假病人、假病情、假凭证”三假欺诈骗保问题监督检查5次，发放医保政策宣传手册50余份。

应急救援

应急管理

【概况】 2022年，桑日县安全生产工作紧紧围绕国务院关于安全生产十五条硬措施、安全生产专项整治三年行动、安全生产大检查方案和疫情期间安全生产和值班值守工作，全面落实属地责任和企业主体责任，开展道路交通、建筑施工、非煤矿山、危险化学品、工贸行业、人员密集场所、食品药品、消防安全等领域专项整治行动，切实解决以往执法检查中存在的“简单化、随意性、一刀切”的问题，确保安全生产领域总体稳定，实现辖区安全生产良好态势。全县未发生生产安全事故。8月7日发生交通事故1起、死亡2人。全县发生灾情共计3起，受灾人口40户148人。自专项整治三年行动开展以来全县成立调查组38个，检查单位930家次，检查219次，排查隐患600余处。

【执法检查】 2022年，桑日县开展安全生产执法检查共计98次，联合执法共计24次，下发督办通知15份，责令整改指令书25份，排查隐患214处，现场处理措施决定书1份，行政处罚0起，涉及企业105家次，前期隐患整改已基本完成。

【责任落实】 2022年，桑日县针对国内发生的各类重大安全事故和各重要节点，召开县委专题会议2次、县安委会会议4次，县委书记、县长针对全县安全生产工作进行严密部署，提出具体措施，扎实推进安全生产责任落实。

【重点时段隐患排查】 2022年，桑日县应急管理局（以下简称县应急管理局）强化“三个必须”监管原则，狠抓道路交通、非煤矿山、危险化学品、消防安全、施工建设、人员密集场所的专项检查，实现监管领域全覆盖，监督检查全覆盖，问题整改全覆盖，真正以排查隐患、消除隐患，预防事故为目标，保证重点领域的生产持续稳定。开展危险化学品、非煤矿山、重点领域的专项检查。不断强化辖区危化品销售、储存、运输、使用、流失、回收等关键环节的监管。狠抓零散油料的管理，落实公安民警、乡镇驻站等安全保卫措施，杜绝违规使用和储存零散油料，保证危化领域的绝对安全，确保各重要时段的安全稳定。《县安委会办公室关于开展

2022年10月13日，县应急局华新矿山开展“10·13”国际防灾减灾日宣传活动

“防风险、保安全、迎接二十大”暨安全生产大检查工作实施方案》，强化交通运输、矿山、建筑工地、危化品、消防等重点行业领域专项整治和安全监管执法，持续夯实安全生产基础，提升安全发展水平，全力维护全县安全生产形势持续稳定。按照“疫情要防住、经济要稳住、发展要安全”工作要求。在严格做好疫情防控工作的前提下时刻紧绷安全弦，各行业部门深入各企业检查企业复工复产情况。要求企业树立安全发展理念，筑牢安全生产防线，严格规范管理和操作流程，强化复工复产安全教育，杜绝安全事故发生。

2022年8月3—4日，县应急局、县住建局、县水利局、县消防大队等部门到街需综合楼、大古电站、增期乡雪巴村小学和增期乡防洪堤等对在建项目进行安全生产和矛盾纠纷排查联合检查，并对白金村取土点隐患治理情况进行实地查看

【安全生产活动】 2022年，县应急管理局在“全国防灾减灾日”“安全生产月”“国际防灾减灾日”等时段，制订详细方案，狠抓宣传教育，结合安全生产宣传“八进”要求，深入乡镇、企业、村居、寺庙、人员密集场所等进行宣传，不断提升群众安全防护意识。发放宣传资料共计10000余份、宣传礼品2000余份，宣传内容深入人心，取得良好的社会效果。

【专项整治】 2022年，县安办组织执法人员深入开展危险化学品、非煤矿山大排查大整治大执法、城乡居民自建房安全等专项整治工作，整治突出企业管理、自建房安全隐患和问题整改落实。深入辖区内非煤矿山企业开展安全生产专项检查，主要针对矿山生产安全、汛期措施、制度规章、特种设备、资质情况等问题进行专项检查。突出铁路、电站、水泥生产、建筑施工等方面的专项检查（复工复产），解决企业难点热点等突出问题。深刻汲取湖南长沙居民自建房倒塌重大事故教训，突出对用作经营场所的房屋、人员密集场所、违法违规改扩建用于经营和出租以及老旧小区等房屋进行安全隐患排查整治。

【疫情防控】 2022年，新冠疫情发生以来，县应急管理局从市、县两级应急物资储备库调拨防疫物资共计5类180件，其中12平方米军用帐篷25顶、折叠床39张、棉被22床、棉褥38床、海绵垫56个。严格落实24小时应急值班值守和“一日一调度”制度，通过微信、电话等方式，随时了解辖区内仍在施工企业疫情防控、安全生产和全县自然灾害预警情况，督促企业在做好疫情防控工作的同时落实好各项安全防范措施。

【专项整治三年行动巩固提升】 2022年，县安委办充分发挥牵头抓总的作用，将安全生产专项整治三年行动列入县委、县政府督查工作重要内容，纳入对县直各部门、乡镇安全生产工作考核重要内容。聚焦非煤矿山、危险化学品、道路交通、建筑施工、消防安全、工贸领域等17个专项全力攻坚，取得较好工作成效。完成1家非煤矿山生产企业双重预防机制建设任务。深入开展全县危险化学品企业安全与环保隐患排查治理，对2家危化生产经营企业进行全面“会诊”体检，排查整改隐患101项。对全县1家燃气企业、2家大型餐饮场所安全隐患进行全面深入排查治理。全面整治道路交通领域违法行为，累计查处各类交通违法行为7314起、排查整改隐患309项。先后4次举行大型综合体、企业、学校等联合演练，举办8期消防指导培训班对消防重点单位、高层建筑物业公司、派出所等568人进行消防业务知识培训，对排查出的528项火灾隐患进行彻底治理，确保全县消防领域安全。

消防救援

【概况】 2022年,桑日县消防救援大队(以下简称县消防救援大队)全体指战员践行训词精神,以抓党建带队建、抓班子带队伍、抓学习促能力、抓执法保平安、抓宣教提意识、抓灭火减损失的工作模式,深化落实“三融合”建设,全力对标主责主业,深入开展各项工作,确保火灾形势稳定,推动队伍向好发展。

【队伍规范管理】 2022年,县消防救援大队以落实各项专项工作为契机,全面掀起条令纲要学习热潮,强化日常量化考核和年度考评,考核考评结果作为发放绩效奖励的重要依据。强化重点时段、重点部位管理。全面健全完善用章、后勤管理、岗位职责、合同管理等各项规章制度。坚持一月一考核,落实奖惩制度,对严重违规者,进行辞退处理。结合队伍管理工作,成立大队安全委员会,制定“四级安全管理网格图”,以作战训练安全整治和条令纲要学习为切入点,严格落实“四级网格化”管理,深挖细抓队伍内部作战训练安全整顿工作,紧盯“人车酒、黄赌毒、网电密”,不断强化制度建设,定期摸排,定期分析安全形势,严格饮酒报备、手机管理、网络和保密工作,及时消除隐患、化解风险。全年召开安全形势分析会12次,开展风险隐患排查15次、全员思想摸排12次、整改安全隐患112条、谈心谈话200余人次,组织开展驾驶员、保密、廉政等安全警示教育12次,全年未发生作战训练、队伍管理安全事故。结合报考比武竞赛、学历教育、各类培训与自学相结合和全员岗位大练兵活动,全力提升能力素质,全年修订预案28份,“六熟悉”演习45次,日常训练209天,成功处置各类救援9起,完成勤务21起。

【消防职责落实】 2022年,县消防救援大队班子主动向县委、县政府领导汇报消防工作,推动党政主要领导引领工作开展基层消防安全治理工作、县乡镇消防安全委员会及乡镇消防工作所实体化运行。县主要领导带队检查12次,部门联合执法30余次。县消防救援大队推动宣教阵地助攻,以宣传专项为支点,充分利用移动式主题乐园,消防宣传科普基地等资源,深入推进消防宣传“六进”活动。以“119”消防宣传月为活动重点,邀请县主要领导出席启动仪式,扩大宣传声势,创新宣传方式,组织消防志愿者开展“我与火焰蓝同行”活动,推动注册“全民消防学习平台”并组织学习消防安全知识,全面掀起学习消防知识热潮。全年共开展宣传培训30余次,深入7类场所,发放宣传资料及宣传品30000余份,“全民消防学习平台”注册人数达1638人,总积分528850分。县消防救援大队以专项整治为抓手,采取专项治理与全面监督相结合、节假日重点检查和日常普查相结合的监管办法,着力建立常态化排查整治机制,较好地推动监督执法工作,全年落实专项整治7个,检查单位场所991家次,发现隐患1245件,督促整改1243件,下发责令改正通知书526份,下发行政处罚决定书11份,责令“三停”1家,罚款14.6万元。推动单位、场所安装独立式烟感探测器52件套、可燃气体检测器及紧急切断阀25件(套),推动新建消防水鹤3处。

2022年6月,桑日县消防救援大队到加油站开展消防演练工作

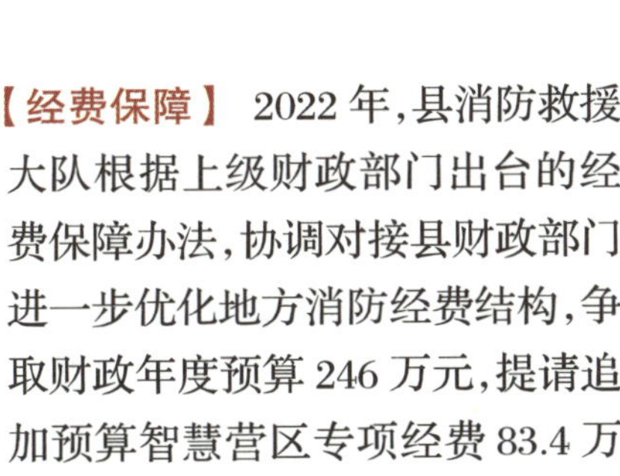

【经费保障】 2022年,县消防救援大队根据上级财政部门出台的经费保障办法,协调对接县财政部门进一步优化地方消防经费结构,争取财政年度预算246万元,提请追加预算智慧营区专项经费83.4万

元，新招录消防工作所文员8名，政府专职消防员8名。争取专职消防员、消防人员工资待遇324万元。以适应实战需求为目标，全力加强车辆装备管理，严格落实每周车场日、车辆装备巡检、维护保养等工作，坚决做到不放过一处死角，不留下一处隐患，切实保证车辆和装备器材随时处于良好的备战状态。坚持装备购配与灾情需要、队伍需求相适应，配合总队、支队顺利2022年和2023年装备达标创建工作的统计汇报及上报工作。时刻贯彻以人为本的理念，立足新的伙食费标准，聚焦职能任务，全面提升队伍伙食保障水平，做到科学调剂、合理膳食，切实提高伙食质量满意度，确保一线指战员吃的舒心安心，推动队伍战斗力持续有效生成。疫情期间，严格落实消毒晾置、错峰就餐、打包分餐等措施。面对物资供应困难等诸多难题，主动对接政府及百益超市等，全力保障疫情期间大队指战员生活及伙食物资。针对社会面防疫物资短缺问题，对接县卫健委等部门，共协调一次性口罩70个、N95口罩190个、防护面罩10个、医用胶套75个、消毒液155.5升、酒精50升、一次性医用防护服109套、防护面罩10个、医用手套252双，有效保障执勤备战、内部防控、社会面消毒等工作地开展。疫情期间共开展社会面消毒12次，共出动12辆车、59人，开展物资搬运工作4次，共出动4辆车、22人，获得县委、县政府和群众的高度赞誉。

乡镇概况

桑日镇

【概况】 桑日镇位于桑日县县城境内，是桑日县唯一的建制镇，地域面积520平方千米。下辖拉龙村、洛村、比巴村、赤康村、颇章村、塔木村、雪巴社区、奴卡社区6个建制村和2个社区、18个村小组，辖区内共有4所学校（桑日镇小学、赤康幼儿园、比巴幼儿园、洛村幼儿园），2座寺庙（卡玛当寺、丹萨梯寺）。全镇共1028户（农户1006户、牧户22户），3748人（男1880人、女1868人），劳动力2073人（男1095人、女978人）。自然增减全镇脱贫户104户、332人，脱贫人均纯收入17488.54元，增速13.7%。

【党建工作】 2022年，桑日镇党委始终坚持把党的建设放在首位，不断在学习教育、基层党建、重大活动、"三重一大"、巡视巡察、宣传活动、办实事活动、乡村振兴、作风建设、干部驻村等工作上下功夫，进一步增强基层党组织和党员群众"四个意识"、坚定"四个自信"、捍卫"两个确立"、做到"两个维护"，不断提升基层级党组织履职尽职能力。强化基层党组织建设，充分发挥基层党组织政治功能和组织优势，成功打造塔木村党组织、洛村党组织2个市级党建示范点，并完成验收工作。塔木村党总支坚持发挥党建引领作用，以"党组织+企业+群众"发展模式，因村施策，以葡萄产业为抓手，组织群众将土地承包经营权入股，不断健全村集体、群众、企业共同发展的利益联结机制，全面助力推进乡村振兴。洛村党支部坚持以党建引领民族团结进步为抓手，以"铸牢中华民族共同体意识"主线，紧紧围绕"中华民族一家亲 同心共筑中国梦"总目标，以高质量党建引领，唱响民族团结红色主旋律，结合与湖南援藏工作队的结对交流，进一步夯实民族团结基础，形成全村人民精神相依，守望相助、手足情深、团结奋进的美好生活图景，一起为实现幸福生活而努力奋斗，谱写民族团结进步事业新篇章。打造拉龙村党组织、颇章村党组织、赤康村党组织、奴卡村党组织4个县级党建示范点。拉龙村党建引领妇建，更好地为党的事业凝聚妇女人心，拉龙村妇联牢牢把握"党政所急、妇女所需、妇联所能"的职能定位，突出"带"字关键、抓好"新"字文章、围绕"实"字发展，开展思想政治

2022年5月9日，桑日镇向农户发放2022年化肥

引领、妇女素质提升、妇联组织建设、关心关爱维权、活动场所规范等工作，坚持把党的妇女工作做细做实。颇章村把“党建引领、服务民生、助力发展”作为抓党建促基层治理能力提升的出发点和落脚点，以实际行动增强全村党员群众的获得感、幸福感、安全感。赤康村探索开展以党建为引领、以阵地建设为依托、以基层治理网格化为基础的“党建+网格”模式，为基层治理提供坚强组织保证。奴卡村党总支部紧紧围绕基层党组织建设“五项要求”，推进党建各项工作。组织完成基层党员档案整改工作，在前期整改的基础上，再次对基层农牧民党员档案560余份，机关8名党员档案工作进行再梳理、再完善、再整改，确保达到整改要求。开展2022年“三优一先”(优秀共产党员、优秀党务工作者、优秀基层党组织书记和先进基层党组织)先进集体和优秀个人表彰活动，表彰镇级优秀共产党员27名、优秀党务工作者6名、优秀基层干部4名、党建先进集体2个。组织完成全镇庆祝中国共产党建党101周年、西藏和平解放71周年等重点时段的庆祝活动。结合党委会、理论学习中心组、夜校早读、早操、“三会一课”等时段，以节假日、重点时段重大活动为契机，抓好党的理论、意识形态、精神文明等领域工作，抓牢抓实基层党组织的学习教育，深入学习习近平总书记在中共二十大上所作的报告、关于中共二十大报告主要精神的权威解读、中共中央关于认真学习贯彻中共二十大精神的决定、十九届中央纪律检查委员会向中国共产党第二十次全国代表大会的工作报告、中国共产党第十届中央委员会第七次全体会议公报、中央第七次西藏工作座谈会精神、习近平总书记关于西藏工作的重要论述和新时代党的治藏方略，《中国共产党章程(修正案)》的决议、《中共中央关于党的百年奋斗重大成就和历史经验的决议》等相关会议文件精神，开展学习宣传贯彻中共二十大专题活动，镇党委组织全体干部职工、8个建制村村“两委”班子、农牧民党员及群众观看中共二十大开幕会盛况和新一届班子集体与中外记者见面会上的讲话，累计收看共20场次，受众人1548人次。镇党委以学习宣传宣讲中共二十大精神为重点，成立桑日镇宣讲团，制定《桑日镇学习宣传贯彻党的二十大精神总体工作方案》《桑日镇党的二十大精神学习宣传工作方案》，宣讲团深入各建制村(社区)开展宣讲中共二十大精神20余次，受众群众1000多人次，镇党委、各村党支部先后学习中共二十大精神共40场次，受众群众3200人次。开展中共二十大学习研讨会共10次，共提交研讨稿57篇，机关干部和农牧民党员共提交心得体会75篇，对机关干部开展二十大理论知识测试1次、在全镇范围开展“学思践悟二十大 踔厉奋发谱华章”主题演讲比赛1次，驻村工作队、村“两委”班子、“双联户”户长、村骨干宣讲员、巾帼志愿者利用微信、学习强国等平台推送中共二十大会议精神内容共57场次，受众2508人次。印发各类文件共64份，先后召开党委会(扩大)会议19次、专题会议7次、组织理论中心组学习12次，研究党建工作6次、纪检工作3次、乡村振兴工作5次、宣传工作5次、经费问题5次、综治维稳3次、项目及其他工作10次，严格落实重点项目、重大经费、人事变动的审议研究，严格执行“三重一大”制度。开展主题党日活动12次、召开党建工作推进会议3次，听取各村党组织书记述职评议会1次，召开民主生活会1次，开展各类年度考核4次。完成县委十届第三轮村级巡察工作，对雪巴社区、奴卡社区、颇章村、比巴村党组织巡察的进驻、问题的反馈、问题的整改事项专项督导，确保巡察工作高标准严要求高质量完成。结合中共二十大、防疫宣传、乡村振兴、人居环境整治、民族团结、文明创建、“三个意识”宣讲等工作，通过走村入户、微信群微宣讲方式，发挥新时代文明实践所(站)基层宣讲员骨干作用，开展理论宣讲1000余次。开展讲党课、主题党日等活动12次，受众人数500余人。开展“甜茶馆里话党恩”志愿服务活动10次，受益达500余人。镇新时代文明实践所(站)理论宣讲志愿服务队的成员们利用广播设备广播宣传各类理论知识600余次。开展新时代文明实践所、站志愿服务队通过召开意见征求会，深入辖区村(社区)开展人居环境整治、义务植树、帮扶慰问困难户、乡村振兴政策和疫情防控政策宣讲、帮助注册藏易通、珠峰云等平台，开展活动20余次，切实为群众“办实事、解难事”。

【党风廉政】 2022年，桑日镇党委始终履行党风廉政建设主体责任，抓好反腐倡廉各项工作，以落实监督责任的实际举措和成效推动党委主体责任的落实。党委领导班子在廉洁自律上积极发挥表率作用，认真履行“一岗双责”，加强作风建设和反腐倡廉工作的宣传教育，带领全镇党员干部把抓学习、重教育、履职责放在工作的首位，形成党委书记负责抓、班子成员协助抓、党支部书记具体抓的良好工作局面。始终把维护党的政治纪律和政治规矩放在首位，深入开展政治教育，以学习宣传中共二十大精神、重要会议精神宣讲教育为契机，坚持深入基层群众宣讲党的政策、理论、法规和各项重要会议、讲话精神，入户宣讲和集中宣讲 20 余场次，组织和发动基层党组织开展教育宣讲 71 场次，发挥思想引领作用。镇纪委牵头对各项政策的落实、乡村振兴有效衔接工作等开展情况监督检查共计 50 余次，针对发现的问题进行现场反馈限期整改，维护党中央和各级党委政府的决定，促进全镇党员干部在思想上与党委保持高度一致，确保政令畅通。为全面落实区、市、县三级改进作风狠抓落实工作动员部署会要求，围绕“加强基层党组织、化解矛盾纠纷、助力乡村振兴”按照党委书记镇长包片区、镇党委班子成员及干部包村、村“两委”班子包小组的原则，成立进一步改进作风狠抓落实工作领导小组，制定印发桑日镇《关于开展干部“下基层解难题、转作风抓落实”包片包村包组工作实施方案》，镇党委为增强干部责任意识和纪律意识，及时对班子成员、分管领导、干部职工、村组织书记进行谈心谈话、提醒告诫 20 次，有效遏制“四风”问题发生。紧盯重要节假日，坚决查处违反中央八项规定精神问题、持续纠正“四风”问题，强化事前防范，镇党委瞄准重点工作，重要节点召开节提醒会议 7 次，开展监督检查 71 次，共下乡督导检查 71 次，整改问题 25 个，下发 2 次督导检查通报。组织机关干部观看《零容忍》《永远在路上》等警示教育片 6 次，加强乡镇机关党支部党建工作和党员队伍建设，充分发挥基层党组织的战斗堡垒作用和党员先锋模范作用，结合党风廉政宣传教育月，开展以“永葆政治本色，忠诚干净担当，以优良作风迎接党的二十大胜利召开”为主题活动，参观县纪委廉政警示教育展览和谈话室等 1 次。始终把党风廉政建设和反腐败工作当作头等大事来抓，积极履行好监督职能，集中精力抓好监督、执纪、问责工作。进一步完善参与修订镇各项规章制度，参与完善镇党政领导班子议事规则，严格执行重大事项决策制度和民主集中制的原则，达到党务、政务、村务、财务公开，用制度管人管事，抓早抓小，积极营建“不能腐”的制度机制。

2022年3月16日，桑日镇新时代文明实践所组织党员志愿队伍开展植树造林活动

【乡村振兴】 2022 年，桑日镇巩固拓展脱贫攻坚成果同乡村振兴有效衔接，实施乡村振兴战略，持续完善防返贫监测户识别、评判、退出程序，全年新增识别监测户 3 户、11 人（突发严重困难户 2 户、8 人、边缘易致贫户 1 户、3 人）。18 户脱贫户享受小额信贷资金 85 万元。联合葡萄基地、苗圃基地开展产业帮扶，培训脱贫户 28 人，实现脱贫户 20 户、56 人、监测户 1 户、3 人，分红 3.75 万元，户均增收 1785 元。全镇建制村道路硬化率、自然组通畅率 100%，实现村村通油路、组组有水吃、户户有电用、网络全覆盖、村组有阵地的目标，全面改善群众的生产生活条件。全镇通过依靠葡萄基地、砂石厂、县域务工转移劳动力 2000 余人次，增收 41.46 万元。国策环保实现

脱贫户2人就业。海星物业公司为全镇解决保洁员及保安岗位12个（脱贫户3名、监测户1人）。

【农村经济】 2022年，桑日镇农作物播种面积6555亩，草场总面积43.5万亩，牲畜总头数15651头，粮经饲比例为74∶21∶5，人均年收入26322元。发放春播化肥共1478袋，价值101267元（尿素518袋、复混肥660袋、二胺180袋、氯化钾120袋）。发放秋播化肥共800袋，价值57743元（尿素122袋、复混肥400袋、二胺208袋、氯化钾70袋）。兑现2022年中央财政耕地地力保护补贴面积4820.2亩，实际种粮一次性补贴331417.14元。中央财政补贴面积4820.2亩，涉及资金113825元。向拉拢村、洛村、雪巴村发放青稞283.83亩种子。向赤康村发放油菜230亩种子。开展草畜平衡工作，全年牲畜存栏数6174头（只、匹），实现草畜平衡。全面完成春秋两季重大动物疫情防控疫苗接种，注射牛口蹄疫、猪口蹄疫、猪瘟、禽流感等疫苗，注射免疫密度达95%，免疫抗体合格率80%，免疫卡登记达100%。

【项目建设】 2022年，桑日镇投入资金142.64万元，实施奴卡村汽车美容中心建设项目。投入资金194.89万余元，实施桑日县火车站吉康搬迁安置点项目。投入资金50万元，实施比巴村生态湿地旅游建设项目。投入资金188万元，实施拉龙村服务区建设项目。投入资金40万元，实施洛村农家肥集中堆放点建设项目。投入资金50万元，实施颇章村农特产品销售服务站建设项目。统筹整合涉农资金3000万元实施塔木村美丽宜居乡村振兴示范点建设项目。

【生态环境】 2022年，桑日镇农村供水设施供水保证率、集中供水率、水质达标率均为100%，全镇建制村道路硬化率、自然组通畅率100%。完成户厕改造28户，改厕完成率达到94%，人畜分离率达到100%。全镇村级保洁员70名，共兑现资金21万元，县生态岗位（县级保洁员）6名，共兑现资金86400元，县生态岗位（村级保洁员）11名，共兑现资金38500元。生态岗位127人，共兑现资金44.8万元。生活垃圾处理率达100%。

【社会事业】 2022年，桑日镇共有残疾人269人，兑现生活补贴326300元，兑现护理补贴265400元。兑现“十大民心”资金362500元。在全国助残日主题活动中对4名残疾人进行慰问，发放慰问金2000元。为15户、38人农村低保户兑现资金115016.4元，兑现一次性补助资金22800元；全镇特困人员35人（分散特困人员10人），兑现分散特困全年生活补助资金81270元，疫情期间一次性增发12000元；事实无人抚养儿童6人，兑现生活补贴资金42000元；专职护林员118人，兑现资金1563500元；生态岗位护林员72人（护林员59人、湿地管护员6人、野保员7人），兑现工资252000元。

【人民生活】 2022年，桑日镇8个村精心举办各类节点文艺活动，丰富群众文艺生活。全年城乡居民参保率达100%。持续推动医疗卫生事业发展，强化医疗卫生保障，协助县卫生服务中心积极开展全民健康体检、包虫病综合防治、妇女“两癌”综合防治、先天性心脏病患儿免费救治等惠民政策落实工作和风湿病、结核病、肺炎筛查工作，开展孕产妇“两降一升”（降低孕产妇和婴儿死亡率，提高孕产妇住院分娩率）工作。持续落实城乡居民基本医疗保险制度、大病、慢性病大额医疗救助和应急医疗救助制度。居民健康体检3727人，建档人数及家庭医生签约率达到100%。高血压签约及随访221人次、糖尿病随访及签约3人次、精神病随访及签约5人次、孕妇签约及随访25人次、产妇签约及随访15人次（高危孕产妇6人），住院分娩100%，发放母子保健手册9本。

【疫情防控】 2022年疫情发生后，桑日镇研究制定《桑日镇新冠肺炎疫情防控方案》《桑日镇新型冠状病毒感染的肺炎疫情防控应急预案》，调整充实桑日镇疫情防控工作领导小组。先后召开专题会议80余次、现场推进会50余次，下发（转发）各类文件、公告通知等200余份，设立村（居）疫情防控消杀消毒卡点，坚持消杀工作。通过申请上级派发、自行采购等方式筹备口罩、医用防护服、消毒液等各类医疗物资28053份（包、件、个），陆续向各村、各卡点、卫生院发放口罩、地毯、体温枪、消毒喷洒器、84消毒液、防护服、免洗液等各类医疗物资。先后向8个村、江北卡点配送生活物资（蔬菜、水果、饮料、粮油）20余次，价值2万余元。8月中旬至9月底，镇机关食堂为8支驻村工作队及蹲点干部配送爱心伙食1350份，切实保障疫情防控攻坚阶段全镇基层干部的生活问题。动员各村开展“爱心送劳力，为民办实事”助农秋收活动10余场次，涉及32户，农田163亩，其他帮扶活动涉及群众共421户。所辖8个村通过“大广播、小喇叭”、入户宣讲、推送微信、宣传海报等方式宣传宣讲疫情防控相关政策共计1800余次，确保人人知晓防疫政策，人人参与防疫工作。转发自治区、市、县重要新闻公告140余条，疫情防控措施、视频知识讲解视频等60余条，受益群众达4600余人次。全镇自制疫情防控宣传短视频10余个，报送疫情防控工作简报信息60余期。深入各村开展督导检查疫情防控各项措施落实情况共120余次，确保以持续监督推动措施有效落实。

增期乡

【概况】 增期乡位于桑日县东北60千米处，北邻墨竹工卡县，东接加查县，辖区面积占全县面积的48%。也是海拔最高、牧业人口最多的一个高寒乡，平均海拔4100米，属典型的三类地区，全乡以农业和牧业为主。全乡所辖13个行政村（6个牧区行政村、6个农区行政村、1个半农半牧行政村）；42个自然村；2个寺管会（曲龙寺管会、增期寺管会）；5座寺庙拉康（真措拉康、莫塔青林寺、尼玛林寺、桑林寺、曲桑寺）；2个学校（增期完小、雪巴小学）。全乡共有1165户、4445人。草场总面积249.6万余亩，畜牧业以黄牛、犏牛、牦牛、山羊、绵羊为主，2022年全乡共有牲畜25355头。增期乡设立5个党总支部，21个党支部（其中1个“两新”党支部，5个党总支部下设7个党支部、8个村党支部、2个学校党支部、2个寺管会党支部、1个机关党支部），全乡共有党员725名，乡机关党支部党员31名。增期乡设立行政机关5个，事业单位4个，寺管会2个，司法所1个，小学2个。全乡核定编制63名，行政29名，事业34名。

【党建工作】 2022年，增期乡坚持把党的政治建设放在首位。以习近平新时代中国特色社会主义思想为指导，坚持党的路线方针政策，落实新时代党的建设总要求，落实全面从严治党主体责任，坚决做到捍卫“两个确立”，增强“四个意识”、坚定“四个自信”、做到“两个维护”，自觉向党中央看齐，向区党委、市委、县委对标对表，始终在思想上、政治上、行动上与以习近平同志为核心的党中央保持高度一致。压实压细党建工作责任，严格压实一把手责任，乡党委按时专题研究党建工作，每月分析解决党建中的突出问题，每周召开调度会推进党建工作，确保工作落实到位。全年召开乡党委（扩大）会议15次（专题研究党建工作6次）、周调度29次。乡科级干部下村调研督导党建工作52次，提出整改意见180余条。乡党委始终把制度落实作为推进工作的重要抓手，督促乡机关、各村党组织严格执行好民主集中、党务公开、政务公开、“三会一课”、主题党日、组织生活会、谈心谈话等组织制度、组织生活。

【组织建设】 2022年，增期乡坚持把学习贯彻习近平新时代中国特色社会主义思想、中共十九大、十九届历次全会精神、二十大精神作为首要政治任务。认真学习领悟习近平总书记关于西藏工作的重要论述和新时代党的治藏方略，认真学习贯彻区党委、市委和县委关于全面从严治党工作会议精神，以实事求是的过硬作风、真抓实干的勇毅担当，推动党中央、区党委、市委、县委决策部署不折不扣在增期落实落地。乡党委书记带头讲党课9次，开展党建培训会8次，开展专题学习研讨13次。按照《中国共产党章程》规定和发展党员“十六字”总要求，乡党委严把党员入口关和质量关。全年共研究发展党员事宜6次，培养确定入党积极分子22名，发展党员8名，转为正式党员18名，开展谈心谈话56人次。开展“七一”表彰工作，在庆祝中国共产党建党101周年和西藏和平解放71周年之际，乡党委研究决定，表彰优秀共产党员34名、优秀党务工作者13名，慰问困难党员2名。集中力量打造基层党建示范点，通过重点培育、规范建设、创新提高，培育出达古村党支部（市级）、雪巴村党总支部（县级）、增期村党总支部（县级）等3个基层党建示范点，推动全乡基层党建工作整体提升、全面提质。组织村“两委”换届“回头看”调研工作。10月初，由乡党委班

2022年4月20日，增期乡举办“凝心聚力保护生态环境，齐心协力共创宜居乡村”主题活动

子成员组成的调研组通过听汇报、查记录、看实绩、民主测评、集中座谈、个别谈话的方式对全乡13个村68名“两委”班子换届后运行情况进行调研。开展中共二十大精神学习宣传工作。10月23日以来，乡党委组织中共二十大精神专题学习、研讨4次，各村组织集体学习、研讨25次，全乡党员干部撰写学习中共二十大精神心得体会150余篇。

【意识形态工作】 2022年，增期乡党委认真学习贯彻习近平总书记关于意识形态工作的重要论述，严格落实意识形态领域责任制和第一责任人责任，坚持把意识形态工作作为党的建设重要内容，召开乡党委会分析研究解决全乡意识形态领域、宣传教育工作4次，指导各村落实工作责任8次，开展乡党委理论学习中心组学习会8次。采取集中学习培训、乡党委会、党委理论学习中心组会议、组织生活、周例会、在线学习（“学习强国”学习平台）等方式，深入学习宣传习近平新时代中国特色社会主义思想、党章、党规50余次，受教党员群众3300余人次。利用中共二十大、“七一”建党节、国庆等，开展社会主义核心价值观、“老西藏”精神、“两路”精神、民族团结进步模范典型和先进事迹、中国梦宣传教育60余场，受教群众5800余人次。

【党风廉政建设】 2022年，增期乡始终坚持原则、敢抓敢管、敢管敢严，树立严管就是厚爱的观念，以上率下，带头执行制度、维护制度，严格抓制度执行，抓好党员干部日常教育管理。各重大节日节前对机关党员干部、农牧民党员进行“节前提醒”12次，对公车私用、违规使用公款吃喝送礼、违规发放津贴补贴和奖金福利、借助婚丧嫁娶子女升学收敛钱财等问题的监督检查9次。组织党员、干部看警示教育宣传片，学习藏纪通、山纪委典型案例通报8次，增强党员干部的纪律规矩意识，深入推进作风转变。乡党委、乡纪委、乡驻村办、作风办按照“四查四问二十五个问题”任务，通过实地查看、听取汇报等定期不定期对全乡68名村“两委”班子、13个驻村工作队值班带班工作、巡察整改工作、各级会议精神学习、人员在岗情况等进行督导检查22次，通报人员不在岗情况3次，对执行工作纪律不严不实的干部谈话3次。

【维护社会和谐稳定】 2022年，增期乡坚决贯彻落实习近平总书记关于治边稳藏重要战略思想，把维护稳定作为第一位的工作任务，坚决贯彻落实党中央、区党委、市委、县委关于反分裂斗争和维护稳定的方针政策及决策部署。召开乡党委会、周例会对全乡维护社会稳定工作安排部署28次。全面落实好春节藏历年、“三月综治宣传月”、虫草采挖期间、萨噶达瓦、区市两会、中共二十大期间维护稳定工作。组织乡包村干部、村“两委”班子、驻村工作队、双联户户长、民兵在重要节日、重要节点开展分片负责、维稳巡逻值班等，累计巡逻2500余次。坚决与十四世达赖和十四世达赖集团划清界限，全乡700余名党员签字承诺。充分发挥驻村驻寺、基层组织、网格员、“双联户”“红袖标”等群防群治力量。全年乡领导班子回访23次，进行政策宣讲23次。加大矛盾纠纷排查力度，践行新时代“枫桥经验”，开展矛盾纠纷排查430次，调解矛盾纠纷25次，调解率100%。落实安全生产责任制，压实安全责任。召开安全生产相关会议6次，开展道路交通安全、森林防火、防汛抗旱救灾、用气用电用火等安全生产宣传教育活动 90 余次，在全乡开展安全隐患排查 12 次，及时解决安全隐患 8 处，切实保障农牧民群众生命财产安全。

【疫情防控】 2022 年，增期乡认真学习贯彻习近平总书记重要讲话和重要指示精神，按照区、市和县委、县政府统一部署要求，把疫情防控工作作为政治任务和头等大事来抓，坚定不移把疫情防控工作要求落到实处。通过乡党委会、专题会召开疫情防控专题会议 25 次，形成一级抓一级，层层扛责任，迅速凝聚起同心战“疫”强大合力。加强物资储备，乡党委、乡政府按照提前谋划、提早准备、主动作为要求，为提高疫情防控水平和应急处置能力，按照“宁可备而不用，不可用而无备”的防控物资储备原则，全力做好疫情防控物资储备工作，筑牢疫情防控安全防线。

【民族团结进步创建】 2022 年，增期乡党委深入学习贯彻习近平总书记关于加强民族团结、建设美丽西藏的重要指示精神，贯彻落实党的民族宗教政策，召开专题民族宗教、民族团结进步创建工作会议 8 次，各包村领导每月深入各村开展民族政策宣传。深入开展“民族团结你我同创，美好家园全民共享”“种民族团结树、结民族团结情”主题活动，通过加强宣传教育，营造良好的民族团结和谐氛围。稳步推进民族团结进步创建工作，投入 19 万元在增期村、乡政府建设民族团结街道、民族团结之家和宣传墙，使“三个离不开、五个认同”等思想深入人心，促进全乡各族群众像石榴籽一样紧紧地拥抱在一起。

【农牧业】 2022 年，增期乡开展村兽医、科技特派员业务素质提升培训和理论政策宣讲 4 次，同时深入实地开展现场病虫灾害、犏牛改良、绵羊采血等业务现场指导培训 8 次。坚持最严格的耕地保护制度，充分发挥乡农牧综合服务中心和村科技特派员作用，科学指导群众春播秋收，加大对农作物病虫害的监测力度，稳定粮食播种面积。全年完成弃耕地复垦 888.07 亩，实现粮食播种 4766 亩，青稞、油菜、饲草均取得良好收成。

【项目建设】 2022 年，增期乡发挥特色温泉优势，基础设施进一步完善，利益连接机制不断完善，乡雪巴村、措巴村、卡乃村温泉项目，上半年实现增收 230 万元左右。研究上报岗布村变压器线路改造、米东村村委会维修、增期村村委会重建便民服务大厅和牦牛规模化养殖等 6 个项目，共计投入 1296.72 万元。形成乡、村、监理单位三级监督机制，定期召开项目推进会，安排重点工作，及时讨论解决工作难题，严格按照项目建设节点推进，对进度滞缓、影响整体建设的施工企业进行督促提醒，有效保障项目进度，全乡项目建设形成良好的风气。

【乡村振兴】 2022 年，增期乡按照县委“六县战略”要求，严守耕地红线。坚持最严格的耕地保护制度，深入实施藏粮于地、藏粮于技战略，严格清理弃耕地、荒地，有效稳定粮食播种面积，粮食生产提质增效，青稞种植面积达 4681 亩。6 个村居实施规模 200 平方米每座牛羊暖圈 70 座，总投资 716 万元。乡村旅游不断升级，结合雪巴村“温泉 + 旅游”资源，总投资 4660 万元对 29 户群众实施民宿改造提升项目，其中重建 15 户、翻新 14 户。米东村、岗布村投资 60 余万元建成牧家乐 2 个，通过餐饮运营和销售牧畜产品的方式，创收 9 万余元，实现人均增收 1022 元，受益脱贫群众 10 人，辐射带动非脱贫户 78 人。雪巴村成立“增期乡周末市场”，引进各类商家和本土特色农畜产品，实现营业额 199800 元，带动商户共 37 家，助力每家增收 5400 元。

【巩固拓展脱贫攻坚成果同乡村振兴有效衔接】 2022 年，增期乡坚持把巩固拓展脱贫攻坚成果摆在头等重要位置来抓，以巩固脱贫攻坚成果、全面推进乡村振兴为战略目标，持续推进，定期调研。召开党委会、专题会对全乡乡村振兴工作研究 11 次。持续发挥社会救助兜底保障作用，将 1 户按照应纳尽纳原则，纳入监测户，切实兜住兜牢兜好基本民生底线。切实加强自建房安全隐患排查，按照乡党委统一部署，摸底排查住房安全工作，加强普通安全隐患整改和防治，将 45 户有重大住房隐患的群众纳入住房改造项目中，切实保障群众住房安全。坚持市场特色化、推广化采取温泉旅游结合地摊的方式，设立“增期乡周六小市场”，引进各类商家和本土特色农畜产品，在雪巴村沃卡温泉广场开市，1—7月共举办24期周末小市场，实现营业额96万余元。实现虫草等特有资源增收1538万余元，人均增收1.9万元。

【农村人居环境整治】 2022年，增期乡针对当前影响人居环境整治工作的难点疑点问题，乡党委政府高度重视，召开党委会、调度会、专题会等专题会议18次，专题研究部署全乡农村人居环境整治工作。动员新时代文明实践所（站）队伍、巾帼志愿者、村党员、联户单位重点对村庄周边、道路两侧、房前屋后、农户家中、水渠、河道等场所积存垃圾和卫生死角集中清理，全年组织环境卫生清理活动700余次。乡人居环境整治工作领导小组联合乡作风办，对各村环境卫生、家庭卫生进行检查9次，对工作落后、环境整治不力的村进行通报，按照“定责、定人、定点、定时”的方法，切实将责任落实到人。

【生态文明建设】 2022年，增期乡广泛开展乡村绿化造林，全乡“四旁”植树19000余棵，海拔4300米以下建制村消除无树村、无树路、无树户。加大草场和森林、河道、公路保护力度，严格规范乡域内工程项目建设，全乡护林员和草监员日常巡逻1200余次。开展生态文明宣传20余次，切实增强群众环保意识、生态意识，严格落实护林员、野保员巡山制度，为生态建设保驾护航。落实河湖长制、林草长制，全力做好森林防火、防汛抗旱等工作，加强林业、草场、水等资源保护，开展河道清理、水源地保护工作160余次。生态环境突出问题得到有效改善，乡村面貌及农村人居环境焕然一新。

【民生事业】 2022年，增期乡每月及时兑现并公示各类政策性资金，对“三类人员”及低保户每月及时排查，确保做到应纳尽纳、应退尽退。13个建制村通水率达100%，水质合格率达100%，安全饮水达标率达100%。实施住房安全工程，定期对全乡农牧区住房进行系统排查，对47户进行住房改造，实现群众“住有所居”“住有所安”，“三保障一安全”全面巩固。持续帮扶就业，加强群众思想教育引导，持续帮助学生和家长转变就业观念，协助开展各项就业培训10余次，辖区内毕业大学生已基本实现就业，实现转移就业人数1968人。利用八一建军节开展系列活动，为退役军人、民兵发放慰问物品。为村居文化活动室充实娱乐器材3类39件，农家书屋补充书籍1500余册。发挥各文艺队作用，不断丰富群众精神文明需求，农牧民幸福感、获得感显著增强。

【强边富民】 2022年，增期乡始终坚持以高度的政治责任感、历史使命感狠抓边境稳定与发展工作，强边固边扎实推进，坚持屯兵和安民并举、固边和兴边并重，推进军民融合深度发展。以“守土有责、守土负责、守土尽责”的政治责任和强有力的防控措施维护稳定，组织强边固边兴边富民集中宣讲6次，鼓励引导农牧民群众到边境一线置业定居，农牧民群众争做“神圣国土守护者、幸福家园建设者”的信念更加坚定，守土固边力量不断壮大。

白堆乡

【概况】 白堆乡位于桑日县城以东30千米处，平均海拔3700米，雅鲁藏布江中游河谷地段，东邻桑日县增期乡，南邻曲松县，西靠桑日县桑日镇，北接拉萨市墨竹工卡县。乡政府位于白堆村，下辖8个建制村，其中纯牧业村1个。2022年，全乡546户（农户447户、牧户99户）、1882人（男910人、女972人），劳动力1096人。辖区面积462平方千米，耕地面积2722.7亩，草场总面积45.2866万亩，林地面积23万亩。粮食总产量841.16吨（青稞产量761.16吨、小麦产量78吨、豌豆产量2吨）。年人均收入为22017.7元、年人均现金收入为13210.62元。牲畜存栏总数10433头（只）（牛存栏数为10178头、马97头、驴34头、猪8头、羊116只），牲畜出栏1937头（只）。全乡有中共党员424名，预备党员10名，积极分子18名。

【思想政治建设】 2022年，白堆乡持续推进理论学习，紧紧围绕中共十九大、十九届历次全会和二十大精神，《习近平谈治国理政》第三卷、第四卷，习近平总书记最新讲话精神等制定《2022年度白堆乡党委理论中心组学习实施方案》《2022年白堆乡周例会学习》《白堆乡党的二十大精神宣讲方案》《白堆乡关于开展学习宣传贯彻党的二十大精神“十个一”系列活动方案》等制度，常态化开展理论学习。以个人自学、集体学习、线上答题，领导干部上党课等多种形式，开展学习教育活动，共开展理论学习中心组学习10次，周例会学习40余次。以“七一”建党节为契机，组织乡机关党支部、派出所党支部、夏间村党支部和亚玉松多虫草点临时党支部联合开展党群活动日，通过互联互促，进一步提升党组织凝聚力、向心力。中共二十大会议结束后，乡党委组织党员、干部认真学习，多次召开专题会议，原原本本学习中共二十大报告精神，12名在岗干部通过集中研讨、撰写心得体会，激发干事创业的强劲动力。

2022年7月1日，白堆乡召开庆祝中国共产党成立101周年暨2022年“七一”表彰大会

【队伍建设】 2022年，白堆乡发展党员10名，培养积极分子18名。开展信教党员排查处置工作，由各村党组织书记负总责，村党（总）支部第一书记或副书记协助，每月定期分阶段、分批次开展共产党员信仰宗教排查工作，统一制定《党员外出登记台账》，严格管理党员。推进违规违纪发展党员专项整顿“回头看”工作，召集各村党建专干集中开展党员档案整改工作。对全乡各领域党组织的违规违纪发展党员问题进行专项整顿，相关整顿工作已全面完成，进一步确保党员先进性和纯洁性，提升党员队伍整体质量。针对因隔离或奋战在一线的医务人员家庭缺乏劳动力无法秋收的问题，组织党员为医护人员家庭秋收20余亩，投入力量50余人次。

【农牧区基层党组织建设】 2022年，白堆乡开展基层党建示范点创建验收工作。3个村党组织完成党建示范点筹备工作。白堆村以“党建引领‘123工作法’‘三步走’助推乡村治理”为主题申请创建市级党建示范点；曲果萨村以高原“毛驴”养殖为特色的党建引领高原经济高质量发展；藏嘎村以民族团结创建为抓手的党建引领村居发展申请创建县级基层党建示范点。展软弱涣散基层党组织整顿工作，针对夏间村因管理失严、活动场所“脏乱差”2项问题，由乡党委书记牵头，包村干部具体实施，帮助理思路、定计划，协调解决具体困难和问题，并通过市、县两级验收。开展国家通用语言文字培训，把村主干、党员群众国家通用语言培训作为一项基础性工作常抓不懈，以日常交流为主、各类培训为辅，营造浓厚的语言氛围，鼓励党员群众更多地使用国家通用语言交流。38名村干部在山南市村（社区）“两委”干部国家通用语言测试考试中取得优异的成绩。实施好中央壮大村集体经济项目，推进中组部支持消除村集体经济空壳村项目达西村牦牛养殖项目实施见效，申请中央扶持村集体经济50万元用于发展曲果萨毛驴养殖项目落地，持续壮大村集体经济，实现各村集体经济收入不少于5万元目标，带领群众增收致富。探索不同领域党组织互联共促的有效途径，与上海中期期货股份有限公司签订帮扶合作框架协议，每年捐助白堆乡小学1.5万元开展助学活动，努力构建“条块结合、资源共享、优势互补、共驻共建”的区域化党建新格局。

【廉政建设】 2022年，白堆乡强化“一岗双责”，凡涉及党风廉政建设工作的重大活动以及专题会议，做到科学研判、精密部署，班子成员按各自分工，抓好职责范围内的党风廉政建设工作。贯彻民主集中制，严格执行“三重一大”决策制度，凡涉及“三重一大”问题，必须由党委会研究决定，并形成会议纪要。全年共召开党委会14次，研究解决重大问题36项，有效提升议事决策水平。规范工作流程，修订《白堆乡财务制度管理》和《白堆乡干部职工工作制度》等管理制度，加大职工考勤、车辆管理、物品采购等工作的管理力度，消除“四风”隐患。全年无违反中央八项规定的事项发生。密切联系群众，乡党政领导班子带头深入联系点开展大调研，了解群众困难，听取对各项工作的意见、建议，形成调研报告，进一步转变工作作风，解决实际困难。进行巡察整改，按照县委巡察工作要求，及时召开巡察整改工作会议，研究整改方案，对巡察提出的3个方面16个问题，逐一制定整改措施，提出细化举措，整改率达90%以上，坚持对已整改的持续巩固，对未整改的狠抓落实，为全面整改奠定坚实基础。

【乡村振兴】 2022年9月，白堆乡共有脱贫户109户、324人，监测对象边缘易致贫户2户、12人；生态岗位102人，其中护林员23人、野保员16人、湿地管护员1人、草监员23人、自治区级保洁员8人、县级保洁员6人、旅游公厕保洁员2人、公路养护员11人、地质灾害联络员1人、环境监督员1人、村级水管员10人；脱贫户在校生72名，其中大学生12名、高中生14名、初中生12名、小学生22名、幼儿园12名；高校毕业生2名（1名7月底已就业，1名在家待业）。

收入测算工作。2021年10月至2022年9月底，全乡经济总收入为5812381.22元，工资性收入为3122448.95元，占总收入的53.72%；经营性收入为1105492.24元，占总收入的19.02%；财产性收入为502277.23元，占总收入的8.64%；转移性收入为1082162.8元，占总收入的19%；人均纯收入为17939.45元，其中主要收入来源为工资性收入和经营性收入、转移性收入。根据年人均纯收入17905.48元的目标来看，每月人均纯收入应达到1492.12元，每季度人均纯收入应达到4476.37元，年收入应达到17905.48元，2022年年人均收入达到17939.45元，完成进度100%，同比增长13.51%。

健全防止返贫动态监测帮扶集中排查工作。2022年，白堆乡深入排查“三类人”以及十类重点人群和特殊群众，在做到对全乡所有排查对象开展排查、不留死角的基础上，重点关注各类风险隐患和重点区域，聚焦受疫情灾情影响较大收入下降明显群体、就业不稳定户、整户无劳力、易致贫户、突发严重困难户等重点人群和特殊人群，充分详细了解实际生活状况，对排查发现有返贫致贫风险的人员，严格监测程序做到应纳尽纳、“不少一村、不漏一户、不落一人”不放过一个风险问题，将集中排查与政策宣传同步，乡村两级通过入户宣传的方式，宣传各类惠农惠民政策，切实增强群众对政策的知晓率。全乡集中大排查2次，共计排查走访548户、1883人，排查参与人数累计103人，排查率100%，第一轮排查发现1户、5人已纳入新识别监测对象边缘易致贫户，并实施摸排造册每月监测上报，及时采取对应帮扶措施，确保“监测不落一户、帮扶不落一人”，坚决守住防止发生规模性返贫底线。

加强乡村振兴产业项目管理。2022年，白堆乡对增收基地产业项目开展实地检查，了解项目发展情况，密切关注项目管理和经济效益，对出现的困难问题，在合理的范围内予以帮助解决。2022年6月1日与藏嘎村签订整租合同，明确责任，保障运营。

结对帮扶。2022年，白堆乡组织党员干部开展结对帮扶活动，引导党员干部在为民服务实践中发挥先锋模范作用，帮助解决贫困群众就业、上学、就医等实际困难，协助贫困群众了解致富信息、参与技能培训，力所能及地解决群众的操心事、烦心事、揪心事，把为民初心刻入人民群众获得感、幸福感、安全感之中。每季度开展结对帮扶活动1次，为民办实事60件，发放慰问金14400元，生活物资30件。

易地搬迁后续扶持工作。2022年，藏嘎霍布塘易地搬迁16户、56人，转移就业35人，安排生态岗位人员23人，在校生10人，残疾人7人，年人均收入17543元。经村“两委”班子和驻村工作队与鱼类增殖站、葡萄基地及各施工单位协商后，让村民民工联队投入劳力，实现增收，截至年底，易地搬迁群众收益35人，人均增收可达4000余元。

【经济发展】 2022年，白堆乡经济总收入达4147.6万元，同比增长13.5%，其中，工资性收入2232.98万元，经营性收入1238.12万元，财产性收入218.79万元，转移性收入457.71万元；人均可支配收入达到22191.5元，同比增长13.9%。仁青岗菜籽油实现年收益8万元；曲果萨糌粑实现年收益2万元；里龙藏香实现年收益4.2万元；达西牦牛实现年收益5万元，村集体经济进一步壮大。成功举办白堆乡第四届物资交流会，实现交易额12万元。

【重大项目建设】 2022年，白堆乡向县委、县政府请示争取项目资金，并与水利等业务部门沟通协调，全面建成总投资718.98万元的白堆防洪堤治理工程。为解决干部职工的住宿问题，与县政府、县住建部门沟通协调，申请解决70万元用于维修干部周转楼墙面粉刷、房屋防水、地面贴砖和安装热水器等配套工程。3月，为藏嘎村（霍布塘易地搬迁点）周边解决500余株优质苹果、桃树、梨树树苗，并向县人民政府申请解决经济林围栏长度804.9米，涉及资金约15万余元。投资30万元，建设达西村珍玛、扎塘2座桥。

【生态文明建设】 2022年，白堆乡坚持“绿水青山就是金山银山”的发展理念，精准实施美丽乡村建设，深入改善农村人居环境，助力打好脱贫攻坚、污染防治战。以治理农村“脏乱差”现象为主要内容，实施以“四清两改”（“四清”：清理生活垃圾、清理沟塘水污、清理畜禽粪污、清理房前屋后；“两改”：改善房屋装饰外貌、改变村民不良习惯）为重点的村庄清洁行动，定期开展月卫生评比活动，实行“红黑榜、流动小红旗”积分制评选“好差村”“最美庭院”等，扎实有效开

2022年6月29日，白堆乡代表在山南市“庆七一 喜迎中共二十大·奋进新征程”党员干部知识竞赛中荣获第二名

展环境卫生集中整治、“厕所革命”专项工作，全乡户厕改造实施户数达443户，改厕率达80%以上。第一季度，白堆乡被评为“山南市人居环境整治十佳乡镇”，许木村被评为“山南市人居环境整治十佳村居”。严守生态安全底线，落实河长制制度，在河水较少、水流较缓的月份开展河道清理工作，按照“生态保护第一、预防为主、节水优先、空间均衡、系统治理”的原则，加强全乡水源点、蓄水池、机井等管理，确保全乡居民饮水安全有保障。开展植树造林，结合植树造林活动，初步实现步步皆绿。全年完成加桑公路、桑墨公路以及白夏公路的绿化工作，共种树23180株。

【民生实事】 2022年，白堆乡强化兜底保障，脱贫户和“三类人群”中低保29户、57人（城镇低保3户、3人），农村特困户30人（其中分散供养户19户），残疾人数121人，共发放补贴65.56万元。同上级部门协调沟通，兑现高能失能老人、丧葬补贴共兑现1.089万元。疫情期间“未纳入低保范围，受疫情影响无法返岗复工、连续3个月无收入来源、生活困难且失业保险政策无法覆盖的农民工和失业大学生等未参保失业人员”10户、10人争取救助资金共2万元。为因突发原因造成生活困难的8户争取临时救助资金共6.2万元。残疾人动态更新采集信息时，对有辅助器具需求进行再次摸底排查工作，筛选出的5名残疾人争取无障碍改造项目，投入资金共计4.9万元。实施农牧民组织化转移就业提升行动，转移就业900人以上，完成自治区下达任务的100%。文化事业繁荣发展，兼职文艺队伍达96人，全年共演出62场次，兑现务工补贴29.203万元，优秀文艺作品不断涌现。

【维护基层社会和谐稳定】 2022年，白堆乡反分裂斗争持续深入开展。宗教界“三个意识”教育全面开展。全年未发生重特大事故。

群众安全感满意度保持在98%以上。中华民族共同体意识明显增强。进一步深化平安白堆、法治白堆建设,为全乡营造和谐稳定的社会环境。

【疫情防控】 2022年疫情发生后,白堆乡坚持人民至上、生命至上,迅速成立联合指挥、联动作战、提级调度的扁平化指挥体系,1800多名白堆各族人民万众一心、守望相助,党员干部、医务人员、公安干警、志愿者等集结一线奉献付出。组建党员志愿服务队11支,应急志愿队伍27支,317名共产党员参与到基层疫情防控第一线,他们不计得失,冲锋在前,24小时坚守防疫最前沿,坚守疫情防控一线,保障人民群众生命健康安全。

绒乡

【概况】 绒乡地处桑日县南部,雅鲁藏布江南畔,南接曲松县,西邻乃东区,距山南市政府所在地乃东区泽当镇28千米,距桑日县城4千米,平均海拔在3760米,整体交通便利。乡境内辖14个建制村〔程巴村、冲达村、江塘村、吉隆村、巴朗村、吉荣村、卓吉村(易地扶贫搬迁村)、扎巴村、多那村、平琼村、普巴村、巴资村、叶琼村、达嘎村〕,38个自然村,共1463户、5590人,劳动力3045人,58个民族通婚家庭。全乡有5座寺庙(拉康)。乡辖区内设1个公安派出所、1个警务站、1个交警中队、1个乡级卫生院、13个卫生室,乡域内建设有大型企业1个,为华新水泥西藏有限公司。绒乡党委下设15个党支部(总支部、党委),共有党员850人。乡党委班子成员职数9人,政府班子4人,设有五办四中心,共有干部职工、公益性岗位、乡村振兴专干共87人。2022年,全乡实现工资性收入8279.77万元,经营收入2077.95万元,财产性收入450.88万元,转移性收入1153.61万元,人均可支配收入达到21516元,与2021年相比,工资性收入同比增长12.6%,经营性收入同比减少27.4%,财产性收入同比增长187.55%,转移性收入同比增长28.66%,群众平均可支配收入同比增长6.8%。

【社会大局和谐稳定】 2022年,绒乡团结带领全乡干部群众,坚持把维护社会和谐稳定作为头等大事,调动一切积极因素全方位加强社会面管控,确保中共二十大重大节庆和其他重要节点绝对安全。坚持"五个有利于"作为标准,始终依法严格管理宗教事务,全乡宗教和睦、佛事和顺、寺庙和谐,积极引导藏传佛教与社会主义相适应,不断推进藏传佛教的中国化。以铸牢中华民族共同体意识为主线,在促进各民族交往交流交融下功夫,先后成功举办以"弘扬中华民族传统文化、谱写民族团结之情"为主题的藏语和汉语书法大赛、"中华民族一家亲、同心共筑中国梦"主题演讲比赛、"民族团结一家亲"主题茶话会的等活动,增强各族人民对中华民族的归属感和认同感。全面排查矛盾中纠纷,成功调解13起婚姻纠纷,维护农民工合法权益,受理调解民工工资拖欠事项2起,(1起已妥善解决,成功追回12余万元拖欠资金;1起民工工资拖欠问题已提交到法院进入法律程序)。积极应对"6·26"卓吉村洪涝灾害,与上级沟通衔接争取并落实29.55万元抢险救灾资金,采取最有效的措施短期内恢复灾区的正常生产生活,加强安全生产隐患排查整治,安全生产持续稳定。

【项目建设】 2022年,绒乡严格按照习近平总书记关于疫情防控的重要指示批示精神,坚持"外防输

2022年1月12日,乡党委、乡政府主要领导实地调研巴朗村道路沿街整治项目

入”“内防反弹”的总策略和“动态清零”的总方针,随着生产生活秩序正常恢复,坚持疫情要防住、经济要稳住、发展要安全的工作原则,带领全乡干部群众开足马力搞生产、鼓足干劲抓项目,力争把失去的时间抢回来,把落下的任务补回来,顺利实施投资60万元的民生事人大代表票决制项目、总投资25万元的绒乡职工之家建设项目、总投资40万元的绒乡新时代文明实践所建设项目、协助完成总投资960万元的程巴村水塘建设项目、协助推进总投资210万元的吉荣村高标准农田改造项目,协助完成总投资1.2亿元的桑日县万亩葡萄基地扎巴村片区葡萄种植项目、督促推进吉荣村葡萄基地种植项目的后续相关工作,着力改善农牧民群众生产生活条件和干部职工的工作生活环境。项目实施期间当地农牧民群众提供良好务工平台,实现务工582人次,务工实现增收17.6万元,通过机械租赁实现增收4.8万元,通过运输项目所需建材实现增收9.3万元。

2022年5月，绒乡护林员帮助受困野生动物重获自由

【乡村振兴】 2022年,绒乡坚持防返贫监测排查和脱贫户收入跟踪有机结合起来。开展两轮全覆盖防返贫监测排查,有返贫风险的11户、44人的基本情况,向县乡村振兴局汇报的基础上进行分析研判,把2户、9人纳入监测对象。对243户、760人的人均收入进行每月跟踪,2022年绒乡脱贫户总收入达到1106.16万元,人均纯收入实现1.46万元(工资性收入618.42万元,占总收入的60%;转移性收入199.29万元,占总收入的18%;生产经营性净收入为142.07万元,占总收入的12.8%;财产性收入为146.38万元,占总收入的13.2%),相比2021年增速达到14.4%。兑现产业分红资金,桑日县入股拉康电站属于桑日县“十三五”时期产业扶持项目,按照县农业农村局关于落实桑日县2020—2021年度入股拉康电站项目代持股份固定收益分红通知文件要求,2020年脱贫人数共800人,共兑现分红资金56.83万元;2021年脱贫人数共797人,共兑现分红资金55.61万元。严格冲达村扶贫增收就业楼利益链接机制,2021增收就业楼租金26万元,分红给346名2021年脱贫户无劳力人员。推进住房改造民生工程。全乡符合住房改造条件157户,完成验收89户,兑现资金138.8万元。

【人居环境】 2022年,绒乡将人居环境整治作为推动乡村振兴战略的重要内容和重要民生工作,坚持群众满意标准,统筹谋划,积极推进,农村居民生活环境不断改善。坚持抓好村容村貌整治,实施多次村庄清洁行动的同时积极开展“最美庭院”“卫生优秀联户单位”评比活动,实现以小家美促联户,联户推动村庄整体环境卫生的良好局面。坚持农村旱厕改造,启动34户农村旱厕改造提升工程,不断健全完善长效管护机制。启动并完成普巴村过水路面及多那村龙旦组道路硬化,硬化里程0.28千米,满足两村群众出行需求。高标准完成冲达村、扎巴村人居环境整治总体规划。江塘村、巴朗村、吉隆村、吉荣村、多那村人居环境在做前期方案。把乡风文明建设作为助力乡村振兴的重要抓手,在全乡所有建制村建立健全村规民约、“四议两公开”等制度,确保用制度引领教育,引导群众自主破除陋习。充分利用各村党员活动场所,成立新时代文明实践站,实现文明实践站全覆盖,组织群众开展各类文明志愿服务,引导身边群众践行传统美德,推动移风易俗。加大文明村庄创建力度,不断完善文明村庄制度建设。

【疫情防控】 2022年疫情发生后,

绒乡迅速反应、科学应对、全力迎战,先后投入48万元,强化抗疫经费保障。党员干部、医务人员、志愿者等逆行出战,5732名绒乡各族干部群众众志成城、守望相助,桑日县旭日有限公司等民营企业、个体工商户纷纷慷慨解囊,履行社会责任,凝聚共克时艰的强大合力。坚定不移贯彻疫情防控总策略、总方针以及后续优化措施,聚焦夯实防控基础、织密防控网络、提高防控效能、落实防控要求、履行防控责任抓落实,打赢疫情防控阻击战,用实际行动践行人民至上、生命至上。

【民生福祉】 2022年,绒乡针对乡内特殊人群,配合县直业务部门足额按时兑现各项政策资金,为47户分散供养特困人员兑现生活补助资金39.2万元,为46户、115人兑现低保资金31.14万元 ,为442名残疾人兑现生活补贴70.4万元,为70岁以上405名“寿星”老人兑现寿星补助47.82元。全县“三老”人员共计63人,共兑现生活补贴47.02万元。146名在校大学生兑现2019—2021年资助资金105万元。脱贫户享受生态岗位人员316人,共兑现生态岗位工资110.6万元,其中护林员243人,已兑岗位工资85.05万元;野保员34人,兑现岗位工资11.9万元;草原监督员25人,兑现岗位工资8.75万元;村级水管员8人,兑现岗位工资2.8万元;农村公路养护员1人,兑现岗位工资0.35万元;村级保洁员5人,兑现岗位工资1.75万元。全乡实行全覆盖家庭医疗签约,其中重点签约对象5642人、普通签约3736人、慢性病签约1906人、贫困户签约138人,孕产妇总数75人,新生儿40人,住院分娩率达到100%,孕产妇零死亡,5岁以下新生儿有1例死亡,住院分娩奖励资金共发放11万元。坚持落实“一孩双女”相关政策,全乡166户“一孩双女”资金兑现共15.9万元。33户特别扶助对象扶助资金兑现20.59万元。

附 录

县级各部门领导名录

※中共桑日县委员会

书 记 康 爱 民(12 月免)
孙 守 英(12 月任)
副书记 索朗巴珠(藏族)
王 雅 峰
孙 守 英(6 月任,12 月免)
宋 为(岳阳援藏,7 月免)
曹 超(岳阳援藏,7 月任)
张 鑫
常 委 王 录 怀(12 月免)
曲 冉(12 月任)
贾 锋
支 张(藏族)
邬 建 军
边巴次仁(藏族)
次仁达瓦(藏族)
周 萍(女)
程 永 亮
胡 鹤(岳阳援藏,7 月任)
赖 毅(岳阳援藏,7 月免)

【县委办公室】
主 任 周 萍(女)
常务副主任
莫 小 军
副主任 巴桑旺杰(藏族)
副主任、机要局局长
平 春 丽(女)

※桑日县人民代表大会常务委员会

主 任 王 雅 峰
副主任 杨 显 芳(女,藏族)
旦巴旺久(藏族)
达瓦坚参(藏族)
杨 卫 刚

【县人大常委会办公室】
主 任 采 留 超
副主任 达娃曲珍(女,藏族)

【县人大财政经济和农牧城建环境资源委员会】
主任委员 琼 达(藏族)

【县人大法制司法监察委员和民族宗教委员会】
主任委员 赵 小 坤

【县人大教育科学文化卫生和社会建设委员会】
主任委员 平措多吉(藏族)

※桑日县人民政府

县 长 索朗巴珠(藏族)
常务副县长
曹 超(岳阳援藏,7 月任)
贾 锋

赖　毅（岳阳援藏，7月免）
副县长　胡　鹤（岳阳援藏，7月任）
拉　桑（藏族）
刘积庭
罗　布（藏族）
白玛央金（女，门巴族）
王　鹏
张　昭（10月任）
孙祥伍（7月免）
易　万（岳阳援藏，7月免）

【县人民政府办公室】
主　任　德庆央金（女，藏族，1月免）
格桑多吉（藏族，1月任）
副主任　西绕加措（藏族）
白玛旺姆（女，藏族）
朝亚龙

※中国人民政治协商会议第三届桑日县委员会

主　席　巴桑次仁（藏族）
副主席　索朗央宗（女，藏族）
扎　西（藏族）
张　楠
彭　东

【县政协办公室】
主　任　周燕霞（女，藏族）
副主任　伍　溢

【县政协综合委员会】
主　任　普布顿珠（藏族）

※纪检巡察、县人民法院、县人民检察院

【中共桑日县纪律检查委员会、县监察委员会】
县委常委、纪委书记、监委主任
支　张（藏族）
纪委副书记、监委副主任
李春莲（女，土族）
米玛建增（藏族）
纪委常委
格桑拉姆（女，藏族）
李金鹏（12月免）

【中共桑日县委巡察工作领导小组办公室（巡察组）】
主　任　格桑拉姆（女，藏族）
副主任　郜素娟（女）

【县委巡察组】
组　长　武宝江（蒙古族）
副组长　普　珍（女，藏族）

【桑日县人民法院】
院　长　旦增宗巴（女，藏族）
副院长　扎　桑（女，藏族）
政治部主任
路通宇
审判管理办公室（综合办公室）主任
罗　桑（藏族）
审判委员会专职委员
索朗巴珠（藏族）

【桑日县人民检察院】
检察长　白月明
副检察长
白玛康卓（女，藏族）
赵　琪（女，4月任）
检察综合部主任
何　杨

※党群系统工作部门

【中共桑日县委组织部】
县委常委、组织部部长、直属机关工委书记
邬建军
常务副部长
宁利锋
副部长、县委机构编制委员会办公室主任
桑旦罗布（藏族）

副部长、老干部局局长
索朗多吉(藏族)
副部长、公务员局局长
胡 婷(女)
副部长、两新工委书记
旦 增(藏族)

【中共桑日县委宣传部】
县委常委、宣传部部长
程永亮
常务副部长、县委网络安全和信息化办公室主任
边 巴(藏族)
副部长、广电局局长
卓 玛(女,藏族)
副部长 张 峰
刘朝虎

【中共桑日县委统战部】
县委常委、统战部部长、县民族宗教事务局局长
边巴次仁(藏族)
常务副部长
索朗旺堆(藏族)
副部长、县民族宗教事务局副局长
晋美旦达(藏族)
副部长 秦自龙
索朗曲珍(女,藏族)

【中共桑日县委政法委员会】
县委常委、政法委书记
次仁达瓦(藏族)
常务副书记
格桑多吉(藏族,1月免)
德庆央金(女,藏族,1月任)
副书记 扎西曲杰(藏族)
王晓德

【中共桑日县委国家安全委员会办公室】
县委常委、县委办主任、国安办主任
周 萍(女,6月任)
国安办主任
达瓦次仁(藏族,6月免)
常务副主任
达瓦次仁(藏族,6月任)
副主任 尼玛次仁(藏族)
张 婷(女)

【桑日县总工会】
主 席 次仁旺久(藏族)
副主席 王秀花(女)

【中国共青团桑日县委员会】
书 记 罗桑次仁(藏族)
副书记 王晓蕊(女)

【桑日县妇女联合会】
主 席 次仁措姆(女,藏族)
副主席 杨晓雪(女)

【桑日县工商业联合会】
主 席 次仁旺久(藏族)
副主席 益西旺姆(女,藏族)

【桑日县残疾人联合会】
理事长 岗旦曲珍(女,藏族,1月任)
白玛曲宗(女,藏族,1月免)

※县人民政府工作部门

【桑日县发展和改革委员会(经济和信息化局)】
主 任 尼 玛(女,藏族)
副主任 扎西旦增(藏族)
拜惠艳(女,回族)
彭梦阳

【桑日县人力资源和社会保障局】
局 长 代德平
副局长 巴桑卓嘎(女,藏族)
普布次仁

【桑日县文化局(文物局)】

局　长　钟志宏
副局长　格桑达瓦(藏族)
　　　　达　娃(女,藏族)
县文化执法队副队长
　　　　旦增洛追(藏族,1月免)

【桑日县统计局(社会经济调查大队)】

局　长　扎西罗布(藏族,1月任)
副局长　旦增次白(女,藏族)
　　　　白玛仁青(藏族,1月免)
　　　　张　喜(1月任)

【桑日县教育局(体育局)】

局　长　杜　鹏
副局长　达瓦扎西(藏族)
　　　　洛　桑(藏族)
　　　　德　吉(女,藏族,1月任)

【桑日县公安局】

局　长　次仁达瓦(藏族)
政　委　巴　珠(藏族)
副局长　姚季欣
　　　　次仁玉珍(女,藏族)

【桑日县民政局】

局　长　索朗多吉(藏族)
副局长　余谨利(女)
　　　　格旦拉姆(女,藏族,1月任)
特困人员集中供养中心主任
　　　　旦增热杰(藏族)

【桑日县审计局】

局　长　米玛单增(藏族)
副局长　松　青(女,藏族)
　　　　顿秋蓉(女)

【桑日县退役军人事务局】

局　长　顿珠次仁(藏族)
副局长　黄洪明
　　　　古桑德吉(女,藏族)
县退役军人服务中心
主　任　次仁曲珍(女,藏族)
副主任　阿旺群宗(女,藏族,1月任)

【桑日县司法局】

局　长　向路红
副局长　次仁拉姆(女,藏族)
　　　　桑木旦(藏族)
　　　　阿乃曲吉(女,藏族)

【桑日县财政局】

局　长　次仁拉姆(女,门巴族)
副局长　孔维全
　　　　尼　玛(女,藏族)
　　　　索朗曲珍(女,藏族)

【桑日县自然资源局】

局　长　旺　加(藏族,1月任)
副局长　次仁顿珠(藏族)
　　　　陈　娜(女)
　　　　洛桑次成(藏族,1月任)

【山南市生态环境局桑日县分局】

局　长　扎西顿珠(藏族,5月免)
　　　　土旦罗布(藏族,5月任)
副局长　群　宗(女,藏族)
　　　　旦增嘎吉(藏族,5月任)

【桑日县住房和城乡建设局】

局　长　薛　磊
副局长　扎西顿珠(藏族)
　　　　布　西(女,藏族)
　　　　益西尼玛(藏族)
　　　　王　潇(岳阳援藏,7月任)

【桑日县交通运输局】

局　长　旦　巴(藏族)
副局长　熊　浩
　　　　格桑朗杰(藏族,1月免)

索朗次仁（藏族，1月任）
德　　吉（女，1月免）

县交通运输管理所所长
旦增扎西（藏族，1月免）
次仁多吉（藏族，1月任）

【桑日县水利局】

局　长　李　　剑
副局长　索朗扎西（藏族）
白玛曲宗（女，藏族，1月任）
白玛仁青（藏族，1月任）
索朗次仁（藏族，1月免）
胡运华（1月免）

【桑日县农业农村局】

局　长　符　　伟
副局长　平措卓玛（女，藏族）
旦增平措（藏族）
邓文平

【桑日县商务局】

局　长　田宏生
副局长　乌索玛（回族）
扎西央金（女，藏族）

【桑日县卫生健康委员会】

主　任　尼　　玛（女，藏族）
副主任　巴桑拉珍（女，藏族）
邓凤平
李林寿（土族，1月任）

【桑日县医疗保障局】

局　长　扎西央宗（女，藏族）
副局长　次仁曲珍（女，藏族）
苏　　俊

【桑日县市场监督管理局】

局　长　徐永胜
副局长　央　　宗（女，藏族）
达娃仓决（女，藏族）
拉巴顿珠（藏族）

【桑日县应急管理局】

局　长　次仁顿珠（藏族，1月免）
高　　涛（1月任）
副局长　扎西建增（藏族）
普布顿珠（藏族）
姚群英（女）

【桑日县城市管理和综合执法局】

局　长　洛桑益西（藏族）
副局长　俞桂芳（女）
旦　　增（藏族，1月任）

【桑日县旅游发展局】

局　长　雷佳丽（女）
副局长　西绕曲扎（藏族）
佟付照

【桑日县林业和草原局】

局　长　琪　　梅（女，藏族）
副局长　胡运华（1月任）
索朗坚参（藏族）
格桑朗杰（藏族，1月任）

【桑日县乡村振兴局】

局　长　张　　勇
副局长　罗布旺堆（藏族）
李成福（土族）
丁　　亮

【桑日县行政审批和便民服务局】

局　长　高　　涛（1月免）
邵晓丹（女，1月任）
副局长　边　　珍（女，藏族）
旦增洛追（藏族，1月任）

【桑日县信访局】

局　长　龚成勇
副局长　次仁巴珠（藏族）

央　　吉（女，藏族）

【国家税务总局桑日县税务局】

局　长　吕凤刚
副局长　汪　　静（女，藏族）
纪检组组长
　　罗松卓玛（女，藏族）

【桑日县创先争优强基础惠民生活动领导小组办公室】

主　任　邬建军
副主任　索朗多吉（藏族）

【桑日县疫情防控工作领导小组办公室】

主　任　白马央金（女，藏族）
副主任　刘　　强

※直属事业单位

【桑日县藏语文工作委员会办公室（编译局）】

局　长　扎西顿珠（藏族）
副局长　曲尼卓嘎（女，藏族）

【桑日县卫生服务中心】

主　任　洛桑德庆（藏族）
副主任　王俊林
　　次旦平措（藏族）
县藏医院副院长
　　巴桑次仁（藏族）

【桑日县机关后勤服务中心】

副主任　旦增扎西（藏族，1月任，主持工作）
　　格桑曲珍（女，藏族）
　　琼　　达（藏族，1月任）
　　阿旺群宗（女，藏族，1月免）
　　次仁多吉（藏族，1月免）

【桑日县广播电视台】

台　长　强久多吉（藏族）

※企事业单位

【桑日县消防救援大队】

党支部副书记、大队长
　　索朗次仁（藏族，1月任）
党支部书记、政治教导员
　　王颖韬（7月任）

【中国农业银行股份有限公司桑日县支行】

行　长　旺单扎西（藏族）
副行长　次仁罗珍（女，藏族）
　　贡觉加措（藏族）
纪检委员
　　仓巴加措（藏族）

【中国邮政集团有限公司西藏自治区桑日县分公司】

总经理　王志刚

【国网桑日县供电公司】

总经理、党支部书记
　　边巴扎西（藏族）
副总经理、纪检委员
　　靳东亮

【中国移动山南桑日县分公司】

总经理　陈世祥

【中国电信集团有限公司桑日电信局】

局　长　普布顿珠（藏族）

【桑日县中学】

党支部书记　巴桑罗布（藏族）
校　长　令狐克刚
副校长　嘎　　多（藏族）
　　杨　　珠（藏族）

【桑日县双语幼儿园】

书　记　拉巴扎西（藏族，4月任）
园　长　查果次仁（藏族）
副园长　支　　张（女，藏族）

【桑日县自来水厂】

董事长　颜树元
总经理　高天世

【桑日县沃德投资有限公司】

董事长　周　林
副总经理　唐　静

※乡（镇）

【桑日镇】

镇党委书记
　　闫　杰
镇党委副书记、镇人民政府镇长
　　巴桑次仁（藏族）
镇党委副书记、人大主席
　　格桑仓决（女，藏族）
镇党委副书记、人大副主席
　　刘德龙
镇党委委员、纪委书记
　　美日央（女，回族）
镇党委组织委员
　　刘　薇（女）
镇党委宣传委员
　　达　珍（女，藏族）
镇党委统战委员、政法委员、镇人民政府副镇长
　　旺堆扎西（藏族）
镇党委委员
　　多吉益西（藏族）
镇人民政府副镇长
　　刘　勇
　　巴桑旺杰（藏族）

【增期乡】

乡党委书记
　　张　楠
乡党委副书记、乡人民政府乡长
　　索朗旺堆（藏族）
乡党委副书记、人大主席
　　旦　增（藏族）
乡党委副书记、人大副主席
　　安廷操
乡党委委员、纪委书记
　　洛桑顿珠（藏族）
乡党委组织委员
　　西热朗杰（藏族）
乡党委宣传委员
　　陈　冰
乡党委统战委员、政法委员、乡人民政府副乡长
　　格桑加措（藏族）
乡党委委员
　　胡志强
乡人民政府副乡长
　　四朗央宗（女，藏族）
　　张广亮

【白堆乡】

乡党委书记
　　任　琰
乡党委副书记、乡人民政府乡长
　　洛桑尼玛（藏族）
乡党委副书记、人大主席
　　旦　达（藏族）
乡党委副书记、人大副主席
　　向升林
乡党委委员、纪委书记
　　益西美郎（藏族）
乡党委组织委员
　　张贻龙
乡党委宣传委员
　　琼　啦（女，藏族）
乡党委统战委员、政法委员、乡人民政府副乡长
　　次仁加措（藏族）
乡党委委员
　　陈蒙蒙
乡人民政府副乡长
　　曲珍旺姆（女，藏族）
　　多吉次仁（藏族）

【绒乡】

乡党委书记

伟斯赤列（藏族）

乡党委副书记、乡人民政府乡长

赵 意 能

乡党委副书记、人大主席

单增罗布（藏族）

乡党委副书记、人大副主席

尼玛德吉（女，藏族）

乡党委委员、纪委书记

次旦卓玛（女，藏族）

乡党委组织委员

邓 正 果

乡党委宣传委员

雷 阿 妹（女）

乡党委统战委员、政法委员、乡人民政府副乡长

旦增欧珠（藏族）

乡党委委员

洛桑贡布（藏族）

乡人民政府副乡长

赵 晶

巴桑达瓦（藏族）

提高政治站位 忠诚履职担当 深入学习贯彻党的二十大精神，在新征程上坚定不移推进全面从严治党

——在中国共产党桑日县第十届纪律检查委员会第三次全体会议上的工作报告

桑日县委常委、纪委书记、监委主任 支 张

（2023年2月3日）

同志们：

这次会议的主要任务是：坚持以习近平新时代中国特色社会主义思想为指导，深入学习贯彻党的二十大精神，认真贯彻落实二十届中央纪委二次全会特别是习近平总书记重要讲话精神、十届自治区纪委三次全会和二届山南市纪委三次全会精神，总结 2022 年工作，部署 2023 年纪检监察工作任务。

一、2022 年工作回顾

2022 年，桑日县纪委监委在市纪委监委和县委的坚强领导下，县纪委常委会团结带领全县纪检监察干部以学习宣传贯彻党的二十大精神为主线，以习近平新时代中国特色社会主义思想为指导，立足纪检监察职责，坚决扛起党风廉政建设协助职责和监督责任，坚持围绕中心、服务大局，充分发挥监督保障执行、促进完善发展作用，努力推进纪检监察工作高质量发展，各项工作取得新成效，为桑日县长治久安和高质量发展提供了坚强的纪律保障。

（一）坚持党的领导，坚决捍卫“两个确立”。一是加强思想建设，把准政治方向。县纪委监委立足纪检监察职能定位，把握“两个确立”最高政治原则，采取常委会（扩大）会、“三会一课”、党支部集中学习会等形式，深入学习贯彻习近平新时代中国特色社会主义思想、习近平总书记关于治边稳藏、西藏工作的重要指示和新时代党的治藏方略，认真学习党的二十大精神、习近平在中央第七次西藏工作座谈会上的讲话和视察西藏时的讲话精神以及条例法规 20 余次。坚持自觉主动学、及时跟进学、联系实际学、深入思考学，坚决贯彻落实市委、市纪委监委和县委关于全面从严治党重大决策部署和工作安排，切实提升政治站位、保持清醒头脑、增强政治定力，自觉把党委决策部署与纪委监委职责结合起来，主动融入县委中心工作，坚决捍卫“两个确立”、增强“四个意识”、坚定“四个自信”、做到“两个维护”，确保纪检监察工作始终沿着正确政治方向前进。二是巩固学习成果，厘清工作思路。建立党史学习教育常态化机制，持续巩固学习教育成果，大力弘扬伟大建党精神，传承红色基因、赓续红色血脉。结合全区开展的改进作风狠抓落实工作，立足工作实际，聚焦“四查四问”“八个抓落实”开展专题研讨 3 次，督促干部立足“四查四问”，深入检视存在问题、交流工作心得、激发工作动能，及时补齐短板弱项，厘清工作思路，确保纪检监察工作高质量发展。

（二）推动政治监督具体化常态化，坚决做到“两个维护”。一是持续强化政治监督。采取“四不两直”方式对党的二十大精神的学习宣传贯彻情况、习近平总书记关于西藏工作的重要论述和新时代党的治藏方略、自治区第十次党代会、市第二次党代会和县第十次党代会等精神贯彻落实情况及“十四五”规划实施等情况的监督检查 4 批次，切实督促各部门积极落实党中央决策部署和区市县党委重点工作安排。开展督促中央环保督查反馈问题的整改落实工作的监督检查，开展“十三五”政府投资项目审计

反馈的5方面7项问题的整改工作监督检查，目前已全部整改完成；开展涉粮领域专项整治，推动专项检查和巡察反馈问题整改走深走实。盯住重要会议开展监督检查10余次，对违反会风会纪的2家单位主要领导由县纪委监委对其进行提醒谈话，以会风带动作风。进一步严明政治纪律和政治规矩，坚决纠正和查处落实上级决策部署不坚决、搞变通、喊口号、装样子甚至有令不行、有禁不止的行为，在三月、萨噶达瓦等敏感期开展监督检查5次，切实筑牢维稳防线。二是从严监督管理干部。2022年初，组织召开年度党委（党组）书记述责述廉评议会议，听取了9家单位"一把手"就抓党风廉政建设工作情况汇报，并对履职情况进行点评，进一步压实主体责任。2022年对全县6名新任干部进行集体廉政谈话，围绕"政治坚定、勇于担当、作风过硬、清正廉洁争做新时代好干部"对新任干部提出了工作要求，进一步加强了对新提拔干部的教育管理，从源头上杜绝苗头性、倾向性问题发生，做到抓早抓小、防微杜渐。三是严把党风廉政意见回复关。对受理的问题线索实行集中管理、动态更新、定期汇总，结合日常监督、审查调查、巡视巡察成果，对党员干部所在单位政治生态状况进行准确画像，严格回复廉政意见，严防"带病提拔""带病上岗"。2022年对党员干部、村"两委"班子成员、乡村振兴专干、专业技术人员等480人次的提拔、评优、晋升职级以及职称评定等进行党风廉政意见复函。四是做好疫情防控监督检查工作。围绕"六保""六稳"任务，抓好疫情防控工作。成立以纪委监委主要领导为组长的疫情防控督导检查组，对全县疫情防控工作开展情况监督检查73次，出动120人次，共计检查行业部门、乡（镇）、寺庙、村（居）、核酸采样点、卡点、水厂、电站、项目施工现场、个体工商户等重要场所200余处，累计发现问题19件。其中，移交公安机关1件，通报批评1件，对17件问题进行了督促整改。积极参与疫情防控工作，2022年8月面对突如其来的疫情，选派了4名纪检监察干部参与核酸采样与检测、流调溯源、志愿服务等工作，切实发挥了党员先锋模范作用。

（三）保持高压震慑常在，一体推进"三不"。一是扎实做好审查调查工作。按照全面从严治党总体要求，持续强化不敢腐的震慑，围绕监督执纪工作部署，坚持无禁区、全覆盖、零容忍，认真履行监督执纪问责职责，认真学习《关于加强对"一把手"和领导班子监督的实施方案》，强化对"一把手"的监督和同级监督，全面净化党员队伍政治生态。2022年以来，收到信访举报、巡察移交、监督检查发现问题线索共计21件。2022年共受理问题线索22件，谈话函询2件，移送2件，初核了结7件，立案审查调查5件，正在办理中6件（已处置），给予党纪政务处分10人次，移送司法机关2人，挽回经济损失41.6万元，结案率达73%以上。实现全县中共十九大以来办理第四种形态案件"零"突破，精准运用"两书一函"，下发监察建议4份、检查建议2份。二是强化重点领域专项治理。强化对政策支持力度大、权力集中、资金密集、资源富集的部门、行业、领域的监督，针对涉粮领域紧盯党委和政府落实粮食购销主体责任、紧盯业务主管监管部门落实监管责任、紧盯国有粮食企业特别是基层粮库"靠粮吃粮"问题进行专项监督检查4次，督促整改问题10个，建章立制3个。以开展惠民惠农财政补贴资金"一卡通"管理问题专项治理工作为抓手，联合县财政局、审计局对全县23家单位2018年-2020年惠民惠农财政补贴资金共计27183.75万元兑现情况开展监督检查，印发工作提醒20份，发现问题10个，督促整改问题10个。三是深入拓展警示教育成果。县纪委监委积极引导全县各级党员干部开展廉政学习教育活动。2022年我县下发的《五起党员干部违纪违法典型案例通报》、转发区纪委、市纪委典型案例通报3期，增强警示教育的针对性、多样性和有效性，切实提高全县党员干部遵纪守法意识。督促全县干部观看《零容忍》警示教育片，加强廉政文化宣传，增强拒腐防变"免疫力"；积极筹备警示教育展览，聚焦"身边事教育身边人"主题，对党的十九大以来全市查处的重点领域部分典型案例进行宣展，教育引导党员干部廉洁自律、遵纪守法，县级领导和单位主要负责人共计99人参加活动，全县41个单位、428人陆续前来参观。进一步给党员干部打好廉政"预防针"，使党员干部受警醒、明底线、知敬畏，坚定坚决捍卫"两个确立"，增强"四个意识"、坚定"四个自信"、做到"两个维护"，筑牢党员领导干部廉洁从政思想防线。

（四）坚决整治“微腐败”，防止“四风”问题反弹回潮。一是坚决整治群众身边的不正之风和腐败问题。县纪委监委强化日常监督，突出重点监督。围绕产业项目运营分红、村集体“三资”管理使用、农牧民专业合作社经营中的腐败和作风问题，聚焦就业创业、教育医疗、养老社保、生态环保、安全生产、食品药品安全、疫情防控等领域，开展监督检查20次，对个别村级党组织建设有短板、核心作用发挥不强，村“两委”对发展村集体经济思路不清、村容村貌脏乱差等问题进一步督促整改，进一步推进村“两委”班子队伍建设，促进村集体经济发展壮大，提升乡村治理能力；围绕返贫监测预警和帮扶，对安全饮水、教育脱贫、健康扶贫、住房安全、社保兜底、易地搬迁和就业增收等工作开展情况进行监督，切实压实各行业部门责任。加强对我县防返贫监测对象帮扶情况的监督，坚决守住防止规模性返贫底线。2022年，我县群众身边不正之风和腐败问题8件，教育三包经费贪污、酒（醉）驾、赌博、打架斗殴分别占问题线索总数的4%、14%、9%、9%，给予党纪政务处分10人，其中党内警告5人、开除党籍3人、移送司法机关2人。二是推进巩固拓展脱贫攻坚成果同乡村振兴有效衔接。聚焦“四不摘”政策要求和专项监督“二十个盯”，按照“县乡联动、定期调度、分类研判”的工作思路，切实压实各级党委、政府主体责任、行业部门监管责任，抓实乡村振兴领域重点项目建设，督促落实各项强农惠农政策。制定《桑日县巩固拓展脱贫攻坚成果同乡村振兴有效衔接专项监督细化方案》，印发《桑日县巩固拓展脱贫攻坚成果同乡村振兴有效衔接专项监督问题线索移送协作机制（试行）》，畅通问题线索移送渠道，以实实在在的监督成效为巩固拓展脱贫攻坚成果同乡村振兴有效衔接提供坚强纪法保障。2022年以来，先后召开专项监督工作会议5次，对中央纪委国家监委、自治区纪委监委和市纪委监委关于专项监督会议、文件精神进行传达学习，安排部署专项监督工作，开展专项监督2场次，共计发现并督促整改问题29个，发现问题线索1件，下发纪律检查建议书1份。三是坚决落实中央八项规定及其实施细则精神，持续纠治“四风”。2022年以来，在重要节日节点前期，利用“网信桑日”等公众号刊登节前廉洁提醒5期。节日期间，紧盯“四风”和中央八项规定精神等重点内容对各乡镇（村）、林卡、商超以及寺管会等重点区域开展监督检查25次，切实做好节日期间纠“四风”工作，使正风肃纪成为常态，确保党员干部廉洁过节，进一步营造风清气正的节日氛围。深入开展改进作风狠抓落实专项整治活动，集中查处和纠治只表态不落实、不担当不作为、层层加重基层负担等突出问题。切实整治作风顽疾，严查党员干部赌博、工作期间饮酒、酒驾醉驾、违规发放津贴补贴等问题，针对部门履职不到位的进行全县范围内通报1次。督促全县开展违反中央八项规定问题自查工作，在全县范围内开展公务接待上酒水问题自查，防止隐性变异的四风问题，切实营造了风清气正的干事创业氛围。

（五）深化政治巡察，努力提升监督质效。一是持续深化政治巡察。2022年以来，县委巡察办和巡察组始终坚持发现问题、形成震慑，推动改革、促进发展的巡视工作方针，聚焦政治责任和职责使命，协助制定《中共桑日县委员会巡察工作规划（2021—2025年）》，围绕“三个聚焦”，把发现问题作为巡察工作的生命线，把推动解决问题作为落脚点，确保巡察的权威性、震慑力、推动力。2022年，组织开展十届县委第二轮、第三轮巡察工作，抽调各单位业务骨干组成巡察队伍，开展培训2场次，组织学习17场次，进一步提升巡察干部队伍综合素质，增强工作能力。已对28家党组织开展了常规巡察，发现突出问题261个，移交问题线索2件，收缴违规资金2.9万元。二是做实巡察“后半篇”文章。加强对巡察整改的日常监督，压紧压实党委（党组）落实整改主体责任。协同县委组织部对十届县委第一轮巡察发现的94个问题整改情况进行监督检查3场次，帮助村集体催缴欠款48.14万元，进一步建立健全制度机制5个，确保巡察反馈问题整改工作落地落实。对十届县委第二轮巡察反馈整改问题进行了督促整改，有效推进巡察反馈问题整改，增强政治巡察震慑力。

（六）弘扬伟大建党精神，锻造纪检监察铁军。一是强化自身建设。县纪委常委会带头全面准确贯彻执行《中国共产党纪律检查委员会工作条例》，修订完善《中共西藏桑日县第十届纪律检查委员会常务委员会工作规则》，进一步提升县纪委常委会民主决策水平，保障工作决策规范化、制度化和科学化。

完善全员业务培训机制，加强纪法训练和实践锻炼，采取学习培训、跟班学习、参与办案、以老带新等途径，提升纪检监察干部综合能力素质和业务水平。共计选派3人次纪检监察干部到自治区纪委监委和市纪委监委跟案、跟班学习。二是强化自我监督。全面贯彻落实《关于加强新时代纪检监察干部监督工作的意见》，深入开展纪检监察系统转变作风狠抓落实专项活动，严格按照“四查四问”要求，抓好各阶段各环节工作。紧扣贯彻落实西藏纪检监察干部行为规范以及规范饮酒、禁止参与赌博行为规定等重点，采取明察暗访、“四不两直”等方式，纠治作风漂浮、有禁不止以及“走读式”谈话等方面的违规问题。

二、全县全面从严治党、党风廉政建设和反腐败斗争面临的形势

二十届中央纪委二次全会上，习近平总书记深刻总结新时代十年全面从严治党新形势新要求，对坚定不移深入推进全面从严治党作出战略部署，为新征程上深入推进新时代党的建设新的伟大工程指明方向。十届自治区纪委三次全会上指出，要深刻领悟新时代新征程党的使命任务，更加自觉履行《党章》赋予的职责，深刻领悟全面从严治党、党的自我革命永远在路上的重大判断，更加自觉以严的主基调正风肃纪反腐。二届山南市纪委三次全会上指出要坚持“五个牢牢把握”，发扬彻底自我革命精神，永远吹冲锋号，坚定不移推进全面从严治党，健全完善全面从严治党体制机制，以严的主基调深化党风廉政建设和反腐败斗争深入推进纪检监察工作高质量发展。这些重要会议、重要要求，为桑日全面从严治党、党风廉政建设和反腐败斗争提供了遵循、指明了方向。

一年来，县纪委监委在县委和市纪委监委的坚强领导下，践行初心、担当使命，在推进纪检监察工作高质量发展上取得了一定成绩。始终在思想上、政治上、行动上同党中央保持高度一致，始终以实事求是的工作作风履行党章党规和宪法法律赋予的职责，始终以忠诚干净担当的实际行动践行“两个维护”。同时，我们仍然存在一定的不足，党面临的“四大考验”“四种危险”在桑日个别基层党组织和党员干部中仍然不同程度存在，问题线索存量不少、增量时有发生。一是我们的工作与上级要求和人民期待相比还有差距，素质能力与高质量发展要求相比还有差距，纪律作风与打铁必须自身硬要求相比还有差距。二是理论学习不深不透、有的思想不解放、忧患意识不够强，不主动学习研究新形势新政策，缺乏把握机遇的意识、解决问题的能力。对当前腐败和作风问题新特征把握不准，畏首畏尾，缺乏敢于斗争善于斗争的勇气。对此，我们将高度重视，认真思考研究，在工作实践中不断改进提高。

三、2023年主要工作

2023年，是贯彻党的二十大精神的开局之年，是实施“十四五”规划承前启后的关键一年。做好纪检监察工作的总体要求是：坚持以习近平新时代中国特色社会主义思想为指导，全面贯彻落实党的二十大精神，深入贯彻落实二十届中央纪委二次全会特别是习近平总书记重要讲话精神，贯彻落实自治区党委和自治区纪委十届三次全会精神，深刻领悟“两个确立”的决定性意义，自觉增强“四个意识”、坚定“四个自信”、做到“两个维护”，发扬彻底的自我革命精神，永远吹冲锋号，坚定不移推进全面从严治党，健全完善全面从严治党体制机制，以严的主基调深化党风廉政建设和反腐败斗争，深入推进新时代新征程纪检监察工作高质量发展，以督查促落实的新举措，紧紧围绕“四个创建”“四个走在前列”，聚焦实施“六县战略”目标（即“农牧稳县、生态立县、工业强县、能源富县、文旅活县、人才兴县战略”）全面厘清工作思路、细化工作任务、推动工作落实，为桑日高质量发展提供坚强纪律保障。

（一）强化政治监督，着力构建风清气正政治生态。坚定维护党中央集中统一领导，严格执行民主集中制、“三重一大”事项议事规则、重大事项请示报告等制度，在政治立场、政治方向、政治原则、政治道路上同以习近平同志为核心的党中央保持高度一致。推进政治监督具体化、精准化和常态化，教育引导党员干部始终把党的政治纪律和政治规矩挺在前面，坚决同违反党中央权威和集中统一领导的行为作斗争。切实履行监督责任，把贯彻执行党的路线方针政策、加强党的建设、发挥战斗堡垒和先锋模范作用作为监督检查的重要内容。严明政治纪律和政治规矩，严肃党内政治生活，严肃查处拉帮结派、搞

小圈子以及违反反分裂斗争纪律的问题，及时发现、着力解决“七个有之”问题。

（二）强化理论学习，推进党的二十大精神落实见效。进一步强化理论知识学习，不断用新的理论新的知识武装头脑，学深悟透党的二十大精神，将思想和行动统一到党的二十大精神上来，坚决维护习近平总书记党中央的核心、全党的核心地位，坚决维护党中央权威和集中统一领导，捍卫“两个确立”。充分认识学习宣传贯彻党的二十大精神的重大意义，全面准确学习领会党的二十大精神，始终坚持正确的政治方向，坚定不移用习近平新时代中国特色社会主义思想统领纪检监察工作，学习党章、尊崇党章，坚定不移履行党章赋予的职责。敢于斗争、善于斗争，坚定不移推动正风肃纪反腐向纵深发展，更好担负起党和人民赋予的使命责任。

（三）狠抓“四风”问题，持续深化落实中央八项规定精神。坚持经常抓、长期抓，把抓中央八项规定及其实施细则精神作为抓作风建设的重要抓手，严肃整治损害党的形象、群众反映强烈的享乐主义、奢靡之风，对顶风违纪行为露头就打、从严查处，坚决防反弹回潮、防隐形变异、防疲劳厌战。紧盯反复性顽固性、改头换面、隐蔽隐性问题，加大查处问责力度，坚决破除特权思想和特权行为。将日常检查、专项检查、重点监督有效贯通起来，要善用“小切口”推动“大变局”，加强“八小时”之外的监督。重点检查“三公”经费、项目建设管理、涉农资金发放等工作，重点抓公车私用、使用公款吃喝送礼、发放津贴补贴和奖金福利、借助婚丧嫁娶、子女升学收敛钱财等问题，加强党的惠民利民安民富民政策落实情况、群众身边不正之风和腐败问题监督检查，对不知止、不收敛，顶风违反中央八项规定及其实施细则精神的问题，一律从严处理。巩固深化扫黑除恶专项斗争、政法队伍教育整顿成果，坚持纠“四风”树新风并举，教育引导党员干部牢记“三个务必”，推进作风建设常态化长效化。

（四）运用“四种形态”，夺取反腐败压倒性胜利。坚持“惩前毖后、治病救人”方针和一体推进不敢腐、不能腐、不想腐，坚持有案必查、有腐必惩，坚持全覆盖、零容忍，重点审查不收敛、不收手，问题线索反映集中、群众反映强烈、政治问题与经济问题交织，现在重要岗位且可能还要提拔使用的领导干部。严格执行党的纪律规定和规章制度，对违反党纪的问题，发现一起坚决查处一起，按照“不松劲、不停步、再出发”的要求，明确监督执纪工作重点，加大监督检查工作力度，精准运用“四种形态”，落实“三个区分开来”激励干部敢于担当、积极作为，实现政治效果、纪法效果、社会效果有机统一。

（五）开展廉政教育，引导广大党员干部廉洁从政。继续开展政治纪律教育，引导全县党员干部增强政治警觉性和政治鉴别力，牢固树立政治意识、大局意识、核心意识、看齐意识，在思想上政治上行动上始终同以习近平同志为核心的党中央保持高度一致。积极开展廉政教育，结合党风廉政宣传教育月活动，注重日常教育和实地教学结合，注重社会氛围和家庭影响结合，注重正面引导和反面警示结合，促使党员干部形成正确的廉政观，增强反腐免疫力。认真开展警示教育活动，通过组织党员干部观看警示教育片，参观警示教育基地，用身边人身边事教育警示，使党员干部引以为戒、防微杜渐，让广大党员干部受警醒、明底线、知敬畏。

（六）深化政治巡察，拓宽党内监督渠道。进一步压实责任、明确要求，全面部署巡察工作，继续做好巡察“后半篇”文章。进一步健全完善巡察工作机制，充实选优巡察干部库人员，加强巡察干部业务素质培训工作，提升巡察干部队伍素质。对标中央、自治区和山南市巡视工作规划，及时修订完善我县巡察工作规划，确保完成30个党组织巡察全覆盖任务的目标。督促被巡察单位直面问题，找出病灶，举一反三，对发现问题比较轻微的单位要求其即知即改，对需要重点说明和整改的问题责令其限期整改，确保巡察整改工作落到实处，全力推进县委巡察工作高质量发展，实现全县巡察工作无禁区、全覆盖。

（七）积极配合做好纪检监察体制改革。进一步落实纪委监委体制改革，严格规范落实查办腐败案件以上级纪委监委领导为主的要求，积极落实纪委监委机关内设机构改革工作，健全纪法衔接、法法贯通、权威高效的执行机制，规范廉政档案和涉案财务管理。落实《中共西藏自治区委员会办公厅印发〈关于进一步深化县级纪检监察体制改革的意见〉的通知》，规范乡镇纪检监察机构运行程序，协助同级党委落实深化改革的职责任务。

（八）加强队伍建设，做忠诚干净担当的纪检监察干部。进一步加强自身建设，结合新形势加强全面从严治党和反腐败斗争新要求，全面准确贯彻执行《中国共产党纪律检查委员会工作条例》，不断提高政治判断力、政治领悟力、政治执行力。强化以案代训、跟班学习、实训实战，不断提高政策把握能力和纪法运用能力增强自我净化、自我完善、自我革新、自我提高的能力，大力实施纪检监察干部业务素质提升工程，带头遵守党章党规党纪，强化自我监督，主动接受监督，坚决防止和纠治执纪违纪、执法违法等“灯下黑”问题，打造自身正自身硬的纪检监察铁军。

桑日县人民法院工作报告

——在桑日县第十四届人民代表大会第四次会议上

桑日县人民法院院长　旦增宗巴

（2023年2月14日）

2022年工作回顾

过去一年是党和国家历史上极为重要的一年，县人民法院在县委坚强领导下，在人大及其常委会有力监督下，在上级法院正确指导和政府、政协及社会各界关心支持下，坚持以习近平新时代中国特色社会主义思想为指导，以习近平法治思想为引领，紧紧围绕“努力让人民群众在每一个司法案件中感受到公平正义”目标和学习宣传贯彻党的二十大精神这条主线，坚持服务大局、司法为民、公正司法，积极应对案件大幅增长态势和疫情影响，持续提高审判质量效率、队伍素质能力和司法公信力，为桑日长治久安和高质量发展贡献了人民法院智慧和力量。一年来，共受理各类案件288件，同比上升37.8%，综合结案率100%，在全区法院中排名第一。

一、全面加强政治建设，持续筑牢政治忠诚

坚持党的绝对领导。深刻认识人民法院首先是政治机关的本质属性，始终坚持党对法院工作的绝对领导，坚决把政治建设摆在首位，深刻领悟“两个确立”决定性意义，进一步增强“四个意识”、坚定“四个自信”、做到“两个维护”，旗帜鲜明讲政治。认真贯彻落实中国共产党政法工作条例和区党委实施细则、最高人民法院实施办法等，主动向县委、县委政法委请示报告重大事项、重要工作12次。严格执行中国共产党党组工作条例，充分发挥党组把方向、管大局、保落实的领导作用，始终坚持民主集中制，召开党组会13次，紧紧围绕党的领导、审判执行、司法改革、廉政建设等，科学决策、民主决策、依法决策。党组书记以普通党员身份带头参加党员活动23次，严格落实双重组织生活制度。狠抓思想政治教育。牢牢抓住思想政治建设总开关，以学习教育为先导，突出政治教育为引领，把准思想航向，站稳政治立场，认真落实“第一议题”制度，通过执行“三个一+N”学习机制，使党的新思想、新理念、新论断和新要求入脑入心。开展“手抄党的二十大报告原文”“党的二十大体会我来谈”等多种行之有效的活动，真正用以武装头脑，坚决筑牢政治忠诚。一年来，组织党组理论中心组学习13次，开展交流研讨41人次，学习成果测试2次，检查学习笔记记录2次，政治轮训全覆盖。强化意识形态管控。严格落实意识形态工作责任制和“三同步”原则，教育引导干警旗帜鲜明讲政治。一年来，通过组织参观烈士陵园、初心教育基地等多种方式，开展先进教育6场次、廉政警示教育13场次、民族团结教育9场次。强化新媒体运营管控，加强新闻宣传，讲好法院故事，传播司法正能量，发布信息69条，牢牢把握意识形态工作主动权。

二、坚决维护社会稳定，助力平安桑日建设

始终树牢“稳定压倒一切”的思想，贯彻总体国家安全观，坚持国家安全、社会安定、人民安宁有机统一。依法严惩刑事犯罪。审结危险驾驶罪等危害公共安全犯罪案件5件5人，审结妨害公务罪和帮助信息网络犯罪活动罪等妨害社会管理秩序犯罪案件7件48人，审结盗窃等侵犯财产犯罪案件6件13人，保障了社会安定有序、人民安居乐业。刑事犯罪同比下降23%，社会治安状况进一步向好。深入开展常态化扫黑除恶。持续巩固深化扫黑除恶专项斗

争成果，深入辖区开展宣传活动和线索排查，持之以恒打击黑恶势力及其“保护伞”，推动扫黑除恶常态化。坚持“打虎拍蝇”不放松。对腐败分子始终保持高压态势，彰显党惩治腐败的坚定决心，审结贪污贿赂职务犯罪案件2件3人。主动邀请县直单位干部职工23人参加庭审观摩，切实达到“惩处一案、警示一片”的效果。积极主动参与社会治理。紧扣党的二十大维稳安保工作，认真做好县级领导维稳督导、巡逻执勤等维稳中心工作。延伸审判职能和触角，开展大走访、大调研、大化解，排查化解调处矛盾纠纷36件，其中帮助农民工追回劳动报酬192万元。协助组织部等单位核查失信信息45次362人。落实“八五”普法责任，结合审判工作推进“法律十进”活动，把“三个意识”、反分裂斗争、民族团结等教育融入法治宣传内容。一年来，共开展以案释法宣讲活动72场次，受众0.8万余人次。开展模拟法庭进校园活动1次，引导学生懂法、守法、用法。全心全力投入疫情防控。自全区疫情发生以来，先后组织23名干警，452人次和1辆执法车全力参与疫情防控工作中，号召干警逆流而上，冲锋在前，展现法院干警的勇毅与担当，涌现出很多感人故事。如下沉街需卡点的聘用制干警放下家中身怀六甲的妻子奔赴一线，在卡点连续执勤80天。

三、服务保障发展大局，护航桑日高质量发展

自觉把审判工作放在桑日经济社会发展大局中谋划推进，以一域服务全局，努力为全局添彩。服务推动高质量发展。完整、准确、全面贯彻新发展理念，积极发挥民商事审判调节社会关系的作用，平等保护市场主体合法权益，依法妥善审理各类民商事纠纷，审结买卖合同、建设工程合同、租赁合同和民间借贷纠纷等案件134件和非诉保全审查案件1件，稳妥化解市场经济活动中的矛盾纠纷，积极创造良好的法治化营商环境。持续增进民生福祉。维护家庭和睦和谐，妥善化解婚姻家庭纠纷，依法保护弱势群体合法权益，审结婚姻家庭、继承纠纷23件。加大“双拖欠”、劳动争议、人身损害等事关民生案件审理力度，审结涉民生案件5件，努力让人民群众切身感受到公平正义就在身边。加大司法救助力度，办结司法救助案件1件3人，救助金额6.5万元，其中协调市中院解决5万元。依法为困难当事人缓交诉讼费1.18万元。开展案件回访13次，向困难当事人发放由干警捐款“爱心救助金”0.5万元。促进法治政府建设。坚持依法保护行政相对人合法权益与监督支持行政机关依法行政并重，通过悬挂宣传横幅、发放宣传资料等形式因地制宜地大力宣传行政法相关知识，积极培养行政机关和公民的法治意识及维权意识。全力实现当事人胜诉权。针对群众反映的执行难问题，采取执行信息化、规范化建设，不断深化执行体制机制和管理模式改革等一系列精准有效的举措，让真金白银以最快速度、最高的效率装进胜诉当事人口袋。一年来，共受理并执结执行案件104件，同比上升52%，有财产可供执行法定期限内执结率和无财产可供执行终本合格率均达到100%。实施类执行案件平均用时65.7天、执行财产保全平均用时12.3天。已结执行案件结案标的金额1157.65万元，实际到位金额797.85万元，实际到位率为68.92%，排名全区前列。限制高消费4人次，纳入失信被执行人员名单4人次，屏蔽失信人员1人次，向公安系统申请临时布控8人次，成功触控3人次，调查被执行人财产线索180人次，坚定不移朝着切实解决执行难目标迈进。全面推进乡村振兴。进一步延伸“车载科技流动法庭”服务的广度和深度，把巡回办案作为重要办案形式，切实把打通与群众的“最后一公里”转化为服务群众“零距离”，司法为民服务更加给力。一年来，车载科技流动法庭行程3万余千米，巡回办案172件。选派第一支部书记和驻村工作队主动宣讲党的惠民富民政策和国家法律法规，参加农牧区社会治理，与农牧民群众一道战疫情保安康。开展结对帮扶活动和高校毕业生就业帮扶工作，帮忙提出致富增收、发展产业、劳务输出、合作社创收等建议7条，累计投入帮扶资金1.23万元。

四、持续深化为民举措，满足群众司法需求

深化立案登记制改革。畅通诉讼服务渠道，坚决做到“有案必立、有诉必理”，坚决杜绝年底不立案、拖延立案。全年登记立案288件，其中当场立案269件，一次性告知19次。推进“一站式”服务工作。出台网上立案工作规范、院长接待日、法官值班制度等10项规范性制度，逐步加强“一站式”多元解纷和诉讼服务工作机制建设。开展调解、速裁、快审“一站式”解纷工作，通过窗口和“12368”诉讼服务热

线等方式为198人次提供法律咨询服务。深化诉源治理。坚持和发展新时代“枫桥经验”,坚持把非诉讼纠纷解决机制挺在前面,加强和规范诉调对接、非诉讼调解协议司法确认等工作,加大诉前调解、立案调解力度,通过诉前调解办结案件6件、司法确认案件1件。深化“分调裁审”工作。实行案件繁简分流、轻重分离、快慢分道,刑事案件适用速裁、简易程序审结案件13件,民事案件适用简易程序审结案件124件,民事案件调撤率高达94%,更加及时高效处罚犯罪,调处矛盾纠纷,让公平正义实现“加速度”。

五、不断推进司法改革,提升司法质效公信

紧紧扭住司法责任制。制定完善职责和权限清单及审判流程管理办法,进一步规范审判权力运行机制,落实“让审理者裁判,由裁判者负责”的办案质量终身负责制。强化审判管理职能。制定“每月一督办、每季度一评查一通报一分析”审判管理工作新机制,建立以个案为“点”、流程管理为“线”、审判质效指标为“面”的审判管理网络,在案件受理数创历史新高的情况下,案件质效指标不断优化升级。一年来,召开审判执行推进会11次,督办8次,案件评查4次,审判运行态势分析4次,主审法官会议1次。落实院庭长办案要求,院庭长办案288件,占案件总数100%。深化司法体制综合配套改革。在上级法院的统一部署和县委、县委组织部的大力支持下,全面完成了内设机构改革、人员岗位调整和第三批法官入额工作,减少了管理层级,优化了职能配置,提高了工作质效。扎实推进以审判为中心的刑事诉讼制度改革,贯彻宽严相济刑事政策,落实认罪认罚从宽制度,审结认罪认罚案件18件,61人,分别占审结刑事案件的90%,89%。依法判处三年以下有期徒刑、拘役、管制48人,适用缓刑22人,依法判处有期徒刑五年以上1人。健全审判执行绩效考核制度,进一步激发内生动力,员额法官年人均结案48件,综合结案率、服判息诉率和案件结收比等主要指标持续向好。深入推进阳光司法。坚持依法公开、主动公开、全面公开,网上公开审判流程、执行信息198次,公开裁判文书88篇,庭审直播28场次,总观看人数达4.7万人次,人民陪审员参审案件42件,做到了让公平正义看得见、能评价、可监督。强化智慧法院建设成果运用。推进数字法院、自动化办公等业务应用系统和“三公开”平台建设,做到司法公开常态化、司法服务智能化。疫情防控期间,智慧法院大显身手,依托移动微法院、人民调解平台、集约送达等线上系统,网上立案19件、跨域立案2件、电子送达91次、网上调解纠纷6件,实现诉讼服务不打烊,公平正义不打折。

六、着力加强自身建设,锻造过硬法院队伍

主动扛起全面从严管党治警政治责任,坚决履行党组主体责任。党建工作不断突破。始终树立“抓党建带队建促审判”工作思路,坚持党建工作与审判执行工作深度融合,做到思想认识到位、安排部署到位、措施落实到位。一年来,召开党建工作专题会议4次,党组书记听取党建工作汇报6次。制定完善“周一党员活动日”制度,严格执行“三会一课”和主题党日制度,彻底解决工学矛盾突出问题。相继开展“改作风 提能力 法律文书大评比”案件评查和“护绿水青山,做出彩青年”爱国卫生运动等主题党日活动。作风建设不断深化。采取“三抓三督三提升”工作法,严格执行中央八项规定及其实施细则精神、防止干预司法“三个规定”和“十个严禁”“十个一律”等铁规禁令,扎实开展改进作风狠抓落实工作。成立审务督查小组,开展会风会纪、着装规范等日常督察20次,干警作风得到明显改善。向当事人及群众发放作风监督卡708份,持续拓宽监督渠道。制作“上岗证”及“三个规定”手机彩铃,落实“三个规定”填报制度,不断改进司法作风。组织干警拍摄《正义路上》手势舞,开展“转作风 提能力 让青春在岗位上飞扬”主题演讲比赛,展示新时代法院干警新气象。一年来,组织干警签订党风廉政建设责任书,学习违反中央八项规定精神典型案例通报13期。参观“以身边事教育身边人”展览2次,征集廉政家书15份,廉政作品15个。司法能力不断加强。坚持需求导向,突出实战实用实效,组织干警参加业务培训班,支持干警参加高层次学历教育,促进干警知识结构的更新。一年来,干警累计参加上级组织面授培训15人次、网络视频培训203人次。先后累计投入60余万元,采购技术服务、公开平台、智慧执行等设备,加快推进建设诉讼服务中心项目,加强基层审判设施建设。在县委、县政府及县人力资源和社会保障局大力支持下,充实3名工作人员,一定程度解决了案多

人少的最大困难，司法服务条件得到进一步改善。

七、自觉接受各类监督，推动工作高质量发展

一年来，我们依法接受人大监督，及时、主动地向县人大常委会报告审判执行工作情况，专题报告上半年工作开展情况和立案诉讼服务工作并根据审议意见加强和改进工作。进一步加强与人大代表的沟通联络，主动邀请人大代表视察法院、参加会议、旁听庭审18人次，走访人大代表2次。认真接受民主监督，加强与政协沟通，广泛听取政协委员和社会各界意见。依法主动接受检察机关法律监督，共同维护公平正义。

各位代表！法院工作取得的发展进步，是县委坚强领导、人大及其常委会有力监督、市中级人民法院正确指导和政府、政协大力支持及社会各界关心帮助，全院干警团结奋斗的结果。在此，我代表县法院表示衷心感谢和崇高敬意！

2023年工作思路

各位代表，今年是全面贯彻落实党的二十大精神的开局之年。开局关乎全局，起步决定后程。我院将坚持以习近平新时代中国特色社会主义思想为指导，坚持以全面学习、全面把握、全面落实党的二十大精神为主线，深入贯彻习近平法治思想、习近平总书记关于西藏工作重要指示和新时代党的治藏方略，紧紧围绕“努力让人民群众在每一个司法案件中感受到公平正义”目标，聚焦“四个创建”“四个走在前列”，聚力“六个走在全区前列”和桑日“六县战略”目标，忠诚履职尽责。

一、坚持党的绝对领导，在政治建设上再发力

坚持把学习贯彻党的二十大精神作为当前和今后一个时期的首要政治任务，深入开展“学习二十大·铁军铸忠魂”学习教育活动，常态化开展“两个确立”主题教育，教育引导广大干警完整准确全面把握党的二十大精神，切实把思想和行动、智慧和力量统一到新时代新征程使命任务上来。真学真信笃行习近平法治思想，坚持学思践悟，不断提高政治判断力、政治领悟力、政治执行力，坚决把捍卫“两个确立”、做到“两个维护”作为最高政治原则和根本政治规矩，坚决将党中央、区党委、市委和县委决策部署贯彻落实到法院工作各方面全过程。

二、坚持服务中心大局，在担当作为上再发力

坚决贯彻总体国家安全观，坚持以铸牢中华民族共同体意识为主线，坚决维护祖国统一和民族团结，紧扣更高水平平安桑日建设，持续深入反分裂斗争，坚决打击达赖集团分裂破坏活动。推进扫黑除恶常态化，依法严惩各类刑事犯罪，增强人民群众安全感。落实普法责任制，深入开展法治宣传教育。

三、坚持以人民为中心，在优化服务上再发力

坚持以人民为中心的发展思想，紧紧围绕县委中心工作抓审判，依法保护各类市场主体合法权益，积极营造更加稳定公平透明、可预期的法治化营商环境。依法平等保护各族群众合法权益，增强人民群众幸福感获得感。监督和支持行政机关依法行政，促进法治政府建设。推进切实解决执行难，努力实现当事人胜诉权。加强诉源治理，深入推进“一站式”多元解纷和诉讼服务体系建设。

四、坚持推动改革创新，在提升质效上再发力

聚焦严格公正司法，深化司法体制综合配套改革，全面落实司法责任制，健全和完善审判权力运行制约机制。深化以审判为中心的诉讼制度改革，强化审判管理职能作用。细化案件质量评查，牵牢监管这个“牛鼻子的缰绳”。全面加强和推进智慧法院建设成果运用，努力为人民群众创造更高水平的数字正义。

五、坚持深化自我革命，在从严治院上再发力

主动扛起党要管党、全面从严治党政治责任，坚决落实主体责任，坚持党性党风党纪一起抓，强化“两个永远在路上”意识。坚持严的基调不动摇，坚决落实中央八项规定及其实施细则精神，严格执行防止干预过问司法“三个规定”和“十个严禁”“十个一律”等铁规禁令，整治司法作风顽瘴痼疾。主动接受人大及其常委会监督，自觉接受政协民主监督、纪检监察监督、检察监督和社会各界监督，确保依法公正行使审判权。

附件1：

相关用语说明

1.“一站式”多元解纷、诉讼服务体系：“前者强调重塑解纷格局，通过完善党委领导、政府负责、民主协商、社会协同、公众参与、法治保障、科技支撑的

社会治理体系，建设人人有责、人人尽责、人人享有的社会治理共同体，以诉调对接实质化和“分调裁审”机制，形成矛盾纠纷从源头预防到前端解决，再到诉讼终局裁判的分层递进、繁简结合、衔接配套的一站式、多元化解决体系。后者强调诉讼服务中心的立体化、集约化、信息化，通过建设“厅网线巡”为一体诉讼服务中心，为当事人提供一站通办、一网通办、一号通办、一次通办的诉讼服务。

2. “三个规定”：即《领导干部干预司法活动、插手具体案件处理的记录、通报和责任追究规定》《司法机关内部人员过问案件的记录和责任追究规定》《关于进一步规范司法人员与当事人、律师、特殊关系人、中介组织接触交往行为的若干规定》。

3. “分调裁审”：指法院围绕案件分流、调解、速裁、快审四个核心要素进行的繁简分流和调解速裁快审机制的改革，是深化司法体制综合配套改革、提高矛盾纠纷化解质效、满足群众司法需求的重要举措。

4. 跨域立案：即建立就近受理申请、管辖权属不变、数据网上流转的联动办理机制，对不善于或者不便于使用网上立案的当事人，在异地法院享受到与管辖法院相同的服务。通过协作法院和管辖法院的协调配合，让当事人可以不受地域、审级的限制，在就近的任何一家法院的诉讼服务大厅就可以办理立案事务。

5. 四类案件：（1）重大、疑难、复杂、敏感的案件；（2）涉及群体性纠纷或者引发社会广泛关注，可能影响社会稳定的案件；（3）与本院或者上级人民法院的类案裁判可能发生冲突的案件；（4）有关单位或者个人反映法官有违法审判行为的案件。

6.“十个严禁”：（1）严禁搞两面派、做两面人。（2）严禁有令不行、有禁不止。（3）严禁放任错误思潮侵蚀影响。（4）严禁不当交往、干预执法司法。（5）严禁玩忽职守、徇私枉法。（6）严禁违规参与营利活动。（7）严禁包庇纵容黑恶势力。（8）严禁滥用执法司法权。（9）严禁不作为乱作为、耍特权抖威风。（10）严禁跑风漏气、失密泄密。

7. “十个一律”：（1）凡是政治上不忠诚不老实、充当两面人、“骑墙派”、不守政治纪律、政治规矩的，一律严惩并清除出政法队伍；（2）凡是政治立场不坚定，在大是大非问题上立场摇摆，贯彻执行党中央决策部署做选择、搞变通、打折扣的，一律严惩；（3）凡是涉黑涉恶、充当“保护伞”的，一律严惩并撤职查办；（4）凡是违反“三个规定”、徇私枉法、充当司法掮客、干预执法司法的，一律通报并按相关规定处理；（5）凡是不依法办案造成冤假错案的，一律取消执业资格并按相关规定查办；（6）凡是滥用执法司法权，酒后执法、选择性执法的，一律停职并依法处理；（7）凡是不担当不作为、工作中“庸懒散浮拖”的，一律停职并按相关规定查处；（8）凡是脱离人民群众、工作“冷硬横推”的，一律派遣至条件艰苦的基层单位学习锻炼；（9）凡是违反廉洁纪律、腐化堕落，违规参与营利活动，参与赌博、影响政法队伍形象的，一律撤销职务并按规定查处；（10）凡是泄露党和国家秘密、政法工作秘密、商业秘密和公民个人信息的，一律撤职查办。

8. “三个一+N”学习机制：即每周一次党支部集中学习、每月一次党组理论中心组学习、每季度一次理论成果测试和“桑日法院党员教育培训”微信群等线上平台组织学习党的理论知识。

9. “三抓三督三提升”工作法：即抓队伍管理压紧压实工作责任，抓审判执行倒逼案件提质增效，抓制度建设夯实人员管理根基；督促工作走深走实，督察发现短板漏洞，督责责任落实到位；全院干警工作能力水平进一步提升、全院审判执行工作质效进一步提升，群众满意度进一步提升。

附件 2：

桑日县人民法院审判执行工作情况图

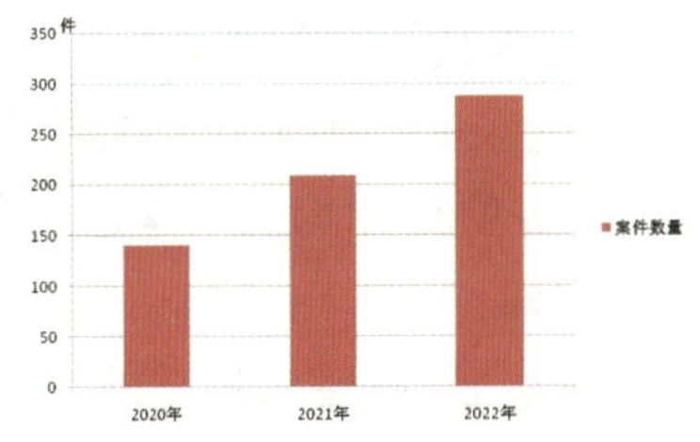

图 1　2020—2022 年受理案件同比增长图

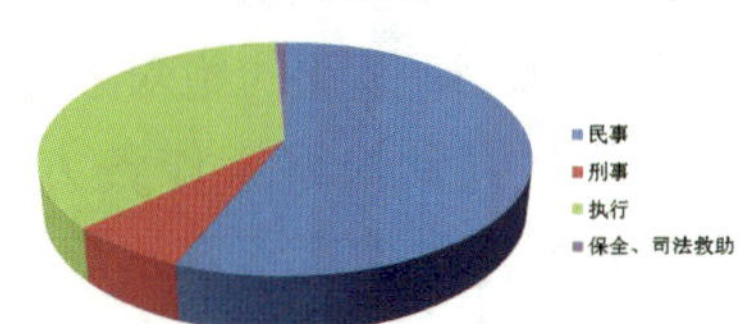

图 2　2022 年不同类型案件受理情况

桑日县人民检察院工作报告

——在西藏桑日县第十四届人民代表大会第四次会议上

桑日县人民检察院检察长　白月明

（2023年2月14日）

2022年工作回顾

2022年，在县委和上级检察机关的坚强领导下，在县人大及其常委会的有力监督下，在县政府、政协和社会各界的大力支持下，坚持以习近平新时代中国特色社会主义思想为指导，深入贯彻习近平法治思想，认真贯彻党的十九大、十九届历次全会精神和党的二十大精神，贯彻落实上级党委、上级检察机关决策部署，紧紧围绕服务保障、学习宣传贯彻党的二十大这条主线，凝心聚力谋发展，检察发展模式从数量规模型向质量效益型转变，"检察之问"更加融入大局，"检察之为"更好服务于民，检察影响力得到明显提升。全年刑事案件比达到1：1.1，民事、行政、公益诉讼案件比1:1，刑事案件认罪认罚适用率98%，确定刑量刑建议提出率100%，确定刑量刑建议采纳率98%，刑事抗诉采纳率100%，民事审判违法监督案件检察建议采纳率100%，公益诉讼案件诉前整改率100%，各项指标均优于全区平均值，位列全市12县区院前列。

一、强化政治引领，以绝对忠诚的法治信仰永葆检察初心

坚持把政治建设放在首位，用法治的力量巩固和维护党的执政基础，以政治铸魂，筑牢拥戴核心、捍卫核心的政治忠诚，确保党的绝对领导、"两个确立""两个维护"落实到检察工作各方面全过程，以实际行动坚定不移推动筑牢政治忠诚走在全区前列。

坚持党对检察工作的绝对领导。站稳政治机关立场，做实一切检察工作首先"从政治上看"。认真落实《中国共产党政法工作条例》和重大事项请示报告制度，向县委、县委政法委和上级检察机关请示报告工作7次；坚持正确的选人用人导向，向人大常委会、县委组织部推荐干部2次，选齐配强班子成员2名、副检察长1名；严格落实党组理论中心组学习制度，开展党组理论中心组学习10次，班子成员交流发言10余人次，撰写心得体会10余篇；坚持把"党建阵地""意识形态阵地"共同推进、共同提升，通过扎实开展"书香检察""微党课"等一系列特色亮点活动，党组织的凝聚力、向心力、战斗力不断提升，党的建设工作迈上新台阶，二十大报告手账受到区党委政法委、区检院等官方媒体转发肯定；坚决铸牢中华民族共同体意识，高度重视检察机关民族工作、干部队伍建设，大力培养少数民族干部和各类人才，着力推进共同团结奋斗、共同繁荣发展。

持续抓实全面从严管党治检。深刻领会全面从严治党永远在路上、党的自我革命永远在路上。开展领导干部"上讲台讲党课"活动，班子成员带头讲党课8次；认真执行民主集中制原则，坚持"三重一大"事项集体研究和末位表态制，召开党组会议研究重大事项13次，班子成员自觉自学"三重一大"有关规定；巩固拓展党史学习教育和政法队伍教育整顿成果，扎实开展进一步改进作风狠抓落实工作，常态化开展司法顽瘴痼疾排查整治，分析检察干警是否存在参与赌博、经常出入娱乐场所、高利贷款等问题1次，签订《桑日县人民检察院进一步改进作风狠抓落实公开承诺书》《桑日县人民检察院干警不赌博、

不出入娱乐场所、不酗酒承诺书》30余份,主动检视问题20条并督促整改落实,以严管厚爱促检察人员担当尽责;抓好“三个规定”及重大事项记录报告制度的贯彻执行,填报重大事项记录5件,引导干警廉洁从检,筑牢思想防线。

自觉落实接受监督政治责任。自觉接受党内监督,认真落实最高检党组巡视山南市人民检察院党组反馈意见要求,对涉及的共性问题逐一整改到位;自觉接受人大监督,主动向县人大及其常委会报告工作5次,就履职情况向人大常委会作专项报告1次,配合人大、政协开展执法检查、专题调研2次,办理人大常委会审议意见7条;自觉接受社会监督,发挥人民监督员、检察听证在深化司法公开、促进司法公正方面的重要作用,邀请县人大代表、政协委员、人民监督员和相关单位代表,依法组织召开公开听证会3次;规范信息公开,全年公开案件程序性信息29条,公开法律文书14条,通过微信公众号等新媒体平台发布检察信息246条,切实保障案件当事人及人民群众的知情权、监督权。

二、牢记国之大者,以服务大局的高度自觉彰显检察担当

立足全面依法治国大局,统筹安全与发展,准确把握检察服务大局的着力点,以检察“小我”服务“国之大者”,着力推进社会治理体系和治理能力现代化走在全区前列、推动高质量发展走在全区前列。

坚决维护国家安全和社会稳定。常态化开展扫黑除恶斗争,以办理打非治乱犯罪案件为途径,办理涉九类案件1件1人;紧紧抓住维稳工作重要节点,组织干警参与维稳值班500余人次,出动车辆50余台次;开展强基惠民,用心办好司法“民生工程”,选派1名优秀干警驻绒乡冲达村担任第一支部书记,班子成员先后深入驻村点检查指导工作4次,不断夯实党的基层基础;强化机关内部安全,抓好安全生产工作,严格执行重大紧急案事件报告制度。

“疫”不容辞彰显检察担当。积极落实疫情防控“四方责任”,一手抓防控,一手抓办案,保证防疫不松懈,办案不停歇。加强组织领导,召开疫情防控视频会议2次,成立工作专班1个;加强内部防控,严格落实山南市应对新冠肺炎疫情工作相关要求,确保单位内部平安稳定;扛起责任担当,迅速选派9名干警下沉寺庙、村居、卡点等防疫一线,配合开展核酸检测、排查登记、物资保障、区域协查等工作200余天次。同时,充分发挥检察职能,对商铺、快鸟驿站等重要场所开展专项监督检查活动3次,提出整改意见4条,已督促完成整改,“检察蓝”“志愿红”“防疫白”角色无缝对接,全力以赴为打赢疫情防控阻击战贡献检察力量。

以法治之力护航经济行稳致远。依法维护社会管理秩序和国家公务执行,办理妨害社会管理秩序罪3件35人、妨害公务罪1件1人;巩固拓展脱贫攻坚成果和乡村振兴战略实施,对1名因案致贫群众积极同内地检察机关、社区协调对接,做好司法救助工作;持续推进反腐败斗争向纵深发展,办理职务犯罪案件1件2人,为国家挽回经济损失41.78万元;开展“八五”普法,落实“谁执法谁普法”责任制,以防范电信诈骗、婚姻家庭纠纷等内容以案释法宣讲8场次,切实推动全民普法、守法、用法。

三、厚植民生之本,以司法为民的实际行动诠释检察情怀

深刻领会“坚持人民至上”精神实质,牢牢把握“司法为民”实践新要求,在检察环节着力解决好人民群众急难愁盼问题,切实服务保障强边固边富民走在全区前列、服务保障提高各族人民生活品质走在全区前列。

聚焦群众关切,倾力保障人民安居乐业。严惩影响人民群众安全感的各类刑事犯罪,办理“两抢一盗”、危险驾驶等危安案件14件18人,全力守护人民群众生命财产安全;全力守护“舌尖上的安全”,重点检查商超、菜店等经营场所食品安全,办理食品药品安全领域案件3件,督促整改安全隐患10余处,制发检察建议1件,整改1件;聚焦“群众来信件件有回复”制度,全年接待群众来信来访6次,来信来访答复率100%;完善律师异地阅卷制度,受理辩护律师异地阅卷申请2人次,协助开展异地阅卷2人次,实现服务“零距离”;积极延伸检群联系渠道,2022年,在县委、县政府的大力关心支持下,县本级财政配套500万元用于“12309”检察服务中心、未成年人检察教育室和检察听证室综合功能用房项目建设,现该项目已开工建设,预计2023年10月建成并投入使用,该项目投入使用后,将为人民群众提供

更加便捷的司法服务。

突出检察关怀，倾情呵护未成年人成长。以“一号检察建议”为指引促进社会治理，检察长带头担任法治副校长，推出“开学第一课”“检爱同行”“‘未’你而来”“法律小课堂”“家长课堂”等法治教育套餐，受教育师生、家长1500余人次；开展教职员工准入查询性侵害、虐待等违法犯罪信息制度落实情况专项监督工作，覆盖人数达392人；开展校园及周边安全隐患排查整治工作，对小学、幼儿园周边商铺开展食品安全检查6次，办理未成年人食品安全案件1件，通过诉前磋商结案1件，联合桑日镇派出所对辖区网吧、宾馆等营业性娱乐场所经营活动开展专项检查1次，对检查中发现的问题和隐患进行登记并督促整改，切实呵护未成年人健康成长，为建设“平安校园”“法治校园”贡献检察力量。

四、秉持客观公正，以精准监督的法治追求践行检察使命

坚持以司法办案为中心，忠实履行宪法赋予的法律监督职责，用心用情办好人民群众身边的每一件“小”案，推动“四大检察”高质量发展。

刑事检察监督质效不断提升。秉持客观公正，履行刑事诉讼主导责任，全年受理审查逮捕犯罪嫌疑人21人，受理审查起诉48人；以宽严相济刑事政策为指导，全面准确规范推进少捕慎诉慎押刑事司法政策，对轻微刑事犯罪嫌疑人依法不捕3人、不诉11人；加强刑事审判监督，依法提请抗诉1件，上级院支持抗诉1件，市中级人民法院采纳并改判1件；开展羁押必要性审查1人，建议公安机关变更强制措施1人，采纳1人，有效降低诉前羁押率，最大限度减少和转化社会对立面；加强对提前介入工作的总体把控，针对疑难、复杂案件适时介入、引导侦查3件次；用好侦查监督与协作配合办公室，开展联席会议3次，协商刑事案件3次，嵌入式监督协作达共赢。

民事检察监督力度不断增强。强化精准监督理念，在民事监督案件的线索发现、调查核实、跟进监督等方面下功夫，深入推进对生效裁判、执行活动等领域的监督，调阅审查县人民法院民事诉讼卷宗20卷，对民事裁判活动中程序不规范问题立案7件，发出检察建议1件，采纳1件，切实把“二号检察建议”的监督理念和监督效果做到实处，以程序公正保障实体公正。

行政检察监督持续深化做实。注重发挥行政检察维护司法公正、促进依法行政的双重作用，调阅审查公安机关行政执法案件7件，对行政执法过程中存在的不规范问题立案1件，通过公开宣告送达的方式发出改进工作检察建议1件，采纳1件；持续落实“四号检察建议”，开展全县道路窨井盖安全隐患专项排查1次，发现问题13处，通过诉前磋商程序督促相关行政机关整改落实到位，以“小井盖”护佑“大民生”；结合“八号检察建议”，联合县应急管理局、住建局开展加油站、燃气站安全隐患排查2次，发现安全隐患4处，督促现场整改1处，限期整改3处，现已全部整改到位。同时，针对公安机关在整改中存在的现实困难和法律困惑，积极提供法律咨询，从法律层面提供帮助，实现法律服务和法律监督相结合，真正实现双赢共赢。

公益诉讼检察工作有序拓展。严格履行“检察长+河湖长+林草长”“检察长+公益诉讼”工作要求，围绕水资源保护、林草资源保护、河湖水域岸线管理保护、水污染防治、水环境治理开展巡河巡林检查4次；落实落细公益诉讼“4+5”法定职责，持续把生态环境和资源保护、食品药品安全等“四个传统领域”作为办案重点，全年摸排线索8件，立案8件，通过诉前磋商结案7件，发出诉前检察建议1件，诉前整改1件，督促清除处理违法堆放的各类生活垃圾19吨、面积40亩，清理回收劣质、过期药品20余种、3千克，过期食品30余种、120千克，督促整改建筑项目、工厂作业不规范问题10家、35处，及时通报相关行政机关处置，助力生态文明建设走在全区前列。

五、筑牢发展根基，以管党治检的能动自觉锻造检察铁军

坚持主动知责、担责、履责、尽责，着力推进检察队伍革命化、正规化、专业化、职业化建设，锻造一支堪当时代重任的高素质检察队伍。

深化改革激活检察工作动能。完成内设机构改革，对5个内设机构整合优化，对9名在编人员重新定岗，配齐配强机关中层干部；抓实人员分类改革，完成第三批员额检察官入额遴选工作，入额员额检察官2名；按照《山南市县级以下法院、检察院财务统管改革实施方案》部署要求，扎实推进财务统一管

理改革，有力保障依法独立公正行使检察权；落实特邀检察官助理制度，在6家行政机关聘用6名特邀检察官助理，破除办案中的专业知识瓶颈，借助外脑聚智赋能。

突出强基导向锻造过硬队伍。坚持以习近平新时代中国特色社会主义思想为指导，深入学习党的十九大及十九届历次全会和二十大精神，进一步把党史学习教育、“政治标准要更高，党性要求要更严，组织纪律性要更强”专题教育推深走实，深入推进“互联网＋教育培训”学习模式，运用好“检察教育云课堂”“检答网”“学习强国”等学习平台，使学习教育制度化、常态化。充分发挥党支部战斗堡垒作用，大力开展各类主题党日活动，创新开展“党建＋业务”活动，不断增强检察人员政治能力、更新司法理念，开展各类学习活动70余次，主题党日活动11次，以考促学活动2次，交流研讨30余人次。同时，按专业化建设方向，组织检委会专题学习4次，选派干警参加上级党委、检察机关举办的各类脱产培训、岗位练兵活动9人次，促进检察官、检察辅助人员、司法行政人员三支队伍素能不断提高，逐步适应新时代检察履职新需要。

回顾一年来的工作，在看到成绩的同时，我们也清醒地认识到，检察工作还存在一些问题和不足：一是司法理念、履职能力与新形势、新要求还不完全适应，服务保障高质量发展的精准性和时效性有待加强；二是“四大检察”发展不平衡的问题依然存在，行政执法与刑事司法衔接机制上有待进一步增强；三是队伍专业化水平有待提高，数字检察建设和应用水平还需提升。对此，我们将采取有力措施，切实加以解决。

2023年工作安排

2023年，在全面贯彻落实党的二十大精神的开局之年，检察工作的总体思路是：坚持党对检察工作的绝对领导，以习近平新时代中国特色社会主体思想为指导，深入学习贯彻习近平法治思想，全面贯彻党的二十大和二十届一中全会精神，深入贯彻《中共中央关于加强新时代检察机关法律监督工作的意见》和《西藏自治区人民代表大会常务委员会关于加强新时代检察公益诉讼工作的决定》，自觉践行党的二十大强调的加强检察机关法律监督工作和对公益诉讼检察工作提出的明确要求，践行以人民为中心的发展思想，按照党委和上级检察机关对检察工作的要求部署，锚定“四件大事”“四个确保”，聚力“四个创建”“四个走在前列”“六个走在全区前列”和桑日“六县战略”，以提升法律监督能力为主线，多谋长久之策，多行固本之举，不负使命，踔厉奋发，为桑日长治久安和高质量发展提供更加有力的司法保障，以检察工作现代化服务中国式现代化。

一是持之以恒讲政治顾大局，以更优司法助力桑日经济社会发展。始终坚持党对检察工作的绝对领导，深刻领悟“两个确立”的决定性意义，深入学习宣传贯彻党的二十大和二十届一中全会精神，学习贯彻区党委十届六次全会、市委二届五次全会和县委十届六次全会精神，以上率下学深悟透精神要义，把增强“四个意识”，坚定“四个自信”，做到“两个维护”贯彻到检察工作中。落实新时代党的建设总要求，不断提高检察队伍的政治判断力、政治领悟力和政治执行力。及时主动向党委、上级院党组请示报告工作，把准检察工作政治方向，在检察监督办案中落实和维护党的全面领导，营造良好检察政治生态。

二是持之以恒保民生护民利，以更深情怀守护人民群众美好生活。常态化开展扫黑除恶斗争，依法打击严重暴力犯罪，助力整治危害食药安全、生产安全、道路交通安全、网络安全等突出问题。落实“少捕慎诉慎押”刑事司法政策，释放司法善意。坚持和发展新时代“枫桥经验”，促进涉检信访问题就地解决，提升群众满意率。提高检察建议质量，强化跟踪问效，助推县域社会治理现代化和法治政府建设。持续、深入、全力开展养老诈骗、拖欠农民工工资问题等专项整治活动，尽最大努力挽回弱势群体的财产损失。强化未成年人合法权益保护，做深做实做细法治副校长工作，加强心理干预和犯罪预防，护航青少年健康成长。

三是持之以恒强化法律监督，以更大作为全力维护社会公平正义。坚决贯彻新时代检察工作理念，更加注重推进检察一体化机制建设，进一步强化刑事立案、侦查活动、审判活动和刑事执行监督，加强行政执法与刑事司法衔接，自觉服务反腐败工作大局，精准开展民事诉讼监督，全面深化行政检察监督，稳妥推进公益诉讼检察，努力做到敢于监督、善于监督、勇于自我监督，确保实现“四大检察”“十大业务”全面协调充分发展，确保为“六县战略”目标任务在桑日开花结果提供良好的法治环境。

四是持之以恒夯实队伍建设，以更严要求锻造绝对过硬检察铁军。坚持以党的建设为统领，以习近平新时代中国特色社会主义思想凝心聚魂，着力推进检察机关党建工作与业务工作深度融合。坚持党建品牌领航，强化党员教育管理监督，夯实支部战斗堡垒作用。坚持培育新时代人才队伍，积极开展公检法司同堂培训、岗位练兵等活动，推进检察队伍专业化职业化建设。完善检察干警评价考核体系，激发检察干警担当尽责、干事创业的积极性、主动性。加强纪律作风建设，坚持刀刃向内，持续巩固深化政法队伍教育整顿成果，常态化开展警示教育，筑牢廉洁从检防线，营造良好政治生态。

相关用语说明

羁押必要性审查：是指人民检察院依据《中华人民共和国刑事诉讼法》第九十三条规定，对被逮捕的犯罪嫌疑人、被告人有无继续羁押的必要性进行审查，对不需要继续羁押的，建议办案机关予以释放或者变更强制措施的监督活动。

“12309”检察服务中心：主要运用实体、热线、网络三大为民服务平台，公开重要案件信息、法律文书，受理群众控告、申诉事项，受理案件程序性信息查询、辩护与代理预约、国家赔偿、国家司法救助等事项，收集、反馈群众意见建议，提供法律咨询服务。其接线平台为“12309”全国统一电话。

认罪认罚从宽制度：认罪认罚从宽制度贯穿刑事诉讼全过程，适用于侦查、起诉、审判各个阶段。刑事诉讼法规定，犯罪嫌疑人、被告人自愿如实供述自己的罪行，承认指控的犯罪事实，愿意接受处罚的，可以依法从宽处理；在审查起诉阶段，犯罪嫌疑人自愿认罪，同意检察机关量刑建议和程序适用的，一般应当签署具结书；对于认罪认罚案件，法院依法作出判决时，一般应当采纳检察机关指控的罪名和量刑建议。该制度重视发挥检察办案环节的作用，对及时有效惩治犯罪、保障犯罪嫌疑人合法权益、推进案件繁简分流具有重要意义。

案—件比：所谓“案”是指当事人经历的具体案件，即1个“案”，所谓“件”是指该“案”所经历的诉讼环节，如审查起诉、延期、退侦等。诉讼环节越多“件”越大，“案－件比”也越高，办案质效也相对越差；比例越低，说明诉讼环节越少，办案时间越短，当事人对办案活动的评价相对越高，社会效果也就越好。最理想的“案－件比”状态为1：1，即“案”为1，“件”也为1。但在实际工作中难免会遇到一些重大疑难复杂的案件，很难达到1：1的理想状态，所以只能在保证案件质量的前提下，尽量降低“案－件比”，以期达到最好的办案效果。西藏检察机关刑事“案－件比”持续两年低于1：1.33的全国通报值，稳定在“1：1.2”上下。

“三个规定”：2015年3月，中共中央办公厅、国务院办公厅印发《领导干部干预司法活动、插手具体案件处理的记录、通报和责任追究规定》；同月，中央政法委员会印发《司法及归案内部人员过问案件的记录和责任追究规定》；2015年9月，最高法、最高检、公安部、国家安全部、司法部联系印发《关于进一步规范司法人员与当事人、律师、特殊关系人、中介组织接触交往行为的若干规定》。简称“三个规定”。

少捕慎诉慎押刑事司法政策：是指对绝大多数的轻罪案件体现当宽则宽，慎重羁押、追诉，加强对犯罪嫌疑人的社会危害性审查，依法能不捕的不捕，尽可能适用非羁押强制措施，尽可能减少犯罪嫌疑人羁押候审；依法行使起诉裁量权，对符合法定条件的充分适用相对不诉，发挥审查起诉的审前把关，分流作用；加强对羁押必要的审查，及时变更、撤销不必要的羁押；对危害国家安全、严重暴力、涉黑涉恶等重罪案件以及犯罪情节虽较轻，但情节恶劣、拒不认罪的案件体现当严则严，该捕即捕，依法追诉，从严打击。

桑日县2022年国民经济和社会发展计划执行情况与2023年国民经济和社会发展计划（草案）的报告

——在西藏桑日县第十四届人民代表大会第四次会议第一次全体会议上

（2023年2月14日）

一、2022 年国民经济和社会发展计划执行情况

2022 年是实施“十四五”规划的关键之年，是党的二十大召开之年，是踏上全面建设社会主义现代化国家新征程、向第二个百年奋斗目标进军的重要之年。面对疫情反复的现实，在县委、政府坚强领导下，在对口援藏省市大力支援下，全县上下坚持以习近平新时代中国特色社会主义思想为指导，深入贯彻习近平总书记关于西藏工作的重要论述和新时代党的治藏方略，贯彻自治区第十次党代会、市委第二次党代会及区市县三级党委经济工作会议精神，围绕“四个创建”“四个走在前列”和“六个走在全区前列”大局，坚持稳中求进工作总基调，统筹疫情防控和经济社会发展，全年目标任务基本完成，桑日高质量发展基础不断夯实。

2022 年全县国民生产总值预计完成 22.58 亿元，同比增长 4%；规上工业增加值完成 6.36 亿元，可比价增速 10.9%；全社会固定资产投资完成 17.03 亿元，同比下降 28.2%；社会消费品零售总额完成 1.67 亿元，同比下降 6.7%；农村居民人均可支配收入预计完成 22300 元，同比增长 12%。

（一）贯彻新发展理念，着力推进高质量发展。突出以稳求进、以进固稳，扎实做好“六稳”“六保”工作。一是农牧业生产稳中有进。2022 年全县粮经饲比例调整为 76 ∶ 18 ∶ 6，粮食种植规模继续呈现扩大态势，比上年增加了 9 个百分点。全县粮食播种面积达到 1.91 万亩，粮食产量达到 9968.48 吨，同比增长 4.1%。实施了投资 2135.13 万元和 1971.97 万元的 2021 年、2022 年高标准农田建设项目，涉及三乡一镇 13 个行政村，改造农田 5500 余亩。全县牲畜总头数 8.3751 万头（只 / 匹），新生仔畜数 1.8574 万头，仔畜成活率达 95% 以上，牲畜出栏率 20%。二是工业发展结构得到优化。2022 年，华新水泥厂生产水泥 92 万吨，销售水泥 92.08 万吨，完成工业总产值 4.33 亿元。华电大古电站发电量累计完成 24.68 亿千瓦时（占全区总发电量的 20%），累计产值完成 6.39 亿元。四家光伏电站发电量累计完成 9784.29 万千瓦时，累计完成产值 1.04 亿元。三是固投质量持续提升。2022 年，全县计划实施项目 57 个，总投资 9.73 亿元。其中续建项目 9 个，计划新建项目 48 个。受新冠疫情影响，全县需要开复工项目 33 个，总投资 7 亿元。截至目前，已全部开复工建设。制定了《桑日县加快推进今冬明春重点项目建设攻坚行动方案》，梳理冬季不停工项目 23 个，年底新开工项目 21 个，冬季备工备料项目 3 个，推进前期工作项目 21 个，年度债券项目 11 个。深入推进“十四五”规划内项目前期工作，桑日县涉及“十四五”规划内项目 54 个（本县业主项目 40 个），总投资 399.8 亿元。截至目前，完成前置手续项目 36 个，完成率达到 90%。完成了 2023 年中央预算内投资计划项目申报 16 个（本县业主项目 14 个），总投资 1.28 亿元。四是全面推进乡村振兴。全县实施统筹整合涉农资金项目 13 个，总投资 13671.84 万元。实施“以工代赈”项目 2 个，总投资 234 万元。完成了 11 个项目的扶贫资产清理确权工作，形成扶贫资产 2 亿余元。全

年400万以下政府投资项目交由农牧民施工企业实施39个，总投资4360.68万元，吸纳农牧民用工人数728人，实现农牧民劳务增收654万元。五是加快清洁能源发展。全县目前共有6座清洁能源电站运营，其中水力发电站2座，光伏发电站4座，总装机容量达76.04万千瓦，全年累计发电量达26.66亿千瓦时，累计完成产值7.5亿元。

（二）全面深化改革，不断提高治理体系和治理能力现代化水平。全面深化改革，打响改革攻坚战。一是推进“放管服”改革。持续开展政务服务事项进驻工作，目前有8个部门36类事项进驻政务服务大厅，全年共接待群众9153人次，受理各类申请9205件，办结率达100%。全面推进“互联网+政务服务”，“互联网+监管”工作，开展自治区一体化政务服务平台数据采集建设工作，录入政务服务事项历史办件32473条，采集电子证照1355条。二是深化农业农村改革。严格宅基地用地审批手续，全年共审批农村宅基地用地建房25户。开展了全县4个乡镇43个行政村清产核资工作，完成换证赋码工作，新增村集体股份经济合作社43家。深化自然资源领域改革，完成全县750宗农村集体土地的所有权确权登记工作。全年实施农村住房（危房）改造184户，已验收通过并兑现补助资金324.7万元。三是推动营商环境改革。积极落实党中央、国务院实施新的组合式税费支持政策，全年免、退、缓征税费近4.23亿元。积极申报中小企业扶持资金，兑现华新水泥国家级“绿色工厂”奖励资金50万元。关心企业健康发展，计划兑现华电大古水电分公司县级财政扶持奖励资金300万元。严格落实房屋租金减免政策，累计减免租金167.48万元，各类市场主体在疫情冲击下仍新增52户，达到2244户。

（三）着力改善民生，深入贯彻以人民为中心的发展思想。坚持以人民为中心的发展思想，不断增进民生福祉。一是实施就业优先战略。全年完成农牧民转移就业6782人，实现劳务创收4655.7万元，开发就业岗位709个，桑日籍应届高校毕业生就业率达到97.84%。二是健全社会保障体系。完成60周岁以上待遇领取人员及退休人员资格认证工作，全县城乡居民基本养老保险参保人数12489人，发放基本养老保险金643.56万元。全县参加工伤保险人数1460人，失业保险参保人数841人，城乡居民医疗保险人数15309人。

落实困难群众救助补助等资金780万元。三是推进健康桑日建设。加快推进健康桑日行动，全面加强“两降一升”管理工作，深入开展地方病防治以及慢性病管理工作，孕产妇、婴幼儿死亡率均控制在指标内，防治管理率达100%。疫情防控期间投入3337万元切实加强核酸检测、流调溯源、隔离转运、物资保障和抗疫能力建设，防疫工作成效显著。不断加强卫生基础设施建设，实施了投资908万元的桑日县人民医院附属工程，435万元的绒乡卫生院标准化项目，启动了投资530万元的山南市核酸检测桑日分检中心。四是实施科教兴国战略。全面贯彻党的教育方针，全年落实2127名学生“三包”经费882.33万元。大力改善办学条件，充分利用“开学第一堂”课，组织学生开展法治教育、心理健康、疫情防控、爱国主义宣传教育，完成了学校实施素质教育校际评估验收工作，实施了投资250万元的县中学挡墙项目，440万元的桑日镇小学、白堆乡小学、增期乡雪巴小学三所小学操场改造项目、700万元的增期乡雪巴小学教学辅助用房项目。五是不断增强文化自信。文化事业繁荣发展，群众文化活动日益丰富，全面加强文化遗产保护、文物保护，加大文化市场监管力度。精心筹办好各类节点文艺活动，丰富群众文化生活，演出61场次，惠及群众达15250人次。实施了投资500万元的桑日县丹萨梯寺保护工程、185万元的桑日县综合文化活动中心提档升级项目、32.7万元的桑日县巴朗曲康寺线路改造项目、31.49万元的桑日县丹萨梯寺芒卡尔拉康屋顶矮墙维修项目。六是落实援藏民生工程。严格落实80%的援藏资金和80%的援藏项目向基层倾斜、向民生倾斜、向农牧区倾斜的要求，实施了投资1250万元的增期乡镇（村）供水工程、1250万元的桑日镇雪巴村道路改造项目、435万元的绒乡卫生院标准化项目、330万元的桑日镇洛村人居环境改造项目、100万元的吉秀村惠民道路项目，有力推动了巩固拓展脱贫攻坚成果同乡村振兴有效衔接。

（四）加强生态保护，坚持绿水青山就是金山银山的理念。继续坚持山水林田湖草沙一体化保护和系统治理，推进生态优先、节约集约、绿色低碳发展。一是河湖长制不断加强。开展了“一河(湖)一策”的编制工作,完成了中小河流治理情况评估报告,开展巡河检查300余次,持续推进河湖管理范围划定和岸线保护工作,全县河湖管理水平不断提升。二是生态安全屏障不断筑牢。深入推进国土绿化,全面实施“林长制”,全年义务植树13万余株,面积1600余亩。稳步推进投资1248万元的桑日县天然草原退牧还草工程、55万元的桑日县荒漠化治理工程、306万元的桑日县天然林保护与营造林工程项目,雅江流域生态屏障不断筑牢。三是环境治理效能不断提高。实施了投资70万元的桑日镇比巴河入江口环境整治项目、765万元的增期乡雪巴村农村污水治理项目,持续强化环境执法检查,全年开展执法检查42次,完成了桑日县4个乡镇、35个村生态文明建设示范乡(镇)村创建编制工作,为打赢污染防治攻坚战打下坚实基础。

在肯定成绩的同时,我们也要清醒地认识到经济发展面临的困难。一是经济下行压力加大。因疫情影响以及投资大盘收窄,二产中建筑业对GDP贡献出现下降趋势,市场销售减少,农牧民群众增收也出现一定瓶颈;二是工业增长后劲不足。随着大古电站升规,2022年全县规上工业增加值实现了高速增长,但街需、巴玉电站还需要较长的建设周期,加之没有新企业落户,存在工业增长后劲不足的问题;三是重大项目储备不足。各项目部门在项目储备工作上依然停留在“有想法、有计划、没手续”的层面,与现阶段项目申报工作实际不符,储备的项目也无法达到申报条件。

二、2023年经济社会发展主要目标和任务

2023年是全面贯彻落实党的二十大精神的开局之年,“十四五”承上启下的关键之年,做好2023年经济工作,要以习近平新时代中国特色社会主义思想为指导,全面贯彻落实党的二十大精神,深入贯彻习近平总书记关于西藏工作的重要论述和新时代党的治藏方略,扎实推进中国式现代化,坚决落实国家、区、市经济工作会议精神,坚持稳中求进工作总基调,完整、准确、全面贯彻新发展理念,加快构建新发展格局,着力推动高质量发展,更好统筹疫情防控和经济社会发展,围绕“四个创建”“四个走在前列”和“六个走在全区前列”大局,全面实施“农牧稳县、生态立县、工业强县、文旅活县、能源富县、人才兴县”六县战略,推动经济运行整体好转,实现质的有效提升和量的合理增长,推进桑日长治久安和高质量发展走在全区前列。

今年工作的主要预期目标是:地区生产总值增长8%以上,规上工业增加值增长8%以上,全社会固定资产投资增长10%以上,社会消费品零售总额增长10%以上,农村居民人均可支配收入增长12%以上。

围绕上述目标,我们将做好以下重点工作:

(一)持续扩大有效投资。坚决落实“三个赋予一个有利于”要求,把稳投资作为经济工作的重中之重。加快推进21个2023年计划实施项目前期工作,紧盯11个一般债券项目建设进度,确保国家电投桑日一期二期光伏电站储能项目、中广核桑日光伏电站储能建设项目尽快完工并网,督促蜀宏钢结构生产建设项目、华新一般固废替代燃料等招商引资项目加快建设。抢抓“十四五”规划中期调整机遇,提前谋划一批事关长远发展的大项目好项目,积极与市直部门对接,力争将更多项目纳入全市“十四五”规划中。

(二)全面实施“六县战略”。把“农牧稳县、生态立县、工业强县、文旅活县、能源富县、人才兴县”六县战略作为今后首要任务来抓。全力守住耕地红线和粮食安全底线,加快实施2021年、2022年高标准农田建设项目,确保5500余亩高标准农田尽快投入使用。计划建设桑日镇塔木村2022年小型农田水利项目、桑日县县级农牧业防抗灾物资储备库项目,不断补齐农牧业发展“短板”。计划建设桑日县超高海拔葡萄酒酿造中心、桑日县2020–2022年新建葡萄基地屋脊型防雹网项目、桑日县数字种植创新应用基地项目,探索“葡萄+蔬菜+藏药+藏鸡”间种间养模式,进一步完善桑日县葡萄产业链。牢固树立“绿水青山就是金山银山、冰天雪地也是金山银山”的理念,加快实施增期乡雪巴村农村污水治理、桑日县退化草原修复建设项目,计划建设各乡镇17个水源点保护项目、桑日县天然林保护与营造林项目、桑日县荒漠化治理项目,确保桑日的天更蓝、山更绿、水更清、环境更优美。着力推进工业供给侧结构性改革,做好大古电站服务管理,帮助华新水泥

开展企业转型升级，通过发展无害化垃圾焚烧处理，建设绿色建材市场，帮助华新水泥走出一条绿色发展转型之路。大力发展全域旅游，推进文旅融合，加快实施桑日县思金拉措旅游景区基础设施项目，卡玛当寺修缮保护工程，《走进桑日》编撰工作，沃卡温泉景区AAA级景区创建，召开全县旅游发展大会，办好西藏山南“思金拉措”旅游民歌节，不断提升桑日旅游知名度。全力打造藏中清洁能源示范基地，保障好街需电站建设，加快推进巴玉电站前期工作，全力服务力争巴玉电站在2023年完成核准。继续推进增期、沃卡、大古、永木4座抽蓄电站项目前期，力争增期抽蓄电站在“十四五”期间开工建设。

（三）坚持城乡融合发展。把巩固拓展脱贫攻坚成果同乡村振兴有效衔接，扎实推动乡村产业、人才、文化、生态、组织振兴，扎实做好健全防止返贫动态监测和帮扶机制，持续巩固“三保障”和饮水安全成果，加快实施雪巴、塔木、比巴、拉龙、冲达、扎巴、卡乃7个行政村乡村振兴示范村项目，计划建设仁青岗、颇章2个行政村乡村振兴示范村项目。完善区域交通网络，加快建设桑日县S507至卡乃村公路改建工程、S507至达杰村公路改建工程、S507至帮贡村公路改建工程项目。加强市政设施建设，加快实施2022年公租房建设项目，桑日县县城排水防涝工程、鲁牧专业市场道路和程巴村污水处理厂项目、2020年市直调剂公租房项目、山南市加查县、桑日县拉玉沟虫草联合采集点综合楼项目、2022年厕所革命项目。加强水利基础设施建设，加快实施绒乡防洪堤工程、比巴河防洪堤工程。继续深入开展DB搬迁动员工作，切实做好48户162人搬迁群众入住边境工作。

（四）不断改善人民生活品质。牢牢把握新时代中国特色社会主义思想的世界观和方法论，把“人民至上”作为一切经济工作前提，全面提高教育高质量发展水平，优化教育经费管理使用，着力推进信息技术与教育教学深度融合，加快实施桑日镇小学、白堆乡小学、增期乡雪巴小学三所小学操场改造项目、增期乡雪巴小学教辅用房项目、高海拔学校供暖全覆盖项目，计划实施桑日县中学食堂改扩建项目、桑日县桑日镇比巴村幼儿园项目。进一步加强城乡低保、特困供养人员的动态管理，精准落实残疾人“两项”补贴，推进社会福利体系建设，加快实施山南市殡仪馆、山南市精神病福利机构建设项目，计划实施桑日县特困人员集中供养中心新建公共卫生间及污水管网改造项目。加强公共卫生服务体系建设，推进基层卫生系统信息化建设，加快实施桑日县人民医院附属工程项目，计划实施桑日县人民医院提标扩能项目、桑日县疾控中心项目、桑日县白堆乡卫生院项目。

各位代表，新形势下做好桑日县2023年国民经济和社会发展工作，任务艰巨，意义重大。我们将在县委、政府的坚强领导下，在人大、政协的有力监督下，高举中国特色社会主义伟大旗帜，自信自强、守正创新，踔厉奋发、勇毅前行，为实现“六县战略”，全面建设社会主义现代化桑日县而不懈努力奋斗！

桑日县2022年财政预算执行情况和2023年财政预算（草案）报告

——在桑日县第十四届人民代表大会第四次会议上

桑日县财政局

（2023年1月14日）

一、2022年财政预算执行情况

2022年是党和国家历史上极为重要的一年。县财政全面贯彻落实党的十九大和十九届历次全会及中央第七次西藏工作座谈会精神，以学习宣传、贯彻落实党的二十大精神为主线，积极应对经济下行的严峻形势，围绕财政工作目标，挖掘财政增收潜力，在县委、县政府的正确领导下，增强“四个意识”、坚定“四个自信”做到“两个维护”，统筹推进疫情防控和经济社会发展工作，支持巩固脱贫攻坚成果同乡村振兴有效衔接，加大“六稳”“六保”工作力度，攻坚克难，开拓进取，财政运行情况总体平稳趋好，为促进全县经济发展与社会和谐稳定提供了强有力的财力支撑。

（一）落实人大决议情况。一年来，全县各级各部门全面贯彻执行《中华人民共和国预算法》，坚持依法理财，创新工作思路，认真落实十四届人大常务委员会第七次会议审议会议。一是强化预算管理，硬化预算执行约束。执行全县预算支出进度月通报制，提高预算执行质量。部门预算追加事项明显减少，预算刚性约束得到加强。坚持预算绩效与预算安排挂钩，对2022年预算执行进度较慢的部门，适当核减2023年预算安排。二是优化支出结构，保障重点支出。坚持“三保”支出在财政支出的优先顺序，预算资金优先用于兜住“三保”底线，建立“三保”预算编制事前审核机制，确保国家和自治区制定的工资、民生等政策落实到位。三是做好执行分析，积极应对经济运行形势。受经济下行压力加大、实施更大规模减税降费等因素影响，财政出现短收，但各领域对财政资金需求依然不减，收支平衡压力较为突出，县财政积极主动作为，提前谋划准备，通过调整支出结构、压缩一般性非急需支出和盘活财政存量资金等方式，确保年度收支平衡，保障各项政策落实落地，促进经济平稳健康发展。

（二）预算收支执行情况。

一般公共预算收入情况。1、一般公共预算收入 -12446万元，比年初预算数减少235%，比同期减收22579万元，下降223%。其中：税收收入 -13804万元，比同期减少19761万元，减少率332%，非税收入完成1358万元，比同期减少2818万元，减少67%。2、按自然口径计算一般预算收入完成6313万元，完成年初预算数69%，同期减少3820万元，减少38%。税收分析：今年本级财政税收收入减少主要原因：一是落实增值税留抵退税县级部分退税18759万元。二是收入来源单一，2022年华新水泥（西藏）有限公司税收收入912.44万元同比减少1954万元，同比下降68%。

政府性基金收支完成情况。本级政府性基金收入完成6165万元，同比增长100%。政府性基金支出28万元。

社会保险基金缴库完成情况。全县社会保险基金收入11702万元，同比增加24%。分险种来看：全县企业职工基本养老保险基金2870万元，同比增加27%；机关事业单位养老保险基金4313万元，同比增加25%；城乡居民基本养老保险基金136万元，同比减少6%；城镇职工基本医疗保险基金2536万元，同比增加12%；城乡居民基本医疗保险基金296万元，同比增加54%；工伤保险基金274万元，同比增加683%；失业保险基金206万元，同比增加36%；职业年金719万元，同比增加25%；生育保险179万元，同比增加20%；公务员医疗保险173万元，同比增加8%。

一般公共预算支出完成情况。2022年一般公共预算总执行数为143559万元，一般预算实际支出数91189万元，同比增加20558万元，增长29%。一般公共服务支出18961万元，同比减少824万元，减少4%；公共安全支出6992万元，同比增加792万元，增长13%；教育支出10986万元，同比增加407万元，增长4%；科学技术支出66万元，同比减少32万元，减少33%；文化旅游体育与传媒支出1699万元，同比增加804万元，增长90%；社会保障和就业支出7184万元，同比增加4277万元，增长147%；卫生健康支出5874万元，同比增加2762万元，增长89%；节能环保支出743万元，同比增加382万元，增长106%；城乡社区支出4625万元，同比增加3701万元，增长401%；农林水支出20966万元，同比减少2637万元，减少11%；交通运输支出1099万元，同比增加382万元，增长53%；资源勘探工业信息等支出100万元，增长100%；自然资源海洋气象等支出217万元，同比减少231万元，减少52%；住房保障支出2965万元，同比增加2642万元，增长818%；粮油物资储备支出3万元，增长100%；灾害防治应急管理支出685万元，同比增加56万元，增长9%。其他支出：8024万元，增长100%。

上述各类收支数据待财政财务决算会审完成后会有所变化，届时将依法再向县人大常委会报告。

（三）财政重点工作情况。

1. 全力支持巩固脱贫攻坚成果同乡村振兴有效衔接

关于巩固脱贫攻坚工作资金保障要求，采取有力措施，统筹整合各方资金，全力支持巩固脱贫攻坚成果同乡村振兴有效衔接工作。一是财政衔接推进乡村振兴整合资金13671.84万元，支出进度达75%，全市排名第二。其中：中央、自治区财政扶贫专项资金11750.94万元，市级资金800万元，县本级财政资金1050万元，生态岗位资金70.9万元。基础设施类：实施饮水提升改造、防洪堤改造等项目投入6466.3万元。产业发展类：葡萄基地附属、水塘建设、高寒暖棚圈建设项目资金7032.26万元。生态岗位：整合70.9万元。其他类：产业项目贷款贴息102.38万元。二是压实责任，有序推进直达资金支付工作，财政积极对接相关部门加快推进直达资金支付，每月定期通报支付进度2022年我县共到位直达资金5806.38万元。实际支出4111.06万元，支出进度达70.8%。

2. 充分认识盘活财政存量资金的重要性和必要性

为更好地发挥积极财政政策作用，县委、县政府高度重视盘活财政存量资金工作，以促进稳增长、促改革、调结构、惠民生为主要目的，2022年共盘活财政存量资金12000余万元，资金具体使用聚焦“四件大事”主要用于保民生、保稳定、保发展、保生态领域等。

3. 认真落实政策性涉农保险工作

为了推动政策性农业保险高质量发展，切实发挥农业保险作用，有效助力乡村全面振兴，政策性农业保险工作取得了较好的成绩，2022年涉农政策性保险养殖业赔款1318.65万元，其中牲畜赔付1160.45万元，野生动物肇事补偿154.99万元，种植业赔付1.04万元，农房赔付2.17万元。

4. 提高认识，抓住债券申报机遇

深入贯彻落实区、市稳经济大盘工作部署，在债券风险可控前提下，积极谋划、统筹协调政府债券需求申报工作，2022年共争取地方债券项目11个，到位资金21200万元。于2022年12月底产生的债券利息356.16万元、手续费178.08元，共356.18万元上缴市财政国库。

5. 落实减税降费，在扶持市场主体上取得新进展

2022年，财税部门强化联动协作，建立健全税收信息共享机制，全面落实新的组合式税费支持政策，全年免、退、缓征税费近42300万元，为了加强对中小微企业纾困帮扶，本级财政增值税留抵退税18759万元，“减免退缓”经验做法获得国务院通报表扬。同时，落实普惠金融政策，本级财政投入产业扶贫贷款风险补偿基金1287万元，产业扶贫贷款3户，累计发放贷款1635万元；农户小额扶贫贷款本级财政投入风险补偿基金300万元，2022年发放129户，贷款金额625万元，受益户数349万元，进一步激发

市场主体活力，优化营商环境，推动县域经济高质量发展。

6. 增进民生福祉，在促进社会和谐上取得新进展

坚持民生为本，持续加大民生投入，2022 全县民生领域投入 114146 万元，占地方一般公共预算支出 65.48%。一是落实就业优先政策。安排就业专项资金 553.4 万元，对 794 人进行职业技能培训，兑现补贴 71.29 万元；落实高校毕业生、返乡农民工就业创业补助、灵活就业补助 250.16 万元，为全县 20 个农村公益性岗位提供 20.35 万元资金保障。二是支持教育优质发展。2022 年本级财政对教育安排资金 3257.08 万元，增长 9.11%。三是提高社会保障水平。本级财政对疫情防控投入 3337 余万元，重点由于全县疫情防控应急药品、试剂储备、能力提升等方面支出，打赢了疫情防控阻击战。四是本级财政投入资金 245 万元，实施民生项目人大代表票决制推动解决群众“急难愁盼”烦心事。五是本级投入 869 万元，坚决贯彻落实国务院稳住经济大盘一揽子政策及区、市配套措施。

7. 强化民生资金保障、促进民生政策落地见效

面对种种困难，认真落实“积极的财政政策要更加积极有为”的要求，积极主动作为，始终牢固树立“政府过紧日子，人民过高日子”思想，压减一般性支出，严控“三公”经费，把有限财力真正用到民生领域。直接补贴共兑现 4403.43 万元。其中：落实城乡最低生活保障、临时救助、残疾人“两项”补贴、特困人员供养补助等补贴 780 万元、在乡退伍军人补助（优抚对象补助资金）22 万元、城乡医疗救助 24 万元、农牧民孕产妇住院分娩奖励资金 30 万元、农牧民健康老人补贴（十大民心）54 万元、村医工资（十大民心）207 万元、村干部报酬 545 万元、农牧区“三老”人员生活补贴 162 万元、聘用干部及半脱产人员生活补助（十大民心）9 万元、大中型水库农村移民后期扶持补助 5 万元、农业机械购置补贴 50 万元、耕地地力保护补贴 120 万元、种粮农民一次性补贴 41 万元、动物疫病强制扑杀补助 19 万元、草原生态保护及农业生态保护补助资金（农机深松补贴）补助 610 万元、村级动物防疫员补贴 140 万元、科技特派员补助 50 万元、脱贫监测户等群体生活补贴 12 万元、乡村教师生活补助 123 万元、大学生资助 164 万元、就读区外高校家庭经济困难学生 2022 年秋季学期出藏返校交通补贴 0.08 万元、重点单位文物保护野外看管人员补助 2 万元、公益林管护人员经费（森林生态效益）785 万元、完善退耕还林政策补助 15 万元、生态岗位补助 240 万元、失地保障资金（十大民心）39 万元、农牧民“助企惠民城乡共促享购山南”促销费活动 155 万元、地质灾害群测群防生态岗位补助 0.35 万元。

总体来看，2022 年财政运行良好，财政改革发展工作走过了一段很不平凡的奋斗历程，也取得了新的重大成就，财政实力进一步增强，财政支出保持较高强度，减税降费力度空前，民生投入逐年增加，国家重大战略支撑有力，财税体制改革纵深推进，全县经济治理参与度提升。财政工作理念、思路、方法进一步完善，对做好财政工作的规律性认识进一步深化。在肯定成绩的同时，我们也清醒地认识到预算执行和财政管理工作中仍存在一些矛盾和问题，主要表现在：一是财政收支矛盾突出。受经济下行压力加大、实施更大规模减税降费等因素，减税效应对一般公共预算收入的冲击更加明显，财政收入明显下降。二是预算执行进度缓慢。由于部门预算执行法治观念不强、预算绩效管理意识薄弱，预算编制不科学，项目前期工作不到位等原因，导致预算执行进度慢、执行不均衡。三是财政专业干部队伍人才短缺。财会专业人员紧缺，财政队伍出现青黄不接、断档现象，财政干部人才流动和激励机制方面还有待加强。

过去的一年，财政各项工作取得了新进展、新成效。这些成绩的取得，是县委、县政府正确领导科学部署的结果，是县人大、县政协及其代表、委员的有力指导的结果，是各部门和全县人民奋力拼搏、攻坚克难的结果。

在肯定成绩的同时，我们也清醒认识到，财政工作仍然存在着许多困难和问题。比如，财政收入体量小、财源建设步伐较慢，持续增收的基础不牢固，财政收支矛盾突出；过“紧日子”的意识还需强化，预算编制的科学性还不够，绩效管理基础需要进一步夯实；深化财税体制改革还面临诸多困难，全面从严治党需要进一步加强等等。我们要坚持问题导向，强化工作举措，切实解决问题，推进财政事业高质量

发展。

二、2023年财政计划

2023年是全面贯彻落实党的二十大精神的开局之年，是实施“十四五”规划承上启下的一年，做好预算编制和财政工作意义重大。按照县委、县政府决策部署，根据预算法及其实施条例、《自治区财政厅关于编制2023年自治区本级和地方预算的通知》要求，按规定程序征求各方意见后，编制形成2023年预算草案。

（一）预算编制指导思想和基本原则。

做好2023年预算编制和财政工作，以习近平同志为核心的党中央坚强领导下，以习近平新时代中国特色社会主义思想为指导，全面贯彻落实党的二十大精神，深入贯彻落实习近平总书记关于西藏工作的重要指示和新时代党的治藏方略，突出重点，狠抓增收，不断调整和优化支出结构，压缩一般性支出。按照高质量发展要求，深化财税改革，贯彻落实更大规模减税降费政策，加大对重点领域支持力度，支持巩固脱贫攻坚成果同乡村振兴有效衔接。

2023年预算编制着重把握以下原则：

——坚持积极稳妥，实事求是。收入预算做到实事求是、科学预测，与经济社会发展新情况相适应，与财政政策相衔接，充分考虑落实减税降费政策等因素影响。积极培植财源税基，提高财政收入质量。

——坚持尽力而为，量力而行。牢固树立政府过“紧日子”思想，厉行节约、反对浪费，坚决做到从严从简、勤俭办事。坚持“保重点，压一般”，预算安排充分考虑财力，优先保障刚性及重点支出需求，对非刚性、非重点项目支出适当压减。

——坚持突出绩效，效益优先。全面实施绩效管理，完善预算绩效管理流程，扩大预算绩效管理范围，加强评价结果运用，努力盘活存量、用好增量，提高财政资源配置效率和使用效益。

——坚持规范举债，防范风险。规范地方政府举债融资行为，坚决遏制隐性债务，强化监督问责，有效防范财政风险。

目前，市财政对我县2023年的转移支付尚未告知到位，因此，2023年预算（草案）报告是根据市财政已下达的提前告知财力编制。

（二）2023年预算安排情况。2023年，我县总财力预计为63409万元。其中：所得税返还收入126万元，增值税返还收入2700万元，体制补助收入550万元，均衡性转移支付收入18739万元，县级基本财力保障机制奖补资金收入2502万元，结算补助收入1333万元，基层公检法司转移支付收入403万元，城乡义务教育转移支付收入12826万元，城乡居民医疗保险转移支付收入458万元，国家重点生态功能区转移支付收入1442万元，固定数额补助5560万元，贫困地区转移支付资金3712万元，其他一般性转移支付补助收入152万元，专项转移支付收入8906万元，收入奋斗目标4000万元。

（三）2023年县本级预算安排情况。县本级一般公共服务支出预计63409万元。其中：人员类支出38918万元，运转类支出2415万元，特定目标类支出22076万元。一般公共服务支出20034万元；公共安全支出5035万元；教育支出9013万元；科学技术支出100万元；文化旅游体育与传媒支出2152万元；社会保障和就业支出5666万元；医疗卫生支出5442万元；城乡社区事务2127万元；农林水事务支出8937万元；交通运输支出323万元；自然资源海洋气象等支出224万元；住房保障事务支出2931万元；灾害防治及应急管理支出790万元；预备费634万元。

（四）2023年财力安排重点投向。

紧紧围绕六县战略目标“农牧稳县、生态立县、工业强县、文旅活县、能源富县、人才兴县”来开展经济社会发展各项工作，推动解决发展不平衡不充分问题，支持全县经济社会协调可持续发展，保障各项民生政策全面落实。

三、2023年推进财政改革与管理的主要工作

2023年，我们将坚持稳中求进、进中求好、补齐短板工作总基调，全面落实人大决议，着力深化财税改革，推动创新发展，提升依法理财水平，努力完成各项预算目标任务。

（一）兜牢“三保”支出底线。审慎研判财政收支形势，将“三保”工作作为重要政治任务，放在财政工作的优先位置，落实好兜底责任。坚持“量力而行、精打细算”，着力清理规范过高承诺、过度保障的支出政策。不折不扣落实县级“三保”预算编制事

前审核机制。

（二）加强财政收支管理。要把组织收入工作摆在更加突出位置，特别是争取上级政策、资金支持、债券项目申报等各项工作，支持保障桑日重点项目建设和民生事业发展。

（三）积极应对减税效应。认真测算各项减税降费政策对当年财政收入的影响，积极研究政策，深入挖掘增收潜力。

（四）着力助推产业发展。突出产业扶持重点，采取盘活存量、优化结构、集中投向的方式，对重大项目给予全方位支持。

（五）着力保障改善民生。大力优化支出结构，持续加大民生投入力度，巩固民生改善成果。围绕特殊全体，优先保障福祉。围绕乡村振兴，不断加大涉农资金统筹整合力度，推进脱贫攻坚和乡村振兴有效衔接。

（六）积极推进财政改革。坚持改革和创新理念，不断规范和完善财政管理，积极推进现代财政制度建设。持续做好预算执行管理、政府会计制度改革、存量资金盘活、预算绩效管理、防控财政风险等工作。

（七）主动接受各界监督。落实《关于人大预算审查监督重点向支出预算和政策拓展的指导意见》要求，提高支出预算和政策的科学性和有效性。认真落实人大及其常委会有关预算决算的决议，在优化预算报告和草案编制、提高建议提案办理质量、解决代表委员关注的实际问题等方面下更大功夫。加大审计问题整改力度，建立健全长效机制。积极推进预算信息公开，主动接受社会监督，积极回应社会关切。

各位代表，新的一年财政工作面临任务更加艰巨、责任十分重大。我们将继续自觉接受县人大、政协及其代表、委员的有力监督，开拓进取，迎难而上，扎实做好财政预算各项工作，努力开创财政改革发展新局面，为全面推进中国特色社会主义新时代国家开启新征程！

"发展生态产业、打造雅江中游'百里产业走廊'"

桑日县葡萄产业发展情况的报告

一、基本情况

桑日县超高海拔葡萄种植基地始建于2011年，由曲水荣顺生物科技开发有限公司在桑日镇塔木村进行葡萄种植试验，试种面积15亩，2014年试验获得了初步成效。2015年经充分论证，严格筛选保留了超高海拔A、赤霞珠、美乐、威戴尔、阳光玫瑰、霞多丽、玫瑰香、北冰红、品丽珠等9个适应桑日气候条件的品种，开始大面积推广种植。目前总种植面积已达到8500亩，主要分布在绒乡扎巴村，桑日镇塔木村，白堆乡藏嘎村等雅江两岸3个乡镇10个行政村（社区），共分四个基地：2017年种植的1号基地1677亩；2020年种植的2号基地2336亩，套种1000亩藏药材（大黄）长势良好；2021年种植的3号基地3493亩；2022年种植的4号基地994亩。由曲水荣顺生物科技开发有限公司和桑日县沃德投资有限公司联合成立的帕竹荣顺（净土）庄园有限公司负责种植、管理、生产、运营，其中1号种植基地和投资3600万元的葡萄酒庄由县沃德投资公司占股40%，2、3、4号种植基地产权100%属本级政府所有。

二、主要做法

（一）思想上重视。为进一步做大做强葡萄产业，推动葡萄产业快速、健康发展，实现农业增效、农民增收的目标，按照区域化布局、集约化栽培、产业化经营的发展思路，把任务纳入到全年工作的重要议事日程，及早安排，精心部署，采取多项措施，结合我县实际，坚持持以"葡萄酒+文旅"深度融合为发展目标，因地制宜、突出特色，在葡萄产业项目的品牌打造方面持续加大了人力、物力、财力的投入力度。在县委、政府的高度重视下和市农业农村的大力支持下，经过县、乡（镇）工作人员的共同努力，我县葡萄产业建设初具规模，并初步取得了一定的经济效益，葡萄产业已然成为我县农业增效、农区居民增收的支柱产业之一，为今后葡萄产业大规模发展起到了积极的带动作用。

（二）行动上自觉。近年来，县委、县政府坚持以"葡萄酒+文旅"深度融合为发展目标，因地制宜、突出特色，在葡萄产业项目的品牌打造方面持续加大了人力、物力、财力的投入力度。2011年开始累计完成投资4.5亿元（国家投资4.2亿元、企业投资0.3亿元，其中：基础设施投入2.58亿元、种植维护管理投入0.7亿元、购置培育苗木投入0.3亿元、其他相关投入0.92亿元），全面提升了葡萄产业的效益和水平，也有效调动了企业和农户种植葡萄的积极性。

（三）落实上有力。坚持把葡萄产业示范点建设作为推动桑日县葡萄产业发展的重要举措，遵循"抓技术、上水平、创优质、增效益"的思路和方法，结合实际，率先在桑日镇塔木村示范开展葡萄种植基地建设，成立县"三推办"工作专班，采取领导分工负责、技术人员常年蹲点方式，专门开展技术指导、试验和示范等工作，通过公司+基地+农户的利益联结机制，将能持续带动三乡一镇建档立卡贫困户，让本地老百姓不离乡、不离土，就近、就便实现了增收致富。

（四）措施上见效。实施品牌战略，走产业化道路，抓住品牌建设这个"永恒的主题"不放松，充分发挥桑日县"光、热、水、气、土"等自然资源优势，以创新为动力、以市场为导向，努力打造品牌产品，赢得发展空间，提升综合竞争力，切实提高项目效益发挥。加强引进以色列水肥一体化自动灌溉系统，为打造环保、节能的葡萄产业品牌奠定基础，真正实现变资源优势为经济优势。同时，做好与国际知名葡萄种植园和葡萄酒庄的协调联系和建立合作关系，开展桑日县葡萄厂区认证工作，全力打造"帕竹庄园”有机认证、名特优新认证、生态原产地认证等工作。

三、工作成效

（一）产业规模优势初步显现。一是基地建设稳步推进。2011年至2022年十年间，我们通过积极争取国土、水利、农业等部门的项目，抓好土地整理和水利标准化建设改造，加强产业基地的水、电、路、渠等设施配套建设，基本建成集葡萄种植、酿造、展销、观光为一体的超高海拔葡萄产区。二是产值规模不断壮大。从2017年种植到现在已实现挂果面积达4013亩，累计产出葡萄1115吨、实现总产值1.06亿元；产出葡萄酒56万支，累计销售葡萄酒价值850万元。8500亩葡萄种植面积全部挂果后，2000亩高端鲜食葡萄预计年产出葡萄800吨、产值0.48亿元，6500亩高品质酿酒葡萄预计年产出葡萄2800吨、葡萄酒140万支、产值2.24亿元，预计葡萄园总产值将达到2.72亿元。三是发展向好趋势明显。积极推进葡萄品种品质品牌提升工程，组织招商考察团赴宁夏、河北等地学习考察，开展葡萄产业品质提升“以商招商”活动，不断夯实葡萄特色产业发展基础。参照国内外知名酒庄的发展模式，可引进国内外葡萄酒知名企业，投资建设高品质酒庄，建设处理年产葡萄3000吨、140万支成品的葡萄酒酿造中心，带动形成一系列产业链发展，预计年产值可达5亿元以上，发展前景广阔。

（二）产业带动效益不断扩大。一是带动增加群众务工收入。从2017至2022年，按照每年务工时长8个月，月均用工1250人次，每人120元/天，累计用工人数9万余人次，年人均增收7000元，累计支付当地群众务工工资1080万元，使周边10个村（社区）群众实现不离乡不离土就地就近务工就业增收。二是拓宽当地群众就业渠道。建立健全以“公司+基地+农户”的利益联结机制，2017年以来，葡萄产业基地通过“以工带学”的方式，深入开展葡萄种植、葡萄酒酿造、酒庄旅游服务等专业培训625户2070名群众，提供长期就业岗位60个。三是推动村集体经济发展壮大。涉及葡萄种植的10个村（社区）每年将持续享受亩均300元的土地流转金，其中塔木村从2016年至2023年仅土地流转金一项就达到493万元，村集体经济实现大幅增长。优先使用本地机械、运输车辆，较好带动当地经济发展。据统计，从2020至2023年累计收入达到2200万元，同时还实现了产业分红助力脱贫攻坚和乡村振兴，2019年至2022年向建档立卡脱贫户23户63人累计分红21.59万元。此外，农家乐、葡萄观光采摘等旅游业的兴起也为农牧民提供了更多致富机会。

（三）产业生态效应日渐释放。牢固树立新发展理念，严守耕地保护红线，采用数字灌溉系统“深沟浅种”等先进技术改善土壤环境，通过葡萄种植基地建设，有效改善了8条冲沟环境，改造荒滩、荒坡、荒地8000余亩，在保护原有狼牙刺、藏影子草等原生植物基础上，种植经济价值、生态价值较高的酿酒葡萄，推动产区山水林田湖草沙综合治理，让沙砾和荒漠滩地变成“新绿洲”，实现了土地价值、生态价值、经济价值的最大化，逐步成为雅江两岸一道美丽的风景线和生态屏障。

四、经验启示

将充分借鉴各地葡萄产业先进经验，对葡萄的产品定位、品种研发、基地建设、品牌推广、精深加工等产业链各环节进行统筹规划、综合考虑，编制葡萄产业发展规划，走深走实葡萄庄园+高档酒堡发展路径，努力实现葡萄产业、文化旅游、乡村振兴融合发展。

一是提升种植管理水平。积极与中国科学院植物研究所深化对接，深入合作，聘请该所专家教授为技术顾问，持续在葡萄品种筛选、栽培管理、教育科技等方面下功夫。开展定期技术培训，推广科学修剪、果穗修正、控温调湿、生草覆盖、综合病虫害防治、合理用药、安全间隔期控制等控产提质新技术，普及无公害标准化栽培技术，提高葡萄总体栽培水平，全面提高葡萄果品质量，为吸引国内外知名企业前来投资置业，建设高端酒庄，打造特色知名品牌，引领葡萄产业高质量发展打下坚实基础。

二是提升葡萄酒酿造工艺。提升“以商招商”成果的巩固拓展，积极与中粮营养健康研究院酒业技术中心等相关科研单位衔接，组建桑日产区葡萄酒技术研究合作机构，加强高品质葡萄酒品种的研发，全面提升葡萄酒酿造工艺，对产出的葡萄酒进行专业检测、申请相关认证，引导形成独具特色的超高海拔葡萄酒产业强制认证标准及技术规范，提升产区葡萄酒硬实力。同时，推进标准生产，加强对原产地保护、产品认证、质量检测、绿色包装等全程质量控制，推行规范化管理，确保葡萄酒品质，形成品牌效应。

三是加大龙头企业培育引进和市场开发。从种植、生产、加工、营销等环节入手，着力培育具有较强影响力和市场竞争力的葡萄酒龙头企业。积极与中粮（天赋、怀来）、长城等葡萄酒企业对接，重点引进有实力、有前景的葡萄酒企业投资，带动桑日葡萄酒品质和品牌提升。着力在开发国内葡萄酒市场上下功夫，积极组织参加藏博会、成都糖酒会、中国（宁夏）国际葡萄酒文化旅游博览会等国际国内大型商品交流会，推动桑日葡萄酒品牌走出西藏、走进国内市场。建立健全酒庄与经销商、直销体验中心、直营店、餐饮酒店、电商等相结合的葡萄酒市场营销渠道体系，不断增强产业发展活力。

2022年桑日县经济运行分析

桑日县统计局

2022年12月28日

面对国家突发疫情和错综复杂的国内外环境，在县委、政府的坚强领导下，坚持以习近平新时代中国特色社会主义思想为指导，全面贯彻党的二十大精神，高效统筹疫情防控和经济社会发展，紧盯既定目标任务，提升投资拉动，巩固消费带动，注重民生改善，全县经济顶住压力持续恢复，三次产业高质量协同发展，经济社会保持了稳中有进的发展势头。

一、经济发展稳中有进

根据我县地区生产总值2022年完成222527.0万元；增速2.3%，占全市排名分第2。

2022年第一产业6425.3万元，第二产业133644.5万元，第三产业82457.2万元，增速1.7%。

表1

指标名称	第一产业（万元）	同比增速（%）	第二产业（万元）	同比增速（%）	第三产业（万元）	同比增速（%）
2022年	6425.3	5.2	133644.5	2.8	82457.2	1.7

二、产业发展态势稳定

2022年，农作物总播种面积1674.51公顷，粮食作物面积1272.46公顷，其中，青稞、小麦、豆类、油菜籽、蔬菜、青饲料面积分别为854.48公顷、386.63公顷、31.36公顷、129.45公顷、150.72公顷、121.88公顷。粮食总产量9968.48吨，同比增长4.1%。其中小麦产量3557.47吨，增长10.6%；青稞产量6351.88吨，减少0.04%；油菜籽产量328.23吨，减少23%；蔬菜产量3002.5吨，减少26%。年末牲畜存栏头数83751头（只、匹），其中牛、羊、猪、马驴骡分别为67283头、14702只、1312头、231匹、223匹（头）。全年总出栏头数17205头（只），其中牛、羊、猪分别出栏11441头、5070只、694头，出栏率21%。肉类产量1683.87吨，减少35%，奶类产量5339.74吨，减少1.2%。

三、固定资产投资

2022年，全县固定投资完成170329万元，同比下降28.18%。

表2

指标名称	固定投资完成情况（万元）	同比增速（%）
2022年	170329	–28.18

四、社会消费品零售总额完成情况

2022年完成社会消费品零售总额16745.5万元、同比下降6.7%。

五、财政和税务

2022年财政收入完成6313万元；财政支出91189万元；税收收入完成9869.43万元。（按实际收缴，未按照退税后填写）

六、民生改善稳步推进

根据国家统计局山南调查队反馈，2022年我县全年农村居民人均可支配收21403元；同比增速7.5%。

桑日县2020年—2022年重要经济指标对GDP贡献率汇总表

表3

指标名称	第一产业（万元）	贡献率（%）	第二产业（万元）	贡献率（%）	第三产业（万元）	贡献率（%）	地区生产总值合计（万元）	农村居民人均可支配收入（元）	贡献率（%）	社会消费零售总额（万元）	贡献率（%）	固定资产投资（万元）	贡献率（%）
2022年	6425.3	10.4	133644.5	82.2	82457.2	7.4	222527.0	21403.0	27.5	16745.5	负增长没有贡献率	170329.0	经请示市统计局，固定资产投资单独对GDP贡献率不能核算

统计数据

2022年桑日县与山南市各县(区)人口对比一览表

表1 单位：人

地区	总人口	其中：城镇人口	农村人口
山南市	353200	114956	238244
乃东区	81169	54449	26720
扎囊县	36493	10213	26280
贡嘎县	53400	14497	38903
桑日县	18028	2373	15655
琼结县	15210	2818	12392
曲松县	12678	3200	9478
措美县	12063	4904	7159
洛扎县	19960	5068	14892
加查县	23484	5093	18391
隆子县	33694	5688	28006
错那县	14042	2958	11084
浪卡子县	32979	3694	29285

2022年桑日县与山南市各县（区）生产总值对比一览表

表2

县（区）名	2021年		2022年	
	总量（万元）	增速（%）	总量（万元）	增速（%）
乃东区	760589.0	7.5	776674.5	1.8
扎囊县	195158.9	7.3	199571.8	2.1
贡嘎县	236285.9	7.0	246320.4	2.1
桑日县	217095.0	6.5	222527.0	2.3
琼结县	65450.5	6.8	67842.9	1.7
曲松县	107887.7	7.1	110364.8	2.2
措美县	99493.1	7.0	101391.0	1.7
洛扎县	83755.0	7.1	85019.9	1.3
加查县	226449.1	6.9	230891.0	1
隆子县	183267.9	7.0	186009.0	1
错那县	89004.1	7.4	91285.8	2.3
浪卡子县	108244.1	6.8	111157.8	2.7

2022年桑日县与山南市各县（区）第一产业增加值对比一览表

表3

县（区）名	2021年		2022年	
	总量（万元）	增速（%）	总量（万元）	增速（%）
乃东区	16242.8	6.6	17944.1	5.2
扎囊县	10034.2	5.4	11027.7	5.2
贡嘎县	10233.7	6.5	11371.2	5.3
桑日县	5859.0	5.7	6425.3	5.2
琼结县	4357.3	7.0	4741.9	5.0
曲松县	4909.4	6.9	5326.3	4.9
措美县	3508.7	6.4	3934.9	5.4
洛扎县	5427.1	2.7	5792.6	2.1
加查县	10151.5	4.8	11093.6	5.1
隆子县	9341.0	6.6	10458.8	5.4
错那县	3273.6	7.0	3549.9	4.9
浪卡子县	6527.1	4.2	7106.4	5.0

2022年桑日县与山南市各县(区)第二产业增加值对比一览表

表4

县(区)名	2021年		2022年	
	总量(万元)	增速(%)	总量(万元)	增速(%)
乃东区	287589.2	5.9	293421.9	2.9
扎囊县	110475.9	6.9	113168.9	3.1
贡嘎县	106379.0	5.7	113946.5	3.0
桑日县	129183.2	−8.2	133644.5	2.8
琼结县	27698.1	−2.2	29339.3	2.3
曲松县	60080.9	13.6	61787.0	2.5
措美县	55612.0	−0.1	56957.5	1.7
洛扎县	41224.6	2.2	41229.3	1.5
加查县	123137.5	11.8	125857.0	0.6
隆子县	90076.4	11.1	91160.9	0.5
错那县	43498.6	8.0	45243.5	2.5
浪卡子县	48294.4	−5.1	50396.4	3.5

2022年桑日县与山南市各县(区)第三产业增加值对比一览表

表5

县(区)名	2021年		2022年	
	总量(万元)	增速(%)	总量(万元)	增速(%)
乃东区	456757.0	8.6	465308.5	1.0
扎囊县	74648.8	8.2	75375.2	1.1
贡嘎县	119673.2	8.4	121002.7	1.1
桑日县	82052.8	44.3	82457.2	1.7
琼结县	33395.1	15.9	33761.8	1.5
曲松县	42897.4	1.1	43251.5	2.3
措美县	40372.5	20.7	40498.7	1.9
洛扎县	37103.4	13.8	37997.9	2.3
加查县	93160.1	1.7	93940.5	1.9
隆子县	83850.5	6.1	84389.4	1.9
错那县	42231.9	6.8	42492.4	2.0
浪卡子县	53422.6	20.9	53654.9	1.6

2022年桑日县与山南市各县（区）一般公共预算收入对比一览表

表6

县（区）名	2020年（万元）	2021年（万元）	2022年（万元）	增速（%）
山南市	202164	192539	121868	−36.70
乃东区	33966	34428	20368	−40.84
扎囊县	4394	5721	4717	−17.55
贡嘎县	11111	11390	665	−94.16
桑日县	10149	10133	−12446	−222.83
琼结县	3418	3222	2952	−8.38
曲松县	6691	6833	5065	−25.87
措美县	3284	2468	646	−73.82
洛扎县	5129	5266	5314	0.91
加查县	7486	6247	6471	3.59
隆子县	7003	7852	8222	4.71
错那县	3788	4313	5240	21.49
浪卡子县	2792	3581	2046	−42.87

2022年桑日县与山南市各县（区）税收收入对比一览表

表7

县（区）名	2020年（万元）	2021年（万元）	2022年（万元）	同比增速（%）
山南市	375019	538025	459087	−14.70
乃东区	52088	76508	59272	−22.50
扎囊县	4775	20411	16344	−19.90
贡嘎县	16711	28344	18486	−34.80
桑日县	19522	23927	−9382	−139.20
琼结县	2989	12218	12284	0.50
曲松县	4880	16955	16437	−3.10
措美县	1923	9566	8466	−11.50
洛扎县	6213	13926	18724	34.50
加查县	6596	14321	19777	38.10
隆子县	12488	23712	22975	−3.20
错那县	4544	12042	12960	7.60
浪卡子县	3587	17199	14606	−15.10

2022年桑日县与山南市各县(区)农牧业生产对比一览表

表8

县(区)名	农林牧渔业总产值(万元)			粮食产量(吨)	蔬菜产量(吨)	油菜产量(吨)	牲畜存栏(头只匹)	肉类总产量(吨)	奶类产量(吨)
		农业	牧业						
山南市	182179	80328	93746	169155.93	67731	7588	1265896	24136.36	74251.57
乃东区	34070	14118	18115	25600.01	18820.99	1259.15	89109	4710.29	9758.94
扎囊县	19469	9505	8740	26847.34	12714.82	1283.62	85678	1815.52	5495.35
贡嘎县	22214	11208	10180	35610.07	6667.32	775.49	141765	2134.24	7931.92
桑日县	11421	5392	5600	9968.48	3002.5	328.33	81722	1683.87	5339.74
琼结县	9066	5761	2983	11448.05	8264.1	712.23	43073	870.34	1294.00
曲松县	10337	3132	6941	7963.44	3300.46	410.01	83579	2178.58	5992.33
措美县	6919	1686	4964	3313.5	1000.77	190.57	127305	2188.16	5277.70
洛扎县	8917	3847	4631	9780.32	3064.88	885.52	59101	1057.28	3767.65
加查县	20354	7911	6148	7710.93	3215.5	171.13	60575	1722.21	4602.87
隆子县	19525	7911	10717	20101.12	3737.6	462.46	156659	1820.78	12161.28
错那县	6838	2422	4008	5614.71	3160.59	400.26	59829	1620.45	4965.81
浪卡子县	13048	1737	10719	5197.96	781.64	709.32	277501	2334.64	7663.98

2022年桑日县与山南市各县(区)农村居民人均可支配收入对比一览表

表9

县(区)名	2020年(元)	2021年(元)	2022年(元)	增速(%)
山南市	15874	18435	19845	7.6
乃东区	18839	21855	23406	7.1
扎囊县	14693	16896	18265	8.1
贡嘎县	16125	18576	20044	7.9
桑日县	17075	19909	21403	7.5
琼结县	15830	18394	19811	7.7
曲松县	15543	17922	19284	7.6
措美县	14235	16355	17729	8.4
洛扎县	15637	18045	19525	8.2
加查县	19154	21970	23442	6.7
隆子县	14907	17291	18779	8.6
错那县	14007	16360	17849	9.1
浪卡子县	14163	16201	17400	7.4

2022 年桑日县与山南市各县（区）固定资产投资对比一览表

表 10　　单位：%

县（区）名	2019 年	2020 年	2021 年	2022 年
山南市	–7.4	7.2	0.9	–18.2
乃东区	15.2	46.1	4.4	–27.9
扎囊县	–42.7	–10.9	50.8	–14.2
贡嘎县	42.9	43.0	2.5	–39.0
桑日县	–6.2	23.9	–17.0	–28.2
琼结县	–54.4	–29.5	–13.7	35.1
曲松县	–43.2	12.6	–6.9	–28.9
措美县	–64.6	–11.6	–30.5	60.3
洛扎县	26.6	–40.6	–14.8	–18.3
加查县	0.8	–15.3	–39.3	–20.8
隆子县	–14.3	–40.5	45.8	64.3
错那县	–29.7	–14.6	33.9	23.7
浪卡子县	–11.4	–46.4	22.3	0.5

2022 年桑日县与山南市各县（区）社会消费品零售总额对比一览表

表 11

县（区）名	2019 年（万元）	2020 年（万元）	2021 年（万元）	2022 年（万元）	增速（%）
山南市	704037	668147	728776	675415	–7.3
乃东区	464488	444663	490756	458699.6	–6.5
扎朗县	23035.6	22640	23360	20660.9	–11.6
贡嘎县	25341	23245	25932	20929.9	–19.3
桑日县	17597.2	16634	17950	16746	–6.7
琼结县	14079.2	12597	13659	12903	–5.5
曲松县	19706.5	18501	19980	18820	–5.8
措美县	20414.6	18661	20139	18734.6	–7.0
洛扎县	21823.3	20250	21838	20356	–6.8
加查县	27158.6	26451	25814	22999	–10.9
隆子县	24640.6	22784	24680	22929.5	–7.1
错那县	22523.8	20650	22439	21073.4	–6.1
浪卡子县	23228.9	21071	22230	20564	–7.5

注：1993—2018 年只对山南市总量做修订，各县区总量未做修订，2019 年以后市县（区）两级均做修订。

受县（区）级以上表彰的先进集体一览表

表 12

获奖单位	获奖名称	表彰时间	授予单位
县委宣传部	全国文化科技卫生“三下乡”活动优秀团队	2022 年	中共中央宣传部
县民间艺术团	2021 年全国文化科技卫生“三下乡”活动优秀团队	2022 年	中共中央宣传部
县总工会	2022 年全国工会最美户外劳动者服务站点	2022 年	全国总工会
县委老干部局	全区老干部工作先进集体	2022 年	自治区党委、自治区政府
桑日县中学	自治区首批民族团结进步模范单位	2022 年	自治区党委、自治区政府
县委宣传部	自治区级文明城市	2022 年	自治区文明办
绒乡	2022 年自治区民族团结模范机关(乡镇)	2022 年	自治区着力创建全国民族团结进步模范区专项组办公室
县公安局	山南市创先争优强基础惠民生活动优秀组织单位	2022 年	市委、市政府
白堆乡参赛代表	山南市“庆七一·喜迎二十大”党员干部知识竞赛二等奖	2022 年	市委、市政府
绒乡	2022 年山南市民族团结进步模范集体	2022 年	市委、市政府
桑日县中学	2022 年山南市民族团结进步模范单位	2022 年	市委、市政府
县法院	2022 年度全市优秀法院	2022 年	市法院党组
白堆乡人民政府	2022 年度山南市农牧区人居环境整治工作十佳乡镇	2023 年	市委农村人居环境整治工作专班、市农村环境整治工作领导小组
县公安局	山南市公安安机关“决战 2022”第二届全警实战大比武警情处置单项团体第二名	2022 年	市公安局
县公安局	山南市公安安机关“决战 2022”第二届全警实战大比武指挥推演单项团体第三名	2022 年	市公安局
桑日县帕竹荣顺（净土）庄园有限公司	山南市市级农业产业化龙头企业	2023 年	市农业农村局、市发改委、市经信局、市财政局、市商务局、市市场监管局、市税务局、市乡村振兴局、市幸福家园建设管理局、人行山南中心支行
县教育局	第八届中小学教师“交互式电子白板教学实践大赛”最佳组织奖	2022 年	市教育局
县教育局	第七届中小学教师“信息技术实践与创新”论文比赛最佳组织奖	2022 年	市教育局
县司法局工地流动调解工作室	2021 年度市级金牌调解工作室	2022 年	市司法局
县融媒体中心（广播电视台）	山南市广播电视局广电先锋党建品牌先进团队	2022 年	市广电局

续表 12

获奖单位	获奖名称	表彰时间	授予单位
农行桑日县支行	2022 年代理国寿期缴保险二等奖	2022 年	农行山南分行
县机关后勤服务中心	2022 年桑日县民族团结进步模范集体	2022 年	县委、县政府
县公安局	2022 年桑日县民族团结进步模范集体	2022 年	县委、县政府
县法院	2022 年桑日县民族团结进步模范集体	2022 年	县委、县政府
县财政局	2022 年桑日县民族团结进步模范集体	2022 年	县委、县政府
县卫健委	2022 年桑日县民族团结进步模范集体	2022 年	县委、县政府
增期乡	2022 年桑日县民族团结进步模范集体	2022 年	县委、县政府
白堆乡党委	2022 年桑日县民族团结进步模范集体	2022 年	县委、县政府
绒乡	2022 年桑日县民族团结进步模范集体	2022 年	县委、县政府
县发改委	2022 年桑日县民族团结进步模范集体	2022 年	县委、县政府
桑日县帕竹荣顺（净土）庄园有限公司	2022 年桑日县民族团结进步模范集体	2022 年	县委、县政府
县财政局	2022 年度巩固脱贫攻坚成果同乡村振兴有效衔接考核 综合评价好	2023 年	县委、县政府
桑日县幼儿园	桑日县“喜迎二十大 奋进新征程”歌咏比赛 第二名	2022 年	县委、县政府
县卫健委	2022 年度巩固脱贫攻坚成果同乡村振兴有效衔接考核	2023 年	县委、县政府
增期乡	促进农牧民增收先进乡	2023 年	县委、县政府
增期乡	巩固拓展脱贫攻坚成果同乡村振兴有效衔接考核综合评价好	2023 年	县委、县政府
白堆乡人民政府	2022 年度农村人居环境整治工作先进乡（镇）	2023 年	县委、县政府
白堆乡村干部代表	桑日县“喜迎二十大．奋进新征程”主题知识竞赛（村干部）决赛第三名	2022 年	县委、县政府
绒乡	2002 年度巩固拓展脱贫攻坚成果同乡村振兴有效衔接考核综合评价好	2022 年	县委、县政府
县发改委	县级年度综合考评优秀单位	2022 年	县委、县政府
县行政审批和便民服务局	先进基层党组织	2022 年	县委
县工青妇联合党支部	先进基层党组织	2022 年	县委
县法院	先进基层党组织	2022 年	县委
县住建局	先进基层党组织	2022 年	县委
县教育局	先进基层党组织	2022 年	县委

续表 12

获奖单位	获奖名称	表彰时间	授予单位
白堆乡党委	先进基层党组织	2022 年	县委
县市场监督管理局	先进基层党组织	2022 年	县委

受县（区）级以上表彰的先进个人一览表

表 13

姓名	性别	民族	工作单位	获奖名称	表彰时间	授予单位
坚参	男	藏族	县教育局	2022 年度优秀党务工作者	2022 年	自治区党委、自治区政府
陈蒙蒙	男	汉族	白堆乡人民政府	2022 年全国高校毕业生基层就业卓越奖	2023 年	教育部高效学生司
扎西坚参	男	藏族	县水利局	荣获全区水利系统先进个人	2022 年	自治区人社厅、自治区水利厅
嘎珍	女	藏族	县统计局	第七次全国人口普查先进个人	2022 年	自治区第七次全国人口普查领导小组
阿珍	女	藏族	县卫生服务中心	拉萨市抗击新冠肺炎疫情优秀援助医疗队员荣誉称号	2022 年	拉萨市委、市政府
卓玛布赤	女	藏族	县卫生服务中心	拉萨市抗击新冠肺炎疫情优秀援助医疗队员荣誉称号	2022 年	拉萨市委、市政府
卓玛拉吉	女	藏族	县卫生服务中心	拉萨市抗击新冠肺炎疫情优秀援助医疗队员荣誉称号	2022 年	拉萨市委、市政府
次仁措姆	女	藏族	县妇联	2022 年山南市民族团结优秀个人	2022 年	市委、市政府
陈蒙蒙	男	汉族	白堆乡人民政府	山南市“庆七一·喜迎党的二十大”党员干部知识竞赛中荣获二等奖	2022 年	市委、市政府
张贻龙	男	汉族	白堆乡人民政府	山南市“庆七一·喜迎党的二十大”党员干部知识竞赛中荣获二等奖	2022 年	市委、市政府
琼啦	女	藏族	白堆乡人民政府	山南市“庆七一·喜迎党的二十大”党员干部知识竞赛中荣获二等奖	2022 年	市委、市政府
旦增曲珍	女	藏族	白堆乡人民政府	山南市“庆七一·喜迎党的二十大”党员干部知识竞赛中荣获二等奖	2022 年	市委、市政府
任琰	男	汉族	白堆乡	2019—2021 年公务员年度考核中，连续三年被确定为优秀等次，特记个人三等功一次，以资鼓励。	2022 年	市委组织部
洛桑尼玛	男	藏族	白堆乡	2019—2021 年公务员年度考核中，连续三年被确定为优秀等次，特记个人三等功一次，以资鼓励。	2022 年	市委组织部
德庆拉姆	女	藏族	桑日县中学	山南市最美书香家庭	2022 年	市妇联
晋美旺杰	男	藏族	县法院	2022 年度全市法院办案标兵	2023 年	市法院党组
唐宝桂	女	藏族	桑日县中学	第八届民族团结进步创建工作先进个人	2022 年	市教育局党组、市教育局
尼玛扎巴	男	藏族	县教育局	山南市第八届中小学教师“交互式电子白板大赛”优秀评委	2022 年	市教育局
尼玛扎巴	男	藏族	县教育局	山南市第八届中小学教师“交互式电子白板大赛”小组二等奖	2022 年	市教育局
卢凤娟	女	汉族	桑日县幼儿园	2022 年在山南市第四届幼儿教师教学赛课决赛中科学领域 二等奖	2022 年	市教育局

续表 13

姓名	性别	民族	工作单位	获奖名称	表彰时间	授予单位
边巴云旦	男	藏族	桑日县中学	山南市第六届藏语文教师教育教学论文大赛一等奖	2022 年	市教育局
唐宝桂	女	藏族	桑日县中学	山南市第四届中小学教育教学论文大赛三等奖	2022 年	市教育局
央珍	女	藏族	桑日县中学	山南市第八届中小学教师"交互式电子白板教学实践大赛"一等奖	2022 年	市教育局
米玛次仁	男	藏族	桑日县中学	山南市第八届中小学教师"交互式电子白板教学实践大赛"二等奖	2022 年	市教育局
米玛次仁	男	藏族	桑日县中学	山南市第六届藏语文教师教育教学论文大赛三等奖	2022 年	市教育局
扎西曲珍	女	藏族	县融媒体中心（广播电视台）	优秀专业技术人员	2022 年	市人社局
索央	女	藏族	白堆乡人民政府	2022 年山南市文化文物工作先进个人	2022 年	市文化局
达娃	女	藏族	白堆乡人民政府	第七次全国人口普查先进个人	2023 年	市第七次全国人口普查领导小组
西绕加措	男	藏族	县政府办	2022 年度优秀公务员	2022 年	县委、县政府
聪吉	女	藏族	县政府办	2022 年度优秀公务员	2022 年	县委、县政府
朝亚龙	男	汉族	县政府办	2022 年度优秀公务员	2022 年	县委、县政府
洛桑仁庆	男	藏族	县政府办	2022 年度优秀党务工作者	2022 年	县委、县政府
洛桑仁庆	男	藏族	县政府办	2022 年桑日县民族团结进步模范个人	2022 年	县委、县政府
白玛德吉	女	藏族	县政府办	2022 年度优秀党员	2022 年	县委、县政府
扎西顿珠	男	藏族	县编译局	2022 年度优秀党员	2022 年	县委、县政府
米玛央金	女	藏族	县编译局	2022 年度优秀党务工作者	2022 年	县委、县政府
米玛央金	女	藏族	县编译局	2022 年度优秀公务员	2022 年	县委、县政府
拉珍	女	藏族	县总工会	2022 年度优秀公务员	2022 年	县委、县政府
次仁措姆	女	藏族	县妇联	2022 年度优秀公务员	2022 年	县委、县政府
次仁措姆	女	藏族	县妇联	2022 年桑日县民族团结进步模范个人	2022 年	县委、县政府
次仁旺久	男	藏族	县工商联	2022 年度优秀公务员	2022 年	县委、县政府
次仁旺久	男	藏族	县工商联	2022 年桑日县民族团结进步模范个人	2022 年	县委、县政府
路通宇	男	汉族	县法院	2022 年度优秀党务工作者	2022 年	县委、县政府

续表 13

姓名	性别	民族	工作单位	获奖名称	表彰时间	授予单位
昂白玛央吉	女	藏族	县法院	2022 年度优秀党员	2022 年	县委、县政府
次仁拉姆	女	藏族	县司法局	2022 年度优秀公务员	2022 年	县委、县政府
巴桑次仁	男	藏族	县司法局	2022 年度优秀党员	2022 年	县委、县政府
普布扎西	男	藏族	县司法局	2022 年度优秀工勤人员	2022 年	县委、县政府
拉巴顿珠	男	藏族	县市监局	2022 年度优秀公务员	2022 年	县委、县政府
甘丹洛布	男	藏族	县市监局	2022 年度优秀公务员	2022 年	县委、县政府
央　宗	女	藏族	县市监局	2022 年度优秀党员	2022 年	县委、县政府
索朗德吉	女	藏族	县市监局	2022 年度优秀党务工作者	2022 年	县委、县政府
白玛卓嘎	女	藏族	县市监局	2022 年度优秀党务工作者	2022 年	县委、县政府
米玛单增	男	藏族	县审计局	2022 年桑日县民族团结进步模范个人	2022 年	县委、县政府
邓文平	男	汉族	县农业农村局	2022 年度优秀公务员	2022 年	县委、县政府
白玛群旦	男	藏族	县农业农村局	2022 年度优秀公务员	2022 年	县委、县政府
仓木卓玛	女	藏族	县农业农村局	2022 年度优秀事业单位工作人员	2022 年	县委、县政府
巴　桑	男	藏族	县农业农村局	2022 年度优秀事业单位工作人员	2022 年	县委、县政府
旦增曲珍	女	藏族	县农业农村局	2022 年度优秀事业单位工作人员	2022 年	县委、县政府
米玛央宗	女	藏族	县农业农村局	2022 年度优秀事业单位工作人员	2022 年	县委、县政府
拉姆次仁	女	藏族	县农业农村局	2022 年度优秀共产党员	2022 年	县委、县政府
格桑朗杰	男	藏族	县林草局	2022 年度优秀公务员	2022 年	县委、县政府
卓玛措	女	藏族	县林草局	2022 年度优秀公务员	2022 年	县委、县政府
乌索玛	男	回族	县商务局	2022 年度优秀公务员	2022 年	县委、县政府
雷佳丽	女	汉族	县旅发局	2022 年度优秀公务员	2022 年	县委、县政府
西绕曲扎	男	藏族	县旅发局	2022 年度优秀党务工作者	2022 年	县委、县政府
益西桑姆	女	藏族	县旅发局	桑日县先进驻村干部	2022 年	县委、县政府
雷佳丽	女	汉族	县旅发局	2022 年度优秀党员	2022 年	县委、县政府

续表13

姓名	性别	民族	工作单位	获奖名称	表彰时间	授予单位
阿旺卓玛	女	藏族	县财政局	2022年度优秀事业单位工作人员	2022年	县委、县政府
索朗曲珍	女	藏族	县财政局	2022年度优秀公务员	2022年	县委、县政府
次仁拉姆	女	藏族	县财政局	2022年度优秀公务员	2022年	县委、县政府
布　　西	女	藏族	县住建局	2022年度优秀公务员	2022年	县委、县政府
扎西央吉	女	藏族	县住建局	2022年度优秀党务工作者	2022年	县委、县政府
格桑次仁	男	藏族	县住建局	2022年度优秀党员	2022年	县委、县政府
尼玛曲珍	女	藏族	市生态环境局桑日县分局	2022年度优秀公务员	2022年	县委、县政府
达娃扎西	男	藏族	县教育局	2022年度优秀党员	2022年	县委、县政府
故桑措姆	女	藏族	桑日县幼儿园	2022年度优秀党务工作者	2022年	县委、县政府
巴桑拉珍	女	藏族	县卫健委	2022年度优秀公务员	2022年	县委、县政府
巴桑拉珍	女	藏族	县卫健委	2022年度优秀党务工作者	2022年	县委、县政府
王俊林	男	汉族	县卫生服务中心	2022年桑日县民族团结进步模范个人	2022年	县委、县政府
格旦拉姆	女	藏族	县民政局	2022年度优秀公务员	2022年	县委、县政府
岗旦曲珍	女	藏族	县民政局	2022年度优秀公务员	2022年	县委、县政府
旦增热杰	男	藏族	县民政局	2022年度优秀事业单位工作人员	2022年	县委、县政府
扎西拉姆	女	藏族	县民政局	2022年度优秀工勤人员	2022年	县委、县政府
岗旦曲珍	女	藏族	县民政局	2022年桑日县民族团结进步模范个人	2022年	县委、县政府
刘云川	男	汉族	县人社局	2022年度优秀党务工作者	2022年	县委、县政府
尼玛仓决	女	藏族	县医保局	2022年度优秀公务员	2022年	县委、县政府
次仁玉珍	女	藏族	县医保局	2022年度优秀党员	2022年	县委、县政府
次仁曲珍	女	藏族	县医保局	2022年度优秀党员	2022年	县委、县政府
刘　　勇	男	汉族	桑日镇人民政府	2022年度优秀公务员	2022年	县委、县政府
刘　　薇	女	汉族	桑日镇人民政府	2022年度优秀公务员	2022年	县委、县政府
索朗多庆	男	藏族	县司法局桑日司法所	2022年度优秀公务员	2022年	县委、县政府

续表 13

姓名	性别	民族	工作单位	获奖名称	表彰时间	授予单位
格桑德吉	女	藏族	桑日镇人民政府	2022 年度优秀公务员	2022 年	县委、县政府
旦增卓嘎	女	藏族	桑日镇人民政府	2022 年度优秀公务员	2022 年	县委、县政府
拉　珍	女	藏族	桑日镇人民政府	2022 年度优秀公务员	2022 年	县委、县政府
洛桑曲珍	女	藏族	桑日镇人民政府	2022 年度优秀公务员	2022 年	县委、县政府
任珊珊	女	汉族	桑日镇人民政府	2022 年度优秀公务员	2022 年	县委、县政府
次　央	女	藏族	桑日镇卫生院	2022 年度优秀公务员	2022 年	县委、县政府
李　想	男	汉族	增期乡	2022 年度优秀公务员	2022 年	县委、县政府
安廷操	男	汉族	增期乡	2022 年度优秀公务员	2022 年	县委、县政府
柏仁豹	男	汉族	增期乡	2022 年度优秀公务员	2022 年	县委、县政府
樊茂林	男	汉族	增期乡	2022 年度优秀公务员	2022 年	县委、县政府
胡志强	男	汉族	增期乡	2022 年度优秀公务员	2022 年	县委、县政府
四朗央宗	女	藏族	增期乡	2022 年度优秀公务员	2022 年	县委、县政府
西热朗杰	男	藏族	增期乡	2022 年度优秀公务员	2022 年	县委、县政府
张广亮	男	汉族	增期乡	2022 年度优秀公务员	2022 年	县委、县政府
边　巴	男	藏族	增期乡卡乃村	2022 年度优秀公务员	2022 年	县委、县政府
格桑加措	男	藏族	增期乡	2022 年度优秀公务员	2022 年	县委、县政府
索朗丹巴	男	藏族	增期乡	2022 年度优秀事业单位工作人员	2022 年	县委、县政府
白玛央金	女	藏族	增期乡	2022 年度优秀事业单位工作人员	2022 年	县委、县政府
单增卓玛	女	藏族	增期乡	2022 年度优秀事业单位工作人员	2022 年	县委、县政府
陈蒙蒙	男	汉族	白堆乡人民政府	2022 年度优秀党员	2022 年	县委、县政府
张贻龙	男	汉族	白堆乡人民政府	2022 年度优秀党员	2022 年	县委、县政府
旦增曲珍	女	藏族	白堆乡人民政府	2022 年度优秀党务工作者	2022 年	县委、县政府
旦增曲珍	女	藏族	白堆乡人民政府	2022 年度优秀公务员	2022 年	县委、县政府
多吉次仁	男	藏族	白堆乡人民政府	2022 年度优秀公务员	2022 年	县委、县政府

续表13

姓名	性别	民族	工作单位	获奖名称	表彰时间	授予单位
曲珍旺姆	女	藏族	白堆乡人民政府	2022年度优秀公务员	2022年	县委、县政府
次仁加措	男	藏族	白堆乡人民政府	2022年度优秀公务员	2022年	县委、县政府
向薛麟	男	汉族	白堆乡人民政府	2022年度优秀公务员	2022年	县委、县政府
孙帅	男	汉族	白堆乡人民政府	2022年度优秀公务员	2022年	县委、县政府
次仁加措	男	藏族	白堆乡人民政府	2022年度优秀公务员	2022年	县委、县政府
罗布扎西	男	藏族	白堆乡人民政府	2022年度优秀事业单位工作人员	2022年	县委、县政府
仓姆拉	女	藏族	白堆乡人民政府	2022年度优秀事业单位工作人员	2022年	县委、县政府
尼玛德吉	女	藏族	绒乡人民政府	2022年度优秀公务员	2022年	县委、县政府
米玛央宗	女	藏族	绒乡人民政府	2022年度优秀公务员	2022年	县委、县政府
次仁拉姆	女	藏族	绒乡人民政府	2022年度优秀公务员	2022年	县委、县政府
伟斯赤列	男	藏族	绒乡人民政府	2022年度优秀公务员	2022年	县委、县政府
尼玛德吉	女	藏族	绒乡人民政府	2022年度优秀公务员	2022年	县委、县政府
旦增欧珠	男	藏族	绒乡人民政府	2022年度优秀公务员	2022年	县委、县政府
达娃卓玛	女	藏族	绒乡人民政府	2022年度优秀公务员	2022年	县委、县政府
边珍	女	藏族	绒乡冲达村	2022年度优秀公务员	2022年	县委、县政府
旦增罗布	男	藏族	绒乡人民政府	2022年度优秀公务员	2022年	县委、县政府
群旦	男	藏族	卓吉村村驻村工作队	2022年度优秀公务员	2022年	县委、县政府
张永园	男	藏族	绒乡平琼村	2022年度优秀公务员	2022年	县委、县政府
巴桑达瓦	男	藏族	绒乡人民政府	2022年度优秀公务员	2022年	县委、县政府
秦自龙	男	藏族	绒乡叶琼村	2022年度优秀公务员	2022年	县委、县政府
洛桑阿旺	男	藏族	绒乡人民政府	2022年度优秀事业单位工作人员	2022年	县委、县政府
土登格桑	男	藏族	绒乡人民政府	2022年度优秀事业单位工作人员	2022年	县委、县政府
吉米次旦	男	藏族	绒乡人民政府	2022年度优秀事业单位工作人员	2022年	县委、县政府
曲尼让珍	女	藏族	绒乡卫生院	2022年度优秀事业单位工作人员	2022年	县委、县政府

续表 13

姓名	性别	民族	工作单位	获奖名称	表彰时间	授予单位
尼　玛	女	藏族	县发改委	2022 年度优秀公务员	2022 年	县委、县政府
彭梦阳	男	汉族	县发改委	2022 年度优秀公务员	2022 年	县委、县政府
拜惠艳	女	回族	县发改委	2022 年度优秀公务员	2022 年	县委、县政府
彭梦阳	男	汉族	县发改委	2022 年度优秀党员	2022 年	县委、县政府
拜惠艳	女	回族	县发改委	2022 年度优秀党务工作者	2022 年	县委、县政府
扎西罗布	男	藏族	县融媒体中心（广播电视台）	2022 年度优秀党务工作者	2022 年	县委、县政府
韩礼杰	男	汉族	县自来水厂	2022 年度优秀党员	2022 年	县委、县政府
尼玛卓嘎	女	藏族	县民政局	社会组织优秀党务工作者	2022 年	县委

索 引

说 明

一、本索引采用主题分析法编制。索引范围包括篇目、类目、部(门)目、条目等。
二、本索引按主题词首字汉语拼音音序(同音按音调)排列,若首字拼音相同则按第二字音序排列,以此类推。
三、索引款目后的数字表示内容所在的页码,数字后的拉丁字母(a、b、c)表示栏别(从左至右)。
四、篇目、类目、部(门)目用黑体字。

A

B

C

G

H

J

N

P

Q

R

S

T

W

X

Y

Z